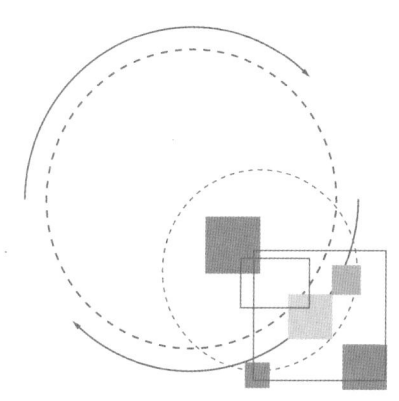

保险系统性风险的形成、外溢及监管

Systemic Risk in Insurance:
Formation, Spillovers and Regulation

王向楠　等著

中国社会科学出版社

图书在版编目（CIP）数据

保险系统性风险的形成、外溢及监管 / 王向楠等著 . —北京：中国社会科学出版社，2021.5
ISBN 978-7-5203-9090-3

Ⅰ.①保… Ⅱ.①王… Ⅲ.①保险业—风险管理—研究—中国 Ⅳ.①F842

中国版本图书馆 CIP 数据核字（2021）第 181073 号

出 版 人	赵剑英
责任编辑	王　衡
责任校对	朱妍洁
责任印制	王　超

出　　版	中国社会科学出版社
社　　址	北京鼓楼西大街甲 158 号
邮　　编	100720
网　　址	http://www.csspw.cn
发 行 部	010-84083685
门 市 部	010-84029450
经　　销	新华书店及其他书店
印　　刷	北京明恒达印务有限公司
装　　订	廊坊市广阳区广增装订厂
版　　次	2021 年 5 月第 1 版
印　　次	2021 年 5 月第 1 次印刷
开　　本	710×1000　1/16
印　　张	23
插　　页	2
字　　数	346 千字
定　　价	119.00 元

凡购买中国社会科学出版社图书，如有质量问题请与本社营销中心联系调换
电话：010-84083683
版权所有　侵权必究

主要作者简介

王向楠，男，博士，副研究员。中国社会科学院金融研究所保险与社会保障研究室副主任、中国社会科学院保险与发展研究中心副主任兼秘书长。出版著作八部（独立或主要贡献者之一），在 CSSCI 或 SSCI 期刊发表论文五十余篇，撰写递交对策性信息十余篇。早些年取得中国注册会计师、（英国）国际会计师、（美国）金融风险管理师的资格（CICPA、FAIA、FRM）。

吴婷，西南财经大学经济学学士和硕士、上海财经大学经济学博士，先后师从卓志教授、谢志刚教授。供职于上海立信会计金融学院。研究领域主要为风险管理与保险、金融科技。在《金融研究》《保险研究》《中国软科学》以及 North American Journal of Economics and Finance 等期刊发表论文十余篇，完成多项其他类型的研究成果。

前　言

保险是个人、家庭、企业和社会管理风险的一种基本方法，是金融体系和社会综合保障体系的一个重要支柱。保险业曾长期被视为金融体系中最具稳定性的部分，是经济社会的"稳定器"和"助推器"。然而，美欧爆发的金融危机和之后几年中国的所谓"金融乱象"表明，保险业可能成为滋生和助长金融和经济风险的重要力量。随着现代保险业服务范围的不断扩展，保险业在经济社会中发挥着日益显著的作用，而保险系统性风险也成为国内外金融风险、危机研究以及相关政策响应分析的重要话题。

本书比较系统地研究了保险系统性风险问题。本书采用"理论基础→国内外历史分析→实证研究（包括理论分析和经验分析）→政策建议"的逻辑结构。

"理论基础"即第一章"金融及保险系统性风险与审慎监管的理论基础"。第一节分析金融系统性风险。第二节聚焦于保险系统性风险。

"国内外历史分析"即第二章"国内外保险系统性或重要风险的形成演进"。第一节回顾分析20世纪80—90年代美国和20世纪末日本的寿险业危机情况，并分析新冠肺炎疫情"大流行"对国际保险业的冲击。第二节总结分析了中国改革开放以来，保险业发生的5次重要风险事件。

"实证研究"包括第三章、第四章和第五章。该部分在中国保险及宏观审慎监管的成果、欧洲保险和职业养老金管理局（European Insurance and Occupational Pensions Authority，EIOPA，2017，2018a，2019）、欧洲系统性风险委员会（European Systemic Risk Board，ESRB）、国际保险监督官协会（International Association of Insurance Supervisors，IAIS，2018b，2019）工作的基础上，设计了研究保险系统性风险的形成和外溢的"三个视角"。具体内容如下：

第三章采用"业务类型"（activity-based）的视角，包括四节，依次研究保险业务线本身、承保业务地理布局、互联网活动以及资金运用，相对而言，前三节侧重研究风险的形成，第四节侧重研究风险的外溢。

第四章采用"单个机构"（entity-based）的视角，包括四节，依次研究保险公司的复杂性、保险公司之间的共同敞口、金融机构的综合经营以及保险公司持股上市公司，相对而言，前两节侧重研究风险的形成，第三节同时关注风险的形成和外溢，第四节侧重研究风险的外溢。

第五章采用"部门整体"（sector-wide）的视角，包括四节，依次研究保险科技系统、气候变化和绿色保险、其他金融子行业及房地产业以及金融体系稳定，相对而言，第一节侧重研究风险的形成，第二节同时关注风险的形成和外溢，后两节侧重研究风险的外溢。

在国内外已有文献的基础上，第三章、第四章和第五章在研究话题/视角、论证思路或分析方法上均有或多或少的创新之处。

"政策建议"即第六章"中国保险系统性风险的监管建议"。本章吸收了抽象的理论分析结论、国际和国内的历史经验及教训，所含的六节均建立在第一章和第二章的内容上。本章直接基于本书的实证研究结果，提出相应的监管政策建议，所含的六节与前文各章节有直接的对应关系，具体而言：第一节针对传统保险经营风险，对应第三章第二节、第三章第四节、第四章第四节和第五章第四节；第二节针对互联网和科技风险，对应第三章第三节和第五章第一节；第三节针对气候变化风险，对应第五章第二节；第四节新冠肺炎疫情"大流行"中暴露的风险，对应第二章第一节的第三小节；第五节针对声誉风险，对应第二章第一节的第三小节和第四章第二节；第六节针对金融综合中的风险，对应第四章第三节和第五章第三节。

本书是集体智慧的成果。全书的篇章设计和统稿由王向楠博士负责，各章节的撰写人如下：第一章为王向楠、王超博士（重庆大学经济与管理学院）；第二章第一节为吴婷博士（上海立信会计金融学院）、王向楠，第二节为王向楠、王桂虎副教授（郑州航天工业管理学院）；第三章第一节为王向楠，第二节为吴婷、王向楠、杨波博士（中山大学岭南学院），第三节为王向楠、吴婷，第四节为郭金龙研究员（中国社会科学院金融研究所、保险与经济发展研究中心）、王桂虎；第四章第一节、第二节和第三节为王向楠，第四节为刘璐教授（东北财经大学金融学院）、王向楠；第五章第一节为吴婷、王向楠，第二节为王向楠，第三节为韩浩博士（对外经济贸易大学保险学院）、王向楠、刘璐，第四节为王桂虎、郭金龙；第六章为王向楠等。

本书的创作和完成要感谢中国社会科学院金融研究所的几位领导及著名金融经济学者的指导和帮助。本书还受益于从金融研究所的多位老师和同事，特别是金融风险与监管学科团队中获得的信息和建议，以及李文博、刘洋等老师的科研支持工作。本书的出版要感谢中国社会科学出版社王衡老师等的专业高效的工作，提升了本书质量。最后，感谢中国社会科学院"创新工程"学术出版资助。

最后，本书的错误由作者承担。作者对本书的话题仍在不断学习之中，欢迎针对本书提出意见和建议，并希望就相关研究话题与各界人士进行探讨。

目　录

第一章　金融及保险系统性风险与审慎监管的理论基础 …… (1)
　第一节　金融系统性风险及其审慎监管的理论基础 ………… (1)
　　一　系统性事件及系统性风险 ……………………………… (1)
　　二　基于脆弱性的系统性风险建构 ………………………… (5)
　　三　金融综合经营背景下基于脆弱性的系统性风险 ……… (11)
　　四　对宏观审慎监管的辨析 ………………………………… (15)
　第二节　保险系统性风险及其审慎监管的理论基础 ………… (18)
　　一　保险系统性风险的来源、传染和损害 ………………… (19)
　　二　保险系统性风险监管的正当性、依据和方法 ………… (29)
　　三　概要性评论 ……………………………………………… (32)

第二章　国内外保险系统性或重要风险的形成演进 ………… (35)
　第一节　国际保险业分析 ……………………………………… (35)
　　一　20 世纪 80—90 年代的美国寿险业危机 ……………… (35)
　　二　20 世纪末的日本寿险业危机 …………………………… (47)
　　三　新冠肺炎疫情"大流行"下的国际保险业困境 ……… (53)
　第二节　国内保险业分析 ……………………………………… (61)
　　一　20 世纪 90 年代前后的投资巨亏 ……………………… (62)
　　二　20 世纪 90 年代末的巨额利差损 ……………………… (63)
　　三　保险公司治理缺陷引发的风险 ………………………… (65)
　　四　21 世纪初财产险费率市场化后的行业亏损 ………… (67)
　　五　保险公司激进投资引发的风险 ………………………… (69)

第三章　保险系统性风险的形成和外溢
　　——业务类型视角 ································· (73)

第一节　财产险业务线的系统性风险度量 ···················· (73)
　　一　问题的提出 ······································ (73)
　　二　系统性风险的测算方法 ···························· (74)
　　三　数据描述 ······································· (78)
　　四　研究结果及讨论 ·································· (82)
　　五　小结 ··· (90)

第二节　承保业务风险的地理分散化 ······················· (91)
　　一　问题的提出 ······································ (91)
　　二　相关研究述评 ···································· (94)
　　三　三种地理布局战略下保险公司的赔付风险 ············ (96)
　　四　经营地区数目与赔付风险 ························· (103)
　　五　小结 ·· (108)

第三节　保险业互联网活动与网络安全 ···················· (108)
　　一　问题的提出 ····································· (108)
　　二　网络风险的含义和特征 ··························· (110)
　　三　数字时代保险业的网络结构与脆弱性 ··············· (114)
　　四　保险业网络风险的存在特征及表现形式 ············· (118)
　　五　美欧日保险业的网络风险情况 ····················· (123)
　　六　中国保险业的网络风险规制情况 ··················· (126)

第四节　保险投资对金融稳定的影响：基于欧洲国家的
　　　　　数据 ··· (129)
　　一　问题的提出 ····································· (129)
　　二　欧洲国家保险投资状况 ··························· (130)
　　三　离散选择模型构建 ······························· (134)
　　四　回归分析 ······································· (135)
　　五　小结 ·· (140)

第四章 保险系统性风险的形成和外溢
——单个机构视角 ································ (141)

第一节 财产险公司的复杂性与风险 ····················· (141)
一 问题的提出 ································ (141)
二 相关文献述评 ······························ (143)
三 财产险公司复杂性与风险的度量及描述 ········ (148)
四 回归设计 ·································· (159)
五 回归结果分析 ······························ (160)
六 小结 ······································ (166)

第二节 人身险公司的共同敞口与流动性关联 ············· (168)
一 问题的提出 ································ (168)
二 相关文献述评 ······························ (169)
三 变量设计及空间计量模型构造 ················ (173)
四 回归结果分析 ······························ (182)
五 稳健性分析 ································ (189)
六 小结 ······································ (192)

第三节 金融机构综合经营的风险效应：基于中国股市数据 ································ (193)
一 问题的提出 ································ (193)
二 综合经营风险效应识别机制的文献述评 ········ (195)
三 数据说明 ·································· (198)
四 综合经营与金融机构的破产风险 ·············· (200)
五 综合经营与金融机构的系统性风险 ············ (206)
六 小结 ······································ (212)

第四节 保险公司持股行为与被持股公司股价波动 ········· (213)
一 问题的提出 ································ (213)
二 保险公司持股特征分析 ······················ (216)
三 样本选择与模型构建 ························ (223)
四 回归结果与分析 ···························· (227)

  五 小结 …………………………………………………………（231）

第五章 保险系统性风险的形成和外溢
    ——部门整体视角 ……………………………………（233）
 第一节 保险科技系统的个体风险和系统性风险 …………………（233）
  一 保险科技系统的构成和特征 ………………………………（233）
  二 基于复杂网络理论的保险科技风险分析框架 ……………（238）
  三 保险科技系统的个体风险探讨 ……………………………（240）
  四 保险科技系统的系统性风险探讨 …………………………（247）
 第二节 气候风险对保险业的影响及应对 ………………………（252）
  一 问题的提出 …………………………………………………（252）
  二 保险业面临的气候风险 ……………………………………（253）
  三 保险业适应气候变化 ………………………………………（257）
 第三节 保险业系统性风险对相关行业的溢出 …………………（261）
  一 问题的提出 …………………………………………………（261）
  二 相关文献述评 ………………………………………………（263）
  三 研究模型和方法 ……………………………………………（264）
  四 数据与变量 …………………………………………………（267）
  五 回归结果与分析 ……………………………………………（273）
  六 小结 …………………………………………………………（285）
 第四节 保险业资产负债流动性错配与系统性风险：基于
    OECD 国家的数据 ……………………………………（285）
  一 问题的提出 …………………………………………………（285）
  二 OECD 国家保险业资产负债流动性错配状况 ……………（287）
  三 OECD 国家保险业资产负债流动性错配指数的测算 ……（290）
  四 回归分析和结果讨论 ………………………………………（293）

第六章 中国保险系统性风险的监管建议 ……………………（301）
 第一节 对传统保险风险的监管建议 ……………………………（301）

  一　适当支持保险公司的地理扩张 …………………………（301）
  二　完善对保险投资风险的监管 …………………………（302）
  三　加强保险业资产负债匹配的监管 ……………………（304）
 第二节　对互联网和科技风险的监管建议 …………………（310）
  一　对互联网风险监管的对策建议 ………………………（310）
  二　对保险科技监管的对策建议 …………………………（315）
 第三节　对气候变化风险的监管建议 ………………………（317）
  一　基于"稳定"目标 ……………………………………（317）
  二　基于"发展"目标 ……………………………………（318）
  三　一些补充说明 …………………………………………（320）
 第四节　对"大流行"中暴露风险的监管建议 ……………（320）
 第五节　对声誉风险的监管建议 ……………………………（322）
  一　美欧日保险业声誉风险的监管 ………………………（322）
  二　强化中国保险业的声誉风险监管 ……………………（324）
 第六节　对保险业与相关行业风险溢出的监管建议 ………（325）

参考文献 ……………………………………………………（327）

第一章

金融及保险系统性风险与审慎监管的理论基础

第一节 金融系统性风险及其审慎监管的理论基础

防范化解重大风险，尤其是系统性金融风险，是中国全面建成小康社会的三大攻坚战之一。国际金融危机爆发后的十多年来，与微观审慎监管相结合的宏观审慎监管越来越成为主要国家应对系统性金融风险的"重器"。对于金融系统性风险及其宏观审慎监管，国内外理论和政策研究者给予了大量关注，本节回顾和分析这些研究。

一 系统性事件及系统性风险

（一）系统性事件的含义

系统性危机可被定为可以引致大规模金融机构或市场遭受冲击，严重损害金融系统功能正常运转的事件。

1. 系统性事件

系统性事件包括两个重要方面：冲击和传播机制。冲击通常可分为两类：（1）单一、有限的特定冲击；（2）普遍、严重的系统冲击。在极端情形下，特定冲击最初只影响某一金融机构的健康或某一金融市场的价格，而系统冲击则很可能同时影响整体经济。在金融体系中，各类冲击的传播机制因实际风险关联渠道和信息传导渠道而异，其是市场体系向新的均衡动态调整并实现自我稳定的过程。系统性风险的传导机制有两个特征：（1）一般不能通过价格提前发现；（2）涉及实体经济与金融变量的相互作用，可能存在周期性。

美欧爆发的金融危机和近几年中国的所谓"金融乱象"让人们认识到，保险业也可能成为滋生和助长金融风险的重要力量。在次贷危机的形成机制和利益关系链条中，保险公司不仅充当了次级债券的重要投资者，成为次贷市场资金的重要来源之一；而且通过提供按揭贷款保险、单一风险保险和信用违约掉期等产品，增强了市场和投资者的信心，成为金融危机形成机制中的重要一环。近几年，中国一些保险公司存在的虚假出资、大股东或实际控制人"一言堂"、违规和激进投资、不当产品创新、资产负债严重错配等问题，连同行业监管缺位，都是"金融乱象"的重要表现。

2. 系统性事件的发生强度及其损害后果

各类冲击及其随后的传播均存在不确定性，系统性风险可通过以下两方面的联合概率分布反映：系统性事件发生的可能性及其相应损害后果的严重程度。根据是否综合考虑金融部门发生的系统性事件对经济产出和社会福利造成的损害，可区分系统性风险概念在水平维度与垂直维度上的侧重点：前者关注金融部门发生系统性事件的可能性及其影响，后者通常考虑金融部门发生的系统性事件与宏观经济波动之间的关联，不仅关注系统性事件对金融部门的冲击，也关注系统性事件对总体产出的影响，并将其作为评估该系统性事件发生强度的尺度。

3. 系统性事件、系统性风险因素及其与损害影响的关系

系统性风险是系统性事件、系统性风险因素及其损害影响的统一体。(1) 系统性事件与损害影响之间存在因果联系：①系统性事件以导致严重损害为果；②系统性事件发生的强度与损害影响之间存在正相关性。(2) 系统性风险因素与系统性事件之间相互关联、相互转化。系统性风险因素是促进系统性事件发生的原因或条件，是造成损害影响的间接原因。当某些因素是造成损害影响的直接原因时，称这些因素为系统性事件。

（二）系统性风险的含义

"系统性风险"一词的英文是"systemic risk"。在经济学研究领域，

第一章 金融及保险系统性风险与审慎监管的理论基础

系统性风险概念的使用源于对金融危机的阐释。相关文献对系统性风险概念的界定，可分为以下3类。

其一，系统性风险是单个事件在由众多相互关联的金融机构和市场形成的整体系统中造成一系列连续损失的可能性。美国金融研究办公室（The Office of Financial Research，OFR）在2012年发布的首份报告《系统性风险分析概述》中归纳了系统性风险在定量研究中的3种常见概率分布表达式（Bisias等，2012）：

$$\text{Prob}(E_t | R_{t-1}, X_{t-1}, R_{t-2}, X_{t-2}, \ldots) \equiv Pre-Event\ Distribution \quad (1-1)$$

$$\text{Prob}(R_t, X_t | E_{t-1}) \equiv Post-Event\ Distribution \quad (1-2)$$

$$\text{Prob}(R_t, X_t, E_t) \equiv Contemporaneous\ Distribution \quad (1-3)$$

其中，R_t 是表示 t 时刻任一系统相关机构的资产回报率或证券价格的向量，X_t 是刻画 t 时刻经济和商业状况的状态向量。如果定义 E_t 取1和取0，分别表示在 t 时刻发生或不发生系统性事件，则（1-1）式、（1-2）式和（1-3）式分别表示系统性风险在各种可能状况下的3种概率分布。（1-1）式表示系统性风险的事前分布，用以揭示在给定当前和过去信息的条件下，未来发生系统性事件的可能性。（1-2）式表示系统性风险的事后分布，用以检测系统性冲击发生后的各项响应是否恰当。（1-3）式表示系统性风险的同期分布，用以刻画系统性事件的真相。

其二，系统性风险是指在金融体系中经常发生、能够对包括金融体系自身在内的整个国民经济产生负面影响的现象，或金融系统由于对冲击敏感且缺乏抵抗力而使得结构和功能受损而导致的风险传染。此界定类似于健康与传染医学领域发生的、因传染病大范围传播而造成人口大量死亡的现象的描述。在经济学领域，金融体系爆发系统性风险的可能性和危机蔓延的程度均大于其他经济部门，所以系统性风险被视为金融系统的一种特性。对于每个金融市场参与者，Sheldon 和 Maurer（1998）将系统性风险的这一属性比喻为"苏格兰人眼中的尼斯湖水怪"，即每个人都知晓它的存在并意识到它的危险，并能准确地描述它所带来的种种威胁，却没有人能预测它会在何时何地发动袭击。因而，即使没有任何证据表明它是如何发生的，也无法否认它的存在。

其三，系统性风险是一个集合概念，包括金融脆弱性、系统性事件及其自我实现机制等。"广义"的系统性风险发生在银行部门和金融市场以及相关联的支付与清算系统中，其核心特征是传染效应，表现为多种形式的外部效应，同时包括各种冲击相互作用导致的金融不稳定状态。

（三）系统性风险概念的演变

证券投资学中的系统性风险（Systematic Risk）与本节分析的系统性风险（Systemic Risk），虽然在语义学上的基本含义相同，但经济学含义却迥异。第一，两者的概念内涵存在差异。Systematic Risk 描述的是证券市场中不能通过分散投资加以消除的风险，也称不可分散风险或剩余风险。Systemic Risk 描述的是由于金融体系整体或局部受到破坏导致金融服务中断、对实体经济造成严重消极影响的风险，其受经济金融周期及市场间相关程度的影响较大。可见，后者所指向的研究客体比前者更具全局性。

第二，Systemic Risk 的概念内涵存在扩展的变化趋势。学者们对系统性风险的认识已从单纯针对银行部门暴露的脆弱性，扩展至整个金融体系乃至宏观经济系统。政策制定者对系统性风险的监管理念，也从微观审慎视角下单纯关注特定机构的稳定性，发展到从宏观审慎视角下防范整个金融体系和市场的相关风险因素在时间维度和空间维度上的积累。

上述趋势的发生有以下 3 个方面背景。（1）金融创新的繁荣为抵押证券化、影子银行类业务、金融风险的保险业务等非传统金融业务的兴起奠定了基础，动摇了以银行信贷为中心的金融资源配置格局，使得系统性风险的来源更为复杂。Loutskina 和 Strahan（2009）论证了证券化信用中介的广泛可获得性，认为其可以促进抵押信贷市场的流动性，降低单个银行在特定财务状况下提供信贷服务的敏感性。（2）金融监管改革进程滞后于金融创新活动，并与大量以规避监管为动机的金融创新活动叠加，推动了由非银行信用中介构成的复杂金融体系的显著扩张，加剧了金融系统的脆弱性和系统性冲击导致的损害后果的不确定性。Adrian 和 Shin（2009）认为，影子银行体系大量开展的表外资产证券化业务，已经引起信贷发起机构的过度杠杆化；当前危机中因对上述机构的监管要求而发生的去杠杆化效应存在随时间变化的顺周期性。（3）随着金融创新强度的加大和金融技术的进步，信息披露的滞后性对金融监管效率提出了挑战。在相互联系和存在交易杠杆的金融市场中，信息的不透明加快了系统性冲击通过金融网络传播的速度，并生成了相互强化的流动性短缺和资产价格恐慌性下跌的压力。

（四）系统性风险相关概念辨析

"系统性风险"已成为金融危机研究和相关政策响应分析的重要基础概念，学界在其概念及其构成问题上至少取得了以下3点共识。（1）系统性风险客体具有多层次性。系统性风险的概念已经被应用到金融机构、金融市场及宏观经济等不同层次的分析中，成为应对金融危机、维护金融稳定等问题的重要内容，研究对象涉及不同国家、地区的银行、保险、证券、房地产等多种产业组织及业务形态。（2）金融系统面对不同的冲击会表现出不同的脆弱性，所以系统性风险与施加在金融系统上的特定冲击密切相关。（3）施加在系统性风险客体上的冲击具有多维度性。金融系统及其各相关部分通常暴露于多重冲击下，这些冲击既有来自于金融系统内部的，也有来自于金融系统外部的，且不同尺度的冲击之间还存在复杂的交互作用。

在金融业日益明显的综合经营趋势下，根据脆弱性的系统性风险分析框架下，我们认为：保险系统性风险包括狭义和广义两个层次。（1）狭义的保险系统性风险仅指保险业风险，特别强调单个保险公司的异质性风险演化成系统性风险，并给其他金融机构带来的局部或全局的影响。（2）广义的保险系统性风险是指，保险业在经济运行中丧失金融中介基本功能的风险，包括风险分散和保障、资源配置和资金融通以及社会管理等部分功能的丧失。

二 基于脆弱性的系统性风险建构

金融体系内在的脆弱性表明，金融体系在内外部因素的共同作用下导致风险积聚，往往处于一种对外部冲击较敏感、易发生危机的不稳定状态。系统性风险根源于金融体系内在的脆弱性，应当从金融合约的不完美性、金融机构的财务特征和金融市场的结构特征等方面进行建构和识别。

（一）源于金融合约的不完美性

欧洲央行原行长 Trichet（2009）在剑桥大学卡莱尔学院发表的一次公开演讲中表示，金融合约内在的、与系统性风险相关联的关键特征之一是信息不对称。金融中介通过提供金融合约，在资金的拥有者和潜在投资机会信息的拥有者之间分配资金。如果金融合约是不完全的，且某些投资项目在融资过程中被负向信息干扰，同时信息的不对称已使得持有资金的一方无法正确判断其他投资项目是否存在风险，最终将可能导致所有类似投资项目面临资金蒸发、融资链条断裂。因此，金融合约的不完全性被视为系统性风险的根源之一。

（二）源于金融机构的财务特征——杠杆

金融机构资产负债表有两个基本特征——高杠杆负债经营和资产负债期限不匹配。二者既是金融机构得以有效实现金融中介功能的关键，也是系统性风险因素积累的基础。

"杠杆"在金融语境中是指"金融机构放大头寸或者投资的收益率（正或者负）超过自有资金直接投资于货币市场可获得的收益率"。杠杆率一般是指用来衡量杠杆程度大小的比率，不同的杠杆形式对应不同且不唯一的计算方法。从国民经济和金融体系上讲，杠杆率可以衡量实体经济及金融体系的债务与股本的最优平衡及其随时间变化的趋势。

1. 微观个体层面

财务杠杆的运用，使得存款类金融中介机构可以通过吸收存款的方式从实体经济中的资金盈余部门"借入"资金，并且只需要保留少量现金满足日常提款需要，剩余资金可"融出"给有需求的实业部门，一方面降低了一般工商企业的融资成本，另一方面满足了大量投资项目的资金需求。

对于金融机构的股东而言，一方面，虽然他们的最大损失以出资入股的金额为上限，但却可能存在通过高杠杆投机业务活动获取高风险回报的激励；另一方面，管理权和所有权分离的公司治理结构，还会进一步激发股东选择高杠杆运营的冲动，加剧道德风险问题（刘春航，2012）。因此，如果没有对金融机构进行有效监管，他们往往倾向于并实际承担超出自身资本能力的高杠杆水平和高风险状况，导致金融体系内大量潜在的不稳定因素逐渐积累。

2. 宏观总体层面

影响金融稳定的一个关键因素是，实体经济和金融体系的债务及其随时间变化的趋势。（1）金融机构的"过度杠杆化"不仅是历次金融危机的推手，更放大了经济周期下行时去杠杆化过程中的危机程度。Shiller（2000）等的研究表明，金融危机通常与宏观经济中偏离经济发展长期趋势波动所诱发的"繁荣预期"存在一定关联，投资大众的异常心理最终可能变异为市场投资的狂热，并掀起市场过度借贷的"非理性狂潮"。在金融市场尤其是证券市场中，投资者很难充分获取和准确判断信息，反应不足和反应过度已成为常态。在"保守主义偏差"和"锚定效应"等因素的影响下，投资者在市场趋势完全确立之前无法对信息做出理性反应；而当市场趋势明确后，投资者在"代表性偏差""过度自信""羊群效应"等因素的影响下，会对以前被忽略的信息做出过度反应，从而过度加杠杆（刘东民，2009）。（2）金融杠杆影响金融稳定的时间路径与经济周期波动存在相关性，实体经济和金融体系总体的杠杆程度在经济周期性波动中发挥着重要作用。这一点已经被历次金融危机的经验事实所验证，并取得了较广泛的理论支持。Fisher（1933）的"债务—通缩"假说认为，当企业过度借贷行为将资产价格推高至一个不可持续的水平之后，短期内集中爆发的债务清偿将导致信贷泡沫破灭，使得危机传导至实体经济层面，令经济基础进一步恶化。Minsky的"金融不稳定"假说通过研究金融机构财务杠杆与经济周期二者之间的关联，发现金融不稳定反映了经济不稳定的主要方面，金融稳定只是一种暂时的过渡状态。

(三) 源于金融机构的财务特征——期限转换

金融机构期限转换的方式和水平是决定危机中系统性风险因素的传导和扩散的重要方面。

1. 期限转换的方式与社会价值

期限转换使得非金融部门（企业和家庭）的负债期限长于资产期限，通常有两种方式：（1）金融机构通过资产负债表渠道，使得自身账面上运营管理的资产的合同到期日长于由非金融机构供款形成的负债的合同到期日；（2）投资者通过流动性交易市场渠道，将长期负债合约作为一项短期资产进行交易。这两种方式可组合进行且相互关联，例如，非银行金融机构通过资产负债表转换（如通过结构性投资公司和管道组建资产池并转移资产）和市场转换（如开发并交易证券化信贷产品）的复杂组合，形成较大规模的期限转换。期限转换有利于提高投资效益、增进社会福利。例如，非金融机构通过期限转换持有期限长于先前资产的金融负债，这意味着，家庭部门能够随着时间的推移平滑消费，企业可以获得长期投资的资金来源。

2. 期限转换的水平与流动性风险

流动性创造的两种基本期限转换方式均存在威胁金融稳定的系统性风险因素。（1）通过资产负债表渠道转换。如果存款者集中取回存款，会引发金融机构挤兑。（2）通过流动性市场渠道转换。如果较高比例的投资者同时出售其长期性合约，会导致金融资产价格下跌和流动性丧失的损失螺旋。已有文献对于上述系统性风险因素在金融危机中的传染机制的理论解释，主要是围绕金融机构的资产负债表状况、融资流动性约束以及流动性[①]危机之间的关系展开。

金融加速器理论（Bernanke 等，1996）探讨了在存在信息不对称、

[①] 通常有3种流动性概念：（1）货币流动性（Money Liquidity），指货币需要即时可获得、易于转换为现金的能力；（2）融资流动性（Funding Liquidity），指交易者的影子成本，即交易者从资金所有者手中借入资金的难易程度；（3）资产的交易流动性（Transaction Liquidity），也称市场流动性（Market Liquidity），指金融资产的交易价格与其基本价值的差额，即通过出售该资产获得资金的难易程度。

委托代理问题的信贷市场中，企业和家庭的资产负债表状况与投资水平、宏观经济产出之间的关联，认为借款者（包括企业和家庭）的资产负债表机制是造成产出波动的根源之一。而在金融市场上，融资流动性约束是流动性危机自我实现的主要驱动力（Borio，2004）。（1）投资者基于以下原因出现资产抛售的"羊群行为"，从而导致市场产生大量交易性的流动性需求：①基于对未来市场流动性危机的担忧而进行恐慌性融资的流动性风险（Bernardo 和 Welch，2004）；②交易者由一开始的合作行为，转为争相打压价格的掠夺性交易①；③基于计算机程序的"止损卖出"、组合保险等对冲交易策略。（2）做市商（如证券交易所）作为交易性的流动性供给者，在市场资金收紧的状况下，同样可能出现流动性问题。

（四）源于金融市场的结构特征

金融市场的结构特征，一方面体现了金融的系统脆弱性，另一方面也是构成金融系统性风险的重要来源。与系统性风险相关联的金融市场的结构特征包括（但不限于）以下 3 点。

1. 对于金融体系相互关联的复杂程度的认识

金融系统的规模及其复杂程度源于多种因素，包括法律和制度约束、市场实践、参与者特征以及在某一时点驱动系统的外生因素（刘春航，2012）。根据美国国家经济研究协会经济咨询公司（NERA Economic Consulting，2010）的分类，金融体系的内在关联性包括：（1）直接关联性，即当金融机构通过参与支付系统或开展各种交易头寸及业务活动，在彼此之间形成直接的债权债务；（2）融资关联性，即金融机构通过"资金使用权与控制权分离"的融资活动，与其他金融机构形成关联；（3）间接关联性，主要是指除上述两种关联性之外、由资产价格变化或市场参与主体行为变化以及对它们的预期造成的。金融体系内部错综复杂的关联，一方面会加剧金融系统的脆弱性，增加系

---

① 掠夺性交易行为指，博弈双方中的一方投资者事先知道其他投资者受资金约束可能卖出股票的信息后，就会先行卖出股票以打压股价，迫使受资金约束的投资者不得不执行卖出，随后打压股价的投资者又会在股价下降到底部时买回股票进行平仓。

统性风险传染的可能性，另一方面会加剧金融市场信息获取、传递和分析的难度和成本，导致金融交易的透明度下降，从而对各类金融机构以及监管部门风险管理的有效性构成挑战。

2. 金融产品、服务或风险管理技术存在某种"同质化趋势"

金融市场上众多参与主体"基于同一制度规则要求、相同或相似的思维模式或认知模式"采取行动，这些行为在系统内的"作用力方向基本一致，不能彼此抵消"，从而助推生成某种"方向相反的自增强反馈循环"。在正的一面会催化金融泡沫膨胀，在负的一面则会加剧金融危机冲击的恶性循环，正反两方面的作用使得金融系统缺乏收敛性，导致金融系统的脆弱性上升，不利于金融稳定。此外，如果金融机构遵循一致的监管要求，采取类似的风险分散模式，金融混业经营的发展必然会加剧相应风险管理技术的同质化，使得整个金融体系暴露于类似的风险敞口（Turner，2009）。此时，市场信心一旦出现动摇，在外部冲击事件的刺激下，可能出现非理性的恐慌、"羊群"行为，导致局部甚至整个金融体系处于更为脆弱的状况。

刘春航等（2012）借鉴生态学中对于生物同质性及多样化的分析方法，探讨了应当如何从多个维度度量银行业的同质性及其对金融稳定的影响。从经验证据来看，在澳大利亚银行业系统性风险的来源中，共同风险敞口的影响大于相互传染的影响（Elsinger等，2006），而中国人身险公司的产品同质化对风险联动性也有影响，但影响程度不算大，而地理同质化没有显著影响（王向楠，2018）。

3. 关键金融活动受少数金融机构过度支配

金融混业经营的发展会导致采取综合化经营策略的大型金融机构形成寡头垄断利益集团，出现"大而不倒"或"太过关联而不倒"的僵局。大型金融机构的破产常常可能引发大范围的金融体系功能中断，产生破坏性影响，所以当面临危机时，政府将不得不采取救助措施。而这些机构自身由于享受着纳税人提供的"隐性担保"，通常会漠视各自的破产风险而过度追逐超出其承受能力的收益。这是一种有失公平且缺乏效率的资源配置，必然造成社会福利的损失。

三 金融综合经营背景下基于脆弱性的系统性风险

从国际上看，以美英德法等为代表的发达市场经济国家的金融制度演进，经历了"兼业—分业—混业"几个历史阶段：（1）19世纪中叶为现代金融业发展之初的自发性兼业经营状态；（2）20世纪30年代大萧条后，为促进金融业发展，政府对金融业进行了不同程度的规范化，采取"分业经营、分业监管"的模式；（3）随着金融深化和金融创新融合发展到一定程度，金融业日趋成熟且亟须突破行业发展瓶颈，混业经营热潮随之兴起，并倒逼分业经营管制放开，后逐步进入综合经营阶段。就中国而言，分业经营与混业经营之间的边界已逐渐模糊，金融综合经营将成为中国21世纪金融业发展的重要战略方向之一。

在此背景下，系统性风险演变呈现出一些与金融综合经营趋势相一致的基本特征。将基于金融脆弱性的系统性风险置于金融综合经营背景下进行分析，是非常必要的。

（一）金融综合经营背景下系统性风险的演变特征

1. 产生来源存在内生性和累进性

在金融综合经营背景下，作为一种脆弱属性或内生不稳定状态，系统性风险的生成及触发具有一定的内生性，而作为一种不稳定状态的变更或系统工程，系统性风险的生成及触发又具有动态性。

一方面，在某一时点，系统性风险存在与否，在很大程度上与金融综合经营下金融功能的实现方式紧密相关。（1）在金融机构主导的综合经营模式下，金融机构通过市场微观参与主体提供相关的风险平滑服务，特别是生命周期较长的金融机构能够通过杠杆化经营提供有效的期限转换机制，使得挤兑、退保等形式的不稳定因素主要集中于金融机构本身。市场主体倾向于通过杠杆化经营、期限转换等实现纵向风险分摊。机构主导型的金融系统则面临两个维度的系统性风险因素的建构：一是横向维度的系统重要性机构的不稳定性，二是系统性相关性业务在时间维度上的不确定性。（2）在金融市场主导的综合经营模式下，个人投资者、企业等众多市场微观参与主体直接暴露于各种风险之下，市场主体通过多元化投资策略或风险转嫁等实现横向风险分摊。市场主导型的金融系统面临来源更广泛和复杂的系统性风险因素。

一个国家究竟选择何种金融结构以使各项金融功能具有内生性，不仅与其历史文化、法律环境及金融自身发展历程等有关，也与其当时的经济发展水平和社会经济结构特征有关。它会对系统性风险的产生及触发方式产生间接的影响。

另一方面，系统性风险的动态性意味着，金融体系的脆弱性不仅是系统性风险爆发的根源，也是系统性风险演化的产物。金融系统内在的脆弱性程度并不是一成不变的，而是取决于系统性风险冲击的特点、金融体系内部抵御系统性风险冲击的机制以及外部的政府监管行为、政策干预效度等因素。这些因素始终处于动态的演进过程中，在时间轴上具有累进的特征。这意味着，随着时间的流逝，系统性风险总是不断地呈现出新的形态，而不是机械的"历史重现"，即系统性风险生成的原因及其导致的结果之间的关系，并不确定，而是存在某种复杂映射关系、循环式因果关系。

2. 传导过程存在复杂性和突发性

金融综合经营下，不同业态的金融机构融合发展，不同类型的金融业务出现交叉运营，金融市场上各类微观参与主体通常面临更为复杂多样的金融服务选择，政府干预行为相应地也更加充满不确定性。这些因素的共同作用最终会导致系统性风险传导过程的复杂性和突发性。

第一，金融系统本身是一个复杂的、动态的开放系统，其内部层次繁多且相互关联、相互影响，而且受到人类集体决策行为所包含的不确定性因素的冲击。这一复杂系统总体上呈现出某种不稳定状态，但由于系统自组织作用的存在，其内部结构又会表现出局部的稳定性。

第二，金融综合经营促进了各类市场之间的融合和金融创新的繁荣，导致金融信息披露的透明度要求以及一般金融消费者的认知能力总是滞后于金融交易复杂性的发展，由此，新的风险源及其诱发机制不断形成，为系统性风险跨市场、跨机构、跨业务领域的交叉传递和传染培育了现实土壤。

第三，系统性金融危机是金融系统对外部不确定影响因素以及内部不稳定状态的一种典型的非线性反应，其爆发总是呈现一定的突发性。

因此，当我们把综合经营下的金融系统视为一个复杂的混沌系统，系统性风险传导过程中的随机性、突变性因素就可被视为金融系统内在非线性"脆弱性"机制的相应结果，就无须从外部条件中追寻相关随机事件的"冲击"根源。

3. 损害后果存在负外部性和较大的监管难度

对于整个社会，金融机构出于自身风险与收益最优匹配做出的个体竞用性决策结果，未必意味着最优选择，并且单个金融机构的风险控制行为并不会从根本上消除相应的风险，而只能转移与重新分配金融系统中的相应风险。随着金融综合经营的发展，金融机构之间形成了日益紧密且日趋复杂的金融网络关联，一家金融机构的危机会通过业务关联、投资者非理性行为以及市场"恐慌"等诸多渠道迅速传递给其他金融机构，导致风险负的外部性在更大的空间内蔓延，扩大破坏性影响的范围。最终，当金融体系中越来越多的机构被牵连其中，这种负的外部性就会获得另外一种表现形式，即：一种单个金融机构或金融市场及其微观参与主体无法承担或分散的整体性风险，对整个金融系统造成局部或全局性的破坏。

因此，鉴于金融综合经营下系统性风险的损害后果具有巨大的负外部性，政府部门对系统性风险进行有效的全面监管是必要的，也具有挑战性。

（二）金融综合经营、脆弱性与系统性风险：一个分析框架

Fischhoff 等（1983）提出了10条标准来定义"好"的风险分析：全面广泛、基于实际、逻辑合理、可操作、容易评估、假设和前提明确、与制度协调兼容、知识导向、与风险信息兼容、具有创新性。基于上述标准，我们构建了一个金融综合经营背景下，基于金融系统脆弱性的系统性风险分析框架。

保险系统性风险的形成、外溢及监管

系统性风险是系统性事件、基于金融脆弱性的系统性风险因素及其损害影响的统一体。（1）系统性事件是系统性风险的基本方面，其自身本质上包括两个重要方面：冲击和传播机制。（2）各类冲击及其随后的传播均存在不确定性，系统性风险可通过以下两方面的联合概率分布表征：系统性事件发生的可能性及其相应损害后果的严重程度。（3）系统性危机可被认定为是以较大强度发生的、可让大规模金融机构或市场遭受冲击，并严重损害金融系统的正常运转或重要组成部分功能的系统性事件。

金融体系自身存在多种复杂的、易遭受系统性事件冲击的脆弱性特征，在系统性风险生成和演化为系统性危机的过程中，金融综合经营构成了外部条件和制度背景。政府监管部门对于系统性风险的政策响应与干预行为，大体上可以划分为随时间动态演进和相机抉择两个阶段：（1）系统性事件发生前的预警防范（旨在降低系统崩溃的可能性）；（2）系统性事件发生后的危机管理（旨在减轻系统性崩溃蔓延的后果）。在金融综合经营背景下，系统性风险、金融脆弱性与金融稳定的分析框架如图1-1所示。

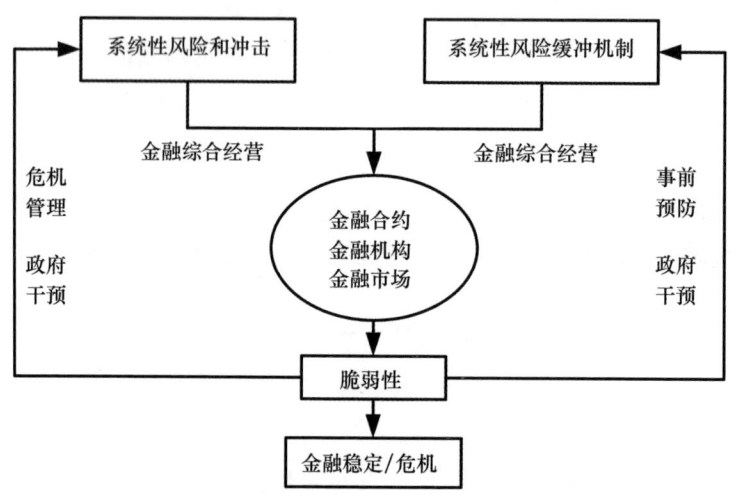

图1-1　金融综合经营下的系统性风险、金融脆弱性与金融稳定

四 对宏观审慎监管的辨析

国际金融危机爆发后,以防范系统性风险为核心的宏观审慎监管研究大量涌现。监管历来都是金融领域最具争议性的话题之一,以危机为背景的宏观审慎监管一方面延续了经济学各流派对金融监管的争论,另一方面融合了对于系统性风险的新认识,取得了长足进展。本节从以下3个方面对宏观审慎监管进行分析。

(一)自由主义视角与政府干预视角下的"政府"与"市场"边界之争

前文的分析中默认存在政府干预,但对于如何划定市场自发调节与政府干预的边界,一直存在争议。自由主义视角与政府干预视角的监管理论争议是围绕"市场是否是完全"以及"政府监管是否是必要"两个话题展开的。

在将自由放任视为市场经济基本准则的古典经济学派看来,在理性经济人自利行为的推动下,市场可以自发地实现资源的帕累托最优配置,市场经济可以在"看不见的手"的支配下自动实现最高效率的运行。因此,一方面,市场经济不需要政府的介入或干预,另一方面,政府也没有能力创建和维护市场经济秩序,政府只需要充当"守夜人"的角色。

随着20世纪30年代"大萧条"的爆发,"市场不完全"成为秉持政府干预视角的凯恩斯主义的主要论据。在凯恩斯宏观经济思想的影响下,金融监管理论开始系统地论证政府干预经济的理论基础,其主要是建立在关于"市场不完美"的如下4点假设的基础上:(1)信息不对称导致金融市场失灵和低效运行,这需要政府通过建设各类金融基础设施、推动信息披露等方式,提高交易双方的信息完备程度。(2)有效的金融市场不是自然实现的,而是一种具备非排他性和非竞争性特征的公共产品。为避免公共产品的"搭便车"问题和"公地悲剧",政府有必要实施监管,确保金融服务的良性供给,避免集体非理性。(3)金融机构在运营过程中存在风险与收益的外部性、金融混乱的外部性等

(Kareken 和 Wallace, 1983), 因此, 政府需要通过税收或其他管制措施矫正金融机构的负外部性。(4) 金融市场中存在较强的规模经济效应, 这通常意味着较高的准入门槛, 会导致垄断行为, 从而带来价格歧视、寻租等影响金融市场运行效率、导致社会福利损失的现象 (Meltzer, 1967)。因此, 政府应通过管制手段消除垄断结构和各类勾结行为, 维护金融市场的公平竞争机制。

从 20 世纪 70 年代的"滞胀"到国际金融危机前夕, 凯恩斯主义的政府干预思想受到了新古典学派以"有效市场假说"为基石的新自由主义思潮的冲击。有效市场假说认为, "金融资产的价值反映了与其价值相关的一切可获得信息" (Fama, 1970), 即金融资产的价格是金融资产内在价值的最佳表现形式, 它们在市场中围绕金融资产的均衡价值上下波动, 不会长期偏离其均衡价格。有效市场假说的信奉者们认为, 金融监管只会增加监管成本和降低金融机构的运行效率, 并且质疑政府对市场失灵的纠正极有可能导致"管制失灵"。

综上所述, 自由主义视角与政府干预视角下关于"政府"与"市场"边界的争议, 本质上是在论证金融监管的必要性和合理性。因此, 宏观审慎监管作为一种在国际金融危机后备受瞩目的金融监管方式, 不仅需要将其置于当前国际金融危机的特定历史时期和宏观经济背景之下讨论适用性, 还需要正本清源, 延续其一脉相承的监管理论基础。

(二) 金融综合经营背景下对监管效率的讨论

在金融自由化和金融综合经营的背景下, 对金融监管效率的探讨涉及宏观审慎监管的优越性和局限性。

1. 监管辩证法下金融创新与金融监管的关系

20 世纪 70 年代以后, 以规避金融监管为主要动力的金融创新实现了金融交易产品的极大丰富和各类金融市场的深刻变革, 但同时也在世界范围内不断引发金融危机, 对金融监管方式和监管技术提出了挑战。金融监管呈现出"集中监管—分业监管—集中监管"的动态演进过程, 与金融业态的发展相呼应。可见, 理解金融创新与金融监管的关系, 是理解金融综合经营背景下监管效率问题的基本着眼点。

2. 激励监管理论

Laffont 和 Tirole（1986，1991）提出的"非对称信息模型"是研究组织内部的共谋问题、政府的行业规制问题和"集权—分权"的利弊问题的基本工具。他们将金融监管体系分为权力机构（如国会）和监管部门两个层面，在委托—代理理论的分析框架下，构建了包括被监管企业、管制机构和权力机构在内的 3 层结构模型，以图解决监管的最优机制设计问题。

基于"卢卡斯批判"（Lucas，1976），当政策发生改变时，预期与历史信息之间的关系随之变化；进而，由于预期会影响经济主体的行为，政策评价模型中的各种关系也会随之变化；此外，政策评价模型是根据历史数据推导得出的，它对政策实施效果的评价是不准确的，具有误导性。Sargent 和 Wallace（1976）提出了"政策无效性命题"，认为公众预期之中的政策与意料之外的政策具有不同的效果，如果政策制定者不了解公众对相关政策的预期，就无法达到预期的政策效果。因此，新古典经济学派认为，相机抉择的稳定性政策不一定有效甚至有害，决策机构应当放弃实施相机抉择的政策，尽量减少"政策上的惊奇"。相应地，金融监管应当采取非相机决策导向的监管模式。

3. 功能监管理论

在功能监管之下，一项金融活动由同一个监管者监管，无论其是由哪个金融机构进行的。功能监管理论适应了金融混业经营趋势下提升金融监管效率的要求，与机构监管相比，其优缺点主要体现在以下几个方面。

金融混业经营的发展导致各类金融机构所提供的产品和服务之间的界限日益模糊。基于功能的监管方案，一方面，考虑到各项金融产品服务在一定时期内相对稳定，对其进行针对性的监管，具有某种意义上的稳定性，既降低了综合经营的金融机构监管套利的可能性，又避免了监管真空；另一方面，功能监管根据每个监管部门自身的特色经济功能分配监管权限，有利于他们各自发挥专业技术优势，提高监管效率。此外，功能监管可以最大限度地消除不同机构在提供同一性质的金融服务时可能面临的不同许可限制，促进金融市场准入方面的公平竞争。

在金融混业经营下，金融创新带动了金融业务的交叉融合发展，可能使某一特定的金融产品服务很难确切地归入某一种特定的功能或类别，使功能监管面临基本的"定义性"问题的困扰。

在金融混业经营下，按照功能监管的观点，单个金融机构可能同时受到多个监管部门的监管，然而，由于没有一个机构为金融机构整体的审慎性监管和安全稳健负责，可能导致金融业无法有效地应对系统性风险的冲击。

（三）行为金融视角下的市场异常现象研究

行为金融学主要研究金融市场中微观经济主体的决策心理特征、行为特征，从而对一些有效市场假说无法解释的市场异常现象（Anomaly）做出解释。

对于一般投资者，由投资者认知偏差引发的市场非理性行为，存在显著的规律性和系统性，若对其缺乏监管可能会引发系统性风险。有效市场假说认为投资者的决策行为是一个在理性经济人约束下相互独立的过程，而行为金融学认为，投资者的行为是相互影响的，投资者之间会相互学习和模仿，可能影响市场价格机制，导致不可逆转的系统性偏差。

第二节　保险系统性风险及其审慎监管的理论基础

本节在现有保险系统性风险及其监管问题相关文献的基础上，将不同制度背景和经济条件下有关系统性风险问题的观点及其论述纳入讨论框架，为未来进一步探索保险体系中不同形态的系统性风险及其监管问题提供一定的参考。

第一章 金融及保险系统性风险与审慎监管的理论基础

一 保险系统性风险的来源、传染和损害

(一) 保险系统性风险的来源

对于保险系统性风险产生的来源，现有研究主要从以下 3 个方面进行阐释。

1. 保险业务结构与系统性风险

按照通常的"二分法"，保险公司可以经营基于可保利益的承保业务和投融资业务。其中，前者被称为"核心保险业务"，根据险种分类，包括寿险、健康险、财产险和责任险等。现有文献普遍认为，核心保险业务与系统性风险要素无关，只有部分准银行或非核心的保险风险转移类业务（如保险风险证券化、信用风险转移和债券保险）才有可能引发威胁金融系统稳定的系统性危机（Eling 和 Pankoke，2016）。即便如此，保险部门开展的这些活动之间的相关性也不是一成不变的，而是会随着投资和融资业务的发展而变化。

日内瓦协会[①]（Geneva Association，2010，2011）详细阐释了保险业务的系统相关性，认为保险的特殊商业模式决定了其能够成为金融体系重要的稳定来源。具体有如下 3 个要点：（1）理论上，承保业务通过汇集大量具有异质性和不相关的风险，能在更大的范围内实现风险的转移和损失的分摊，所以传统保险制度并不满足诱发系统性风险或扩大风险损失的前提。（2）在实践中，承保业务的运行机制有如下特征：保费收入的预付性使保险公司能够获得充足、强劲的现金流入，这些负债的期限较长；保险公司的资产通常由固定收益投资组合构成，它们能够提供长期的增值潜力，预防通货膨胀。因此，保险公司能够通过资产负债匹配对其经营面临的主要风险进行有效管理，使得保险公司在其持续经营期间稳定运营。（3）以美国国际集团（American International Group，AIG）为代表的少数保险公司在金融危

[①] 日内瓦协会全称为"国际保险经济学研究会"，1973 年 2 月在法国巴黎成立，是国际知名的保险研究组织。

机中遭遇的严重困境主要是由准银行业务导致的。陷入类似困境的诸如美国市政债券保险集团（American Municipal Bond Assurance Corp，AMBAC）、市政债券保险协会（Municipal Bond Insurance Association，MBIA）等债券保险公司，其业务主要集中在金融担保以及信贷违约互换的发行和交易。同时，针对保险业的政府救助有90%以上投向了上述非保险核心业务。

中国保险业的状况与发达国家并没有本质区别。赵桂芹和吴洪（2012）等均认为，当前中国保险业引发系统性风险的可能性不大，如果今后保险公司大量开展与资本融资和流动性管理有关的业务，或出售信用担保品等表外业务，就可能引发系统性风险。因此，基本可以认定，保险公司存在潜在系统性风险的业务主要有两项：投机性的表外衍生品交易和期限错配的短期融资。

2. 比较保险与商业银行的系统性风险

对于保险部门与银行部门的系统性风险状况，学者们采用了多种方法进行研究。（1）采用基于市场数据的边际期望损失法（Marginal Expected Shortfall，MES），Acharya等（2017）计算了2004—2007年美国主要金融机构对系统性风险的贡献程度，发现与同期具有较高系统性风险的银行部门相比，少数保险公司的排名与他们不相上下。（2）采用普通的主成分分析法和Granger因果关系网络模型，Drake等（2017）研究了美国保险公司以及银行的收益和风险问题，发现：不同金融机构之间的收益和风险显著正相关；银行对保险公司的影响与保险公司对银行的影响都很显著，但前者的绝对值更大。（3）采用修正的主成分分析法和非线性Granger因果关系网络模型，Billio等（2012）检验了美国对冲基金、银行、券商和保险公司的月度收益率数据之间的统计特征，发现上述4个部门之间的相互关联程度正在日益加深，与此同时，银行和保险部门的系统性风险水平也通过他们之间复杂、时变的关系网络不断上升。（4）采用基于经济增加值的波动率法（Carvalho和Gabaix，2013），Bobtcheff等（2016）发现，保险部门的系统性风险程度约为商业银行部门的1/3、证券部门的1/9。（5）采用极端尾部相依系数法（Lower Tail Dependence，LTD），Mühlnickel 和 Weiß（2015）对国际金融机构的研究发现，保险公司之间的兼并收购提升了其对银行部门的风险溢出效应。

保险部门的系统性风险之所以小于银行部门，原因至少包括以下5点（郭金龙、赵强，2014）：规模大小、机构之间的关联性、与经济周期的关联性、与支付结算系统的关联性以及资产负债的匹配性。在保险部门与资本市场互动增强和金融混业经营的趋势下，Baluch 等（2011）认为，由于与银行部门的关联，保险部门更易遭受银行风险的传染，与此同时，随着保险公司成为信用保证保险市场的重要参与者，银行可能因交易对手风险而遭受系统性冲击。

综上所述，在分析保险公司业务结构的系统性风险程度时，我们可以先将其业务结构分为以下两大类。（1）基于可保利益的传统型承保业务。它包括：绝大部分的寿险和非寿险业务（如承保长期风险、财产和人身意外）、再保险和转分保业务等；基于可保利益的非传统型承保业务（信用风险转移业务、金融担保保险业务、有限再保险业务等）；基于可保利益的混合型承保业务（寿险和变额年金业务、内嵌担保合约、有可赎回期权的保单业务、抵押担保保险业务、信用保险业务等）。（2）投资和融资业务。它根据是否与承保风险相关，可分为"与承保风险相关的投资和融资业务"与"与承保风险无关的投资和融资业务"。然后，采用规模、关联性、可替代性、复杂性、市场信息等评价准则，对每一类具体业务进行评价。最后，综合得到各保险公司的系统性风险程度。表1-1报告了我们设计的中国系统重要性保险公司的评价指标体系，其仅基于会计报表的数据。

表 1-1　　　　中国系统重要性保险公司评价指标体系

影响要素	评价指标	指标说明
规模	总资产	"资产总计"
关联性	金融体系内资产	现金及现金等价物、衍生金融资产、债权类证券、权益类证券、定期存款、存出资本保证金、保险业务应收款、再保险资产、其他金融资产等
	金融体系内负债	保险公司的金融体系内负债包括：应付银行及其他金融机构款项、次级债、卖出回购金融资产款、衍生金融负债、保单持有人的投资合同负债、应付保单红利、其他金融负债等
	再保险业务水平	"摊回保险责任准备金"
	投资活动现金流转率	"投资活动产生的现金流量净额"与"资产总计"之比
	筹资活动现金流转率	"筹资活动产生的现金流量净额"与"负债总计"之比
可替代性	保险业务收入	"保险业务收入"
	赔付支出	"赔付支出"
复杂性	非保险业务深度	"营业收入"减去"已赚保费"的剩余部分占"营业收入"的比重
	非保险负债占比	"负债总计"减去"保险负债"剩余部分占"负债及所有者权益总计"的比重。其中，"保险负债"等于资产负债表的预收保费、应付分保账款、应付赔付款、应付保单红利、保户储金及投资款、其他负债、未到期责任准备金、未决赔款准备金、寿险责任准备金和长期健康险责任准备金之和
	投资类资产占比	"投资类资产"占"总资产"的比重。其中，"投资类资产"是交易性金融资产、衍生金融资产、买入返售金融资产、定期存款、可供出售金融资产、持有至到期投资、长期股权投资、投资性房地产、拆出资金和保户质押贷款之和。
市场信心	保费收入市场份额	保险公司原保费收入占当年保险市场原保费收入总额的比重

资料来源：笔者制作。

3. 保险公司财务困境控制的系统性风险

金融机构破产、倒闭可能造成金融和经济秩序的混乱，导致系统性危机，进而造成巨大而昂贵的政府干预和救助需求，因此，引发危机的保险公司的处置和退出问题是保险系统性风险研究的核心话题之一。

历史上，保险公司的破产清算与市场退出不会触发系统性风险，而会在不激发政府过度干预的同时，促进保险业的整体稳定和保险消费者利益保护能力的提升（Geneva Association，2012）。对此，可以做如下理解。（1）保险监管是构建于持续动态追踪的基础上的，通常运用基于风险调整的评估框架来识别行业内的潜在危机并相机抉择，对陷入危机的保险公司，采取梯度监管的策略，即预先根据事态严重程度界定事后实施监管和干预的力度。（2）对于寻求自救和面临处置的保险公司，在监管当局裁定其未丧失恢复偿付能力头寸的管理效力之前，通常可以选择的措施包括：强化管理、去风险化、削减向股东派发的红利、冻结资产、增资扩股等。此外，还可以选择废止相关经营许可，或暂停新业务的开展，以避免摊薄当前保单持有人的可获得权益。（3）如果监管当局认定一家保险公司无法挽救，将采取措施处置其业务，将其全部或部分管理权限移交至仲裁机构，在最大限度保护保单持有人利益的同时，控制破产引发的经济和社会影响。直到上述可处置业务全部交割完毕，监管当局才会最终核销该保险公司。

综上所述，所有保险公司由一个单独的实体统一监管，但现实中，处置具有全球性影响的金融实体存在较大的法律挑战，并面临多方协调的现实困境。保险公司财务困境的控制是监管部门关注的重中之重。正是出于对其控制不力或不当的隐忧，保险领域的系统性风险问题才具有持续的研究价值。

4. 保险业宏观审慎风险应关注的指标

中国保险业已建成偿付能力监管、资产负债管理等风险管理方法体系，在关注微观风险的同时，多处关注了宏观审慎风险，并且设计的监管措施有些是同时针对微观风险和宏观审慎风险的。近年，包括中国在内的很多国家和相关国际组织加强研究了宏观审慎风险及其监管中应关注的指标。对于保险业宏观审慎风险应关注的指标，国际保险监督官协会（International Association of Insurance Supervisors，IAIS，2021）进行了总结，如下所示。

一是基于宏观数据评估保险业对整体经济的风险暴露的指标。（1）偿付能力。包括偿付能力充足率、利率变化、GDP增速变化、主权和主要指数的信用违约互换（CDS）价差的变化、通货膨胀率变化、房地产估值变化、权益估值变化、权益价格变化、信用评级及展望的变化、久期错配、财务实力评级、汇率变化、保险业前景、波动率指数变化。（2）利润。包括投资收益的变化、混合比率的变化、净资产收益率、再投资率的变化与保证利率的变化、企业分红的变化、新业务线的变化、赔付的变化、不同部门保费收入的变化、银行业利润的变化、企业部门利润的变化、权益价格和国有企业及所在地区期望利润的表现（保险业和非保险活动）、失业和企业偿债状况变化、已付利率（Paid-up Rates）的变化、毛保费收入和净保费收入变化、信贷–GDP 比率缺口（Credit-to-GDP Gap）变化、家庭债务与可支配收入之比的变化、家庭债务清偿比率的变化、家庭可支配收入的变化。

二是基于微观数据识别保险业的特殊变化趋势。（1）一般性的。这包括保险业的市场份额、保险费率和承保绩效的变化、费用的变化、保单取消和失效率的变化、权益价格的变化、资产配置的变化、所有者权益和保单分红的变化、资本要求的变化、股东资本投入、利率和通货膨胀率的变化、发病率和死亡率的变化、资产和负债的变化、Jaws 比率（费用相对于保费的增长）、保单条款的变化、法律法规的变化。（2）具体和小概率事件。如流行病、自然灾害和网络攻击。这包括事件频率和严重性的变化、偿付能力状况的变化、流动性状况的变化、利润的变化、资产的变化、资产配置的变化、市场状况变化带来的抵押要求变化、负债的变化、在市场流动性不足时转向盯住模型（Market-to-model）定价、操作和运营连续性的变化。

三是从个体层面和行业层面分析资产负债错配带来的流动性风险。（1）资产端。这包括资产流动性程度、银行贷款在资产组合中占比、对主权债券的投资变化、对权益的投资变化、对基金的投资变化、资产组成变化、企业债务投资变化、高杠杆贷款变化、贷款抵押债券变化、金融担保变化、再估值、资产的信用质量恶化（如评级下降）、衍生品持有变化、证券资产变化、资产的平均久期、一级、二级和三级资产的变化、主权债券收益率和价差的变化、利率变化、市场波动率提高、期权保证金或衍生品要求增加。（2）负债端。这包括营业中断保险和流动性保险的赔付变化、由于交通活动变化造成的赔付变化、赔付的净值和总值变化、保险赔付三角、承保保费的净值和总值变化、限制利益（Limitation of Benefit，LOB）直接承保保费的变化、退保和保单失效的变化、保险人总借款、债务的平均久期、非保险负债的到期和赎回结构的变化、保险人的短期负债、人寿保险的财务担保、信用额度或信用证提款、诉讼和声誉风险。

四是评估交易对手违约风险。包括保险人偿付能力充足率、保险业资产和负责的集中度、保险人的信用质量、期望违约率、保险人利润水平、衍生品敞口（境内和境外）、特定行业（如金融、房地产）和地区的敞口、市场集中度风险、再保险覆盖、对其他金融机构的敞口。

五是监测保险业对宏观经济冲击的脆弱性。包括 GDP 增速变化、失业水平、通货膨胀率、利率、储蓄率、权益价格变化、债券收益类变化等。

（二）保险系统性风险的传染

现有文献表明，系统性风险至少存在 4 种传染效应（Glasserman 和 Young，2016），包括：（1）基于资产价格的传染，即经济冲击导致一家或多家金融机构大量抛售减值资产，对价格造成下行压力，使持有同类资产的机构价值下跌；（2）基于交易对手方风险敞口的传染，即经济冲击导致一些机构对其交易对手违约，造成金融市场的级联震荡；（3）基于信息的传染，即一些机构财务问题的披露会对交易对手方造成不确定的影响，并引发市场对其他机构是否处于类似困境的担忧；（4）基于非理性行为的传染，即投资者或消费者无视相关机构的风险水平，抽撤资金并相互仿效，造成市场恐慌及市场流动性不足。

对于 AIG 倒闭所引发的各种冲击，Harrington（2011）认为，恰逢房价泡沫破裂和随之而来的实际和预期信贷违约的上升，AIG 等事件和大规模金融危机的爆发，造成了抵押证券价值的下降，该信息被市场捕获并反映为价格随之大幅下跌；这一过程中存在不同程度的交易对手风险暴露的传染、资产价格的传染和不确定、非透明信息的传染，其根源在于证券价值的下降。

AIG产生了显著的风险传染效应,这可以从以下两个方面来理解。(1) AIG失败的自救举措和政府向其交易对手方提供的逾1000亿美元的救助,损害了市场信心,并反映在价格信号上。这最终加剧了他们各自的财务困境,迫使他们抛售资产,进一步弱化了投资和获得贷款的能力。一些作为AIG交易对手的欧洲银行不得不追加资本金或调减风险承担。(2) 若没有政府的及时干预,很多持有AIG保单的消费者可能选择退保或不续保,从而遭受财务损失,由此产生的负面情绪会在保险消费者之间蔓延,形成具有加速度的集体行为。然而,对于AIG所从事的信贷违约掉期和证券借贷业务是否会产生显著的风险传染效应,学者们尚无定论,其原因主要是:难以确定AIG破产对其交易对手方造成的负面影响程度,或者说其交易对手方在多大程度上对冲了对AIG的风险暴露。

Houben和Teunissen(2011)总结了一种评价保险系统性风险传染效应的分析框架,将个体保险公司纳入影响金融系统不稳定因素的宏观视角。具体而言,某一保险公司通过与其他市场参与者的关联产生风险并扩大损失,包括:可能在与金融市场的关联中影响资产价格和长期利率水平,在与银行部门的关联中产生操作风险、流动性风险和声誉风险,在与其他保险公司的关联中沉淀无效的再保险合约,在与其他非金融企业和家庭的关联中无法提供完善的保险保障。在上述渠道的共同作用下,市场信心基础将会恶化,破坏金融稳定。

(三)保险系统性风险的损害

基于"保险公司"的视角。人们虽无法全面、真切地观察系统性风险的传染过程,却不难识别和判断最终系统崩溃造成的损失、导致这一切发生的机构以及它们之间的关联。Grace(2010)认为,从宏观损失后果推演系统性风险的微观演化机理的关键在于,充分理解系统重要性机构的作用。在这个意义上,保险系统性风险可以从如下情形中识别:大量机构遭受某些具有负外部性的触发事件的不利影响,并且这一切的起因与后果均与某一具有系统重要性的保险公司有关。以次贷危机为例，与历史上传统保险公司从未被卷入系统性危机事件不同，次贷危机中由于信贷市场波动而遭受严重损失的保险公司有 3 类：以 AIG 为代表的保险集团、签发年金保单的寿险公司以及提供抵押担保和信贷保险的专业债券保险公司。该事例表明，除 AIG 等保险公司之外，一般保险公司与金融市场不存在系统关联，且可能在危机中扮演受害者的角色；但当 AIG 得到外界紧急救助后，由其倒闭引发的系统性连锁损害效应会逐渐减弱。

基于"机构关联"的视角。在金融市场中，保险公司可能通过自身持有的投资组合或与其他交易对手之间的关联性渠道，诱发市场震荡，并引发一连串机构破产。在银行体系中，上述系统性风险的关联机制体现在银行间同业拆借业务和支付清算体系上，而在非银行体系中，这种关联机制主要存在于金融机构之间基于衍生工具的对冲策略而形成的交易暴露。在危机状况下，某些处于金融网络核心"节点"位置的特定机构，将被迫承担过度风险，它们违约或破产的损失结果会通过机构和市场间的众多关联渠道传导。如果事态进一步恶化，就会形成系统性问题。这些机构的问题不仅在于它们对其他机构或市场参与者带来的风险太大，即"规模太大"（too Large），而且在于其通过交易合约和市场形成的高度关联，即"关联过度"（too Interconnected）。

基于"金融周期"的视角。当金融机构的资产负债表"以市定价"时，即使金融机构之间不相互持有资产，某一金融机构的资产价格变化带来的损失也可能对其他金融机构产生冲击（Brunnermeier 等，2009）。当资产价格下跌时，如果市场上的大多数金融机构都抽回流动性，将迫使更多的抛售行为出现，并使得资产价格面临更大的下行压力，在金融危机期间，这种状况常会出现；反之，当资产价格上升时，金融机构的融资成本上升，在需求增加的情况下将推动资产价格继续上涨，从而对金融机构资产负债表产生反馈效应，而随着资产负债表规模的扩大，其对资产的需求也会越来越大。这一观点能说明保险系统性风险理论上存在通过顺周期机制影响金融稳定的可能性。

基于"社会运转"的视角。2020 年伊始，突如其来的新冠肺炎疫情严重冲击了中国经济社会的运行，抗击疫情成为对国家治理体系和治理能力的一次大考。保险业积极履行"六保"职责，显示了其维护社会运转的难以"替代性"。

保居民就业。保险业兼具资本密集型、技术密集型和劳动密集型的产业特征，能通过多种机制促进居民就业。①保险业直接雇用劳动力，中国保险业吸纳了1000多万名展业人员，其中较大部分属于失业风险较高的群体；②保险业通过承保业务使投保企业更敢于扩大再生产，从而扩大对劳动力的需求；③保险资金具有规模大、期限长、成本低的优势，能够与基础设施建设、长期生产性投资的需求较好地匹配，进而缓解投资者的融资约束，扩大实体经济规模，拉动就业。

保基本民生。保险在医疗、死亡和养老、灾害事故救助、扶贫，特别是精准扶贫等民生领域具有重要作用。①健康保险可以对重大疾病医疗费用、长期护理费、失能收入损失等予以经济补偿，从而分担居民的健康风险；②人寿保险能提升家庭保障水平，防止家庭经济支柱身故后家庭失去经济依靠，养老保险可以为家庭提供养老风险的保障；③保险业捐赠则通过慈善公益行为帮扶贫困群体。

保市场主体。保市场主体突出体现在对小微企业的支持上。①保险业立足小微企业现有风险管理机制，提供互补性的产品服务，降低企业的总风险成本。②考虑到小微企业的"人合"性质强，保险业为其管理者和普通员工定制了团体健康和养老风险的保障产品。③保险业与产业链供应链上的主导企业合作，降低承保小微企业风险的信息成本和营销成本。④信用保证保险能助力小微企业融资，其具体形态很多，如贷款保证保险、助农保单质押、土地承包经营权抵押贷款保证保险、农户土地流转收益保证保险等。

保粮食能源安全。①粮食安全。农业保险通过损失补偿、风险管理、保费杠杆激励设计等促进粮食生产。②能源安全。保险业对能源安全的保障主要体现在对能源生产运输企业的损失补偿，以及为能源生产运输企业参与国际市场竞争提供保障。

保产业链供应链稳定。保产业链供应链稳定，既要保"链"上的主体，特别是核心关键企业，也要保"链"本身。①保险业可以为骨干企业的风险管理需要提供多种财产损失保险、多种责任保险、应收账款保险等，并围绕一些核心企业"一企一策"开展服务，助力企业复工复产。②在交通运输方面，保险业开展了货运运输保险、物流险、海上保险、航空保险等业务。③网络安全保险则可以用于应对数据泄露、网络攻击和病毒感染等风险事件，促进网络运行的连续性。

保基层运转。保基层运转的范围较宽泛。①保险业为基层组织和服务人员提供保障，如针对社区、医疗机构、商业场所等的责任保险、针对基层服务人员的传染病和意外伤害风险的保险。②疫情让居民较长时间隔离在家，家居保险可为家庭财产因火灾、爆炸等原因遭受的损失提供赔偿。③健康险基础上的"管理式"医疗服务，通过综合运用云技术、大数据、人工智能等技术手段，推动优质医疗资源下沉，助力居民缓解看病难问题。

二　保险系统性风险监管的正当性、依据和方法

对于保险领域系统性风险的监管，当前的研究主要集中在3个方面：保险系统性风险是否应接受有关当局的监管、如何确定监管的依据以及如何评价历史上曾采用的监管方法。

（一）保险系统性风险是否应接受监管

基于"行为金融"视角。市场参与者的认知偏差，如对信息判断的偏差、对偏好的偏差和对决策结果的偏差等，以及非理性行为的存在，使得市场具有天然的不稳定性，在某些时刻会引发系统性危机，且无法通过市场自身来消除相应的系统性影响。同时，由于系统性风险的发生相对一般市场风险而言并不多见，即使单个市场参与者想规避系统性风险对自身的影响，也通常会低估这种影响。因此，政府有必要对保险系统性风险进行监管。

基于"公共利益"视角。我们需要衡量"控制保险系统重要性机构的负外部性"以及"存在与其破产倒闭相关的显性或隐性的政府担保"两方面的成本。一些金融机构的破产倒闭会通过直接信贷和财务

担保、资产减售、导致其他机构融资成本上升的相互敞口等渠道损害系统，但这些金融机构并不会因此付费。这些强加给系统的负外部性最终将以扭曲竞争的形式呈现，出现"重要而不能倒"（too Important to Fail）的局面。

（二）如何确定监管的依据

评估处于危机源头的保险体系中单个公司对于保险系统性风险的影响程度，是确定保险系统性风险监管政策配置的重要依据。评估特定时点上单个机构保险系统性风险的影响有两种思路："自下而上"的贡献思路和"自上而下"的分配思路。不同的思路方法不仅与研究者或监管者对于系统性风险的理解与衡量方式、数据基础相关，且存在较强的适用限制。下文仅选取典型方法进行简要说明。

基于"自下而上"的贡献思路。Adrian 和 Brunnermeier（2008，2016）提出用 CoVaR 方法测算单个金融机构陷入危机的溢出效应，即设定压力情景，在特定金融机构存在风险的条件下计算整个金融体统的在险价值（CoVaR），并将其与正常条件下金融系统的在险价值（VaR）的差值，作为该机构对系统性风险的边际贡献。该方法的优点在于，能反映目标金融机构的系统杠杆水平、资产规模、久期匹配状态。该方法仍存在 3 个方面的缺点：（1）CoVaR 测度在统计上不具备可加性，即所有单个机构贡献的加总并不等同于系统性风险的整体测度，不符合风险度量指标的一致性（Coherence）原则；（2）CoVaR 测度是使用简单的相关性分析来刻画具有一定因果关系的风险外溢效应，无法反映风险外溢的方向；（3）CoVaR 测度结果在危机时期与非危机时期存在很大差异，且不能捕捉 α 分位数以下的尾部风险，所以无法刻画系统性风险的间接效应（范小云等，2011）。

基于"自上而下"的分配思路。先测度整体系统性风险，而后将其分配到单个金融机构。有代表性的方法至少有两种。（1）Acharya 等（2017）基于"期望损失"概念，提出了"系统性期望损失"和"边际期望损失"两种思路，通过度量损失分布的 α 分位数以外的所有边际期望损失，预测发生极端系统性事件时单个金融机构对整个系统的边际风险贡献。(2) 在合作博弈中，Shapley 值方法是一种著名的方法，它解决了当总价值按贡献分配给创造它的个体时，个体之间的相互作用问题。Tarashev 等（2016）采用夏普利价值法将系统性风险分配给单个金融机构，其认为系统范围内的风险水平是单个机构系统重要性的总和，单个机构对系统风险的贡献程度随其自身规模的变动而同比变化。分配思路的主要缺点在于：它更像是在测量一个机构对整个系统的危机的暴露程度，而不是一个机构对整个系统的危机的影响程度。

较之 CAPM Beta 系数、杠杆率、在险价值（VaR）等传统风险测度方法，CoVaR、MES、夏普利价值法等识别系统重要性金融机构的方法更具有理论上的优越性。但是，Benoit 等（2013）对美国 2000 多家金融机构的研究却发现，无论在平常时期还是在危机时期，CoVaR 与 VaR 的测算结果差别不大，MES 与 CAPM Beta 系数、杠杆率的测算结果也不存在大的差别。

综上，作为监管政策制定和实施的基础，保险系统性风险的测度试图通过建构横截面维度和时间维度的系统脆弱性，为防范金融危机提供可靠、有效的预警信息和数据支持。保险系统性风险在时间维度上的历史数据不多，且尚未得到理论验证，所以实践中监管当局出于前瞻性的危机预警与防范需要，多采用宏观压力测试手段，刻画相关压力情景下保险体系对于大型外生冲击的响应。然而，这种方法很难捕捉金融系统和宏观经济的相互反馈以及金融危机的关键效应，且由于压力场景设置偏差而难以准确复制过往危机的动态过程。因此，在进一步研究中，测度保险系统性风险在固定时点上的分布应当是讨论的核心。横截面维度主要包括两个互补的方面：（1）识别具有系统重要性的保险公司及其在金融体系中的分布情况；（2）评估处于复杂金融网络关联之中的保险公司的系统重要性水平及其风险暴露，并施以相应监管措施。

（三）对历史上曾采用的监管方法的评价

历史上，对系统性风险的监管大多集中在防范银行破产，而在 AIG 倒闭之前，针对保险系统性风险的监管，在理论上并未获得足够的重视，在实践中也缺乏政策设计（Schwarcz，2008）。相关各方初步形成的一个共识是：各类监管者均未能成功防范危机的爆发，但 AIG 暴露的问题不能完全归因于保险监管的失败。基于系统性风险在银行部门与保险部门存在的内涵差异和水平差异，未来对系统性风险的保险监管应当超越现行微观审慎的理念和目标，采取不同的路径和强度。微观审慎监管方式对于系统性风险造成的经济（金融）不稳定的分析，是基于对危机爆发前单个机构失败的潜在的脆弱性评估，并且假定金融系统存在均衡并能在外来冲击下自我调整（Jobst，2014）。然而，保险系统性风险本质上来源于该领域系统脆弱性的建构，需要基于持续动态的综合监管，识别可能对金融稳定尤其是对金融部门和实体经济均有显著影响的个别破产倒闭事件。因此，引入宏观审慎的理念和方式对保险系统性风险进行监管，具有合理性和必要性。

综上，一方面，保险部门的系统性风险水平总体上低于银行部门，财产险公司低于寿险公司[①]。这意味着，在其他条件不变的情况下，保险系统性风险监管无须采取与银行部门相同的、严格的资本要求和广泛的政府担保等措施[②]。另一方面，保险公司的资本水平普遍高于监管要求，这意味着，保险部门并不具备较强的监管套利和逃避监管的动机，传统微观审慎监管的效率可能较低。在考虑潜在保险系统性风险及危机爆发的前提下，引入宏观审慎监管是大势所趋。

三 概要性评论

金融服务业的复杂化和日益全球化使得保险部门更紧密地融入更大的市场。通过更合理的资源配置和更广泛的风险分散，保险体系在与经济社会更广泛的相互关联中发挥着更显著的作用。然而，这种相互联系

---

① 有所例外的是，Drake 等（2017）对美国的研究发现，在后危机时期，保险部门对银行部门的影响主要来自于财产意外保险公司、金融担保公司和保证保险公司，而不是人寿与健康险公司。

② 金融稳定委员会（FSB，2013）建议，对所有的系统重要性金融机构采用同等的资本要求和监管措施。

第一章　金融及保险系统性风险与审慎监管的理论基础

也增加了保险体系爆发的混乱跨市场和跨境蔓延的可能性。此外，金融复杂性使得监管当局或保险公司本身难以全面了解整个风险转移情况，这也加剧了全面理解保险系统性风险的内涵以提出有效政策应对的挑战性。

第一，保险系统性风险的界定应当包括对其触发、传染及损害3个方面要素的理解。具体而言，保险系统性风险发端于保险部门，因保险公司所从事的某些特定业务活动而起。例如经济冲击或机构运营困难引发不良的经济后果，这种冲击会通过多米诺骨牌效应危及其他金融机构或金融市场的稳定，在极端的情况下，还会诱发金融机构的大量破产倒闭和金融市场价格的巨幅波动，从而给金融体系和实体经济带来难以估量的风险。

第二，任何一种测度保险系统性风险的方法本身都有其局限性，在中国第二代偿付能力监管制度体系（C-ROSS）建设中，需要对欧盟保险业的"偿付能力Ⅱ"（Solvency Ⅱ）和国际银行业的《巴塞尔资本协议Ⅲ》（Basel Ⅲ）的做法有选择地借鉴取舍。

第三，系统性金融风险的核心要素之一是金融机构之间的关联性，而这种关联性有两类来源。（1）机构之间的直接业务往来，如同业交易和衍生品合约。（2）机构之间没有直接业务往来，但是持有同样或类似性质的业务或资产，即面对共同风险敞口。共同敞口影响风险关联性又有两种作用机制。一是基于共同风险因子，例如，在澳大利亚银行系统风险的两个主要来源中，共同风险因子的影响远大于传染损失（缘于直接业务往来）的影响（Elsinger 等，2006）。二是基于市场信心，例如，2008年雷曼兄弟公司倒闭的消息引发了市场恐慌，造成货币市场基金遭遇全面赎回（Glasserman 和 Young，2016）。对于共同敞口在保险系统性风险中的作用以及应当如何监管，文献较少。

第四，传统微观审慎监管在历次金融危机中暴露出诸多缺陷，宏观审慎监管受到世界主要经济体和国际金融组织的重视。宏观审慎监管侧重于从整体性的视角防范系统性风险，而保险系统性风险监管是宏观审慎监管的重要组成部分。理论上讲，虽然通过事前的"成本约束机制"

保险系统性风险的形成、外溢及监管

和事后的"风险补偿机制",以及包括宏观审慎监管在内的相关金融监管,可以降低金融机构过度承担风险的冲动,降低危机发生的概率及其破坏程度,但并不能根除生成保险系统性风险的不稳定因素。因此,对保险系统性风险的宏观审慎监管应着眼于维护金融体系和实体经济持续稳定的大局,而不应只关注保险公司的"大而不倒"问题和保险体系的顺周期问题。

第二章

国内外保险系统性或重要风险的形成演进

世界现代意义上的保险公司出现已有300多年的历史。1980年以来，美国和日本这两个高度发达国家的寿险业均经历了系统性的危机。2020年新冠肺炎疫情"大流行"也给国际保险业带来了沉重的打击。中国保险业自1980年恢复经营才40年，虽然身体发展很快，但离心智成熟还远，因此，需要借鉴发达国家保险业发展的经验和教训。本章第一节的三个小节分别分析美国、日本和新冠肺炎疫情"大流行"的相关情况，第二节分析中国改革开放以来的情况。

第一节 国际保险业分析

一 20世纪80—90年代的美国寿险业危机

（一）历史背景

在20世纪70年代末以前，美国的寿险公司多专注于承保死亡和疾病的风险，为投保人提供收益相对较低但稳定的保险产品。20世纪80年代起，美国金融市场发生了两大事件：一是利率市场化进程加速，银行业为避免储户流失，开始进行高风险投资以提高存款利率；二是1978年对原有私人企业退休金制度的改革，新增了《国内税收法》第401条k项条款（"401k计划"），要求企业和员工共同缴费建立养老金账户，账户资金主要投资于股票市场以支持员工的退休待遇。为了应对金融理财产品（如银行存款和共同基金）的竞争，美国寿险公司开始大力发展利率敏感类产品，如万能寿险、单一保费年金和担保投资合同（Guaranteed Investment Contracts，GIC）等。美国寿险业在20世纪80—90年代得到了快速发展。

然而，随着理财市场竞争的日趋激烈，保险公司即使销售利率敏感类保险产品，其利润空间也在不断萎缩，财务状况不断恶化。在此背景下，一些寿险公司开始大量投资于高风险、高回报的资产，如非投资级债券（即垃圾债券）、投机性商业抵押贷款和房地产债券等，以期在向投保人支付所承诺的较高收益后仍能获得正的营业利润。美国寿险公司激进的竞争策略和投资决策致使许多保险公司的财务趋于紧张。

（二）过程回顾

1975—1983年，美国平均每年有5家人寿或健康险公司经营失败，出现偿付能力危机。此后，这一数据增加到了每年18家。1991年成为美国寿险公司出现偿付能力危机的高峰年，共有65家人寿或健康险公司陷入破产困境（孙立娟，2009），其中不乏大型寿险公司，成为美国寿险业历史上的系统性风险[①]。

1991年，美国先后有4家大型寿险公司被接管，分别是加州执行人寿公司（Executive Life Insurance）、纽约执行人寿公司（Executive Life Insurance of New York）、第一资本人寿公司（First Capital Life Insurance）和富达银行家人寿公司（Fidelity Bankers Life Insurance）[②]。它们的发展策略很相似，均在20世纪80年代扩张投资型产品并迅速积累大量资产，其中，加州执行人寿拥有102亿美元资产，是美国当时破产的最大的寿险公司。据GAO（1992）统计，这4家寿险公司被接管时的业务总额接近850亿美元，承保保单超过90万份，涉及美国所有州的大量投保人和年金领取者。

从大的历史背景看，这次系统性风险爆发是美国寿险业在金融市场

---

① 1991年，有5家大型寿险公司被接管，不仅有快速扩张的激进型寿险公司（本节后面会详细探讨的4家保险公司），也有一直以保守稳健著称的蓝筹型互惠寿险公司。

② 纽约执行人寿公司是加州执行人寿公司在纽约的子公司，二者均附属于第一执行公司（First Executive Corporation）。第一资本人寿公司和富达银行家人寿公司附属于第一资本公司（First Capital Corporation）。

改革背景下经历的一次转型阵痛,也暴露了寿险业发展过程中容易出现的问题,如公司治理不当、保险监管不匹配等。下面将以加州执行人寿公司、纽约执行人寿公司、第一资本人寿公司和富达银行家人寿公司这4家寿险公司为例,梳理风险的积累和暴露过程。

1. 高风险保单的快速积累

20世纪80年代,受益于股市的上涨,美国许多企业的自由年金计划出现了大量盈余,一些公司选择终止自由年金计划,将一部分资金用于偿还企业的负债,其余资金则用于投保寿险公司的年金保险。这4家寿险公司瞄准这一契机,向个人和企业销售高收益的养老类投资产品,从而迅速壮大资产规模。这些寿险公司的全部或大部分保单准备金并非用于支持传统寿险,而是用于支持年金产品,此类年金产品因可以提前提取而具有较高的流动性风险。

如表2-1所示,1980—1990年,美国寿险业的资产规模显著增长,而这4家寿险公司的资产增长速度是行业整体水平的6—10倍。20世纪80年代末,这4家寿险公司的资产规模几乎都达到了顶峰。其中:纽约执行人寿公司的资产规模在1988年达到了40亿美元的峰值,是1980年资产规模的17倍;1989年,加州执行人寿公司和第一资本人寿公司的资产规模分别为132亿美元和47亿美元,均达到各自1980年时资产规模的20倍以上;富达银行家人寿公司的资产规模在20世纪80年代上半叶并没有明显增长,直到1985年被第一资本控股公司收购后才开始爆炸性增长,到1990年,富达银行家人寿公司的资产规模达到41亿美元,是1980年的24倍左右。

表2-1 1980—1990年美国寿险业和四家人寿公司资产增速对比 (单位:%)

时期	寿险业整体	加州执行人寿公司	纽约执行人寿公司	第一资本人寿公司	富达银行家人寿公司
1980—1985年	95	824	1021	844	34
1985—1990年	66	82	35	139	1685
1980—1990年	223	1578	1273	1917	2294

资料来源:Best's Insurance Reports (1991 Life/Health Editions)。

2. 激进的投资策略

这4家寿险公司为兑现承诺给投保人的高额利息并保持盈利，均大量投资于高收益、高风险的资产，包括垃圾债券和流动性不佳的房地产资产，如直接的房地产投资、住宅和商业抵押贷款、房地产支持证券等。如表2-2所示，1990年年末，这4家寿险公司的垃圾债券持有量都很高，其中加州执行人寿公司和纽约执行人寿公司的垃圾债券持有量占总资产的比重甚至超过了60%。

表2-2　　1990年年末四家寿险公司的垃圾债券持有情况

名称	垃圾债券持有量（10亿美元）	占总资产的比重（%）
加州执行人寿公司	6.4	63
纽约执行人寿公司	2.0	64
第一资本人寿公司	1.6	36
富达银行家人寿公司	1.5	4

资料来源：Best's Insurance Reports（1991 Life/Health Editions）。

在上述4家寿险公司提交的法定财务报表中，其持有的垃圾债券的账面价值均超过市场价值[①]。当时，美国的寿险公司通常假定债券将持有至到期，因此，债券多以成本价入账，而如果债券违约或接近违约，会以NAIC的SVO认定的市场价值和成本价两者中的较低值入账。这4家寿险公司持有的几笔大额垃圾债券已经处于或接近于违约的状态，但它们并未在其法定财务表中详细披露。

3. 法定准备金提取不足

根据当时美国的法定会计准则，保险公司应当设立强制性的证券估值准备金（Mandatory Securities Valuation Reserve，MSVR），以缓冲所持

---

① 保险公司所持有债券的价值由美国保险监督官协会（National Association of Insurance Commissioners，NAIC）的证券估值办公室（Securities Valuation Office，SVO）确定，该数值也应当在法定财务报中进行披露。

有的债券和股票资产的市场价值损失或波动。基于 MSVR 的计算公式，垃圾债券所需要的准备金率要高于高质量债券，减值类债券的准备金率最高为 20%。如表 2-3 所示，1990 年年末，这 4 家寿险公司的垃圾债券 MSVR 与债券账面价值之比均较低，其中，加州执行人寿的这一比重还不到 1%。因为没有积累足够的准备金应对垃圾债券的下行风险，所以垃圾债券的"亏损黑洞"不断吞噬着这 4 家公司的盈余。

表 2-3　1990 年四家寿险公司的 MSVR 和垃圾债券损失情况　（单位：%）

名称	垃圾债券 MSVR 与债券账面价值之比	债券损失所消耗的盈余和 MSVR
加州执行人寿公司	0.8	8.3
纽约执行人寿公司	1.3	10.4
第一资本人寿公司	4.5	11.2
富达银行家人寿公司	3.6	11.7

资料来源：各保险公司 1990 年的年度财务报表和 Best's Insurance Reports（1991 Life/Health Editions）。

4. 过度粉饰财报

为维持高风险保单的快速增长和激进的投资策略，这 4 家寿险公司都存在严重的财务报告粉饰行为。这主要体现为以下几个方面。

第一，利用"实物偿付债"（Pay-in-kind，简称"PIK"债券）交易延迟确认垃圾债券损失。在实际操作中，这 4 家寿险公司均利用"实物偿付债"交易，隐瞒和延迟确认违约债券损失。例如，1989 年，加州执行人寿公司以债券和股票来代替债券利息和本金的支付，以隐瞒或延迟曝光垃圾债券发行人的财务困境（如运营亏损、无法支付债券利息等情况），涉及的资金总额累计达 8700 万美元。当时，加州执行人寿公司的大部分证券资产（包括私募配售）均是通过德崇证券公司（Drexel Burnham Lambert）配售的，因此，债券发行人的大量倒闭也进一步加剧了公司的资产损失。

第二，利用收购、开发和建设活动掩盖房地产投资的真实风险。这

4家寿险公司的房地产相关投资包括大量因违约和债券重组而获得的未开发或部分开发的土地。在法定报表中，这些资产被大量计入债券、普通股、其他资产等项目，以掩盖真实风险。例如，第一资本人寿公司在1990年年末持有2.71亿美元的抵押贷款和6500万美元因止赎而拥有或获得的房地产，约占其总资产的8%。类似地，加州执行人寿公司也投资了大量房地产项目，包括佛罗里达州的未开发土地、纽约市的租金管制公寓和俄克拉荷马城的一个游乐园，1990年年末，其房地产项目的市场估值为9.16亿美元。

第三，利用财务再保险和关联交易调节盈余指标。根据法定会计准则，保险公司销售保单的成本（如代理人的佣金）通常在保单发生时计入费用。因为大多数的保费收入是多期逐步入账的，而费用是即期入账的，所以保险公司的盈余会因业务快速增长而减少。这4家寿险公司发展迅速，它们的盈余逐渐被消耗到远低于行业的平均水平。为增加法定盈余，它们通过捏造财务再保险来虚构盈余，并通过从母公司获得注资或贷款来补充盈余票据。表2-4显示了这4家寿险公司1990年年末的盈余和盈余票据情况。

表2-4　　　　1990年年报中披露的盈余和盈余票据　　（单位：百万美元）

名称	盈余	盈余票据
加州执行人寿公司	474	300
纽约执行人寿公司	185	131
第一资本人寿公司	107	36
富达银行家人寿公司	122	50

注：这里的"盈余"是保险公司年报中披露的数据，是经过财务再保险粉饰的数据。

资料来源：各寿险公司1990年的年度财务报表和Best's Insurance Reports（1991 Life/Health Editions）。

这4家寿险公司均存在虚构夸大财务再保险保障的行为，掩盖了公司的财务风险。他们只是将很少或几乎没有将损失转移给再保险人，通过这些子虚乌有的再保险交易来降低保险公司的法定准备金要求，从而增加盈余。例如，1990 年，加州执行人寿公司向再保险公司支付 350 万美元，以换取 1.47 亿美元的法定储备信贷，但是实际上再保险公司并没有承担合同中 10 亿美元的索赔责任。后期的调查显示，如果没有财务再保险带来的虚假盈余，加州执行人寿公司早在 1983 年就已资不抵债。

此外，这 4 家寿险公司还从母公司获得了数百万美元的援助以增加盈余。这部分借入盈余采用盈余票据或出资证明书的形式，属于次级债务，未经监管当局批准，不用偿还，因此在法定财务报表中被计入盈余。后期调查显示，如果没有加州执行人寿公司向纽约执行人寿公司注入盈余、第一执行公司向加州执行人寿公司注入盈余，纽约执行人寿公司和加州执行人寿公司在 1986 年就已经法定破产了。

5. 垃圾债券市场崩溃触发保险"挤兑"

1989 年 7 月至 1990 年 12 月，美国债券市场整体的债券违约率迅速升至 10% 以上，垃圾债券市场崩溃，成为这 4 家寿险公司破产的"导火索"。1989 年，加州执行人寿公司和纽约执行人寿公司的母公司第一执行公司因所持有债券违约而遭受高达 8.47 亿美元的损失。1990 年 2 月，垃圾债券的重要发行商德崇证券公司倒闭，进一步加剧了垃圾债券市场的恐慌和崩溃。这一系列的事件导致投保人对加州执行人寿公司和纽约执行人寿公司的大规模挤兑，仅在 1990 年投保人就支取了约 40 亿美元。1991 年 4 月，加州执行人寿公司和纽约执行人寿公司被接管，"触发"投保人对垃圾债券的进一步抛售，进而波及了持有大量垃圾债券的第一资本人寿公司和富达银行家人寿公司。

6. 保险保障基金的作用有限

虽然美国当时已经有 47 个州建立了保险保障基金制度，但是由于保险保障基金的规则限制，其对投保人的保障作用较为有限。以加州的保险保障基金为例，其可为每位个人投保人支付 80% 的保险金，死亡保险金最高可达 25 万美元，年金最高可达 10 万美元，每个企业年金计划最高可获得 500 万美元。然而，加州执行人寿公司的主要业务是担保投资证明（Guaranteed Investment Certificate，GIC），通常以数百万美元为单位打包出售给企业和公共机构。GIC 具有"保证"的高利率优势，在储蓄和退休计划中广受欢迎，通常被视为传统股票和债券投资的替代选择，大量企业向加州执行人寿公司购买 GIC 以支持员工福利计划，包括霍尼韦尔（Honeywell）、优利系统（Unisys）、施乐（Xerox）、假日酒店（Holiday Inns）、露华伦（Revlon）、史密斯国际公司（Smith International Inc.）等大型企业。加州的保险保障基金认为，GIC 不属于真正的保险产品，因此，对这类产品不予保障。最终，加州执行人寿公司的破产导致大量企业员工的退休待遇缩水，约 75000 名年金领取者只能获得承诺额度的 70%[①]。

（三）反思与改革

这 4 家寿险公司的风险积累和破产，暴露了资本控股型保险公司内部治理的混乱和保险监管的缺陷，主要体现为对关联交易的信息披露和监督不足。

1. 公司内部治理混乱

GAO（1992）认为，这 4 家寿险公司在内部治理方面存在严重问题，涉及投资活动、再保险安排、保险产品营销以及关联交易等，这些关键业务和权利被"外包"，导致了保险监管的"盲点"。

这些公司早期未建立独立的投资决策程序，其投资决策多受制于母公司。例如，加州执行人寿公司直到 1988 年才正式设立投资部门和聘请房地产专家，在此之前都是由母公司第一执行公司主导，完全没有内部投资专家对私募证券投资或房地产直接投资进行相关尽职调查。此外，母公司第一执行资本还将加州执行人寿公司的绝大多交易分配给德崇证券。第一资本人寿公司和富达银行家人寿公司也存在类似的问题，他们的母公司向其收取了相当高的投资管理费用。

这 4 家寿险公司均通过外部顾问来进行债券和房地产投资、产品定

---

① 面对加州执行人寿公司破产导致的员工退休待遇缩水，一些企业承诺将补足差额，但也有一些企业明确表示不会补差。

价和再保险安排等，使得这些关键业务活动不受保险监管的内部审查程序的约束，为其后期的激进扩张和投资决策提供了便利。例如，第一资本人寿公司和富达银行家人寿公司与证券经纪人签订了保险投资产品的代销合同，并根据销售量收取佣金，因此，保险公司难以控制经纪人的过度销售行为，而快速扩张与公司风险控制不足蕴含着巨大的偿付能力风险。

2. 保险监管政策存在明显滞后

20世纪70年代以来，美国寿险业承担的风险越来越大，当时保险监管的会计和信息披露要求未能跟上风险变化的步伐。具体表现为以下几类问题。

一是法定保险监管会计原则的适应性不足。第一，难以识别财务再保险等会计花招。根据一般公认会计原则（Generally Accepted Accounting Principle，GAAP），这些财务再保险和盈余票据注入等行为更容易被识别，因为它们并不能减少保单责任和增加公司净值。第二，保险控股公司不需要根据法定保险会计原则提交合并财务报表，也不受合并资本要求的约束，因此，监管当局通常没有控股公司的杠杆率等重要信息。于是，这4家寿险公司的母公司玩起了金融版"纸牌屋"（house of cards）游戏。第一执行公司和第一资本公司先从外部融资为其附属的保险公司注资，然后通过与这些保险子公司的关联交易获取资金来偿还债务，这实质上是保险子公司为其母公司持续提供债券担保的过程[①]。第三，关联交易信息披露不足。当时，美国州际控股公司条例的实施在很大程度上依赖于保险公司对关联交易的信息披露。虽然为了防范滥用交易，一些州的监管当局要求关联方交易需经事先审批，但是如果保险公司不报告关联方身份或交易的情况，监管当局依然难以评估关联方交易。例如，尽管加州执行人寿公司投资了多家关联公司，但其1990年的年度法定报

---

① 根据"祖父"条款的原则，一些控股公司设立保险子公司可享受法定资本和盈余优惠。例如，纽约州当时新设立一家寿险公司需要600万美元资本金，但根据祖父条款，纽约执行人寿公司只投入了45万美元资本金。类似地，在加州新设立一家寿险公司需要450万美元，而加州执行人寿公司和第一资本人寿公司却只投入了100万美元。

告中并没有披露控股公司体系内的 36 家子公司和关联公司。后来的深入审查显示，加州执行人寿公司在与母公司及关联公司的绝大多数交易都没有按要求上报监管当局，未依法获得批准。

二是寿险公司所持证券的法定准备金的确定方法存在缺陷。当时，NAIC 的 SVO 的债券估值结果不仅决定了保险公司对债券的会计处理方式，也决定了保险公司对 MSVR 的计算。SVO 通过搜集主要评级机构的公开交易债券评级来评估保险公司持有的债券价值，但是对于发行人不完全公开财务状况的私募债券，只能依靠保险公司提供的信息进行评级。因此，SVO 可能使用过时的、不完整的甚至未经审计的信息，这些信息不能准确反映债券发行者当前的财务状况，从而导致垃圾债券的市场价值普遍被高估[①]。此外，由于信息披露不充分，在垃圾债券发行人未能支付应付利息的情形下，SVO 也无法察觉并及时下调对垃圾债券的评级。

三是静态财务监管和定期现场检查难以及时捕捉真实风险。当时，保险监管当局主要依靠法定财务报表和 3 年一次的现场检查对保险公司的偿付能力进行监管。而这些公司在财务危机爆发前期，均存在法定财务报表延迟的现象。例如，1990 年 1 月，第一执行公司宣布其债券出现巨额亏损后，保单持有人开始挤兑加州执行人寿公司，而当时加州保险监管当局获得的、最新的完整版法定财务报表已逾期 1 年。考虑到即便是按季度提供报表也可能不够及时，加州监管当局要求加州执行人寿自 1990 年 3 月起每月甚至每周提供报告，以便能够及时跟踪投保人的挤兑和不断增加的债券损失情况。此外，保险监管当局每 3 年开展一次的现场检查通常需要数月甚至数年才能完成审查，而且审查和出具报告之间还有数月的时间差。

3. 保险监管部门缺乏积极干预

监管干预可迫使保险公司纠正问题，避免造成更大的损失，因此，早期有力的监管干预有时是必要的。然而，保险监管当局在处理这 4 家保险

[①] 例如，按照 SVO 的评级系统，加州执行人寿公司在 1989 年报告称其 35% 的债券是投资级的。然而，按照标准普尔（Standard & Poor's）的评级体系，1989 年加州执行人寿公司的债券投资组合中，只有不到 8% 属于投资级。

公司的问题时，除监管能力不足之外，也存在不愿意采取行动的问题。

第一，各州监管当局之间的监管信息共享不足。1987年，加州监管当局对加州执行人寿公司进行检查时发现，从纽约州获得的纽约执行人寿公司（加州执行人寿公司在纽约的子公司）的最新现场检查信息是3年前的。直到1990年风险完全爆发之后，纽约州监管当局才向其他州的监管当局分享他们在1986年对纽约执行人寿公司的检查报告。同时，明尼苏达州和新泽西州的监管当局也表示，从加州获取加州执行人寿的信息存在困难。

第二，保险监管当局评估垃圾债券风险敞口的专业性不足。虽然加州保险监管当局在1990年年初加州执行人寿公司出现保单挤兑之后就开始介入，但是，由于不具备评估该公司投资组合的专业知识，他们找了一家独立精算公司来做相关的评估工作。该精算公司对加州执行人寿公司的资产组合没有进行独立的评估，而是依赖于加州执行人寿公司提供的、对违约率和投资收益的乐观假设。此后，加州执行人寿公司的债券损失甚至超过了最糟糕的假设情景。直到1991年2月，监管当局才要求对加州执行人寿公司投资组合的违约风险进行独立评估。

第三，保险监管当局未能采取强有力的行动来解决保险公司的根本问题。监管当局通常通过与保险公司管理层合作的方式解决财务问题。例如，1985年，纽约州保险监管当局明确禁止保险公司利用未实现风险转移的财务再保险来粉饰盈余，但给予保险公司3年时间以冲销之前的粉饰行为。加州保险监管当局早在1983年的现场检查中就发现，某些财务再保险安排并没有转移风险，不符合加州的法律规定，但仍然允许加州执行人寿公司和第一资本人寿公司用3年时间冲销不被认可的财务再保险[①]。由于对财务再保险问题反应缓慢且持续容忍，加州执行人

[①] 1986年对加州执行人寿公司和第一资本人寿公司进行的调查显示，这两家保险公司都进行了很多财务再保险安排，以支持它们的爆炸性增长。当时，加州保险监管当局发现加州执行人寿公司的问题非常严重，于是将审查延长至1987年。然而，与纽约州监管当局采取的强硬行动（尽管有些晚）形成鲜明对比的是，加州再次没有否决不被认可的财务再保险，而允许保险公司摊销这些金额。加州限制盈余救济的公告直到1989年才发布，在那之后又批准了另一个3年核销期。

寿公司仍有 1.47 亿美元的不被认可的财务再保险盈余，而第一资本人寿公司有 6500 万美元，富达银行家人寿公司的这一数据在 1990 年也超过 5700 万美元。

自美国寿险业发生该次系统性风险事件后，美国保险监管当局启动了大规模的保险监管改革，推动了从传统静态的财务指标监管向现代的风险资本监管体系（Risk Based Capital，RBC）的转变。

首先，完善现有的保险监管体系。其一，跨州分享监管信息。美国的保险业主要是由所经营的州来监管，1990 年年初，NAIC 成立了一个多州工作小组，帮助各州的监管机构实现寿险公司财务信息和检查报告的跨州共享。其二，明确限制保险公司对低质量债券的投资比例。1991 年 6 月，NAIC 实施了一项监管要求，要求保险公司对中、低评级债券的投资限制在其资产的 20% 以内[①]。

其次，建立动态财务风险监测体系。1975 年，NAIC 依据保险公司财务监管的 24 项指标设计了偿付能力测试（Solvency Tests）指标体系，分为寿险公司和非寿险公司两套标准。这套监管测试体系成为保险公司偿付能力监管的基础，并于 1976 年正式更名为预警系统（Early Warning System），1978 年又更名为保险监管信息系统（Insurance Regulatory Information System，IRIS）。IRIS 以保险公司的年度财务报告为依据，将有 4 项及以上财务指标不合格的保险公司确定为优先检查对象。在这次美国寿险业危机中，这种简单的"通过/失败"的静态二分法测试体系的弊端也日益凸显：一是，保险公司可以通过财务报告粉饰行为"美化"核心指标；二是，这种动态的指标检测标准难以帮助保险监管当局做出准确的判断和及时的干预决策。NAIC 自 1990 年启动了对该检测体系的改进工作，在 IRIS 的基础上建立了财务分析和偿付能力跟踪（Financial Analysis Surveillance Tracking，FAST）系统。FAST 增加了部分财务指标，对

---

① 尽管 1987 年纽约州保险监管当局将保险公司持有垃圾债券占资产比例上限设定为 20%，但却并未要求纽约执行人寿公司严格执行。直到 1992 年 1 月，加州限制垃圾债券的法规才生效。而弗吉尼亚州对于垃圾债券投资的限制直到 1992 年 7 月才生效。据 NAIC 统计，截至 1992 年 7 月，美国依然有 31 个州没有对垃圾债券持有量做出具体的比例限制。

所有指标进行加权汇总,然后运用 Logistic 回归法确定保险公司的财务状况,并结合公司过去 5 年的财务状况来确定优先受检对象。

最后,着手构建基于风险的资本监管体系。针对这 4 家寿险公司在现场检查中反映出的诸多问题,NAIC 于 1989 年开始探讨保险公司的最佳风险基础资本的计算,并于 1990 年 3 月成立风险资本监管体系小组。1992 年 12 月,NAIC 发布了基于风险的保险资本监管(RBC)计算公式,要求寿险公司从 1994 年 3 月起在法定财报中基于 RBC 计算风险资本,要求财产险公司从 1995 年开始基于 RBC 计算风险资本。RBC 制度已成为美国保险业偿付能力监管的基石。

二 20 世纪末的日本寿险业危机

(一)历史背景

第二次世界大战以后,日本国民经济经历了 20 世纪 50—70 年代的黄金 20 年,国民生产总值和家庭年收入的年复合增长率分别为 15.7% 和 11.3%。随着国民保险需求的日益增长,日本保险业(尤其是寿险业)也进入了高速发展期,成为日本国民经济的支柱产业之一。20 世纪 50—90 年代,日本寿险业保费收入增长了 1348.5 倍,年复合增长率为 20.3%,其中,1986 年,日本人均寿险保费的同比增速高达 64.4%。1989 年,日本的寿险密度和寿险深度分别为 1697 美元和 7.0%,位居世界前列。然而,随着 1990 年后日本经济泡沫的破灭,日本的国民经济出现了拐点,居民家庭收入下降和失业率上升并存。日本家庭的年平均可支配收入同比增速从 1990 年的 4.5% 逐步下降至 1997 年的 1.7%,并在 2002 年降至 -2.6%。同一时期,日本的失业率从 1990 年的 2.1% 逐步上升至 1997 年的 3.4%,并在 2002 年飙升至 5.4%。在经济疲软的大背景下,保险业的承保端和投资端均面临着巨大的经营困难。

为助推日本保险业的高质量发展,日本政府推行了一系列改革措施。1996 年 4 月,日本开始实施新的保险业法规,将《保险业法》《保险展业管理法》《关于外国保险人的法律》3 项法规合为一体。这项保险业改革被视为日本保险市场混业经营和对外开放的关键节点。表 2-5 汇总了

保险系统性风险的形成、外溢及监管

当时日本保险业法的重要改革事项。此外，日本政府于1998年年末颁布了《金融体制改革法》，进一步放宽了金融业混业经营的限制。

表2-5　　　　　　　　日本保险业法的主要改革事项汇总

议题	主要内容
增加保险业分类标准	除原有的寿险和非寿险之外，又新增"第三领域保险"分类，包括伤害、疾病和护理保险
放宽保险兼业经营	可通过子公司的方式实现寿险与非寿险业务的相互交叉经营。但是，母公司与子公司之间禁止进行再保险、违背常规交易条件的相互资产买卖以及其他大藏省令规定的有损投保人利益或保险公司稳健经营的交易或行为
鼓励股份制组织形式	相互保险公司经大藏省批准后可变更为股份制公司，具体检查以下两项内容：（1）组织变更不能损害社员的利益，并保证社员间的公平；（2）组织变更不能对保险公司的业务经营产生障碍
促进保险业的对外开放	经大藏大臣批准后，允许外国保险公司、外国银行、外国信托公司、外国证券公司以及经大藏省令确定的其他类似这4类的公司在日本设立保险公司（股权份额50%以上）
引入保险经纪人制度	为保护投保人的利益，确保经纪人的公正立场及其业务的稳健发展，可成立"保险经纪人协会"，禁止非寿险公司的管理人、普通职员或代理人、寿险公司的展业人员从事保险经纪业务
强化偿付能力监管	股份制保险公司的资本金或相互保险公司的基金不得低于10亿日元；提高边际偿付能力比率，以衡量保险公司经营健康与否，并规定该比率不得低于200%
完善投保人保护制度	成立"生命保险协会"和"损害保险协会"两个行业协会，分别吸收寿险公司成员和非寿险公司成员（包括有牌照的外国保险公司会员）；为保护投保人的利益，大藏大臣有权责令经营不善的公司停止全部或部分业务，并对其采取财产管理、合并或转让保险合同等措施。此外，可设立"资金援助法人"进行相关的善后处理

资料来源：霍凤楼（1994）一文整理而成。

随着经济和政策等经营环境的不断变化，日本保险业的市场竞争日益激烈。由于持续性的利差损和保险资产的不断缩水，陆续有保险公司出现偿付能力危机，并最终演变为一次系统性风险。1997—2001年，有7家寿险公司破产，2000—2005年，出现大规模并购重组，导致这一时期日本寿险公司数量锐减。

（二）过程回顾

1997年4月，总资产为21674亿日元（排名第16位）的日产生命公司（Nissan Mutual Life）宣告破产，拉开了战后日本寿险业危机的序幕。接下来的4年间，陆续有7家寿险公司破产：1999年6月，当时排名第10位（50980日元）的东邦生命公司（Toho Mutual Life）出现偿付能力危机，宣布破产；2000年，有4家寿险公司破产——5月的第百生命公司（Daihyaku Mutual Life）、8月的大正生命公司（Taisho Life）、10月的千代田生命公司（Chiyoda Mutual Life）和协荣生命公司（Kyoei Life）；2001年3月，东京生命公司（Tokyo Life）宣布破产。整体来看，这次日本寿险业的危机源于经济、市场和政策3类风险因素的"共振"，主要体现为以下几方面的风险积累。

1. 增长乏力叠加阶段性高退保率

经历了20世纪80年代的突飞猛进，日本寿险市场已经趋于饱和，约90%的家庭已经持有传统寿险保单，进入20世纪90年代以后，日本寿险业出现明显的增长乏力。20世纪90年代前半期，行业的保费增长率仅为1%，后半期更出现-3.3%的负增长。1998年，日本前15大寿险公司中，只有富国生命保险公司（Fukoku Mutual Life）实现了保费收入正增长，最大的寿险公司——日本生命保险公司（Nippon Life Insurance）的新增保费降幅更是创下历史最高纪录，全年保费收入增长率为-7.2%，同时退保率攀升至8.7%。2000年，4大寿险公司的陆续破产加剧了投保人的恐慌情绪，保单退保率大幅上升，使本就经营艰难的日本寿险业"雪上加霜"。此外，随着日本保险业的混业经营和对外开放，寿险市场的存量竞争异常激烈，销售成本上升和产品价格下降共同压缩了寿险公司的营业利润。

2. 高风险投资类资产不断缩水

20世纪90年代以前，日本寿险公司的投资策略日益激进。一方面，寿险公司的国内投资逐渐由银行存款和国债向证券资产转移。另一方面，日本寿险公司加大了海外资产配置，包括美国的房地产资产和欧元类资产，成为国际金融市场举足轻重的机构投资者。1979—1989年的10年间，国外证券在日本寿险业投资中的占比从1.5%上升至14%（窦元，2011）。此外，日本寿险公司还竞相购买海外物业地产，在鼎盛时期，寿险公司曾将高价购买的纽约、伦敦等地的国际地标性资产作为其财力象征。

20世纪80年代以后，日本经济的下行导致保险资产的价值严重缩水，包括国内资产和国外资产。1997年，日经指数跌破19000点，在3月底决算时，日产生命保险公司的持股损失达到1328亿日元。2000年10月，千代田生命公司宣告破产的前一天，日经指数在16000点上下徘徊，远低于该公司证券投资实现盈亏平衡所需要的22000点。当时，日元升值、欧元贬值等国际汇率的波动，也导致日本寿险公司的海外资产价值严重缩水①。

3. 持续"利差损"侵蚀公司盈利

在20世纪80年代泡沫经济时期，日本各大寿险公司为占领市场份额，销售了大量高预定利率（6%左右）的储蓄性养老保险和个人年金险，迅速积累资产规模，为后期的持续利差损埋下了巨大隐患②。以日产生命公司为例，1989年，该公司总资产为16270亿日元，为1987年（6964亿元）的近3倍，其中高预定利率的年金类产品占总资产的比重高达49%。日本泡沫经济破灭之后，日本政府启动了低利率政策以刺激经济的发展，日本央行在1990年4月至1995年9月期间9次下调存贷款利率，1999年4月甚至推出"零利率"政策。同一时期，日本10年期国债收益率从1990年峰值的8.105%一路下行至2000年的不到2%，之后继续下行。这一时期，叠加经济下行和基础利率下行的双重压力，日本寿险业的平均回报率仅能维持在0.5%—3.3%的水平，出现严重且长期的"利差损"。

4. 强指标监管助推公司破产

虽然在1996年的新保险业法改革中明确规定了偿付能力指标的

---

① 在2000年欧元问世初期，日本寿险业普遍高估了欧元的前景，配置了大量欧元类资产并一直持有，这些资产在欧元贬值后严重缩水。

② 在20世纪80年代，10年期以下寿险产品的预定利率在6.0%—6.24%，10—20年期寿险产品的预定利率在5.5%—6.0%，20年以上寿险产品的预定利率在5.0%—5.5%。进入20世纪90年代，随着基准利率的下行，日本寿险业的平均预定利率也不断下调，但是行业平均水平依然处于3.0%—4.2%。

"法定线"（200%），但是，日产生命公司宣告破产之后，日本政府又对偿付能力指标监管体系进行了完善，设计了详细的分类监管。1998年12月，日本再次修订了《保险业法》，增加了对保险公司的早期预警措施（Early Warning Measures），并制定了以下分类干预措施：（1）当保险公司的边际偿付能力比率低于200%时，应当立即实施纠正措施（Prompt Correction Action）；（2）当保险公司的边际偿付能力比率处于100%—200%时，应当提出营运改善计划并及时实施；（3）当保险公司的边际偿付能力比率处于0—100%时，应当提出适当的偿付计划并及时实施，同时减少或不分配股息及等；（4）当保险公司的边际偿付能力比率为负数时，应当停止部分或全部业务（崔勇，2001）。这一法规的执行成为加速寿险公司破产的重要力量，例如，千代田生命公司和协荣生命公司在2000年被责令停业和宣告破产时，它们的边际偿付能力比率分别为 -190.2% 和 67.7%[①]。

（三）反思与改革

日本寿险业的这次系统性风险事件虽然从表面上看是由于外部环境的剧烈变化，但其根源在于日本寿险市场的先天"孱弱"。例如，日本寿险业利差损形成的根本原因是寿险公司内部的资产负债管理问题。日本寿险市场长期缺乏竞争，受混业经营和开放市场政策的冲击较大，风险爆发后主要通过兼并重组来度过危机。

1. 应当"渐进式"开展混业经营和开放市场

日本金融业长期采取"护送船队"制度[②]，缺乏有效的市场竞争机制，同一时期，日本的保险公司数量远远少于美国。20世纪末，日本共有47家寿险公司，而美国排却有近1500家寿险公司，日本前三大寿险公司占据了45%的市场份额，而美国排名前十的保险公司只占40%的市场份额。由

---

① 当时，千代田和协荣均是日本的大型寿险公司，它们的保险资产规模分别高达35019亿日元和46099亿日元。

② "护送船队"是对金融监管制度的一种比喻。它将当时的日本金融体制比喻为一支船队，政府的行政指导和各种金融监管措施都是为保护这支船队的每一位成员不掉队，顺利到达"胜利的彼岸"。这个监管体系主要包含3个部分：限制竞争的管制、防范经营风险的管制以及对困难金融机构的救济。

■ 保险系统性风险的形成、外溢及监管

此可见，当时日本的寿险业属于典型的寡头垄断格局，并且这种市场格局很大程度上是国家政策保护的结果，这使得一些大型寿险公司长期处于"养尊处优"的状态，成本控制和创新的意识均不强。随着日本金融体系的改革和对外开放程度的提升，日本保险业的竞争压力迅速增大：一方面，财产险和人身险的混业经营、保险业和银行业的混业经营都使得保险供给突然增加，例如，在政策放开当年（1996年）就成立了6家寿险子公司，在经济下行周期，这造成了"僧多肉少"的局面；另一方面，在扩大对外开放的背景下，大量欧美保险公司大举进军日本保险市场，形成"鲶鱼效应"，例如，一些外资保险公司率先利用互联网降低营销费用、改善理赔服务，压缩了国内寿险公司的生存空间。自1998年开始实施保险费率自由化改革后，日本保险市场的产品和价格竞争更加激烈。

2. 引导和促进国际兼并重组

当时，日本的47家寿险公司中有14家是相互制公司，而且最大两家公司——日本生命公司和第一生命公司都是相互制的。尽管相互制组织形式有一些优点，但股份制形式具有信息透明的优势，尤其在整合、兼并、融资等方面，更适合现代保险市场。例如，在此次危机中，有的股份制保险公司通过增资入股方式引进外国资金，避免了破产。经历这次"洗礼"后，兼并重组加速了日本保险公司由相互制向股份制的转变。

在千代田和协荣破产之后，日本金融厅决定逐渐弱化对金融业的政府救助，于2001年3月起废除公共资金注入制度，并将首要任务设定为敦促资产质量欠佳的金融机构增强资本实力。在这次危机处理中，日本政府削减了保险公司的负债，将其业务出售给外国保险公司。例如，1997年，日产生命公司被政府接管，并更名为青叶生命公司（Aoba Life），随后出售给法国安盛集团旗下的保德信人寿公司[①]。类似地，美

[①] 当时，日本大藏省委托日本寿险协会设立了一个专门接盘日产生命的公司——青叶生命公司，日本投保人保护基金为青叶生命提供了1800亿日元的援助，日产生命的所有保单都转至青叶生命旗下。随后不久，青叶生命被法国安盛集团收购，日本寿险业协会退出青叶生命公司。

国 AIG 和英国保诚集团也分别收购了千代田生命公司和协荣生命公司。通过这些国际兼并重组,不仅为日本的保险业危机提供了资金支持,也引入了成熟的风险管理技术。长期来看,这些外国资本的进入有利于日本保险业的结构调整,促进了日本寿险业的现代化进程。

3. 加快日本本土保险业的联合重组

经历了寿险业的系统性危机之后,日本保险业开始加快内部的联合重组进程。越来越多的保险公司意识到,只有自身强大才能获得长远的生存与发展,因此,大批保险公司开始寻找合作伙伴,拓展规模经济,降低运营成本。1999 年 10 月,三井海上、日本火灾、兴亚火灾 3 家公司发布合并公告,开启了本土保险业的联合重组浪潮。2000 年 9 月,日本最大的非寿险公司东京海上火灾保险公司宣布与日产海上火灾保险公司、朝日生命公司结盟,组建联合董事局。2002 年 4 月,安田海上火灾保险、日产海上火灾保险、大成海上火灾保险三家日本非寿险公司正式合并。通过这一时期的联合重组,日本本土保险公司提升了规模,并进一步提高了抗风险能力和市场集中度。

三 新冠肺炎疫情"大流行"下的国际保险业困境

(一)新冠肺炎疫情对保险业的影响

2020 年,受疫情影响,全球经济活动被迫按下暂停键,从供给和需求两端对全球金融市场、贸易、产业链、供应链等均产生了巨大的破坏效应(张晓晶,2021)。自世界卫生组织(WHO)于 2020 年 3 月 11 日正式宣布新型冠状肺炎病毒(COVID-19)全球"大流行"以来,全球保险业砥砺前行,处理和支付索赔、服务存量保单与签发新保单等工作仍在有条不紊地进行着。保险公司面临的与新冠肺炎疫情相关的理赔险种包括活动取消或延期保险、旅行保险、营业中断保险、医疗事故责任险、工人赔偿、雇主责任保险、高管责任险、一般责任险、进出口信用保险等。具体来看,最主要的理赔来自于以下 3 类。

理赔金额最大的险种是活动取消险。按照市场情况,若既定大型活动取消,单一赔偿金额可高达数亿美元,例如,慕尼黑再保险公司

保险系统性风险的形成、外溢及监管

给东京奥运会提供了 5 亿美元的取消险，而东京奥运会延期至 2021 年使得慕尼黑保险面临巨额保险赔付。现在看，东京奥运会是"延期"而不是"取消"，赔付金额将不超过 5 亿美金，而鉴于疫情威胁下的"瘦身版"奥运会[①]与原计划存在差异，理赔金额需要双方当事人具体协商。

最常见的理赔险种是旅游取消险，也是此次全球疫情中赔付支出金额较大的险种。据英国保险协会（Association of British Insurers，ABI）估计，英国旅游保险公司将处理约 40 万宗旅游取消索赔，并支付 2.75 亿英镑赔款，刷新了英国旅游保险的赔付纪录。

覆盖行业最广的险种是营业中断险，也是理赔中最具争议的险种，是新冠肺炎疫情保险理赔诉讼的主要领域。酒店、餐饮、旅游、户外活动、生活服务等严重依赖线下经济活动的行业在这次疫情中损失惨重，甚至出现大面积的企业破产潮。达信保险经纪公司预计，全球范围内因疫情而被要求关闭造成的营业中断损失的理赔总额将可能达到数十亿美元。

根据各保险公司 2020 年发布的中期报告，主要公司已经根据疫情的发展及时预估理赔影响。例如，英杰华保险集团估计疫情相关责任损失为 4.41 亿英镑，瑞士再保险公司已计提 25 亿美元与新冠肺炎疫情相关的已发生未报案（Incurred But Not Reported，IBNR）准备金，慕尼黑再保险在 2020 年第二季度新增了约 7 亿欧元新冠肺炎疫情相关损失。此外，整个保险业已经开始"查漏补缺"，严控风险。例如，瑞士再保险公司在 2020 年 4 月和 7 月续签的所有合同中都明确排除了新冠肺炎疫情的责任。

新冠肺炎疫情的发酵及其对经济社会的负面影响超出了人们最初的预期。新冠肺炎疫情对全球 GDP 增长的影响比疫情初期预测的更大、更

---

① 根据公开媒体报道，东京奥运会简化方案将包括取消奥运村代表团欢迎仪式、缩减人员、取消基础设施建设或缩小其规模、调整观众参与的活动、尽量将赛前活动改到线上举行等。

第二章　国内外保险系统性或重要风险的形成演进

广泛，一些国际组织也开始下调此前的经济增长率预测值[①]。国际货币基金组织（International Monetary Fund，IMF）2020年6月发布的《世界经济展望》报告，对2020年第四季度的情景进行了压力测试，预测2020年和2021年的经济增长率将分别下降至-7.7%和-1.9%。经济合作与发展组织（Organization for Economic Cooperation and Development，OECD）基于2020年第四季度发生第二波疫情的情景假设，预测2020年和2021年的整体经济增长率将分别为-4.8%和1.5%，其中，疫情较严重国家的经济衰退将尤为明显，预计英国、西班牙和美国2020年整体经济增长率将分别降至-14%、-11%和-9%。保险信息研究所（Insurance Information Institute，Ⅲ）2020年第三季度发布的《全球宏观和保险业展望》则更为悲观，在假设发达经济体和新兴经济体分别于2021年上半年和2021年下半年提供疫苗的情景下，预计2020年全球经济增长率为-5%—-8%，2021年为-1.5%—-3%，其中全球十大保险市场的GDP增长率预计为-6.99%，而此前的预测值为-4.9%。

在复苏不确定性增加的大背景下，保险业（尤其是寿险业）面临低利率、企业信用恶化、保费现金流承压、投资收益率下降等经营基本面恶化的状况。贝氏（AM Best）、惠誉（Fitch）和穆迪（Moody's）三大评级机构相继将美国寿险业（健康险业）的信用评级由原来的"稳定"下调为"负面"，评级机构均认为，新冠肺炎疫情"大流行"损害了寿险业的基本面。瑞士再保险公司估计，2020年全球总保费将下降3%，2021年将反弹3%，最终将导致2019—2021年的保费几乎没有增长。考虑到疫情对宏观经济和金融市场的冲击有不确定性，全球保险业已经对中短期盈利压力做好充分预期，多家保险公司下调了2020年的盈利预期，有的公司甚至直接取消了盈利目标[②]。

[①] 国际组织之前的预测多假设疫情在2020年第二季度达到顶峰，但是疫情的持续性增强，所以各国际组织最新的经济预测均比之前悲观，如IMF在2020年4月预测的2020年增长率为-2%，保险信息研究所（Ⅲ）在同年第二季度预测的2020年增长率为-3%。

[②] 例如，德国慕尼黑再保险公司2020年第一季度的利润远低于上年同期，其将调整此前设定的28亿欧元的2020年利润目标。澳大利亚昆士兰保险集团撤销了2020年的综合经营比率、净投资回报等财务目标。

疫情导致的潜在损失的范围和复杂性是独一无二的,最终赔付情况预计要到2021年下半年之后才能见分晓①,而现有的相关研究均支持保险业资本充足,有能力吸收这些损失。慕尼黑再保险公司在疫情初期评估认为,新冠肺炎疫情类似于一次"两百年一遇"的事件,其在财产险和再保险领域的索赔预计将与中等规模的自然灾害相当。瑞士再保险公司的预估结果显示,全球财产险业因新冠肺炎疫情造成的损失将为500亿—800亿美元,中值为550亿美元,该损失值大致与2017年的几场飓风(哈维飓风、艾尔玛飓风和玛丽亚飓风)和2015年的卡特里娜飓风相当,尚在可控范围之内。

(二)新冠肺炎疫情的相关困境和争议

新冠肺炎疫情是人类历史上一次真正的全球性"大流行"风险事件,可能是保险业面临的最复杂和最持久的一次系统性风险。这一系统性风险事件不仅带来了巨大的财务压力,更带来了潜在的声誉风险,即如何更好地开展理赔工作。保险业正处于一种"两难境地",慷慨赔付会加剧自身的财务负担,据理力争又会损害消费者对保险合同的信任②。

面对投保人和保险公司之间的利益分歧,政府的态度及其干预方式成为有效解决这一问题的关键力量。政府对相关保险争议的处理态度大致分为两类:一是偏向有利于投保人的解释,如爱尔兰央行发布了COVID-19营业中断索赔监管框架,要求对于措辞不明确的条款,以最有利于投保人或被保险人的方式进行解释;二是强调经济合同的合法性,依法解决具体的条款争议,如美国了采用依法判决,但尚未在联邦层面出具标准解释意见,英国则启动了测试案件对争议性保险术语做出统一的裁决。

---

① "9·11"事件发生后,相关保险公司在第一时间预估了理赔金额,但由于评估匆忙,后续又进行了多次调整。保险业从"9·11"事件中吸取了经验教训,在这次疫情出现后,并未过早公布亏损,而是依据疫情发展仔细评估理赔数据。

② 事实上,在美国各州颁布关闭营业令之后,有中小企业主看到一些大型零售商被允许继续营业,感觉自己"被出卖"了,于是通过多种方式向政府部门表示不满。这些中小企业主在索赔被保险公司拒绝时更是愤怒不已,因为他们认为自己为公共健康和安全做出了牺牲,却因为保单措辞含糊而不得不承担全部损失。

第二章 国内外保险系统性或重要风险的形成演进

1. 美国的相关诉讼情况

据美国宾夕法尼亚大学凯里法学院（University of Pennsylvania Carey Law School）主导的关于新冠肺炎的诉讼追踪项目（COVID Coverage Litigation Tracker，CCLT）统计[①]，截至2020年9月14日，美国市场的诉讼案件已累计达1230件，诉讼争议内容主要集中在营业中断、额外费用和民事当局行政命令（Civil Authority）这3项（见图2-1）。

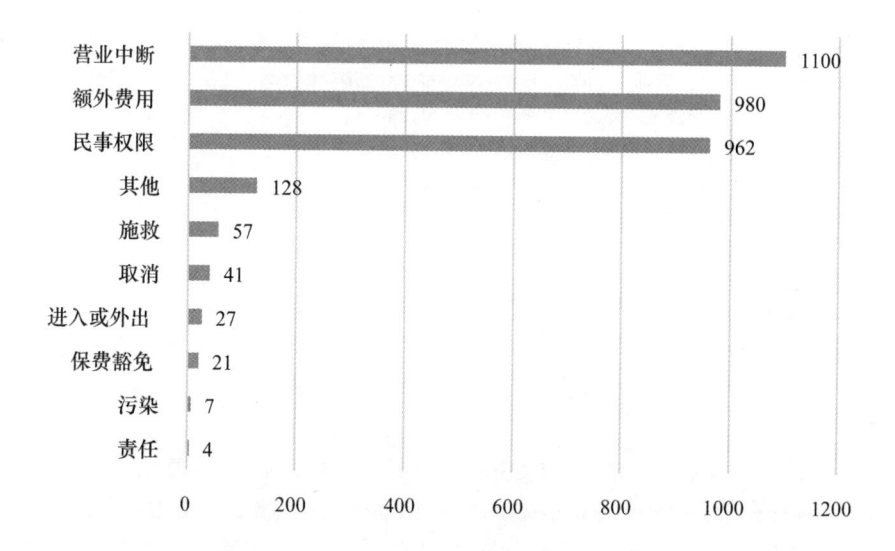

类别	数量
营业中断	1100
额外费用	980
民事权限	962
其他	128
施救	57
取消	41
进入或外出	27
保费豁免	21
污染	7
责任	4

图2-1 诉讼案件保单的保障分布情况

资料来源：https://cclt.law.upenn.edu，2020年10月2日。

CCLT项目的相关统计数据显示，美国保险市场诉讼案件中，排名前十的行业依次为：餐饮；流动医疗服务；个人护理和洗衣服务；

---

① 宾夕法尼亚大学的Tom Baker教授创立了保险法分析实验室（Insurance Law Analytics，ILA），旨在对保险诉讼进行经验研究，从而为保险纠纷的解决和保险法的发展提供参考。考虑到新冠肺炎疫情的广泛影响，ILA正式启动了首个研究项目——CCLT，这是一个跟踪美国新冠肺炎疫情相关的保险诉讼案例的数据库。该数据库的信息涵盖投保人姓名及其所属行业、保险公司名称及其信用评级（AM Best）、投保人的律师事务所、保险公司的律师事务所、提交诉讼的法院、要求理赔的保障、保单类型及其签发情况、相关的保单术语或条款、是否为集体诉讼、集体诉讼级别、重要诉讼事件的信息等。现阶段，该数据库几乎完全覆盖了联邦法院案件，但对各州法院的案件覆盖不足。

住宿；博彩、赌博和休闲；专业、科学和技术服务；家庭服务；服装及服饰配件零售；房地产；表演艺术、体育比赛及相关产业。如图2-2所示，保险公司拒绝索赔的主要原因包括不存在实物的损失或损害、未满足民事当局行政命令的特殊条款以及"病毒"除外责任。

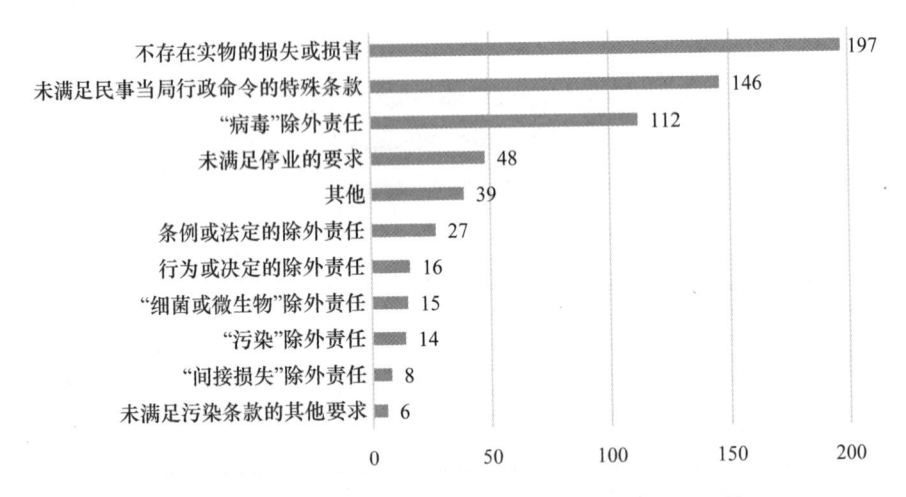

原因	数量
不存在实物的损失或损害	197
未满足民事当局行政命令的特殊条款	146
"病毒"除外责任	112
未满足停业的要求	48
其他	39
条例或法定的除外责任	27
行为或决定的除外责任	16
"细菌或微生物"除外责任	15
"污染"除外责任	14
"间接损失"除外责任	8
未满足污染条款的其他要求	6

图2-2 美国新冠肺炎疫情相关保单诉讼中索赔被拒的原因

资料来源：https://cclt.law.upenn.edu，2020年10月2日。

当前，美国各州法院对这些条款的理解或解释尚无统一标准。主流观点认为，除非存在有形的财产损失，否则保险公司无须赔付，密歇根州、得克萨斯州、加利福尼亚州、纽约州、哥伦比亚特区的法官均以此为由驳回了相关诉讼。也有个别州的法官提出异议，例如，在美发沙龙工作室417与辛辛拉提保险公司的理赔纠纷案件（Studio 417 v. Cincinnati Insurance）中，密苏里州堪萨斯城的地区法官认可了原告关于冠状病毒附着在财产上，损害了财产的"物理性质"的说法，允许对此案进行进一步审理；又如，在光学服务公司和富兰克林相互保险的理赔纠纷案件（Optical Services USA v. Franklin Mutual Insurance）中，新泽西州的地区法官提出，保险合同中的术语"physical"可能不仅仅意味着实物上的改变或损害，保险公司有义务解释投保人购买的保单为何失去应有的保障①。个别州还要求，即使保单中明确排除了病毒造成的损失，保险公司也要为投保的小公司赔付营业中断的损失。

2. 英国高等法院关于营业中断险的测试案件计划

在英国，投保人对承保了营业中断的保单提出大量索赔，但保险业纷纷拒赔，并针对保单条款中的"政府""行为""传染病""禁止""阻碍""事件是否符合地理范围""进入营业场所""中断"等术语，合计提出了十几个拒赔理由。大量投保人投诉至英国金融行为监管局（Financial Conduct Authority，FCA），FCA将一些有代表性的争议提交至英国高等法院裁决。FCA担任原告，代表所有保单持有人的利益，被告则是出售此类保险较多的8家保险公司——拱门保险（英国）[Arch Insurance (UK) Ltd]、Argenta财团保险（Argenta Syndicate Management Ltd）、教会保险（Ecclesiastical Insurance Office Plc.）、安林保险（MS Amlin Underwriting Ltd.）、希斯考克斯保险（Hiscox Insurance Company Ltd.）、昆士兰（英国）保险（QBE UK Ltd.）、英国皇家太阳联合保险集团（Royal & Sun Alliance Insurance Plc.）和苏黎世保险（Zurich Insurance Plc.）。

针对营业中断的保险理赔纠纷，英国高等法院启动了测试案件计划（Test Case Scheme），这是自2015年英国金融清单案件（Financial List Claim）制度实施以来的首个测试案件计划。这些案件于2020年7月20日正式开庭，庭审持续了8天，全程在线直播。英国高等法院希望，该案的裁决结果能够成为成千上万起潜在案件的参考"判例"，从而从根本上解决这一具有里程碑意义的保险纠纷。下面对几个核心争议做简要说明。

（1）对"疾病"确认的解释

测试案件中，保险公司针对"疾病"条款的抗辩理由如下：①营业中断保险保单中的"法定呈报疾病"（Notifiable Diseases）针对的是

---

① 该法官表示，新泽西州内其他的法院也明确表示过，有形的财产变更不是有形损失或财产损害的一个必要条件，而且，全国各地的法院都做出过类似的裁决。美国新泽西州的大量判例法都支持该法官的裁决意见，即支持商业财产保险保单要赔付无形损失。

被保险人本人的疾病；②"疾病"的发生需要满足在约定的半径范围内①有个体被确认患病的要求。FCA 则认为，对于"法定呈报疾病"条款的理解应当具有简单性和普适性，即疾病的确认并不要求该疾病必须被诊断出来。英国高等法院法官支持了 FCA 的理解，即"新冠肺炎是一种必须呈报的疾病"已经属于共识，因此，当一个地区至少有 1 名新冠肺炎感染者时，就可确认该地区"发生"了法定呈报疾病。

（2）对"疾病"与"业务中断"因果关联的解释

测试案件中，有保险公司主张保单中列出的疾病应当是导致业务中断的近因。FCA 则认为，结合上下文理解，保单中的"Following"（紧随）、"In Consequence of"（由于）等术语仅仅暗示了某事件是事实背景的一部分，代表了一种较为松散的因果关系，因此，不需要是保险公司主张的近因。FCA 认为，保单所列的风险事项并不会直接中断或干扰业务，在几乎所有情况下，这些风险都只能通过政府或公众的反应间接造成营业中断；具体到新冠肺炎疫情上，中断或干扰"紧随"疫情的暴发，而如果没有新冠肺炎疫情的暴发，这些损失结果就不会发生。英国高等法院法官认为，保险条款中的相关术语至少包含了间接的因果关系，不应当仅局限于直接的因果关联。

此外，绝大多数保险公司主张，如果在 25 英里半径范围内无人被确诊，那么可推定该区域没有受到疾病的影响，"疾病"与营业中断损失之间也就不存在因果关系。英国高等法院法官驳斥了这一观点，并解释说：因为国家当局需要根据所有 COVID – 19 事件信息来做出决策，所以，每一个应当呈报疾病的事件都是一个独立且有效的原因，因此，保险公司不能将其他地方的疾病发生或对疾病的反应视为无关的原因，也就不能简单地将政府行动界定为针对某一特定案件的反应。

（3）对"公共权力"条款的解释

测试案件中，有保险公司主张其保单"公共权力"条款中的"强

---

① 大多数保险公司规定的是"建筑物半径 25 英里以内"，但也有不同的规定，如昆士兰保险公司规定的是"建筑物半径 1 英里以内"。

制限制"（Restrictions Imposed）应当直接针对被保险人或被保险人对房屋的使用，即保单相关条款中所指的传染病的"发生"应当是"小规模的、地方性的、在某种意义上特定的"。然而，英国高等法院法官否定了保险公司的这种"狭义理解"，并进行了举例说明：某商店店主是被保险人，其所在街上发生了谋杀或自杀事件，警方设置了警戒线阻止公众进入该商店，导致该商店完全无法营业；显然，按照大众的直观理解，这样的警戒线构成一种"限制"，其虽然不是直接针对被保险人及其对房屋的使用，但是其效果却是将公众拒之门外，令被保险人丧失了所依赖的真实存在的客户。因此，保单中的"Inability to Use"（无法使用）并不等同于妨碍或破坏房屋的正常使用。

虽然英国的测试案件并没有包含所有可能的保单条款争议样本，但是其审判逻辑和依据为后续的诉讼案件提供了解释的方向。整体来看，英国高等法院和FCA的主张均明示或默示认可了保险合同是格式合同，因此，对争议条款的理解一般采用简单和普适性解释、上下文结合推断、反映真实现实需求等原则。尤其在理解例外和豁免责任时，合同目的应当结合上下文来解读。例如，FCA建议，在解释公共权力条款时应当突出"反事实"原则，即对保险条款的解释应当有利于达成实质性的风险承保，而不是虚幻的保障[1]。

第二节 国内保险业分析

1949年10月，中华人民共和国第一家大型国有保险公司中国人民保险公司在北京成立。1958年，"大跃进"运动在全国展开，该年年末

---

[1] FCA给出了一个关于"公共机构"限制的例子。如果一家餐馆附近的建筑工地出现了害虫风险，政府对餐馆进行了营业限制。假设一个与事实相反的情景，即政府未进行行政限制，害虫风险依然存在。按照保险公司的思考逻辑，被保险人必须证明客户不来用餐是因为害虫（营业中断的近因），而不是政府行政限制。这种理解显然不切实际，因为向潜在客户咨询不来用餐的真实原因不仅会花费巨大的成本，而且无法保证潜在客户会给出真实合理的答案。因此，FCA认为，保险公司的理解逻辑明显使得保险保障在很大程度上成为一种幻觉，违背了保险合同存在的初衷。

保险系统性风险的形成、外溢及监管

国内所有保险业务暂停办理。1979年11月，停办了21年之久的国内保险业务开始复业，并整体上呈现快速发展势头。经过40余年的发展，目前中国已经成为世界上第二大保险市场。然而，中国保险业的发展历程远非一帆风险。本小节梳理和剖析了近40年来中国保险业发生的重要的、有代表性的风险事件，总结中国保险业发展中的风险点，希望为保险业今后的健康发展提供历史镜鉴。

一 20世纪90年代前后的投资巨亏

（一）事件概况

1979年年末，中国保险业开始恢复经营。起初，各公司对保险资金的运用并不太重视，主要的投资方式是银行存款。20世纪80年代末，中国经济快速增长，并出现了过热迹象。在此背景下，由于中国关于保险资金运用的相关法律法规尚不健全，保险资金的投资主体和投资范围均非常广泛，甚至分支机构也可以进行投资，很多公司将资金投向了股票、基金和房地产等领域。1995年前后，海南等地的房地产业泡沫破裂，导致相关保险公司出现了大量不良资产，系统性金融风险急剧上升，一些保险公司无法收回贷款本息。

1995年6月底，《中华人民共和国保险法》（以下简称《保险法》）颁布，对保险公司的资金运用范围进行了明确和规范。《保险法》第104条规定，保险公司的资金不得用于设立证券经营机构和向企业投资，也不得直接投资于房地产等领域。在此之后，中国保险行业的资金运用得到了正式规范。

（二）事件分析

20世纪90年代保险公司的投资巨亏为保险监管提供了重要的经验教训，主要包括以下两点。

第一，要对保险公司的投资行为进行监管。当时，中国保险业务刚恢复不久，各方面的法律法规还不健全，因此，保险公司的投资行为并没有受到法律约束。此外，当时很多保险公司投资了房地产、企业股权等高风险领域，这也成为保险业在经济周期变化中遭受投资巨亏的重要原因。2000年以后，能够对抗通货膨胀和利率风险的投资连接保险和万能保险开始在国内发展，但由于一些保险公司相关投资产品资金运用不善，导致投保人直接承担损失，引发了区域性风险。比较典型的是两次"投连险风波"，其反映的金融创新与消费者权益保护的关系类似于2020年4月中国银行的"原油宝"投资亏损事件。2015年后，一些保险公司销售了大量万能险产品，其对应的投资领域是股票、基金、房地产等，所以这些保险公司的投资行为相对激进。因此，监管层应当对保险公司的投资行为进行积极监管，尤其需要遏制激进投资，做好金融风险的预警和防控工作。

第二，保险业将面临新的风险环境，监管层需要积极做好防控工作。传统的保险业务面临道德风险、操作风险、市场风险等风险，而随着中国经济的快速发展和对外开放的深入，保险业未来将面临更严峻的资产负债匹配风险、消费者权益保护风险以及网络风险、气候变化风险等新型风险。特别是在低利率背景下，人身险公司的投资可能面临较大风险，这会进一步加大其资产负债匹配风险，并形成外溢效应。

二 20世纪90年代末的巨额利差损

（一）事件概况

20世纪90年代末之前，人身险公司普遍将保单预定利率和银行存款利率挂钩，这种产品利率定价形式简单，容易被人们接受。20世纪90年代以来，中国一直处于高通胀、高利率的环境中。为控制高通胀，1993—1996年，中央银行多次上调存贷款基准利率。1996年以后，伴随着经济形势的变化，中央银行连续8次下调存贷款基准利率，其中，一年期定期存款利率从1993年11月的10.98%快速下调至2002年2月的1.98%，降幅高达82%。这给人身险业的投资运用和资产负债匹配带来了巨大冲击。由于人身险公司的预定利率普遍较高，连续降息导致很多人身险公司出现利差损，即投资收益难以覆盖融资成本，后来更演变成了系统性风险。

在此次事件中，中国人寿和平安人寿等老牌人身险公司都承保了大量高利率保单。在这些保单中,它们承诺给客户的年化收益率普遍在8%以上,有的年化收益率甚至超过15%。从保险期限来看,大部分产品的保险期限都在20年以上,有的甚至是被保险人终身。当时,监管层对保险投资的方向和标的做了较严格的限制,其中要求40%—60%的投资资金只能投资于国债和银行存款,并且对房地产、生物医药等发展迅速、收益较高行业的投资进行了严格限制,导致人身险公司投资效率低下,投资收益难以覆盖融资成本,很多人身险公司陷入经营困境。尽管此次危机中并没有人身险公司破产(这点与几乎同一时期的日本人身险业不同),但是它对中国人身险业产生了深远的影响。

危机发生之后,政府扮演了最后贷款人的角色,为保险业的稳定提供了极大支持。在具体操作上,很多人身险公司将一些亏损严重的保单业务剥离给新设部门,这些部门主要负责危机发生之前的保单及续费业务。例如,在不良业务剥离之后,"国寿存续"管理的保单业务是危机发生之前的存量保单。危机过后,很多人身险公司先后推出了投资型人身险产品。这些产品的投资渠道更广泛,投资方式更灵活,它们为人身险的资金运用找到了新的方向和创新点。

(二)事件分析

20世纪90年代末的巨额利差损事件是中国保险业发展中的一件大事,对保险业系统性风险的防控具有重要借鉴作用。总体而言,这一事件对保险业风险防控的启示主要包括以下三点。

第一,应当加强对保险业系统重要性机构的监管。从市场功能角度看,如果中国人寿、中国平安或中国太保在此次危机中因利差损风险而破产,将造成市场功能严重缺失,甚至导致商业保险保障功能的瘫痪,同时也会对投保人的利益造成损害,引发保险业系统性风险。鉴于上述人身险公司破产所引发的破坏性,加强对系统重要性保险公司的监管,可以提升保险业应对系统性风险的预警能力和反应能力。

第二,保险业系统性风险可能产生严重的外溢效应。在此次危机中,监管层对保险投资的标的和方向做了较严格的限制,特别是对银行存款的配置比例提出了明确要求,并且银行对大额存单也给予了利率支持和优惠措施，因此，定期存款是保险资金运用的一个重要方向，这也导致保险业和银行业之间存在较密切的关联。一旦保险业发生严重风险，很可能将风险传导给其他金融部门乃至房地产部门，并通过杠杆效应扩散和蔓延，进而对宏观经济形成负面影响。因此，积极防范保险业系统性风险可能引发的外溢效应，对于维护金融市场稳定、保障金融安全都将起到积极作用。

第三，积极防范人身险公司在低利率环境下面临的利差损风险。20世纪90年代末的巨额利差损事件，是由于利率连续下降，使得人身险公司的投资收益难以覆盖融资成本。根据世界银行的统计，2019年全球有30多个国家降息，低利率或负利率已成为西方发达经济国家的普遍现象。利率的持续下行对人身险公司的资产端和负债端都会造成一定冲击，从而导致人身险公司面临较高的利差损风险。因此，积极防范利差损风险具有重要的现实意义。

三 保险公司治理缺陷引发的风险

（一）事件概况

1997年亚洲金融危机的爆发，以及美国安然、世通、安达信等公司相继爆出的大型公司的治理问题，引发了学界和业界对公司治理问题的关注。对于20世纪初的中国，保险公司的治理缺陷问题也备受关注。

2001年年末，东方人寿保险公司获准成立。重庆实业、湘火炬和天山股份这3家上市公司均为东方人寿的股东，共持有东方人寿大约18.75%的股份，而且它们都属于当时著名的"德隆系"。因此，德隆系是东方人寿的实际控制人。

2004年，德隆系出现股票崩盘和金信信托挤兑事件，东方人寿也受到了牵连。保监会对东方人寿进行核查后发现：重庆实业所持有的股权已经被冻结；湘火炬所持有的股权已质押给民生银行；东方人寿将近7亿元的注册资本金已被德隆系旗下的证券公司挪走，当成了理财本金，且该资金下落不明。在此背景下，保监会勒令东方人寿停业，该公司也成为中国第一家停业的保险公司。至2012年年末，经历了大股东的重组，尤其是德隆系股东的退出，停业长达7年之久的东方人寿才得以重新开业。

在东方人寿事件爆发后，监管层开始更加关注保险公司的治理缺陷。2005年，国际保险监督官协会（International Association of Insurance Supervisors，IAIS）将保险公司治理监管提升至制度化的高度，并将其确定为保险监管的重要制度之一。次年，保监会发布了相关法律法规，并将公司治理监管与市场行为监管、偿付能力监管一并确定为中国保险业监管体系的三大支柱。此后，保险公司治理结构日益完善，但一些中小保险公司的治理结构仍存在较多问题。

（二）事件分析

东方人寿事件发生的背景和过程虽然特殊，但在当年产生了很大的社会影响，保险公司的治理缺陷问题也引起了广泛关注。该事件的启示主要有以下三点。

第一，应当积极防范保险公司治理缺陷引发的风险。中国保险业面临的风险主要包括公司治理、公众信心、市场投资和资本供给等诸多风险，其中，公司治理风险被排在首位（孙祁祥等，2007）。公司治理风险是公司的治理机制不完善或结构不合理造成的，而保险公司既有自身的治理活动，又有对业务对象的治理活动，所以如果治理问题得不到妥善处理，就会造成风险的累积。当保险公司的风险积累至一定阶段后就会爆发风险事故，可能导致公司经营困难、破产倒闭，甚至出现风险传染和外溢效应，导致整个行业出现系统性风险。因此，监管层应当加强对保险公司治理缺陷的风险识别，提高风险预警和风险处置的能力。

第二，保险公司治理缺陷是引发其激进经营行为的重要因素。近年来，中国大部分保险公司在资金运用上都践行价值投资理念，但是，仍有部分保险公司没有顾及资本市场发展不成熟、相关法律制度不完善的国情，在资本市场上出现了非理性举牌等行为。此外，还有少数公司通过虚假出资、循环增资等手段来谋求规模的快速扩张，已经触及监管层的底线。从这一现象的本质来看，是保险公司存在治理缺陷导致其出现激进的经营行为。在现实中，保险公司治理中存在的风险往往表现为虚增注册资本、股权代持、利用非自有资金出资等风险，其治理机制中的风险主要存在于授权与决策机制、激励与约束机制、风险与合规机制、内审与内控机制、监督与检查机制和关联交易管理机制等方面。因此，只有通过合规治理、系统治理、审慎治理、共同治理和有效治理，才能减少保险公司的治理问题，促进保险公司稳健经营。

第三，加大对保险公司治理中违法违规行为的惩罚力度，整治保险业市场"乱象"。通过对近年来中国保监会（或中国银保监会）网站披露的监管函和行政处罚决定书的统计分析可以发现，涉及保险公司治理行为的罚单占比越来越高。在监管函中，虚增注册资本、股权代持、利用非自有资金出资等治理问题的罚单约占罚单总量的一半，而关于分支机构问题和关联交易问题的罚单占比分别位居第2位和第3位。行政处罚决定书中，涉及虚增注册资本、股权代持、利用非自有资金出资等问题的，占罚单总量的25%左右，自查报告问题和任职资格问题的占比分别位居第2位和第3位。因此，监管层加大了对保险公司治理中违法违规行为的惩罚力度，为保险业的风险防范和健康发展创造了良好的基础环境，间接提升了保险业服务实体经济的效果。

四 21世纪初财产险费率市场化后的行业亏损

（一）事件概况

21世纪初，中国加入世界贸易组织（World Trade Organization，WTO）之后，由于面临着外资财产险公司的竞争压力，并且为适应WTO的相关规则，中国加快了财产险费率市场化改革的步伐。从财产险的价格形成机制和制约因素来看，其条款费率具有复杂性和虚拟性的特征。在改革之前，中国财产险费率实行"一刀切"政策，这既不符合当时的国情和市场经济建设的要求，也可能增加偿付能力不足的风险。

机动车辆险和企业财产险是当时中国最大的两个财产险险种，通过对两者的分析，可以反映中国财产险费率市场化的效果。机动车辆险费率市场化改革对整个行业的影响非常大。深圳市于2001年实施机动车辆险费率市场化改革，连续下调费率。截至2002年3月底，费率已经从2001年年初的6683元快速下调至4070元，下调幅度将近40%。车险行业陷入"手续费战"和"价格战"的困境。而在企业财产险方面，中国企业财产险的平均费率从2001年的3%下调至2005年的1%左右，有的保险公司甚至将原有企业财产险费率降低了近80%。如此大的调整幅度也使得很多保险公司的企业财产险业务出现巨额亏损。当时的费率市场化改革，不仅对行业发展造成了严重的不利冲击，也对保险消费者的利益产生了根本性的不利影响。

（二）事件分析

财产险费率市场化改革虽然产生了明显的不利影响，并以失败告终，但仍具有重要的积极意义——它为保险业的不断改革发展积累了宝贵经验。该事件的启示主要有以下三点。

第一，应当明确费率市场化的改革方向。在财产险费率市场化改革之前，"一刀切"的财产险费率具有诸多的弊端，包括限制了财产险公司的创新活动、在一定程度上维护了财产险市场的垄断局面、抑制了保险中介的作用等。在费率市场化时期，财产险市场竞争加强，财产险公司的创新意识有所提升，保险产品和服务水平也有所改进。因此，如果能完善费率市场化改革的机制设计，费率市场化将对整个行业的发展，特别是长远发展起到积极作用。

第二，在实行财产险费率市场化改革之前，应当尽量做好风险防控。本次改革之前，财产险行业并没有做好风险防控准备。随着保险市场的进一步开放，财产险费率将会经历多次改革，而在改革之前尽量做好风险防控，对于降低改革给整个财产险行业带来的负面冲击、促进财产险公司的健康发展都有积极作用。例如，2015年第二季度，中国实施了商业车险费率改革，2017年又实施了第二次商业车险费率改革，其主要内容包括建立健全商业车险条款形成机制、加强和改善商业车险条款费率监管和建立健全商业车险费率形成机制等。这类改革措施不但可以促进行业的增长和稳定，还可以基于大数据等保险科技，有效遏制车险销售渠道中的不规范、不理性行为。

第三，从整个财产险行业的发展现状来看，行业的业务格局可能会发生巨大变化，未来费率改革将进一步推进。近年来，尽管机动车保险的保费收入仍然占整体财产险保费收入的最大比重，但是自2018年6月以后，新车销量的增速持续低迷，机动车保险的保费收入增速也呈现出大幅下滑的态势。此外，受到"商车费改"的影响，很多保险公司的车险业务深陷价格战的泥潭中，这也对车险业务的盈利造成了负面冲击。伴随着新车销量增速的下滑、监管力度的加大以及车险价格和手续费的下降，车险业务的增速逐渐呈现出式微的态势。在此背景下，一些保险公司将资金和精力转向了健康险、农业险、保证险、责任保险、企业财产险等非车险业务，使得这些业务的保费收入在2018年后大幅增长，成为行业的新增长点。随着财产险市场行业乱象治理和行业发展的规范，财产险价格形成机制改革将继续推进。

五 保险公司激进投资引发的风险

（一）事件概况

2015年7月，股市暴跌后，国家上下"一盘棋"，保监会为了稳定股市，发布了《关于提高保险资金投资蓝筹股票监管比例有关事项的通知》，将符合偿付能力充足率的保险公司投资单一蓝筹股票的余额占上季度末总资产的比例上限从5%提高到10%。这类政策引发了保险公司举牌蓝筹股的热潮。在现实经营中，一些中小保险公司通常很难依靠传统模式来发展渠道，而只能借助于出售万能险产品来实现保费收入和现金流的快速增长。这些中小保险公司的融资成本普遍高于6%，为了弥补融资成本，它们对收益率有非常高的要求，因此，它们会不断寻求高收益率的投资项目。

在这股中小保险公司举牌蓝筹股的热潮中，最著名的当属"宝万之争"，即宝能系通过前海人寿等旗下公司大量购买地产龙头企业——万科的股票。截至2015年年末，根据万科披露的公告，宝能系持有的万科股票的数额已经超过总股本的25%，成为万科的第二大股东。因为宝能系是通过短债长投的方式购买万科的股票，该方式蕴含的风险较大，加之其声誉和管理能力受到一些保守人士的质疑，所以，万科的管理层公开反对宝能系，并将其称之为"门口的野蛮人"。经过长达两年多的争斗，2017年6月，恒大地产将大约14%的万科股权转让给了深圳地铁，使深圳地铁成为万科的第一大股东。由此，这场"宝万之争"才逐渐画上了句号。

除中小保险公司出现举牌蓝筹股热潮之外，安邦保险的激进投资行为也引发了各界的关注。安邦保险旗下的安邦人寿成立于2010年7月，自成立至2015年，该公司资产的年平均增长率为349%左右，非常惊人。与此同时，安邦人寿在投资上比较激进，接连投资海外，屡次引起社会各界强烈反响，甚至明显违背了国家金融治理和监管的导向。安邦保险公司被认为存在非常严重的虚假投资、关联交易等财务问题，2017年，监管层开始介入安邦保险，并且于2018年正式接管。直到2020年年初，接管才结束，安邦保险重组为大家保险。至此，安邦保险的高速增长和激进投资行为也告一段落。

（二）事件分析

中小保险公司出现举牌蓝筹股热潮和安邦保险事件是近年来中国保险公司激进投资的典型案例。它们对保险业发展的启示主要有以下三点。

第一，对于中小保险公司举牌蓝筹股。从客观上讲，险资举牌在2015年"股灾"发生后的救市过程中做出了贡献。此外，举牌的保险公司多数为中小型保险公司，在"资产荒"的背景下，它们面临的投资压力较大，而"股灾"后，一些优质蓝筹企业的股票具有了投资价值，正好符合它们的投资需求。通过举牌优质蓝筹企业的股票，保险公司可以获得较高的收益，从而弥补万能险业务的利差损。对于这些保险公司来说，举牌是一种理性的选择。但是，有些保险公司在举牌过程中存在激进或不当行为，偏离了它们的初衷，如以外行身份干涉实体企业的运营，可能引发经济和政治的风险。还有一些保险公司为达到快速控制被举牌企业的目的，甚至在股市处于阶段性高点时不惜代价重仓买入，可能对股市的交易环境造成干扰和冲击。此外，一些中小型保险公司的资金增加了杠杆，存在资产负债不匹配的风险。我们认为，在防范金融风险的背景下，应当对险资举牌区别对待：对于以财务投资、长期投资以及完善产业链布局为目的的举牌行为，应当给予肯定和支持；对于有利于实体经济发展的投资，也应当给予肯定和支持。

第二，对于安邦保险的高速增长和激进投资，监管层可以将其视为反面教材。如果深入分析安邦保险高速增长和激进投资背后的动因，我们会发现，一方面，安邦保险抓住了利率市场化背景下万能险监管不足的契机，从居民部门吸收了大量的储蓄资金；另一方面，安邦保险利用这些资金收购了其他资产。对于安邦保险的运营来说，快速发展和激进投资带来了严重的资产负债错配风险和声誉风险。安邦保险持有成都农商银行和邦银金融租凭股份有限公司等金融机构的股权以及万科、招商银行、同仁堂等上市公司的股票，并持有日本、比利时和荷兰等国家的金融资产，如果监管层对安邦保险的风险处置不当，会引发风险外溢。因此，监管层应当从中吸取经验和教训，及早做好此类事件的风险预警和应对工作。

第三，继续严控保险业资产负债流动性错配可能引发的系统性风险。2018年年初，保监会发布了《保险资产负债管理监管办法》和《保险资产负债管理监管规则（1—5号）》，并强调该新规是继中国风险导向的偿付能力体系（简称"偿二代"）之后中国保险业的又一重要监管工具。近几年来，伴随着数字技术的快速发展，保险公司加快了产品创新，其资产端和负债端的风险特征和业务结构也发生了很大变化。保险业资产负债流动性错配可能对债券、股市等其他金融市场和一些实体经济产生不利冲击。同时，如果一些大型保险公司的共同行为是顺周期性的，则可能导致资产市场价格波动，并造成负面的系统性冲击（Benoit 和 Hurlin，2017）。基于上述原因，中国对保险业资产负债错配的监管应当采取宏观审慎的方式，以弥补单纯微观审慎监管的缺陷，同时，要从跨行业、跨时间两个维度对资产负债流动性错配引发的系统性金融风险进行监管。

　　本节的案例分析显示，国内保险业重要风险事件涉及多种风险和多种主体，形成和外溢的机制多样。本书第三章、第四章和第五章将从不同视角研究这些因素，更多采用了大样本的定量分析。

第三章

保险系统性风险的形成和外溢
——业务类型视角

第一节 财产险业务线的系统性风险度量

一 问题的提出

财产险承保各类财产及其相关利益的损失,由于范围经济等原因,一家财产险公司通常同时经营多条业务线。为保持稳健经营,财产险公司要根据公司业务组合的构成情况对各业务部门计提经济资本,保险行业的审慎监管者为确保财产险业的稳定性,也要根据各公司的业务情况对其计提监管资本。这两个话题都需要分析:财产险各险种对产品组合整体的赔付风险有多大的影响?如果将单个财产险险种视为一家机构,将财产险产品组合视为由各机构组成的系统,那么,该问题就相当于研究每家机构对系统性风险的贡献程度。因此,本节尝试运用从金融机构系统性风险研究领域中发展出的方法,研究各财产险险种对整体财产险产品组合的系统性风险的影响程度。

一个险种或产品组合的赔付风险程度主要反映在其赔付率的大小和分布上,而一个险种或产品组合的赔付率可以视为一家金融机构或金融部门的资产收益率,因此,本节并没有采用财务指标打分法、风险暴露网络分析法、各类或然索取权法等,而是采用了4种基于收益率数据测算金融机构系统性风险的方法。(1)平均相关系数法,Patro等(2013)认为,这是一种简单有效且具有前瞻性的方法;(2)增量条件在险价值法(ΔConditional Value-at-Risk, ΔCoVaR),由Adrian和Brunnermeier(2008)

提出；(3) 边际期望缺口法（Marginal Expected Shortfall，MES），由Acharya 等 (2006) 提出；基于 Shapley 值的方法，被 Tarashev 等 (2009)、Tarashev 等 (2016) 使用过。本节同时采用这 4 种方法，使得研究结果比较全面并有所对比。

我们收集了两组公开数据作为研究样本。第 1 组是 2005—2016 年中国 272 多个地级（及以上）地区的 8 个险种的赔付率数据。基于此样本的分析结果主要服务于单个公司对不同地区的业务计提经济资本。第 2 组是 2005—2016 年中国 123 家财产险分公司的 8 个险种的赔付率数据。基于此样本的分析结果主要服务于对中国各财产险公司计提监管资本。在已有关于保险公司风险进行整合的研究中，本节是分析产品线（险种）较多的。

二 系统性风险的测算方法

本小节简要说明测算某类主体系统性风险的 4 种方法以及它们在金融机构领域的已有研究。

（一）平均相关系数法

通过计算两两金融机构股价变动的相关性或两两市场股指变动的相关性，可以生成机构之间或市场之间的关联网络，计算其系统性风险程度。平均相关系数法的优点是计算简单、稳健，易于比较不同个体风险的大小，但是无法用于将整个系统的风险分配到各组成个体。De Nicolo 和 Kwast (2002) 计算了 1988—1999 年美国大型上市银行之间股价变动的相关系数，发现其相关性有上升的趋势，支持了美国银行业系统性风险上升的流行观点。Patro 等 (2013) 基于美国 1988—2008 年 22 家大型上市银行的股价数据，通过计算两两银行股价变动的相关系数，得到每家银行与其他银行股价变动的平均相关系数，并认为一家银行的平均相关系数越大，其系统性风险就越大。陈忠阳和刘志洋 (2013) 计算了中国上市银行在多个时期的两两相关系数，发现股份制商业银行、城市商业银行和其他商业银行股价的平均相关系数均高于国有大型商业银行，反映出中小银行的风险正在逐渐增加。郑振龙等 (2014) 对中国资本市场的研究发现，股票与债券市场的平均相关系数的确能够反映其系统性风险。

因此，各险种赔付率与其他险种赔付率的两两相关系数的平均值，也可用于衡量各险种的系统性风险的相对大小。

(二) ΔCoVaR 法

基于在险价值（Value-at-Risk）方法论，Adrian 和 Brunnermeier 在不迟于 2008 年的工作论文中提出 ΔCoVaR 法，并于 2016 年正式发表。ΔCoVaR 法的主要优点是能测度一个主体对整个系统的风险或危机的"影响"，而 MES（随后介绍）更像是测量一个主体对整体系统的风险或危机的"暴露"。

Bernal 等（2014）采用 ΔCoVaR 法测算了美国和欧洲的商业银行、保险公司和其他金融机构的系统性风险，发现这 3 个部门的系统性风险在美国从高到低的排序为保险、其他金融业和银行，在欧洲的排序为其他金融业、保险和银行。周天芸等（2014）采用非对称 ΔCoVaR 法测算了中国上市的银行、保险公司和证券公司的系统性风险水平，发现：银行的风险贡献度最大，保险公司的实际风险贡献度也较高。Bierth 等（2015）基于全球 200 多家保险公司的样本，采用包括 ΔCoVaR 法在内的 3 种方法，研究发现：保险部门的系统重要性主要体现于金融危机期间，其中，大型保险公司起主要作用。

本节将一个险种的 ΔCoVaR 定义为，该险种的赔付率处于高水平时，对整体财产险业的尾部赔付率的影响。具体计算为：当某一个险种的赔付率处于最高的 5%（或其他高水平值）时，整个财产险业务组合赔付率的 VaR 减去该险种赔付率处于一般状态（如中位数时）时整个财产险业务组合赔付率的 VaR。

令 R^i 表示险种 i 的赔付率，VaR_q^i 表示 $1-q$ 置信度下险种 i 的赔付率，即 $\Pr(R^i \geq VaR_q^i) = q$。当险种 i 的赔付率过高时，如达到 VaR_q^i 时，财产险业务组合的在险价值记为 $CoVaR_q^{sys|i}$，存在表达式：

$$\Pr(R^{sys} \geq CoVaR_q^{sys|i} \mid R^i = VaR_q^i) = q \qquad (3-1)$$

其中，R^{sys} 是财产险业务组合的赔付率。定义险种 i 的增量条件在险价值为：

$$\Delta CoVaR_q^{sys|i} = CoVaR_q^{sys|R^i=VaR_p^i} - CoVaR_q^{sys|R^i=Median^i} \quad (3-2)$$

其中，$R^i = Median^i$ 表示险种 i 的赔付率处于其中位数水平。

$\Delta CoVaR$ 的计算可以分为以下 3 个步骤。第 1 步，估计回归模型 $R^{sys} = \alpha_q^i + \beta_q^i R^i + \varepsilon$，得到 $\hat{\alpha}_q^i$ 和 $\hat{\beta}_q^i$。赔付率的数据不服从正态分布，采用分位数回归，回归的分位点即是计算 VaR 中选择的 q。第 2 步，计算险种 i 处于临界赔付率时财产险行业务组合赔付率的 $CoVaR$，$CoVaR_q^{sys|R^i=VaR_q^i} = \hat{\alpha}_q^i + \hat{\beta}_q^i VaR_q^i$，以及一般赔付状态时财产险行业务组合赔付率的 $CoVaR_q^{sys|R^i=median} = \hat{\alpha}_q^i + \hat{\beta}_q^i VaR_{50\%}^i$。第 3 步，根据（3-2）式计算 $\Delta CoVaR$，如下：

$$\Delta CoVaR_q^{sys|i} = \hat{\beta}_q^i (VaR_q^i - VaR_{50\%}^i) \quad (3-3)$$

（三）MES 法

Acharya 等（2017）、Brownlees 和 Engle（2017）将一家机构的系统性风险贡献视为危机时该机构的资本缺口占整个系统资本缺口的比重。MES 法由 Acharya 等学者在不迟于 2009 年的工作论文中提出，并于 2017 年之前正式发表。与期望缺口法（ES）一样，MES 法的主要优点在于，它是一种一致的（Coherent）风险测度指标，而 CoVaR 不是。

Acharya 等（2009）采用 MES 法测算了 2004—2007 年美国保险公司和银行的系统性风险贡献，发现多家保险公司的系统性风险贡献较大，并建议加强对保险公司的非传统业务和道德风险的监管。范小云等（2011）测算了中国上市金融机构的 MES，主要发现：在非危机时期边际风险贡献和杠杆率较高的金融机构，在危机中的边际风险贡献也较大；金融机构的 MES 具有明显的顺周期特征。Bierth 等（2015）的研究中也采用了 MES 法。刘璐和王春慧（2016）测算了中国上市保险公司的 MES，发现：在金融危机期间，保险公司的 MES 中值波动幅度较大，此后迅速下降并趋于平稳；各公司的 MES 主要由股价波动率决定。

本节将一个险种的 MES 定义为，当财产险业务组合的赔付率处于高水平时，该险种的平均赔付率。存在 $R^{sys} = \sum_i w^i R^i$，其中，R^{sys} 是财产险业务组合的赔付率，R^i 是险种 i 的赔付率，w^i 是险种 i 占财产险业务组合的保费收入的比重。那么，定义财产险业务组合的期望缺口（ES）为：

$$ES_q^{sys} \doteq \mathbb{E}(R^{sys} \mid R^{sys} \geq VaR_q^{sys}) = \sum_i w^i \mathbb{E}(R^i \mid R^{sys} \geq VaR_q^{sys}) \tag{3-4}$$

其中，VaR_q^{sys} 是财产险业务组合在 $1-q$ 置信度下的 VaR，即，$\Pr(R^{sys} \geq VaR_q^{sys}) = q$。险种 i 的边际期望缺口 MES^i 为财产险业务组合的 ES_q 对该险种占财产险业务组合的比重（w^i）变化的敏感性，如下：

$$MES_q^i = \frac{\partial ES_q^{sys}}{\partial w^i} = \mathbb{E}(R^i \mid R^{sys} \geq VaR_q^{sys}) \tag{3-5}$$

MES_q^i 也可以理解为财产险业务组合处于高赔付率时单个险种的赔付情况。在有 N 个观测值的样本中，险种 i 的 MES 计算公式为 $MES_q^i = \frac{1}{观测数}\sum_{I_q} R_n^i$，其中，$I_q$ 表示财产险业务组合的赔付率处于最高的 q 分位数时，$n = 1, \cdots, N$。

（四）Shapley 值法

在合作博弈中，将总价值在创造它的单个个体之间按"贡献"分配时，为处理个体之间相互影响的问题，Shapley（1953）提出了后来被称为 Shapley 值法的著名方法。Shapley 值法的主要缺点是计算量较大。

Powers（2009）讨论了 Shapley 值法在投资组合管理和保险公司风险管理中的运用，并从理论上证明了该方法的若干性质。Tarashev 等（2009）、Tarashev 等（2016）应用 Shapley 值法测量了单个金融机构的系统性风险贡献。贾彦东（2011）基于中国金融机构的支付清算数据，利用 Shapley 值法，从参与度和贡献度两种角度，测算了各金融机构的系统重要性。梁琪和李政（2014）采用 Shapley 值法，测算了中国 16 家上市商业银行的股价数据，并深入研究了相关的审慎监管问题。

将某个险种 i 对不包含其在内的子系统 S 的风险的贡献定义为"子系统 S 加上 i 后的风险"减去"子系统 S 的风险"，即 $v(S \cup \{i\}) - v(S)$，其中，$v(\cdot)$ 是衡量风险的函数。险种 i 的 Shapley 值定义为 i 对所有可能的子系统的风险贡献的加权平均，表达式如下：

$$ShV^i(K,v) = \frac{1}{k}\sum_{k_S=1}^{k}\Big[\frac{1}{c(k_S)}\sum_{\substack{i\notin S\\|S|=k_S}}[v(S\cup\{i\})-v(S)]\Big] \quad (3-6)$$

其中，$i \notin S$ 表示所有不包括险种 i 的子系统，$|S|$ 表示子系统 S 中的险种数目，$c(k_S)$ 表示不包含险种 i 且险种数目为 k_S 的子系统的数目，$c(k_S) = (k-1)!/(k-k_s)!(k_s-1)!$。

期望缺口（ES）是一个符合一致性的风险测度指标。令 $R(K)$ 表示财产险业务组合（包含了 K 个险种）的赔付率，R^i 表示险种 i 的赔付率，$R(K) = \sum_{i\in K} R^i$，$e(K,q)$ 表示财产险业务组合层面的尾部事件的集合，$e(K,q) = \{R(K) \mid R(K) \geq \{x : \Pr(R(K) \geq x) = q\}\}$。各子系统 S 的尾部风险事件都是在该子系统层面上定义的，因此，不同子系统的风险事件集合是不同的[①]。计算了险种 i 对各子系统的风险贡献 $v(S\cup\{i\};VT) - v(S;VT)$ 后，根据（3-6）式进行加权平均，得到险种 i 的系统性风险贡献。

三 数据描述

本节样本为 2004—2016 年 8 个财产险险种的赔付率（R^i）数据，数据收集自历年《中国保险年鉴》中关于各地区保险市场的业务统计部分。这 8 个险种包括企业财产险、车险、货运险、责任险、工程险、农业险、健康险和人身意外险，它们的保费收入之和占中国财产险市场整体保费收入的 96% 以上。赔付率＝赔付支出/保费收入。我们之所以关注赔付率而不是赔付支出，是由于：后者有很强的时间趋势，而这种趋势很容易被预测并通过增加保费的方式抵消（王正文、田玲，2014）。

需要说明的是，《中国保险年鉴》中的赔付支出和保费收入的数据是经过"四舍五入"，精确到万位或十万位的，所以我们剔除了保费收入或赔付支出低于 50 万的观测。这样的处理是为了提高我们关心的

---

① 此方法是可变尾部（Variable Tail）法。还有一种确定子系统尾部的方法是固定尾部（Fixed Tail）法，该方法下，所有子系统 S 的尾部风险事件 $e(S,q)$ 都在 N 的层面上确定，所以对于任何一个子系统 S，险种 i 的风险贡献均相同，为 $v(S\cup\{i\};FT) - v(S;FT) = E(R(i) \mid e(N,q))$。

"赔付率"计算的精确性，但会降低样本中小公司的占比，使得赔付率的计算结果更偏向于大公司的情况，这是本节所用数据带来的局限性。不过，以下3个原因能缓解对这种样本局限性的担心：（1）各公司或监管部门在计算经济资本或监管资本时，有足够精确的原始数据；（2）本节主要关心各业务线赔付率之间的关系，而不是某条业务线或某家公司本身的赔付率情况；（3）许多微观调查会主动设计机制以增加大企业或高收入家庭的权重，本节的数据生成过程可视为这样一种客观条件造成的外生机制。

本节整理了两套样本。（1）地区层面样本，272个地级（及以上）地区于2004—2016年的数据，观测数为1861个。该样本的分析结论更适合用于财产险公司对各地区分公司计算经济资本。（2）公司层面样本，123家省级财产险分公司于2004—2016年的数据，观测数为1014个。该样本的分析结论更适合用于监管部门对各财产险公司计算监管资本。需要说明的是，由于大数法则、规模经济等原因，不同规模下各业务线的风险测算结果存在差别，例如，"偿二代"对业务线风险因子的设定就考虑了不同的规模区间。本节样本仅覆盖了特定的规模，但本节使用的方法可用于分析更充足的样本。

表3-1和图3-1分别给出了地区层面样本中8个险种的赔付率的描述统计量和核密度图。（1）从赔付率的均值来看，工程险最大，农业险次之，人身意外险最小；从标准差来看，工程险明显大于其他险种，农业险排第2位，车险最小；从赔付率的中位数来看，农业险最大，车险次之，人身意外险最小。因此，结合这3个基本指标可以初步判断，工程险和农业险的风险较大，人身意外险的风险较小，车险的赔付率较高但波动很小。（2）这8个险种的赔付率均属于右偏，峰度远大于3。结合Shapiro-Wilk检验（Z统计量）可知：这8个险种的赔付率均不服从正态分布，是"尖峰厚尾"的，其中，工程险和货运险的赔付率与正态分布的差异最大。

表3-2和图3-2分别报告了公司层面样本中8个险种的赔付率的描述统计量和核密度图。（1）从地区层面样本得到的2点结论（关于

保险系统性风险的形成、外溢及监管

表 3-1　　　各险种赔付率的描述统计量（地区层面样本）

险种	均值	标准差	中位数	偏度	峰度	Shapiro-Wilk Z 值
企业财产险	0.560	0.499	0.445	6.934	90.461	15.879
车险	0.541	0.098	0.531	4.724	60.714	14.244
货运险	0.452	0.496	0.366	10.091	166.014	16.226
责任险	0.442	0.162	0.425	2.217	15.766	12.593
工程险	0.928	2.240	0.394	7.998	83.828	16.824
农业险	0.694	0.540	0.578	3.943	26.636	15.019
短期健康险	0.502	0.279	0.454	7.326	108.043	15.367
人身意外险	0.357	0.171	0.323	2.919	21.306	13.611

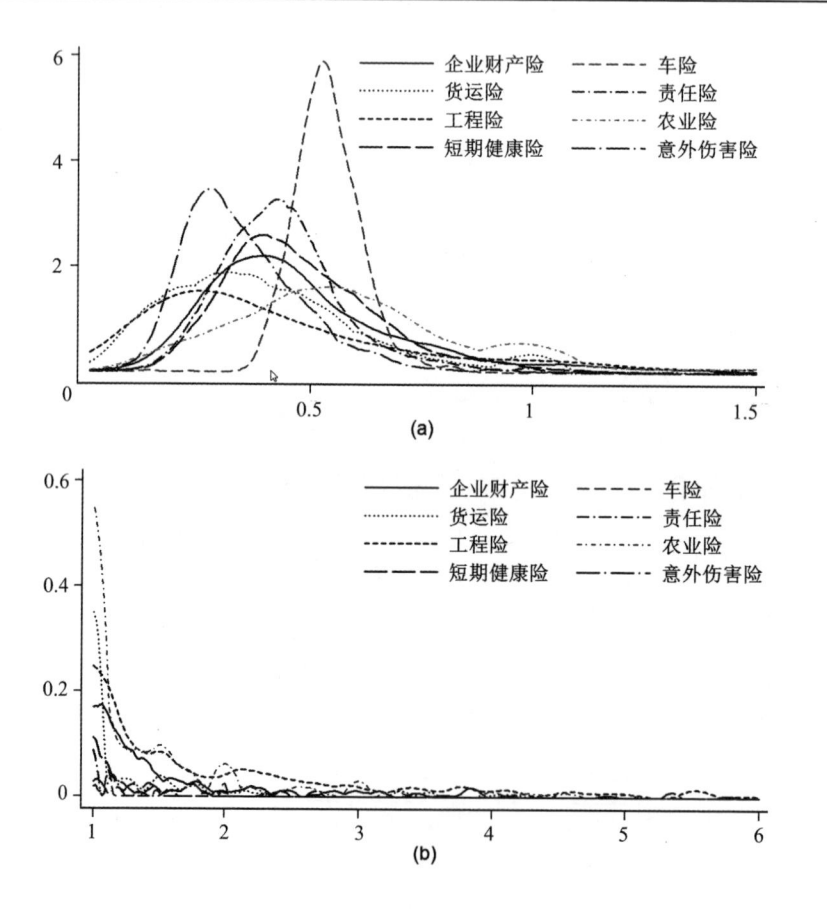

图 3-1　各险种赔付率的核密度图（地区层面样本）

表3-2 各险种赔付率的描述统计量（公司层面样本）

险种	均值	方差	中位数	偏度	峰度	Shapiro-Wilk Z 值
企业财产险	0.579	0.395	0.500	5.450	59.040	12.40
车险	0.562	0.104	0.548	1.744	21.539	9.590
货运险	0.494	0.671	0.396	10.253	132.139	13.93
责任险	0.437	0.155	0.423	1.630	10.887	9.066
工程险	0.602	0.980	0.428	12.816	220.719	14.028
农业险	0.697	0.611	0.583	4.959	49.704	12.369
短期健康险	0.512	0.271	0.469	5.378	58.725	12.126
人身意外险	0.376	0.184	0.334	1.906	9.621	9.981

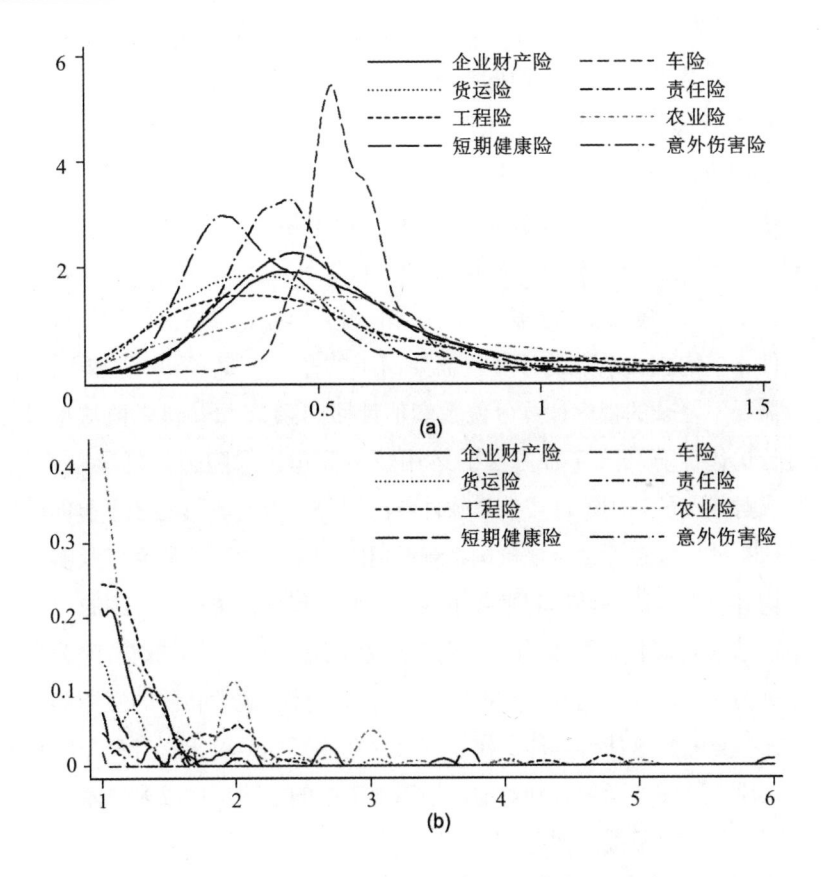

图3-2 各险种赔付率的核密度图（公司层面样本）

各险种赔付率的大小排序和关于赔付率的分布形态）仍然基本成立。不过，工程险赔付率的标准差明显下降了，这是因为：工程险的出险特别是重大赔付主要取决于地区特有因素，而一家财产险公司由于在多个地区开展业务，能够将一个地区的赔付风险分散到其经营的多个地区。(2) 公司层面样本中各险种赔付率的 Shapiro-Wilk Z 统计量与地区层面样本相比较小，更接近于正态分布，这也归因于财产险公司在多个地区经营所产生的风险分散效果。

四 研究结果及讨论

本节依次采用 4 种方法对中国保险业的公开样本进行分析。对于每一种方法，先采用地区层面的样本，再采用公司层面的样本，并讨论了两种样本所得结果的异同。此外，在分析每一种方法所得结果时，还注意与前面方法所得结果进行比较。

本节没有对如何在保险公司风险管理中运用这 4 种方法进行详细说明，主要是基于如下两点考虑。(1) 这 4 种方法的核心内容就是"二 系统性风险的测算方法"中介绍的相关指标。采用流行的统计或数学软件，平均相关系数的计算仅需要简单的命令，ΔCoVaR 法和 MES 法也只需要不复杂的程序计算分位数和估计回归系数，Shapley 值法也只需要进行迭代计算。这 4 种方法的运用较为简单，保险公司的风险管理、精算或财务人员利用统计或数学软件自己编程或借助成熟的程序包即可实施。这 4 种方法在度量金融机构系统性风险的学术和政策研究以及实务工作中均有应用，所以操作起来并不困难，而本节仅是将这些方法的"分析对象"从"金融机构"变为了"财产险业务线"。(2) 不同财产险公司在分支机构划分、险种划分、数据储存方式、统计和数学软件的使用等方面是存在差异的，这使得具体操作步骤也存在差别；但对于所有公司的相关人员来说，这些方面的差别对他们使用本节中的方法不构成多少障碍。

（一）平均相关系数分析

表 3-3 报告了各险种与其他险种两两 Pearson 相关系数和 Spearman 相关系数的平均值。其中，[伪占比]是指"某个险种的取值"/"8

个险种取值之和",是为更方便地表示各险种的相对大小,没有占比的实际含义;(排名)即各险种平均相关系数由大到小的排序。

地区层面。(1)人身意外险排第1位,短期健康险排名居前,农业险、工程险和货运险排后3位。背后的原因是:人身意外险和短期健康险的赔付金额是依据各地区在岗职工平均工资、人均可支配收入、医疗支出等确定的,赔付率与各地区的经济社会发展程度密切相关,而其他险种的赔付率也或多或少与所在地区的经济社会发展程度相关;农业险、工程险和货运险的赔付率较多地受到自身特有因素特别是重大灾害事故的影响,不规则性较强,所以三者与其他险种的平均相关性较低。(2)平均相关系数法不能较好地反映各险种自身赔付率的整体情况和尾部情况。

公司层面。(1)从地区层面样本中得到的2点结论(关于各业务线赔付风险的大小排序和关于平均相关系数法的缺点)仍然成立。(2)与地区层面的样本相比,从公司层面样本得到的各险种的平均相关系数更大,且其险种之间的相对差距更小。这是由于一家财产险公司经营的所有险种的赔付情况都受到该公司特有因素(如承保宽严程度、经营地域)的影响。

表3-3　　　　　　　平均相关系数法的计算结果

险种	地区层面样本（$N=1861$）		公司层面样本（$N=1014$）	
	Pearson 相关系数平均值 取值[伪占比]（排名）	Spearman 相关系数平均值 取值[伪占比]（排名）	Pearson 相关系数平均值 取值[伪占比]（排名）	Spearman 相关系数平均值 取值[伪占比]（排名）
企业财产险	0.104 [13.74%] (5)	0.126 [16.02%] (3)	0.121 [12.04%] (5)	0.195 [13.65%] (4)
机动车险	0.136 [17.96%] (2)	0.100 [12.68%] (5)	0.167 [16.55%] (3)	0.194 [13.56%] (5)
货运险	0.048 [6.34%] (6)	0.081 [10.33%] (6)	0.036 [3.63%] (8)	0.085 [5.97%] (7)
责任险	0.112 [14.83%] (4)	0.112 [14.31%] (4)	0.176 [17.51%] (2)	0.270 [18.87%] (1)

续表

险种	地区层面样本（$N=1861$）		公司层面样本（$N=1014$）	
	Pearson 相关系数平均值 取值［伪占比］（排名）	Spearman 相关系数平均值 取值［伪占比］（排名）	Pearson 相关系数平均值 取值［伪占比］（排名）	Spearman 相关系数平均值 取值［伪占比］（排名）
工程险	0.034 ［4.58%］（8）	0.065 ［8.32%］（7）	0.077 ［7.70%］（7）	0.083 ［5.86%］（8）
农业险	0.042 ［5.54%］（7）	0.003 ［0.40%］（8）	0.092 ［9.18%］（6）	0.104 ［7.33%］（6）
短期健康险	0.131 ［17.32%］（3）	0.139 ［17.73%］（2）	0.139 ［13.85%］（4）	0.257 ［17.99%］（2）
人身意外险	0.149 ［19.70%］（1）	0.159 ［20.22%］（1）	0.197 ［19.54%］（1）	0.240 ［16.78%］（3）

（二）ΔCoVaR 分析

表 3-4 报告了各险种的 ΔCoVaR。VaR 不是符合一致性的风险测度指标，各险种的 ΔCoVaR 之和即使在理论上也不等于系统的 VaR，所以表中定义了［伪占比］。

地区层面。（1）工程险的系统性风险贡献居第 1 位，其伪占比高达 38.90% 和 30.76%；农业险和企业财产险的排名居前，其伪占比均在 12% 左右；责任险和机动车险排最后两位，其伪占比均在 8% 以下。（2）ΔCoVaR 法得到的各险种系统性风险的大小排名与平均相关系数法所得排名相差较大，各险种之间伪占比的相对差距也较大。这是因为：ΔCoVaR 法能反映出平均相关系数没有反映的各险种自赔付率的高低，而各险种赔付率的差距要比它们之间相关系数的差距大很多。（3）两个置信度下得到的各险种在系统性风险中的伪占比差别不大，但 95% 置信度下得到的各险种之间的差距较大，反映出各险种赔付率的差距在极端尾部时更大。

公司层面。（1）从公司层面样本得到的各险种系统性风险的大小排名与从地区层面样本所得排名很接近，且从地区层面样本中总结的第一个结论（ΔCoVaR 法得到的各险种排名与平均相关系数法所得排名相差较大）和第三个结论（两个置信度下得到的各险种在系统性风险中的伪占比差别不大）仍然成立。（2）从公司层面样本得到的各险种的伪占比较地区层面样本中所得结果更平均。这是因为：各险种的 ΔCoVaR 受到各自赔付率与系统赔付率的关系［反映于（3-3）式中的 $\hat{\beta}_q^i$］的影响，公司层面样本中，各险种赔付率之间相关性的差距较小，使得各险种的赔付率与系统赔付率的相关性也接近。

表 3-4 　　　　　　　　ΔCoVaR 法的计算结果

| 险种 | 地区层面样本（$N=1861$） || 公司层面样本（$N=1014$） ||
| | 95%置信度 | 90%置信度 | 95%置信度 | 90%置信度 |
	取值［伪占比］（排名）	取值［伪占比］（排名）	取值［伪占比］（排名）	取值［伪占比］（排名）
企业财产险	0.116［12.89%］(3)	0.069［13.42%］(2)	0.114［13.79%］(3)	0.069［14.07%］(2)
机动车险	0.048［5.37%］(8)	0.037［7.35%］(7)	0.057［6.95%］(6)	0.041［8.29%］(6)
货运险	0.084［9.33%］(4)	0.053［10.32%］(5)	0.088［10.68%］(4)	0.058［11.89%］(4)
责任险	0.049［5.53%］(7)	0.036［7.10%］(8)	0.050［6.05%］(8)	0.036［7.39%］(8)
工程险	0.351［38.90%］(1)	0.158［30.76%］(1)	0.257［31.10%］(1)	0.129［26.24%］(1)
农业险	0.122［13.55%］(2)	0.058［11.39%］(4)	0.127［15.37%］(2)	0.062［12.97%］(3)
短期健康险	0.056［6.27%］(6)	0.038［7.53%］(6)	0.054［6.58%］(7)	0.040［8.26%］(7)
人身意外险	0.073［8.15%］(5)	0.062［12.13%］(3)	0.078［9.49%］(5)	0.053［10.90%］(5)

（三）MES 分析

表 3-5 报告了各险种的 MES。ES 是一个具有一致性的风险测度指标，各险种的 MES 之和等于整体系统的 ES，所以 MES 法下的计算结果能够直接用于计算个体的经济资本和监管资本。

地区层面。（1）这 8 个险种的系统性风险的大小排名在两个置信度下一致，由大到小依次为：工程险、农业险、企业财产险、货运险、短期健康险、机动车险、责任险和人身意外险。比较表3-4和表3-5可知，MES法下的各险种的排序与ΔCoVaR法下的排序比较接近，但MES法下的排序对不同置信度的选择更稳健。(2) MES法下各险种占比的相对差距远大于ΔCoVaR法下各险种伪占比的相对差距，如工程险在MES法下的占比为62.42%和51.87%，而在ΔCoVaR法下的伪占比为38.90%和30.76%；人身意外险在MES法下的占比为2.83%和3.91%，而在ΔCoVaR法下的伪占比为5.37%和7.10%。之所以有这样的差距是由于：ΔCoVaR和VaR反映的是分位点上的赔付率情况，而MES和ES能进一步反映分位点之外的赔付率情况，对于信息量的利用更充分[①]。一些险种的赔付率有较多的极端值，所以对于本节的话题，MES法优于ΔCoVaR法。

公司层面。(1) 除两个置信度下得到的各险种系统性风险的大小排序略有差距之外，从地区层面总结的两点结论（各险种系统性风险大小排名和MES法下各险种占比的相对差距远大于ΔCoVaR法）仍然成立。(2) 从公司层面样本得到的各险种的占比较地区层面样本所得结果更平均，其原因与在ΔCoVaR法下相同。

表3-5　　　　　　　　　　MES法的计算结果

险种	地区层面样本（N=1861）		公司层面样本（N=1014）	
	95%置信度	90%置信度	95%置信度	90%置信度
	取值［占比］（排名）	取值［占比］（排名）	取值［占比］（排名）	取值［占比］（排名）
企业财产险	1.166［7.63%］(3)	1.047［9.42%］(3)	1.220［12.06%］(4)	1.021［12.64%］(4)
机动车险	0.601［3.94%］(6)	0.590［5.31%］(6)	0.649［6.42%］(5)	0.635［7.86%］(6)
货运险	1.109［7.26%］(4)	0.923［8.30%］(4)	2.594［25.64%］(1)	1.684［20.84%］(1)

---

① 在2017年12月最新修订的《巴塞尔（Basel）银行资本协议》（第3版）中，计量市场风险的资本时引入了期望缺口法（ES），以更好地反映尾部风险。

续表

险种	地区层面样本（$N=1861$） 95%置信度 取值[占比]（排名）	地区层面样本（$N=1861$） 90%置信度 取值[占比]（排名）	公司层面样本（$N=1014$） 95%置信度 取值[占比]（排名）	公司层面样本（$N=1014$） 90%置信度 取值[占比]（排名）
责任险	0.509 [3.34%] (7)	0.520 [4.68%] (7)	0.588 [5.82%] (7)	0.583 [7.22%] (7)
工程险	9.539 [62.42%] (1)	5.771 [51.87%] (1)	2.143 [21.19%] (2)	1.423 [17.61%] (3)
农业险	1.255 [8.21%] (2)	1.188 [10.68%] (2)	1.778 [17.57%] (3)	1.515 [18.71%] (2)
短期健康险	0.668 [4.37%] (5)	0.650 [5.84%] (5)	0.616 [6.10%] (6)	0.715 [8.85%] (5)
人身意外险	0.433 [2.83%] (8)	0.434 [3.91%] (8)	0.526 [5.20%] (8)	0.506 [6.27%] (8)

（四）Shapley 值分析

表3-6报告了采用可变尾部法分配 ES 得到的各险种的 Shapley 值。ES 是一个具有一致性的风险测度指标，此方法的计算结果能够直接用于计算个体的经济资本和监管资本。

地区层面。（1）这8个险种的系统性风险大小排序在两个置信度下一致，且排名与 MES 法下一致，故 Shapley 值法下的排名对置信度的选择也比较稳健。（2）Shapley 值法下各险种在系统性风险中所占比重的相对差距小于 MES 法下，具体来说，赔付率较低，但与其他险种的赔付率相关性较高的险种——如人身意外险、企业财产险和短期健康险的占比提高了，而赔付率较高，但与其他险种相关性最弱的工程险的占比则降低了（从62.42%下降到51.87%）。产生这一结果的原因是：可变尾部法下计算 Shapley 值需要找到每种险种组合构成的子系统（共163个）的尾部事件集合，能够考虑一个险种与子系统中每个险种的相互关联，体现了其优越性；本节中，不同险种的风险差别较大，这较明显地提高（降低）了低风险（高风险）险种对某些子系统的风险贡献。

公司层面。（1）从地区层面样本总结的2点结论（Shapley 值法下8

个险种的系统性风险的大小排名对置信度选择的稳健性高和 Shapley 值法下各险种占比的相对差距小于 MES 法下）仍然成立。（2）从公司层面样本得到的各险种在系统性风险中的占比较地区层面样本中所得结果更平均，其原因与 ΔCoVaR 法下和 MES 法下相同。（3）各险种的排名在两个置信度下一致，而在 MES 法下略有差别，所以对于本节研究的问题，用可变尾部法计算 Shapley 值法对所选择置信度的稳健性高于 MES 法。

表 3-6　Shapley 值法的计算结果（可变尾部法下分配 ES）

险种	地区层面样本（$N=1861$） 95%置信度 取值［占比］（排名）	地区层面样本（$N=1861$） 90%置信度 取值［占比］（排名）	公司层面样本（$N=1014$） 95%置信度 取值［占比］（排名）	公司层面样本（$N=1014$） 90%置信度 取值［占比］（排名）
企业财产险	1.341［8.78%］(3)	1.176［10.57%］(3)	1.237［12.23%］(4)	1.075［13.30%］(4)
机动车险	0.710［4.65%］(6)	0.698［6.28%］(6)	0.728［7.20%］(6)	0.700［8.67%］(6)
货运险	1.255［8.22%］(4)	0.961［8.64%］(4)	2.366［23.39%］(1)	1.506［18.64%］(1)
责任险	0.608［3.98%］(7)	0.612［5.50%］(7)	0.667［6.60%］(7)	0.630［7.79%］(7)
工程险	8.591［56.22%］(1)	5.074［45.60%］(1)	1.774［17.54%］(3)	1.477［18.29%］(2)
农业险	1.474［9.65%］(2)	1.311［11.78%］(2)	1.891［18.69%］(2)	1.408［17.43%］(3)
短期健康险	0.784［5.13%］(5)	0.763［6.86%］(5)	0.867［8.57%］(5)	0.733［9.08%］(5)
人身意外险	0.513［3.36%］(8)	0.529［4.76%］(8)	0.585［5.79%］(8)	0.548［6.79%］(8)

（五）应用举例 1——某公司对不同地区的业务计提经济资本

为了将自身风险维持在某个水平下，财产险公司需要为各经营地区计提经济资本。下面以中国平安财产保险公司为例，说明各经营地区的经济资本是如何计算的①。基于该公司于 2015 年在 31 个省份的 8 个财

---

① 本节计算的经济资本（表 3-7）和监管资本（表 3-8）均指广义上的资本，包含赔款准备金。

产险险种的保费收入数据,根据地区层面各险种的系统性风险贡献值,计算结果报告于表 3 – 7。例如,北京市的经济资本为 74.6 亿元,其等于 $\sum_k s_k Prem_k$,其中,s_k 表示 Shapley 值法下(置信度取 95%)险种 k 的系统性风险贡献值(表 3 – 6 第 2 列数字),$Prem_k$ 表示平安公司从北京市获得的险种 k 的保费收入。

表 3 – 7　"平安产险公司"各地区承保业务的经济资本　　　　(单位:亿元)

省份	经济资本	省份	经济资本	省份	经济资本	省份	经济资本	省份	经济资本
北京	74.6	黑龙江	19.5	山东	61.2	重庆	28.7	青海	6.1
天津	20.0	上海	74.4	河南	33.3	四川	78.8	宁夏	7.6
河北	45.5	江苏	78.4	湖北	44.1	贵州	25.7	新疆	10.4
山西	18.5	浙江	74.1	湖南	38.1	云南	29.6		
内蒙古	12.2	安徽	38.5	广东	255.3	西藏	2.1		
辽宁	43.4	福建	45.1	广西	19.2	陕西	30.3		
吉林	17.4	江西	16.3	海南	8.9	甘肃	10.9		

注:计算的经济资本均是针对保险风险的。

(六)应用举例 2——对中国各财产险公司计提监管资本

为使财产险行业和单个公司的风险维持在某个水平下,监管部门规定了各公司必须持有的最低资本量——也称为监管资本或法定资本。基于 2016 年中国 64 家主要财产险公司的 8 个险种的保费收入数据,根据公司层面各险种的系统性风险贡献值,计提各公司的监管资本,结果报告于表 3 – 8[①]。例如,中国人民财产保险公司在 MES 法下的经济资本为 2556 亿元,其等于 $\sum_k s_k Prem_k$,其中,s_k 来自表 3 – 6 第 8 列,$Prem_k$ 表示该公司的险种 k 的保费收入。

[①] 发现有 6 家公司的现实资本水平低于本节计算的承保业务的监管资本,它们均是经营十年以上的小型公司。基于监管资本,可以计算承保资本的资本剩余率,资本剩余率 = (净资产与各项准备金之和 – 监管资本)/净资产与各项准备金之和。将资本剩余率作为因变量,可以分析中国保险公司资本剩余率或资本结构的影响因素。

表 3-8　　　　　　中国各财产险公司承保业务的监管资本

公司	监管资本（亿元）	公司	监管资本（亿元）	公司	监管资本（亿元）	公司	监管资本（亿元）
中国人民	2 556.0	都邦	32.7	众安在线	6.2	爱和谊	1.6
中国人寿	407.3	华农	5.1	中意	11.9	日本兴亚	2.9
大地	213.4	亚太	18.3	国泰	22.8	乐爱金	2.7
太平	132.1	安诚	24.2	美亚	6.7	富邦	8.3
太平洋	870.5	中银	43.1	东京海上	5.7	信利保险	0.5
平安	1 306.0	英大泰和	72.6	瑞再企商	28.2	华海	3.5
中华联合	353.7	鼎和	43.1	安达	20.7	燕赵	0.5
阳光	202.7	中煤	72.6	三井住友	5.6	恒邦	1.7
华泰	72.5	紫金	24.5	三星	5.2	安信农业	12.4
天安	104.0	浙商	8.1	安联	19.6	安华农业	43.1
史带	3.7	信达	35.9	日本财产	21.6	安盛天平	59.7
华安	66.8	泰山	26.2	利宝互助	13.4	阳光农业	38.6
永安	64.4	锦泰	24.2	中航安盟	20.6	长安责任	22.1
永诚	59.6	长江	11.0	苏黎世	10.4	国元农业	37.8
安邦	39.8	诚泰	11.8	现代财产	2.3	众诚汽车	8.8
渤海	18.4	北部湾	8.8	劳合社	16.3	鑫安汽车	9.0

注：部分公司名称中省略了"中国""财产""海上""火灾""保险""股份有限公司"等字样。计算的监管资本是指仅覆盖保险风险的。

五　小结

财产险公司通常会同时经营多条业务线（险种），出于稳健经营的考虑，财产险公司和行业监管部门均需要分析各险种对整个财产险业务组合的赔付风险的影响。本节采用平均相关系数法、ΔCoVaR 法、MES 法和 Shapley 值法，分析了主要财产险险种的系统性风险贡献。本节还收集了中国财产险市场地区层面和公司层面的两套样本。研究主要发现：（1）8 个险种的赔付率均呈"尖峰厚尾"状；（2）总体而言，4 种方法在此问题上"从差到好"的排序为平均相关系数法、ΔCoVaR 法、MES 法和 Shapley 值法；（3）从 8 个险种的系统性风险贡献来看，工程险最大，农业险较大，人身意外险、责任险和机动车险较小，企业财产险、货运险和短期健康险居中；（4）与地区层面的样本相比，公司层面样本中的赔付率受地区特有因素的影响较小，受公司特有因素的影响较大,因此,基于两个样本得到的计算结果略有差异。本节还将研究结果应用于两个实例。

除在本节"三 数据描述"部分详细讨论的样本精确度的局限性之外,本节还存在着2个局限性。(1)受公开数据样本量的限制,本节没有分析99%或99.9%等高标准置信度下的各险种的系统性风险程度,这影响了本节研究结果在考虑严重系统性危机时的可用性。保险公司和监管部门可以根据自身可用数据计算各置信度下的结果。(2)本节关注财产险公司承保业务的赔付风险,但没有研究投资业务风险以及操作风险、声誉风险等问题,因此,本节计算的经济资本和监管资本并不充分。

第二节 承保业务风险的地理分散化

一 问题的提出

风险分散化是金融投资组合和企业经营管理中的一个基本原理,而地理分散化是风险分散化的一个基本维度。人类社会从一开始就面临自然灾害和意外事故的侵扰,而保险为个体和群体提供了管理风险的可行方式,帮助人们"排忧解难",保障生产生活的持续性和平稳性。承保各类风险的保险公司运用"大数定理"将风险汇集并分散到众多个体上以提高经营的稳定性,但是,风险具有相关性,风险事故的发生通常会波及一个地区的众多保险标的。例如,2018年第22号台风"山竹"造成的保险赔付达30.2亿元,而赔付主要集中在广东省。类似的案例有很多,如青岛某仓库"12.1"火灾理赔案例(赔付4.43亿元)、四川九寨沟天堂酒店地震保险理赔案例(赔付1.49亿元)等[1]。人身险也存在这种现象,普吉岛沉船事故(2018年7月5日)、北京重大交通事故(2018年8月1日)等案例的赔付金额均较大,且赔付均集中在某个区域[2]。

---

[1] 《中国保险行业协会发布"2018年度中国保险十大典型理赔案例"》,2019年3月14日,中国保险行业协会新闻中心:http://www.iachina.cn/art/2019/3/14/art_22_103409.html。
[2] 《中国保险行业协会发布"2018年度中国保险十大典型理赔案例"》,2019年3月14日,中国保险行业协会新闻中心:http://www.iachina.cn/art/2019/3/14/art_22_103409.html。

保险系统性风险的形成、外溢及监管

作为社会风险的经营管理者，保险公司采取多种方式分散风险，实现持续经营。首席风险管理官论坛（Chief Risk Officer Forum，CRO Forum，2005）认为，一般存在4个层次的风险分散收益（Diversification Benefits）：（1）同类型风险分散，即聚集大量不相关的同质风险来构建组合，如保险公司的各产品线"风险池"、证券投资组合或股票指数等；（2）跨类型风险分散，即聚集不同类型的异质风险来构建风险组合，如保险公司险种的多样化、承保风险（理赔）与投资风险（资本市场）的分散化；（3）跨实体风险分散，即聚集不同经营实体来构建风险组合，如包含财产险公司和人身险公司的保险集团、涵盖银、证、保等多行业主体的金融集团等；（4）跨地区风险分散，即聚集处于不同区域的业务或实体来构建风险组合，这种分散方式即为地理分散化（Geographic Diversification）。

近年来，中国保险业呈现平稳较快发展的态势，大量保险公司加强了地理空间布局，增设分支机构，开拓新市场，实行经营区域地理分散化。我们收集和整理了中国内地的各省、自治区、直辖市和计划单列市（共36个）的81家财产险公司和73家人身险公司的保费收入数据。图3-3和图3-4分别刻画了2001—2017年财产险公司和人身险公司经营的省区市数目和经营的大区域数目的变化情况[①]。如图3-2所示，从时间趋势上看，财产险公司逐渐开展跨区域经营业务，并将业务向全国拓展，表现为越来越多的点集中在图形的右上方区域，且占据的面积逐渐增加。图3-3右下角的折线图显示，财产险公司的平均经营区域数目逐年上升，2017年每家财产险公司平均经营的省区市数目约为11个，平均经营的大区域数目约为3个。人身险公司业务经营与财产险保险公司类似，也是逐渐开展跨区域经营至全国，2017年每家人身险公司平均经营的省区市数目约为10个，平均经营的大区域数目约为3个（见图3-4）。

[①] 如果一家保险公司在某地区的保费收入为0，则认为该保险公司在该地区没有开展业务。据此，我们收集和整理了每家保险公司经营的省区市数目和大区域数目，并分别计算每一个保险公司平均经营的省区市数目和大区域数目。

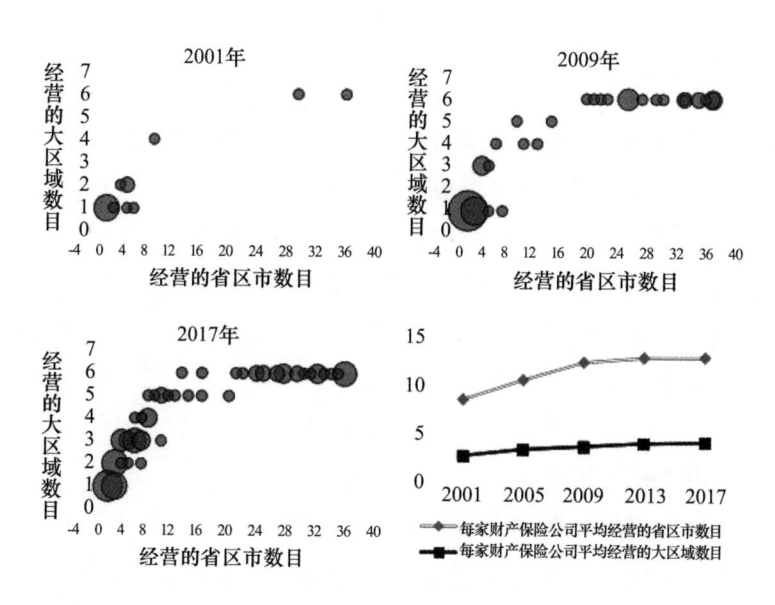

第三章 保险系统性风险的形成和外溢

图3-3 财产险公司的地理分布状况

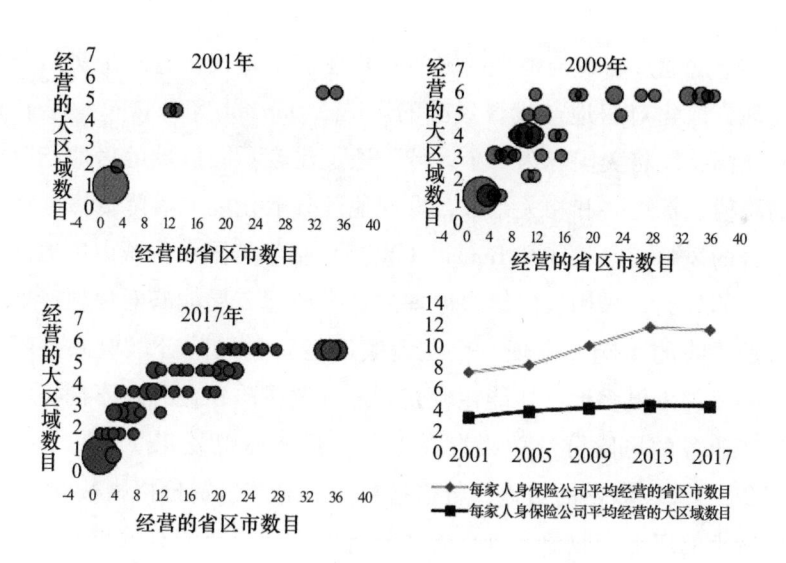

图3-4 人身险公司的地理分布状况

由此可见，中国保险公司正在持续进行地理分散化，但鲜有文献定量研究保险经营风险的地理分散化效应。本节试图回答以下问题：（1）中国不同地区的保险经营风险差异大吗？（2）中国保险业的经营风险是否存在明显的地理分散效应，其程度如何？（3）财产险业和人身险业风险的地理分散效应有何差异？本节收集了1998—2017年各省、自治区、直辖市和计划单列市的财产险业和人身险业的分险种的收入和支出数据，基于投资组合原理和Bootstrap模拟方法进行经验研究，寻找量化结论。

二 相关研究述评

Markowitz（1952）基于均值—方差模型得出通过投资组合可以有效降低风险的结论，这为度量组合风险和研究风险分散问题奠定了重要的理论基础。地理空间分布与经营风险密切相关，所以，地理分散化可以被视为一种组合策略，运用投资组合原理分析地理分散化对公司经营风险或绩效的影响。

鉴于房地产行业与地理因素的关联性非常直接，有不少文献研究了地理分散化对房地产投资风险的影响。Hartzell等（1987）结合地理和经济状况将美国分为8个区域，通过比较不同区域的房地产收益率的均值、标准差和相关系数，发现地理分散化能显著降低房地产业务组合的风险。Florida和Roulac（2007）基于美国大中城市房地产价格指数的数据，采用投资组合原理测算了地理布局战略对房地产业务组合的风险的影响，发现：仅在大城市经营的风险分散效果是不够的，需要进入更多地区才能比较充分地分散风险；此外，不同类型的房地产业务的风险分散效果存在差异。张坤和曾爱花（2009）基于中国35个大中城市的房地产价格指数和房地产租赁价格指数的数据，对各城市的房地产收益率进行聚类分析，设计了能够有效规避房地产投资风险的方案。Cotter等（2015）评估了地理分散化在降低房地产投资风险方面的有效性，通过计算401个美国大都市统计区域（Metropolitan Statistics Areas，MSAs）住房市场的空间相关性和一体化程度发现，随着区域市场一体化程度的提高，地理分散化潜力将显著降低，而经营风险则随之提高。

随着金融业的不断发展，其经济活动的地理特征日渐凸显，金融业的空间格局也愈加复杂，越来越多的文献关注和研究地理分散化对金融机构经营风险的影响。地理分散化是决定财产险业务多元化效果的重要因素（Elango 等，2008），通过跨区域的承保组合，保险公司可以利用风险对冲效应降低承保风险。Schmid 和 Walter（2019）采用两种方法测度了地理分散化对保险公司价值的影响，经验结果显示：采用是否在国外销售额度量地理分散化时，地理分散化与保险公司价值存在显著正相关；采用在国外销售额占比度量地理分散化时，地理分散化与保险公司价值之间存在强的凸相关性。该文作者认为，地理分散化的积极作用、地理扩张所需的初始投资和失败风险可能是形成"凸相关性"的原因。Che 和 Liebenberg（2017）发现，地理分散化程度越高的美国财产险公司，越倾向于在投资组合中承担风险。孙祁祥等（2015）对中国人身险公司的研究发现，没有证据表明地理集中度（地理分散化的反面）会显著影响人身险的退保水平。

早期研究企业并购（Conglomerate Merger）的文献提出了"共保效应"（Coinsurance Effect）的概念，即通过并购行为来降低收益的波动性（Lewellen，1971）。基于类似的逻辑，大量文献检验了银行的地理扩张行为（即地理分散化）对经营风险或绩效的影响，主要发现地理分散化有利于降低银行的经营风险（Akhigbe 和 Whyte，2003；Acharya 等，2006；Goetz 等，2016）。同时，也有关于银行业的经验研究文献发现，地理扩张存在某些负面影响，例如，在多地区经营的银行更偏好于提高运营杠杆率和从事高风险的贷款业务，地理扩张可能降低总部对远距离分支机构的监督能力和信息传递效率。

虽然理论上通过分散化投资能有效降低证券投资组合的风险，但是现实中存在诸多交易成本，所以，证券投资组合中通常会涉及一个

"最佳分散水平"(Optimal Diversification)问题。不少文献检验了证券数量与降低投资组合风险之间的关联性(Evans 和 Archer,1968;Elton 和 Gruber,1977)。房地产和金融业相关研究文献也验证了地理分散化和风险降低之间的复杂关联性。

三 三种地理布局战略下保险公司的赔付风险

(一)投资组合的研究方法

一个投资组合的风险能用其回报率的标准差来度量,基于此思路,采用保险业务赔付率的标准差来度量保险业务组合的赔付风险。借鉴 Elton 和 Gruber(1977)提出的等权重投资组合回报率标准差的计算公式,可以得到保险业务组合的赔付风险,公式如下:

$$\sigma_p = \sqrt{\sigma_p^2} = \sqrt{\frac{1}{N}\bar{\sigma}_i^2 + \frac{N-1}{N}\bar{\sigma}_{i,j}} \quad (3-7)$$

其中,σ_p 和 σ_p^2 分别是业务组合赔付率的标准差和方差,N 是业务组合中的地区数目,$\bar{\sigma}_i^2$ 是业务组合中所有地区赔付率方差的算术平均值($i,j=1,\cdots,N$),$\bar{\sigma}_{i,j}$ 是业务组合中的两两地区的赔付率协方差的算数平均值($i,j=1,\cdots,N$)。

比较3种地理布局战略下保险公司的赔付风险。第1种战略是保险公司仅在单一省区市经营。此时的赔付风险即为公司所在省区市(记为地区 i)的保险市场赔付率的标准差,即 σ_i。第2种战略是保险公司在华北、东北、华东、中南、西南和西北这6大区域之一经营[①]。此时的赔付风险即根据(3-7)式计算,其中,i 和 j 表示同一个大区域内的省区市,N 表示该大区域包含的省区市的数目。第3种战略是保险公司在全国范围内经营,此时的赔付风险也根据(3-7)式计算,其中,i 和 j 是指

---

① 将全国36个省区市划分为6大区域:北京、天津、河北、山西和内蒙古为华北地区;辽宁、吉林、黑龙江和大连为东北地区;上海、浙江、江苏、安徽、福建、江西、山东、宁波、厦门和青岛为华东地区;河南、湖北、湖南、广东、广西、海南和深圳为中南地区;重庆、四川、贵州、云南和西藏为西南地区;陕西、甘肃、青海、宁夏和新疆为西北地区。

全国的省区市，N 为36。

（二）数据

本节数据涵盖了中国内地36个省、自治区、直辖市和计划单列市1998—2017年的财产险业和人身险业的数据，数据来自历年《中国保险年鉴》。此外，保险业采取分地区经营和监管的政策，各保险公司的收入和支出会统计在投保人或保险标的所在地区，各个地区的统计数据能够反映该区域的保险交易活动。因此，在指标方面选取各保险公司在各地域的赔付率。一个地区的财产险公司（人身险公司）的赔付率等于"该地区各财产险公司（人身险公司）的赔付支出总和／该地区各财产险公司（人身险公司）保费收入总和"。

（三）财产险公司的情况

表3-9报告了财产险公司的情况。第（1）列是仅在一个省区市经营时的赔付风险。第（2）列是从在一个省区市经营到在大区域经营的赔付风险的变化程度。第（3）列是在全国范围内经营较之在一个大区域经营的赔付风险的变化程度。

表3-9　　　　　　　　财产险公司的赔付风险

大区域	省区市名称	（1）省区市层面	（2）从省区市层面到大区域层面的变动（%）	（3）从大区域层面到全国层面的变动（%）
华北	北京	0.054	115.5	26.6
	天津	0.075	84.0	
	河北	0.041	152.5	
	山西	0.051	122.3	
	内蒙古	0.056	112.4	
东北	辽宁	0.085	108.8	12.4
	吉林	0.052	177.3	
	黑龙江	0.095	97.3	

续表

大区域	省区市名称	赔付风险 (1) 省区市层面	(2) 从省区市层面到大区域层面的变动（%）	(3) 从大区域层面到全国层面的变动（%）
华东	上海	0.088	105.2	14.1
	江苏	0.051	170.7	
	浙江	0.059	147.0	
	安徽	0.069	126.1	
	福建	0.102	84.9	
	江西	0.046	187.6	
	山东	0.069	125.1	
中南	河南	0.110	78.7	11.2
	湖北	0.090	96.3	
	湖南	0.089	97.6	
	广东	0.075	114.4	
	广西	0.029	333.3	
	海南	0.116	83.7	
西南	重庆	0.088	109.7	3.3
	四川	0.127	76.1	
	贵州	0.031	69.2	
	云南	0.042	230.4	
	西藏	0.106	91.6	
西北	陕西	0.056	321.7	32.4
	甘肃	0.038	471.8	
	青海	0.415	43.1	
	宁夏	0.042	423.1	
	新疆	0.084	211.8	

1. 在单一省区市经营

表3-9第（1）列报告了不同省区市的财产险业的赔付风险状况（赔付率的标准差），数值越大表示赔付风险越大。可以得出以下结论：

不同省区市的财产险经营风险差异较大，其中，贵州、广东、海南等地区的赔付率较高。这些区域属于台风、泥石流等自然灾害高发区域，对农业、机动车辆、建筑工程等财产险细分领域的经营存在较大的负面影响。相反，新疆、广西、陕西等省区的内部多样性较强，灾害事故影响的空间关联性较小，其赔付风险显著低于全国平均水平。

表3-9第（1）列显示，财产险公司在不同省区市的经营风险存在显著差异。考虑到传统的保险偿付能力监管是参照保险公司总体业务规模来提取准备金的，一般不会在保险经营风险中加入地区差异因子，因此，在完善资本要求时，可以考虑对不同风险程度地区的业务进行差异化设置。

2. 在大区域内经营

表3-9第（2）列报告了假设财产险公司的经营范围从单一省区市扩展至该省区市所在大区域经营时的风险变化情况，即在某个大区域内经营，较之在该大区域内一个省区市经营时，赔付风险的变化，用"σ_p[基于（3-7）式在大区域内计算的]/σ_i"度量。该指标的值越小，意味着在从该省区市所在大区域内进行地理扩张的风险降低程度越大。

从表3-9第（2）列可以得出两个结论。（1）在同一大区域内，不同省区市的σ_p/σ_i值的差异较大。因此，仅仅在大区域层面对承保风险设定差别资本要求是不够的，应当至少细化到省区市层面。（2）有22个省区市的数值大于"100%"，这说明，仅在这些省区市经营的财产险公司如果将经营范围扩展到大区域层面，不仅不能降低风险，反而会提高风险。这是因为，这些省区市的经营风险明显低于所在大区域的整体水平。因此，在研究保险公司（以及其他机构）地理扩张的风险分散效应时，应当考虑机构的最初所在地（"起点地区"）。

为分析财产险业在6大区域内经营的风险分散效果，我们计算了每一大区域内的各省区市的调和平均数（Harmonic Average），公式如下：

$$H_n = \frac{n}{\sum_{i=1}^{n} \frac{1}{x_i}} \tag{3-8}$$

以华北地区为例，其所含的北京、天津、河北、山西和内蒙古在表3-9第（2）列中的值分别为 $\sigma_{华北}/\sigma_{北京}$、$\sigma_{华北}/\sigma_{天津}$、$\sigma_{华北}/\sigma_{河北}$、$\sigma_{华北}/\sigma_{山西}$ 和 $\sigma_{华北}/\sigma_{内蒙古}$，它们的调和平均数计算为 $5\sigma_P/(\sigma_{北京} + \sigma_{天津} + \sigma_{河北} + \sigma_{山西} + \sigma_{内蒙古})$。调和平均数的值越小，表示就华北地区整体而言，保险公司由各省区市地理扩张至整个华北地区的风险分散效应越强。

通过计算可以得到6大区域的调和平均数，华北为1.1313，东北为1.1554，华东为1.1353，中南为1.2568，西北为1.5776，西南为1.4075。从中可以得到以下两点结论。其一，6大区域的调和平均数相差较大，这意味着，财产险业务在各大区域内经营的风险分散效果存在一定差异。从数值上看，在华北地区经营财产险业务的风险分散效果最好，在西北地区经营的风险分散效果最差。其二，各大区域的调和平均数均大于1，说明财产险公司从单一省区市地理扩张至大区域时，不仅不能降低风险，反而可能增加赔付风险。以数值最大的西北地区为例，保险公司从西北区域的单个省区市地理扩张至整个西北大区域时，其赔付风险平均增加了57.76%（1.5776-1）。

3. 在全国范围内经营

表3-9第（3）列报告了财产险公司的业务从一个大区域扩张至全国经营的风险变化情况，即在全国范围内经营，较之在一个大区域内经营时，赔付风险的变化。基于（3-7）式，分别计算全国范围和大区域的业务组合的标准差，用前者除以后者。该指标的值越小，表明从大区域扩张至全国范围内经营的风险分散化效果越好。总体来看，表中各大区域的指标值都远远小于100%，说明财产险公司在全国范围内经营比在单一大区域内经营的风险更低。具体到各大区域，西南地区的指标值最小（3.3%），西北地区的指标值最大（32.4%）。这表明如果将财产险业务扩展到全国范围，那么西南地区的地理风险分散化效果最佳。

（四）人身险公司的情况

表3-10报告了人身险公司的赔付风险情况。表3-10与表3-9

的设计相同。

表 3-10　　　　　　　　人身险公司的赔付风险

大区域	省区市名称	赔付风险		
		（1）省区市层面	（2）从省区市层面到大区域层面的变动（%）	（3）从大区域层面到全国层面的变动（%）
华北	北京	0.068	137.1	26.6
	天津	0.064	147.6	
	河北	0.095	99.1	
	山西	0.091	103.2	
	内蒙古	0.050	189.1	
东北	辽宁	0.061	159.2	12.4
	吉林	0.072	134.8	
	黑龙江	0.056	173.3	
华东	上海	0.117	83.3	14.1
	江苏	0.060	133.4	
	浙江	0.051	157.0	
	安徽	0.088	91.4	
	福建	0.060	133.1	
	江西	0.088	91.3	
	山东	0.050	160.3	
中南	河南	0.032	254.2	11.2
	湖北	0.065	124.7	
	湖南	0.079	102.1	
	广东	0.063	128.4	
	广西	0.072	98.3	
	海南	0.063	112.3	

续表

大区域	省区市名称	赔付风险		
		（1）省区市层面	（2）从省区市层面到大区域层面的变动（%）	（3）从大区域层面到全国层面的变动（%）
西南	重庆	0.070	101.4	3.3
	四川	0.038	184.1	
	贵州	0.025	284.2	
	云南	0.073	97.3	
	西藏	0.045	156.2	
西北	陕西	0.081	91.2	32.4
	甘肃	0.056	131.3	
	青海	0.056	131.8	
	宁夏	0.051	144.3	
	新疆	0.046	160.9	

1. 在单一省区市经营

不同省区市人身险业的赔付风险（标准差表示）存在较大的差异，如表3-10第（1）列所示。黑龙江、青海、浙江、安徽、山西和河北等省区市的赔付风险较高，而新疆、西藏、内蒙古和广东等省区市的赔付风险则较低。各省区市在人身险业赔付风险上的排序与财产险业赔付风险上的排序差别较大，两种排序的 Spearman 等级相关系数仅为 -0.1447，P 值为 0.3999。这反映出财产险与人身险这两类业务的很大，因此，这两类险种需要专业经营和分类监管。

2. 在大区域内经营

表3-10第（2）列报告了人身险公司的业务从一个省区市扩张至所在大区域经营的风险变化情况，其指标设计原理与表3-9第（2）列的财产险业务一致。表3-10第（2）列中不同省区市的指标值存在较大差异，有23个省区市的指标值大于100%，这两点与表3-9第（2）列中财产险公司的研究结论一致。与财产险公司类似，本节也计算了人身险业务的调和平均数，得到：华北为1.2776，东北为1.2710，

华东为 1.2652，中南为 1.2829，西北为 1.2717，西南为 1.2812。从中可以得到以下两点结论：(1) 整体上来看，6 大区域各省区市之间的人身险经营风险的差异不大，这意味着，人身险业务在各大区域内经营的风险分散效果并无明显差异；(2) 各大区域的调和平均数均大于 1，这与财产险业的情况相同。

3. 在全国范围内经营

表 3-10 第 (3) 列报告了人身险公司的业务从一个大区域扩张至全国范围内经营的风险变化情况，其指标设计原理与表 3-9 第 (3) 列反映的财产险业务一致。表 3-10 第 (3) 列中各省区市的指标值均小于 100%，说明人身险公司在全国范围内经营的风险比在单一大区域内经营更低。从数值上来看，东北地区（26.46%）和华北地区（24.43%）的值较小，这两大区域的人身险公司拓展至全国范围内经营的风险分散效应最佳。

四 经营地区数目与赔付风险

(一) 赔付风险空间相关性分析

莫兰指数由澳大利亚统计学家帕克·莫兰于 1950 年提出，是用来检验空间相关性的常用指标，分为全局莫兰指数（Global Moran's I）和局部莫兰指数（Local Moran's I）。莫兰指数取值范围为 -1—1，指数大于 0，表示存在空间正相关，其值越大，表示空间正相关性越明显。反之，指数小于 0，表示存在空间负相关，其值越小，表示空间负相关性越明显。如果莫兰指数为 0，表示变量在空间上是随机的。莫兰指数的具体计算公式如下：

$$I = \frac{\sum_{i=1}^{n}\sum_{j=1}^{n}\omega_{i,j}(X_i - \bar{X})(X_j - \bar{X})}{s^2 \sum_{i=1}^{n}\sum_{i=1}^{n}\omega_{i,j}} \quad (3-9)$$

其中，s^2 为样本方差，空间权重矩阵的 (i,j) 元素（用来衡量地区 i 和地区 j 的距离）。计算莫兰指数统计量的关键是权重矩阵的选择。权重矩阵主要分为 3 类：(1) 空间邻接权重矩阵（Contiguity Based Spatial

Weights Matrix），若地区 i 和地区 j 有共同边界，$\omega_{i,j}$ 取1，反之，则 $\omega_{i,j}$ 取0。（2）反距离权重矩阵（Inverse-Distance Based Spatial Weights Matrix），该矩阵主要假定空间效应强度取决于距离，空间单元之间距离越近，空间效应越强，常用省会城市之间的空间距离来衡量。（3）经济权重矩阵（Economic Based Spatial Weights Matrix），这一矩阵同时考虑了地理视角下的空间效应和经济视角下的空间相关性。

使用空间邻接权重矩阵计算全局莫兰指数和局部莫兰指数。表3-11报告了财产险公司和人身险公司在各省区市经营的空间相关性的检验结果，其中，I_i 为莫兰指数值。从中可知：（1）从统计上看，全局层面不能够拒绝"无空间自相关"的原假设；（2）仅个别省区市在一定的显著性水平下拒绝了"无空间自相关"的原假设，而绝大多数省区市并不能够拒绝原假设。

表3-11 财产险业和人身险业赔付风险的空间自相关的莫兰指数

地理范围	全局莫兰指数			
	财产险业		人身险业	
	I_i	P值	I_i	P值
整体	-0.002	0.184	-0.026	0.425

局部莫兰指数										
省区市	I_i	P值	省区市	I_i	P值	省区市	I_i	P值	省区市	I_i	P值
北京	0.001	0.734	河南	0.001	0.766	北京	-0.001	0.874	河南	-0.001	0.582
天津	0.001	0.763	湖北	0.000	0.857	天津	0.013	0.931	湖北	0.000	0.873
河北	0.002	0.711	湖南	0.000	0.883	河北	0.004	0.141	湖南	0.008	0.817
山西	0.001	0.726	广东	0.002	0.765	山西	-0.004	0.149	广东	-0.001	0.302
内蒙古	0.001	0.743	广西	-0.002	0.723	内蒙古	-0.003	0.301	广西	0.000	0.880
辽宁	0.000	0.810	海南	0.000	0.835	辽宁	-0.005	0.807	海南	-0.002	0.322
吉林	0.000	0.832	重庆	-0.001	0.980	吉林	-0.009	0.153	重庆	0.000	0.692
黑龙江	0.000	0.824	四川	-0.004	0.719	黑龙江	-0.003	0.014**	四川	0.000	0.804
上海	0.001	0.763	贵州	-0.009	0.000***	上海	-0.024	0.843	贵州	0.001	0.497
江苏	0.003	0.759	云南	-0.001	0.672	江苏	-0.008	0.343	云南	0.000	0.486

续表

\multicolumn{12}{c}{局部莫兰指数}
省区市	I_i	P值	省区市	I_i	P值	省区市	I_i	P值	省区市	I_i	P值
浙江	0.001	0.780	陕西	0.000	0.834	浙江	-0.004	0.645	陕西	0.000	0.844
安徽	0.001	0.771	甘肃	0.000	0.787	安徽	-0.001	0.711	甘肃	0.000	0.839
福建	0.000	0.847	青海	0.000	0.789	福建	0.000	0.886	青海	-0.001	0.856
江西	0.000	0.847	宁夏	0.000	0.762	江西	0.010	0.798	宁夏	0.000	0.066*
山东	0.001	0.803	新疆	0.000	0.830	山东	0.002	0.344	新疆	0.000	0.789

注：*、**和***分别表示在10%、5%和1%的水平下显著。

（二）Bootstrap 模拟方法

莫兰指数检验显示，各省区市之间没有因地理位置、经济发展水平等因素而存在显著的相关性。因此，我们从全国36个省区市中随机抽取 N（$N=1,2,3,\cdots,N\leqslant 36$）个地区构成一个"业务组合"，从而研究地理分散化对保险经营风险的影响。

用（3-9）式度量在 N 个地区经营等权重业务组合的地理分散化效应。当 N 为1时，即保险公司仅在一个省区市经营，不存在地理分散化效应，其 $GeoDiv$ 的值为0。总体来看，"业务组合"的地理分散化效应与地区数目（N）呈正相关，与各地区赔付率的相关程度呈负相关，如下：

$$GeoDiv = 1 - \frac{\sigma_p}{\overline{\sigma}_{i,j}} = \frac{N-1}{N}\left(1 - \frac{\overline{\sigma}_{i,j}}{\sigma_p}\right) \qquad (3-10)$$

采用有放回的 Bootstrap 方法，具体操作步骤如下：（1）从全国36个省区市中有放回地随机抽取 $N(N=1,2,3,\cdots,N\leqslant 36)$ 个省区市，将这 N 个省区市视为一个"业务组合"，计算每个省区市赔付率的方差 σ_i^2 和两两省区市赔付率的协方差 $\sigma_{i,j}$。（2）计算这 N 个省区市赔付率方差的平均值 $\overline{\sigma}_i^2$ 和两两省区市赔付率协方差的平均值 $\overline{\sigma}_{i,j}$，并将这两个结果分别代入（3-7）式和（3-10）式，计算出"业务组合"的赔付率标准差 σ_p 及其赔付风险的地理分散化程度 $GeoDiv$。（3）将每个"业务组合"（$N=1,2,3,\cdots,N\leqslant 36$）循环以上过程1000次，可得到1000个地理

分散化 $GeoDiv$，计算它们的平均值 $\overline{GeoDiv}$，表示该"业务组合"的地理分散化程度。(4) 最后，将包含不同省区市数目的业务组合的平均值 $\overline{GeoDiv}$ 绘制成曲线，得出 $GeoDiv$ 的经验分布。

我们基于中国保险业 1998—2017 年的经验数据，运用 MATLAB 9.4 经过 1000 次 Bootstrap 模拟，研究地理扩张对财产险业和人身险业赔付风险的分散效果。考虑到财产险公司经营的产品线较为复杂，我们进一步研究了企业财产险、家庭财产险、机动车保险、工程险、责任险、保证保险、农业险、健康险、人身意外险和其他险种共 10 条产品线。

（三）模拟结果及分析

虽然财产险公司和人身险公司增加经营地区可以逐步降低经营风险，但是这种地理分散化效应会逐步减弱，表现为图 3-5 (a) 中两条曲线的斜率逐步减小。我们的模拟结果与聂富强和石凯 (2016) 基于面板数据验证的中国财产险公司存在"最优多元化水平"的结论有相似之处。总体而言，地理扩张为财产险公司带来的风险分散化效果明显大于人身险公司。(1) 对于财产险公司，当其经营范围扩展至 5 个省时，可实现约 70% 的风险分散效果，而当其扩展至 10 个省区市时，可实现约 80% 的风险分散效果。虽然当其经营范围超过 10 个省区市后，地理分散化效应明显下降，但是依然少量存在，这在图中体现为曲线后期还存在一定的倾斜度。通过地理分散化，财产险公司最多可以实现约 90% 的分散效果[①]。(2) 对于人身险公司，当其经营范围扩展至 5 个省区市时，可实现约 40% 的风险分散效果。此后，继续地理扩张的风险分散效应几乎为零，这在图中体现为曲线后期（超过 5 个省区市后）几乎处于水平状态。

地理分散化效应的基本原理是依赖不同省区市的保险赔付差异进行风险对冲，因此，这一模拟结果符合财产险和人身险的业务特征。

---

① 理论上讲，随着地理扩张的推进，保险公司总部对分支机构的监控和管理效率会下降，成本也会提高。但是，随着现代通信的发展，科技工具的使用提高了总公司和分公司之间的信息交流效率以及总公司对分支机构的监控力度，因此，财产险公司可以继续开发超过 10 个省份之后的地理分散化"潜力"（80%—90% 的分散效果）。

（1）承保标的的差异。财产险公司承保的是财产、责任或信用，其在不同省区市的产品线与当地的经济结构密切相关，而人身险的承保标的比较单一（人的身体），在不同省区市的经营差异不大。（2）承保风险的差异。财产险公司的风险因子与其所在省区市的地理位置（如自然灾害发生频率）和当地经济发展水平（如可参保的财产体量等）的相关性较高，而人身险业务的风险因子大多集中于个体自身，与省区市的地理位置和整体经济水平的相关性较弱[1]。

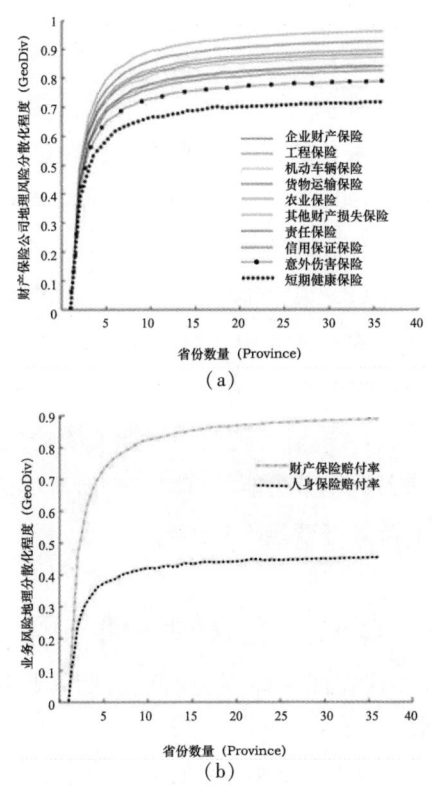

图3-5 经营地区数目与财产险公司各产品线的赔付风险分散效应

---

[1] 人身险的风险因子以经验生命表为依据，各省区市的群体差异不大。只有在某个省区市发生罕见的大型自然或人为巨灾时，人身险公司在该省区市的赔付水平才会出现巨大波动。

对财产险公司经营的 10 条产品线的赔付风险进行模拟分析，各产品线的风险分散化效果报告于图 3-5（b）。(1) 各产品线有相似之处。无论对于哪条产品线，财产险公司在 10 个省（自治区、直辖市）经营才能较好地实现风险分散效应。(2) 各产品线之间也存在差异。不同产品线的地理扩张所实现的风险分散"潜力"不同，其中，农业险的风险分散"潜力"最大，可以实现约 95% 的赔付风险分散效果，其次是机动车险（90%），短期健康险的风险分散"潜力"最小，最多为 60%—70%。

五 小结

本节利用中国保险业的经验数据，基于投资组合原理和 Bootstrap 模拟方法，研究地理分散化对财产险业和人身险业经营风险的分散效应。研究发现：(1) 不同省区市的保险经营风险差异较大；(2) 在 6 个大区域内经营并不能有效地分散赔付风险，但是通过全国范围的分散化可以有效降低风险；(3) 财产险业和人身险业的地理分散化效应均在达到某一阈值后趋于饱和，其中，财产险业务在 10 个省份经营能实现约 90% 的风险分散效果，人身险业务在 5 个省区市经营能实现约 40% 的风险分散效果；(4) 财产险业不同产品线的风险分散潜力差异较大。从现有文献来看，本节可能是首次较全面地定量刻画了地理分散化对财产险业和人身险业经营风险的影响。

第三节　保险业互联网活动与网络安全

一 问题的提出

在数字时代，数据被确认为与土地、劳动力、资本、技术等要素并列的生产要素，正加速推动着社会经济向高质量方向发展。与此同时，大量数字技术的广泛应用又催生了新的脆弱性，可以将所有与数字技术相关的风险统称为"网络风险"（Cyber Risk）。现阶段，中国正在加速推进的"新基建"战略将进一步促进网络世界与现实世界的深度融合和互联互通，各行各业的网络风险问题也将随之日益凸显。

作为社会风险治理的重要主体，保险业一方面承担着管理社会网络风险的基本功能，另一方面，保险业的数字化转型也会引发自身的网络安全问题，这种双重属性使得保险业的网络风险问题具有一定的特殊性和复杂性。

鉴于网络风险是数字时代的一种重要新兴风险，其风险管理问题备受关注。保险是一种重要的风险管理工具，现有相关文献主要是探讨网络安全保险（Cyber Insurance）及其相关议题，如网络风险保险的合约优化、网络安全保险的社会影响分析等。这类文献分布于信息技术、经济学、社会学、法律学等诸多研究领域，为网络安全保险市场的发展提供了重要的理论支撑。

网络安全保险在社会风险治理中的作用越凸显，就越应该关注保险业本身是否"保险"的问题。保险业是典型的数据密集型产业，其储存的个人或组织的数据要比大部分行业详细得多，涵盖了客户的个体隐私、财务特征和经济活动等多种有价值的信息，因此，保险业有着大量的网络风险敞口。随着计算机之间互联互通和相互学习能力的不断增强，以及经济活动日益依赖互联网，网络问题给保险业带来了新的挑战。Pooser 等（2018）根据 50 家美国上市财产险公司的 10-K 报表，调查了保险业对网络风险的识别和认知趋势，结果显示：2006 年，只有 25% 的公司将网络风险列为重要风险因素，而到了 2013 年，这一比例已接近 100%。北美精算师协会的联合风险管理部门（The Joint Risk Management Section of the Society of Actuaries）等（2014，2016）的系列行业新兴风险调查报告显示，网络安全或基础设施的相互关联已被保险业视为最大的新兴风险，而且，伴随着物联网技术的普及，网络风险将成为保险业的首要风险。2018 年，欧洲保险和职业养老金管理局（European Insurance and Occupational Pensions Authority，EIOPA，2018）对 12 个欧洲国家的 41 家（再）保险集团进行了网络风险的摸底调查，确认网络风险是保险业面临的重要挑战和机遇，并强调保险业通过建立网络韧性（Cyber Resilience）框架来推进抵御网络脆弱性的行动至关重要。因此，研究解决保险业的网络风险问题，不仅是数字时代保险业健康发展的现实需求，更是充分发挥网络安全保险功能的基础。

本节的贡献主要有以下两点。一是现有的相关探索还主要停留在实务层面，且偏重于数据和信息安全领域的研究，对数字技术、保险业创新和网络风险之间的关系特征的探讨还不够清晰，缺乏系统性的网络风险管理思维。本节剖析了数字时代保险业的系统构成，并探讨了保险业网络风险的特征和可能表现，形成了风险规制的理论基础。二是鉴于网络空间一体化的背景，本节基于全面风险管理的视角，从国家、行业和机构层面提出了具体的规制措施，为数字时代的网络风险治理提供管理启示。

二 网络风险的含义和特征

Cyber-源于控制论（Cybernetics）的缩写，Cybernetics 源于希腊语术语 kybernḗtēs，意思是舵手，即 Helmsman 或 Steersman，它们最早是由科学家 Norbert Wiener 在 20 世纪 40 年代引入到英语中的。近代开始，Cyber 广泛运用于与互联网相关的事物，最知名的术语是由小说家 William Gibson 提出的网络空间"Cyberspace"，这是一个融合了 Cybernetics 和 Space 两个概念的新词汇。Cyber 有文化属性，所以，它渐渐取代了 Internet 或 Network 等技术性术语，成为描述数字化融合和互联网文化的一个核心术语。在网络安全领域中，网络事件或网络保险中的网络（Cyber）一词涵盖的是与数字安全相关的问题。

（一）网络风险的含义

从"风险社会"视角看，人类社会的现代化步伐在降低某些领域的风险的同时，也带来了新的风险。信息技术的现代化便催生了与网络安全相关的风险。当前，网络风险尚未形成一个被人们广泛认可的定义。我们在表 3-12 中列示了一些关于网络风险的定义或描述。

表 3-12　　对"网络风险"含义的现有理解示例

角度	学者或机构	定义或描述
技术视角	Böhme 和 Kataria（2006）	信息系统崩溃或失败的风险
	Öğüt 等（2011）	信息安全风险
	国际信息系统审计与控制协会（Information Systems Audit and Control Association, ISACA, 2013）	除传统的恶意软件（病毒、特洛伊木马、间谍软件、恶意广告软件等）、网络钓鱼攻击、分布式拒绝服务（DDoS）、黑客袭击等之外，还包括其他一系列特定场景，如特定组织定制的恶意软件、认证被盗、间谍与线人、传统软件的漏洞、攻击第三方服务商
	Refsdal 等（2015）	网络威胁所引起的网络空间风险
微观损失视角	美国保险监督官协会（National Association of Insurance Commissioners, NAIC, 内容不断更新中）	从网络保险承保责任的视角列举了至少8种损失：身份盗窃、业务中断、声誉损害、数据修复成本、客户名单和交易机密被盗、软硬件损坏成本、受影响客户的信用监督服务、诉讼费用
	风险管理协会（Institute of Risk Management, 2014）	组织或个人因信息技术系统的某种故障而遭受财物损失、营业中断或声誉受损的所有风险
	劳合社（Lloyd's of London, 2015）	与线上活动、互联网交易、电子系统和技术网络以及个人信息存储相关的所有风险
	数字安全公司（RSA, 2016）	在组织内部技术基础设施或技术使用相关的潜在损失或损害
	英国精算师协会（Institute and Faculty of Actuaries, IFoA, 2018）	由于人、过程或技术原因导致的信息技术系统故障所造成的任何财务损失、营业中断或声誉受损的风险
宏观损失视角	日内瓦协会（Geneva Association, 2016）	由于使用信息通信技术而破坏数据或服务的机密性、可得性或完整性造成的所有风险
	首席风险官论坛（CRO Forum, 2016）	在网络环境中开展业务的风险，具体包括：使用和传输电子数据以及互联网、电信网络使用过程中的风险；网络攻击造成的物理损失；不当使用数据造成的欺诈；数据使用、存储、转移过程中的责任；个人、企业或政府的电子信息的可得性、完整性和保密性
	IAIS（2016，2018）	由于使用和传输电子数据（包括通过互联网和电信网络等技术工具）所产生的任何风险。它还包括网络安全事件、滥用数据导致的欺诈、数据存储引起的任何责任、电子信息的可用性、完整性和机密性（无论是否与个人、团体或政府相关）可能造成的物理损失
	OECD（2017）	通过损坏信息或信息系统的机密性、完整性和可得性来干扰经济和社会目标的实现。通过"数字安全风险"概念描述宏观水平的网络风险

续表

角度	学者或机构	定义或描述
风险管理视角	Cebula 和 Young（2010）	提出操作网络风险（Operational Cyber Security Risk）的概念，并将其定义为导致信息或信息系统失去可用性、保密性或完整性的信息和技术资产方面的操作风险
金融监管视角	支付与市场基础设施委员会和国际证监会组织（CPMI‑IOSCO，2016）	一个组织的信息资产、计算机与通信资源领域内发生风险事件的概率，及其对组织造成的各类损害后果

资料来源：笔者根据公开资料整理。

网络风险含义的特殊之处在于，难以用传统范式界定网络风险，即难以通过描述风险源和风险结果来定义。第一，人类对互联网技术的创新与应用仍处于持续拓展中，难以列出所有风险情形——风险源是什么，风险的作用机制是什么？第二，网络系统作为现代社会的一种重要生产要素，其影响可能横跨时间和空间维度，呈现出"实"和"虚"的综合效应。"实"是指有形的或即期的影响，如物理资产损毁、营业中断、诉讼费用、罚款等，而"虚"是指无形的或远期的影响，如声誉、品牌、策略、竞争力等方面的损失。第三，各部门的"互联网＋"程度存在较大差异，而不同的管理目标决定了不同的风险认知视角，所以，不同部门在风险的感知和理解上必然存在差异。基于这3方面因素，当前经济学领域在定义网络风险时，大多采用"一切""所有""任何"等词来表述网络风险损失的广泛性和难以预测性。

（二）网络风险的特征

1. 共生性和相关性

信息通信技术的重要成功要素赋予了网络风险一些基本特征。一方面，分布（Distribution）和互联（Interconnection）对应的属性是共生安全（Interdependent Security），具体表现为一个主体的网络风险依赖于其他主体或群体的行为。另一方面，普遍性（Universality）和可重复性（Reuse）对应的属性是风险传播（Risk Propagation）和相关性

(Correlation)，具体表现为网络风险容易衍生出其他风险。我们将网络风险与其他风险类型进行了比较，具体如表3-13所示。

表3-13　　　　　　　　　　网络风险的特征

风险类型	风险属性
传统保险风险（可保风险）	非共生、非相关
航空行李丢失风险	非共生、相关
自然巨灾风险	非共生、空间相关
网络风险	共生、相关
恐怖主义风险	共生、相关

资料来源：笔者总结。

2. 动态性

网络风险主要表现为一种人为的网络攻击风险，而网络攻击和网络防御之间的博弈也在不断升级。自20世纪80年代以来，随着互联网技术的发展，网络威胁在不断演变，先后经历了如下4个发展阶段。第一，20世纪80年代，在相对封闭（Closed-off）的互联网世界中，学者和网络爱好者出于娱乐和教育目的主导了黑客行为，不同的行为动机逐步分化出黑帽子（Black-hats）和白帽子（White-hats），但是，随着时间的推移，这些动机开始变质。第二，20世纪90年代，不断增长的普通互联网用户日益成为网络攻击的"猎物"。恶意分子通常利用分布式拒绝服务技术（DDoS）对企业组织的电子化业务、消费者、敏感信息和财务信息等进行攻击，并于1999年制造了第一例网络间谍事件。第三，21世纪初期，互联网已经成为人们日常生活和商业活动的常规组成部分，大量复杂的网络攻击开始出现，如金融木马、数据泄露、网上银行的百万级别资金被盗等，而智能手机的发展则拓展了网络攻击的边界。这个阶段首次出现了军事网络攻击，如2007年4月的爱沙尼亚事件和2008年8月的格鲁尼亚事件。第四，从2010年前后开始，网络攻击开始呈现商业化、组织化和专业化的特征，综合采取了木马、勒索软件、分布式拒绝服务攻击、业务邮件欺诈、结构化查询语言（Structured Query Language，SQL）注入、扰乱关键基础设施等攻击方式。

3. 不对称性

网络的虚拟性、目标资产的无形性以及技术手段的动态性赋予了网络攻击更广泛和复杂的不对称特征，这体现为如下几点。第一，虚拟世界的信息不对称。网络世界中，身份的隐匿性已经成为犯罪分子绝佳的"隐身衣"，网络事件通常表现为计算机自身被接管，攻击命令被传递和放大，因此，往往很难顺藤摸瓜地找出"幕后真凶"。人们通常只能知晓某个犯罪群体的"群像"，但很难识别出个体犯罪者。这直接导致用于遏制传统犯罪的威慑性言论或行为难以对网络风险发挥作用，因此，每一个防御型组织必须防备遍布全世界的潜在威胁者。第二，无形资产的成本不对称。无形资产的价值取决于特定的使用者。在攫取经济利益的网络犯罪中，被盗取的信息即使对攻击者"一文不值"，但对被攻击者却可能"价值连城"。此外，数据资产没有明显的排他性，复制成本几乎为零，从而导致信息被盗和损失确认之间存在明显的时间差。第三，技术变革下的投资不对称。防御者和攻击者在同一技术的应用方向存在差异，因此，虽然从总体上讲，科技进步提升了人类社会的福利，但是在某些微观层面，反而网络犯罪者享受了较多的科技红利。例如，比特币在一定程度上促进了网络黑市的繁荣。

三 数字时代保险业的网络结构与脆弱性

大数据、云计算、物联网、人工智能、区块链等创新型科技持续赋能保险业的数字化转型，模糊了保险业与其他产业之间的传统界限，重塑了保险价值链和行业生态。保险业务模式的发展和创新越来越依赖于数字化网络信息系统，体现为业务流和数据流的交织运行，推动着保险功能的拓展与延伸。风险数据的实时共享和保险价值链服务主体的多样化使得保险业的网络结构日益体现出业务和信息的双重属性，同时也蕴含着业务系统和信息系统的双重脆弱性。

（一）业务网络和信息网络的拓扑结构

1. 业务网络结构的演变

图3-6显示了传统保险业务模式和数字化业务模式的网络拓扑结构。传统保险系统主要有两个层次的关系网络：（1）原保险市场呈现低密度、高脆弱性的枢纽节点拓扑结构［图3-6（a）］，即每家保险公司都会服务于大量保险消费者，而这些消费者之间的风险相关性通常很低；（2）再保险业务层面呈现以再保险公司为枢纽节点的星形辐射式拓扑结构［图3-6（b）］，即大量原保险公司通过与几家再保险公司的业务往来形成间接关联。可见，在传统保险市场结构中，保险公司作为低密度、高脆弱性的中心节点，其偿付能力直接影响消费者的利益，再保险业务虽然增加了市场密度，但降低了中心脆弱性。然而，再保险公司吸收尾部损失的能力又直接影响到保险业的承保能力，也就是说，再保险成为保险市场的最终脆弱节点。在数字网络时代，保险产品服务的供给形式不断增加，更多主体进入保险价值链可以在一定程度上降低市场的脆弱性。由此，保险市场的星形辐射式结构将逐渐转变为高密度去中心化的网络拓扑结构［图3-6（c）］。最极端的情形是在网络互助模式下完全实现保险脱媒，在虚拟平台上实现会员之间的风险交换。

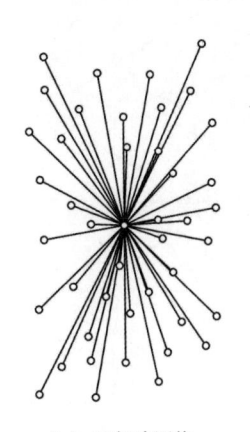

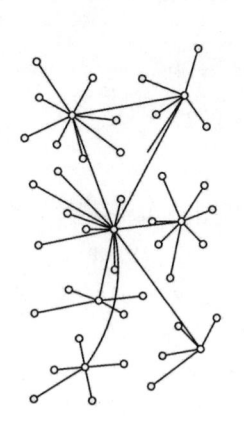

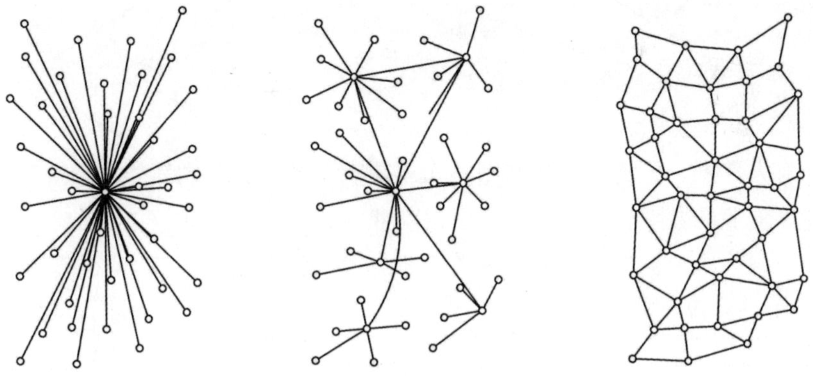

(a) 原保险网络　　(b) 再保险网络　　(c) 保险科技网络

图3-6 保险系统的网络结构

2. 数字网络的复杂互联性

数字网络具有以下拓扑性质：（1）幂律分布，自治系统（Autonomous System，AS）层面表现出小世界和无标度性；（2）层次性，Internet 可被视为大量相互连接的自治系统，其中，每个自治系统都可被看作是一个 Stub 域或 Transit 域，典型的例子是国家层次的主干网络和局域网，如图 3-7 所示；（3）富人俱乐部（Rich Club），具有大量的边的少量节点被称为富节点（Rich Nodes），而这些富节点之间通常可以相互连接。以当前的保险业发展趋势来看，保险业的信息网络将呈现出更复杂的层次性和系统自治性。其一，系统自动化流程增加。越来越多的业务流程或商业活动由软件系统控制，借助大量内部自治系统不断提高组织运行的效率。其二，系统间的相互连接具有普遍性。系统之间的实时数据共享是数字保险发展的前提，以云服务平台和应用程序接口（Application Programming Interface，API）为主导的"开放"系统（微服务系统）架构将日益重要。

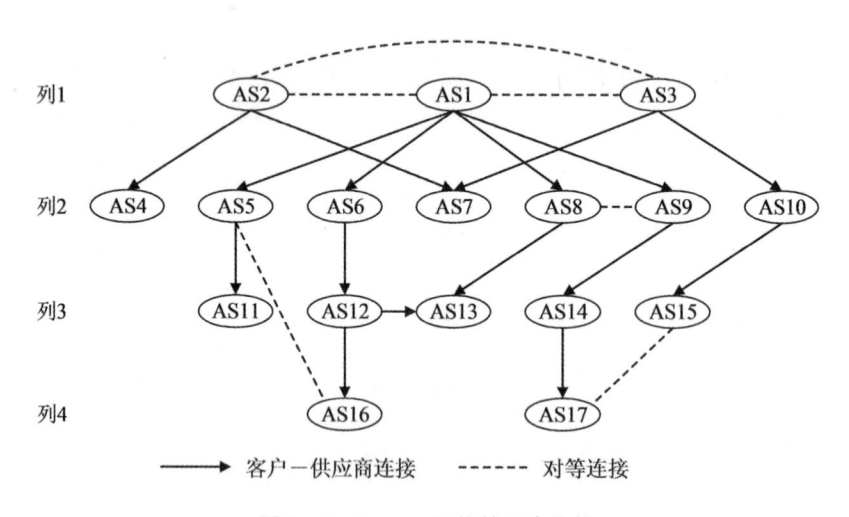

图 3-7 Internet 网络的层次结构

资料来源：汪小帆等（2006）。

（二）业务系统和信息系统的脆弱性

1. 业务系统的脆弱性

业务结构的脆弱性。数字网络系统催生了一些具有枢纽作用的平台或企业，某些环节的交易对手日渐集中，甚至出现中央交易对手方（Central Counterparties，CCPs）。这些平台或企业可以分为以下3类：一是业务信息分享平台，例如中国银行保险信息技术管理有限公司（简称"中国银保信"）和上海保险交易所股份有限公司（简称"上海保交所"），它们已逐渐发展成为保险业的关键基础设施；二是消费场景平台，网络科技发展导致保险公司与消费者之间的互动关系日益松散化，拥有消费者界面的平台或组织可以垄断消费者行为数据，并与保险公司建立定制保单的合作伙伴关系；三是技术性服务平台，某些关键信息技术领域（如操作系统、信息安全、系统集成服务、云服务等）是典型的寡头垄断竞争格局，由少数科技巨头提供的产品服务成为保险业数字化业务运行的基础设施。

业务模式的脆弱性。传统保险产品服务具有离散和低频的特征，而数字网络时代的保险产品服务日益体现出连续和高频的特征。例如，随着保险消费的场景化和碎片化，按需保险（On-demand Insurance）、基于使用的保险（Usage-based Insurance）等并不具备传统保险预付保费的时间差优势，从而增加了保险经营中现金流管理的压力；又如，在线、实时的交易和服务要求业务运营系统保持7×24小时持续运营。

业务内容的脆弱性。在数字网络时代，保险产品和服务更加复杂和不透明。其一，保险业务组合的复杂性，例如，大型保险集团已经开始构建金融、医疗、智慧城市、房产、汽车等行业的生态圈。其二，业务形态的多变性，保险的业务模式仍处于动态发展之中。其三，保险业务活动的全球化，数字化保险的产业链和业务拓展不受时空限制，业务活动的跨国或跨区域性具有普遍性。

2. 信息系统的脆弱性

信息系统的脆弱性一般表现为3个方面。一是技术安全风险。计算机及其相关智能系统的发展本身就是一部不断发现漏洞、不断给漏洞打补丁的"进化史"。二是技术之间的依赖性。互联网技术的革新通常表现为技术的叠加,即任何信息技术创新都是建立在已有技术基础之上的。三是技术系统的单一性(IT Monoculture),数字化信息技术系统是一个典型的标准化系统,由各类基础的子技术系统相互关联而成。总而言之,无论是各类技术系统的不断融合,还是经济对技术系统的日益依赖,均增加了外部威胁者对信息技术系统实施网络攻击的动机。

四 保险业网络风险的存在特征及表现形式

互联网可能是人类有史以来设计过的最复杂的系统,高度互联和紧密耦合意味着一个小故障或一系列故障可以产生级联效应,从而产生巨大影响。与美国次贷款市场中被忽视的风险类似,"网络次贷"(Cyber Sub-prime)问题的严重程度足以冲击全球经济(Zurich Risk Nexus, 2014)。基于前文的理论,我们认为,保险业的网络风险将集中体现为以下几个方面。

(一) 网络风险的聚集

1. 富节点失败的损失

从技术发展的叠加性和全社会的数字化变革来看,数字信息系统呈现"倒金字塔"结构,即一些富节点支撑着不断扩大的技术应用及其相关数字经济活动。随着社会经济运行对网络服务、数字数据库、电子通信和网络流量的依赖程度不断提高,网络巨灾可能由以下原因引起:一是源技术的错误可能导致科技大厦出现全面故障,例如,市场上重要的技术类企业(Systemically Important Technology Enterprises, SITEs)隐藏着"逻辑炸弹"(如算法、操作系统等)风险,可能导致整个技术系统的大崩溃(Ruffle 等,2014);二是关键信息基础设施(如通信服务、云计算、网络安全等互联网技术服务商)的失败;三是标准化系统或流程的网络攻击事件,例如,2017 年针对操作系统的网络勒索病毒事件、针对银行转账交易流程的木马 Emotet。随着信息网络的日益复杂化,富节点失败的可能性不断增加:其一,越来越多的设备由软件控制,网络攻击事件的数量大大增加;其二,当系统变得相互关联时,一个系统的漏洞容易牵连其他系统受到攻击;其三,当联网设备普遍具有自主能力时，从安全的角度看，这意味着，针对某个脆弱点的网络攻击将在数字化信息系统内部或各类关联系统之间形成即时、自动、广泛的风险传播。总之，随着保险业"互联网+"和"科技+"的发展，保险业的运营日益依赖网络信息系统，富节点失败的影响明显增强。

2. 人为威胁的可能性持续增加

2007年的爱沙尼亚危机向我们展示了电子化进程的负面效应，促使全球政府开始重视国家的网络安全问题。2010年的伊朗核电事件打破了封闭系统绝对安全的神话，近年来针对国家电网等关键基础设施的攻击事件愈发频繁。360威胁情报中心发布的《全球高级持续性威胁2018年总结报告》显示，受高级持续性威胁（Advanced Persistent Threat，APT）攻击的国家或地区数量从2016年的38个增加至2018年的79个，受攻击最多的5个行业领域是：军队与国防（17.1%）、政府（16.0%）、金融（15.5%）、外交（11.6%）和能源（10.5%）（360威胁情报中心，2019）。网络犯罪者经常利用国际资金清算系统或银行间交易系统的漏洞直接盗取巨额资金，例如，2018年4月，墨西哥金融系统遭受网络攻击，网络犯罪者利用Web服务的一个漏洞，扰乱墨西哥银行的银行间电子支付系统（Interbanking Electronic Payment System，SPEI），最终窃取了超过3亿比索的资金。保险业作为储存高敏感数据的行业之一，容易成为犯罪分子盗取敏感信息的重要来源，表3-14报告了近年来保险业的几起重要的网络安全事件。

表3-14　　　　近几年全球保险业的网络安全事件

年份	保险公司	事件类型	事件描述
2015年	美国的Anthem Blue Cross & Blue Shield和Premera Blue Cross	数据泄露	信用卡信息、身份信息、健康信息，牵涉到9100万保单持有人，占美国总人口的约1/4
2015年	美国北达科他州员工安全保险公司	数据泄露	4.3万份事件记录报告和1.3万份支付报告在网上被曝光，泄露数据类型包括姓名、社保号码、生日、工伤描述、事件描述、雇员姓名和雇主地址

续表

年份	保险公司	事件类型	事件描述
2015 年	德国的两家保险公司	网络勒索	2015 年的"DD4BC"事件中,两家公司被黑客组织用 DDoS 敲诈勒索,对方要求支付 40 比特币的赎金以换取其停止攻击,两家公司评估后认为影响有限,故拒绝支付赎金
2015 年	荷兰的某家保险公司	钓鱼攻击	伪装成保险公司某个知名商业客户的 CEO,欺骗保险公司的雇员将资金打入某个指定的账户
2016 年	美国的 Banner 健康险公司	数据泄露	两套独立的数据系统遭到攻击,370 万客户和医疗服务提供者的机密信息,包括社保账号、信用卡号码、住址、出生日期、医生姓名和医疗保健信息等被泄露。在这次数据泄露之后,已经有人提起了集体诉讼
2017 年	英国的 BUPA 高端医疗保险公司	信息过滤	影响了 50 万客户的国际保险服务
2018 年	南非的 Liberty 保险公司	网络勒索	Liberty 公司和客户之间的邮件遭到非法侵入,客户的银行账号、医疗报告等个人信息被泄露,Liberty 公司拒绝支付赎金
2019 年	美国的 Dominion 国民公司(牙科和视力的保险和健康管理公司)	非法入侵	公司客户服务器被一个未经授权者入侵(可能始于 2010 年),会员的注册信息和个人基本信息可能被泄露

资料来源:笔者根据公开资料整理。

(二)关键职能主体的失败

基于之前对保险业务系统脆弱性的分析,我们认为,数字信息系统或平台的失败可能导致较大范围的营运中断。

1. 关键行业信息平台

保险业发展所需要的数据流动和信息分享过程增加了市场参与主体之间的关联性。从某种意义上讲,数据的聚集和分散过程类似于银行间市场的直接资金关联,而承担上述功能的平台就成为保险市场的基础设施。例如,中国银保信就是数字经济时代的保险业信息基础设施,全面覆盖保险业务数据以及财务会计、公司治理、资产等领域的数据,全面建成后能够为银行业和保险业提供生产支持、信息查询、保单登记和认证、结算等综合性服务。

2. 关键云服务平台

网络拓扑结构具有富人俱乐部特征，而随着保险公司上云，越来越多的业务将集中于几个大型云平台，所以云服务平台的失败可能直接影响大多数保险公司的业务持续性。数字技术本身的脆弱性和人员操作的失误都可能导致系统的服务中断，大量的风险事件显示（见表3－15），云安全问题已经不容忽视。例如，一些自然灾害引发的电力断供会影响云服务的能力，这种风险重叠和交叉的情形可以称为准自然灾害（Quasi-natural Hazards）或自然灾害诱发事故灾难（NaTech）。国际正常运行时间协会（Uptime Institute, 2018）全球数据中心的调查报告显示，2018年有31%的数据中心经历了数据中断事件，这个比例在2017年为25%，其中，最主要的3个原因是停电（33%）、网络故障（30%）和软件错误（28%）。

表3－15 历史上重要的云宕机事件

时间	云服务商	事件原因	事件后果
2012年2月	Microsoft Azure	Microsoft Azure 安全证书软件 bug	服务中断8小时
2012年6月	Amazon Web Services	多台发电机故障和弹性负载平衡系统错误	服务中断6小时
2013年2月	Microsoft Azure	过期的SSL证书	全球存储服务中断近12小时
2015年8月	Google	雷击导致电力断供，引起谷歌云储存引擎的断电	由于存储系统经历延长和重复的功率消耗导致部分数据丢失
2016年1月	Verizon Communications	维护操作错误	服务中断3个小时，对JetBlue航空公司带来直接影响
2016年1月	Microsoft Office 365 Email	更新失误（代码错误）	某些客户断供5天
2016年5月	Salesforce	熔断器故障	服务中断1天
2016年6月	Amazon Web Services	悉尼遭遇风暴	服务中断10小时
2017年2月	Amazon Web Services	技术人员操作失误	网站脱机11小时
2018年6月	阿里云	上线新功能中触发一个未知代码 bug	服务中断1小时

续表

时　间	云服务商	事件原因	事件后果
2018年7月	腾讯云	运营商网络链路中断	服务中断4小时
2019年3月	阿里云	华北2地域ECS大面积宕机	服务中断4小时

资料来源：Lloyd's 和 AIR Worldwide（2018）以及相关网络信息整理。

3. 关键技术（软件或硬件）的应用

在数字网络时代，保险公司的运营将广泛依赖于数字化系统，采用标准化的软硬件系统又使得组织的运营过程和流程日益趋同。系统的一致性蕴含着内在不稳定性，如果某种被行业广泛使用的技术（软件、硬件、操作流程和系统）遭遇外部网络攻击或自身存在缺陷，将可能让整个保险业遭受高额损失。以标准化相对较高的汽车保险为例，Egan等（2019）模拟了一家保险公司遭遇一次概率为1/200的远程信息设备的网络攻击事件的风险情景，测算的相关损失高达7000万英镑，约占其年保费收入的18%。具体而言，设备替换的损失为4250万英镑，营业中断损失和数据泄露相关的法律责任损失分别为1400万英镑和1000万英镑，此外还涉及事件响应成本、监管罚款等损失。

（三）极端情景的耦合

在一个高度互联的世界里，不同系统之间的风险会相互作用，形成一个风险网络。在当前日益数字化的世界中，某些社会枢纽节点的失败可能引起保险业务脆弱性和数字网络脆弱性的耦合：一方面，保险业作为社会风险的经营管理者，面临着网络损失的赔付；另一方面，保险业作为社会经济的子系统，同样会受到外部基础设施系统服务中断的影响，发生大面积的业务运营中断事件。Lloyd's of London（2015）进行的极端风险情景模拟结果显示：如果美国国家电网遭受网络攻击导致大面积电力断供，预计将造成2430亿—10000亿美元的损失，其中被保险覆盖的损失为214亿—711亿美元。如果某个云服务商遭受多维网络攻击而出现3—6天的停工，即使只考虑美国的网络安全保险市场的承保规模，且不考虑云服务中断可能引发的传统保险责任，也将造成6.4

亿—10 亿美元（采用细致累积法）或 8.7 亿—14 亿美元（采用市场份额法）① 的保险赔付（Lloyd's 和 AIR Worldwide，2018）。在上述两种极端风险情景中，保险业需要同时应对经营风险（巨额赔付）事件和操作风险（基础服务断供下的营运中断）事件。

中国保险业网络风险的潜在危害已经初步显现。首先，在业务系统层面，行业的信息基础设施、核心数据提供商、综合性销售服务平台等在保险数字化业务模式中发挥着重要作用。例如，中国银保信和上海保交所作为行业信息交流中心发挥着基础设施的作用，支付宝、微信的运营者占据着消费者风险数据入口的生态位。其次，在信息系统层面，一些重要的云服务平台发挥着信息基础设施的功能，成为数据储存、分析和应用的核心载体。例如，众安科技陆续发布了 3 个保险业智能云平台——保单处理云系统"无界山"、保险核心系统 Graphene（石墨烯）和企业团险云系统"智心"，这些智能系统已成为互联网金融系统中面向企业（B 端）和消费者（C 端）的具有海量数据处理能力的信息技术平台。类似地，平安科技推出的智能保险云，赋能全行业有效解决身份认证和自动化理赔两大领域的问题。

五 美欧日保险业的网络风险情况

在数字经济时代，网络风险已经成为发达国家经济社会和保险业的一个巨大挑战。谷歌搜索显示，目前，"网络风险"的条目数量远高于核武器和地震（风险），但是低于风暴和恐怖主义。数字化正在改变保险业的角色，保险公司面临着越来越多的网络风险，发达国家和一些公司正在积极采取措施应对网络风险。

（一）美国的情况

随着数字经济和保险科技的迅猛发展，美国的数字经济和互联网保

---

① AIR Worldwide 风险建模公司基于其综合数据库开发了细致累积法（Detailed Accumulation Approach），它是市场份额法（Market Share Approach）的升级应用。以市场份额为 30% 的云服务商的失败为例：采用市场份额法，会假设该云服务商在每个行业的市场份额均为 30%，以此为基础计算风险损失，而采用细致累积法，则只考虑实际依赖于该云服务商的企业，通过真实的业务关系数据来累计各行业的风险损失。

险业务快速增长。然而，到 2019 年年末，美国的网络保险业务的渗透率仍然较低，各领域的分布也极不均匀，中小企业仅占 5%，金融企业却高达 75%。从发展趋势来看，互联网相关法律责任的规定和执行将越来越严格，经济主体的风险意识将日益增强，社会对网络保险的需求将持续快速增长。

在网络保险业务快速发展的同时，美国保险公司也面临着一些网络风险，主要表现为数据泄露、黑客攻击和病毒数量的不断增加，其中，数据泄露和客户隐私数据丢失一直是网络保险业务面临的最主要的网络风险。根据 Geneva Association（2020）的统计，2019 年，美国估计每天有 4500 起盗版软件攻击，每天有 52 亿条记录丢失、30 万—100 万个病毒和其他恶意软件出现，这些主要源于数据泄露。

麦肯锡研究院认为，在数字经济时代，美国保险业的网络风险将变得越来越重要。除数据泄露、黑客攻击和病毒数量增加外，保险科技的发展还可能引发公平问题。例如，在大数据技术被保险公司广泛应用的背景下，一些高风险个人将被拒保或面临高额的保险费用，他们也可能因无法负担保险费用而遭受巨大的经济损失。

目前，为应对网络风险，美国很多保险公司都通过收集相关风险数据、构建风险模型来优化风险分散机制。美国家庭人寿、鲸石保险等保险公司还积极与网络安全相关企业合作，为投保人提供风险咨询服务，并取得了良好效果。

（二）欧洲的情况

在应对网络风险时，欧洲不同国家提供的保险产品和服务有较大差异，网络安全保险的覆盖率也差异较大，不同保险公司的承保方式、附加产品服务的价格也有较大不同。调查显示：2019 年，在欧洲，覆盖 100 万欧元的网络风险的平均保费为 2000—5000 欧元；在德国，覆盖 100 万欧元的网络风险的平均保费为 7000—15000 欧元，覆盖 500 万欧元的网络风险的平均保费为 10000—24000 欧元；在瑞典，覆盖 100 万克朗的网络风险的平均保费为 5000—15000 克朗。

2019 年，OECD 国家的监管组织对 32 个欧洲国家保险业面临的网络风险进行了调查，发现这些国家保险业面临的风险水平处于中级和高级之间（Schanz，2020）。受访者普遍认为，网络事件将会对他们国家的保险业造成严重影响，其中，再保险公司与保险经纪人对保险业面临的网络风险的认知程度最高，而政府官员对保险业面临的网络风险的认知程度最低。根据该调查，保险业面临的网络风险主要包括数据泄露、数据可用性较差、系统故障和恶意病毒等。这些国家的保险业一旦发生网络安全事件，可能带来无形或有形的财产损失、产品或服务中断，甚至对股东、供应商和客户造成不同程度和形式的损失。

欧洲国家保险公司的业务运营越来越依赖于数字技术。如果技术不能快速迭代，那么保险产品服务很容易中断，一些潜在的物理损害可能显性化，应对网络恐怖袭击事件的难度也会加大。因此，这些国家的一些保险公司采用机器学习、贝叶斯分层建模等先进技术来防控网络风险，并且取得了较好的效果。

（三）日本的情况

随着物联网和人工智能等科技的快速发展，日本的网络风险日益增加。日本央行行长黑田东彦在2019年11月表示，网络风险、反洗钱、金融反恐、加密资产问题是维护金融稳定需要解决的挑战。

日本保险公司的很多业务都需要科技的支持，其信息系统也经常会遭遇电脑病毒、网络诈骗或其他网络攻击，这些攻击在未来会变得更加频繁和复杂。一旦技术系统出现故障或者中断，就可能出现安全事故或其他操作故障，导致公司的操作系统受到攻击、关键信息丢失，可能引发公司的声誉风险。与此同时，电脑病毒、网络诈骗或其他网络攻击也可能导致客户或员工的信息泄露，操作设备或业务系统也将受到严重影响。例如，2017年，日本出现大面积网络瘫痪，很多保险公司的线上业务中断。此外，上述风险事件还可能导致金融市场大幅波动，进而对部分企业的投融资行为造成严重的不利影响。

针对保险公司面临的网络风险，日本政府和保险业都采取了相关措施。日本内阁于2018年7月颁布了《网络安全战略》，保险业也通过运用云计算、大数据和人工智能等科技手段来完善和发展监管科技，并且积极加强人才队伍建设以应对网络风险。

六 中国保险业的网络风险规制情况

（一）宏观规制

"互联网+"① 是全社会各产业的战略升级。政府对"网络卫生"（Cyber Hygiene）的维护是各行业顺利推进"互联网+"的基础。国家网络安全、私有信息保护和技术标准是保障网络卫生环境的制度，中国在这3方面均已形成了一定的法律基础。

《国家网络空间安全战略》（2016年12月发布）和《网络安全法》（2017年6月1日起施行）确定了"依法治理网络空间"的基本原则，成为互联网保险监管的顶层设计。配套出台的《关键信息基础设施安全保护条例（征求意见稿）》（2017年7月发布）则对社会关键信息基础设施的网络安全保护进行了详细规定。12部门联合发布的《网络安全审查办法》于2020年6月1日正式生效，该法规要求关键信息基础设施的运营者在采购网络产品和服务时，对于影响或可能影响国家安全的，必须进行网络安全审查。

中国尚未实施针对数据隐私保护的专门法规，目前关于个人信息保护的条款散见于《中华人民共和国刑法》《中华人民共和国民法》《中华人民共和国消费者权益保护法》《电信和互联网用户个人信息保护规定》等国家基本法和相关部门法规中，这种多条线的规定给监管工作带来了一定的困难。2017年发布的《个人信息保护法（草案）》即将成为数字时代保护个人信息的全局性法规，这也是中国互联网保险的私有信息安全的立法基础。

全国信息安全标准化技术委员会（简称"信息安全标委会"）制定了一系列信息安全技术标准，并于2018年5月公开征求意见，具体涵盖以下领域：关键信息基础设施（网络安全和安全控制）、代码安全审

---

① 对于金融和互联网（信息技术）的集合，国际上更多使用金融科技、数字金融，很少使用互联网金融。

计规范、应用软件安全编程、蓝牙安全、个人信息安全影响评估、可信计算体系结构、恶意软件事件的预防和处理等。同时，信息安全标委会还发布了三大领域的安全白皮书——《汽车电子网络安全标准化白皮书》《大数据安全标准化白皮书》和《电子认证2.0白皮书》。这些安全技术标准将成为中国保险科技安全运行的技术支撑。

（二）保险业规制

保险业一直高度重视"互联网+"，陆续出台了一系列有针对性的法律法规，对互联网保险活动进行规范（见表3-16），其中，《互联网保险业务监管暂行办法》（保监发〔2015〕69号）（以下简称《暂行办法》）对保险电子商务活动进行了规范，是互联网保险的核心法规。《暂行办法》3年试用期满后，2019年12月，银保监会出台了《互联网保险业务监管暂行办法（征求意见稿）》（以下简称《征求意见稿》）。对比原来的《暂行办法》，《征求意见稿》增加了与网络安全和数据安全相关的规定，主要包括：保险公司的自营网络平台、支持互联网保险业务运营的信息管理系统和核心业务系统最低应当按照国家网络安全等级保护3级标准进行防护，至少应当获得国家网络安全等级保护3级认证，定期开展等级保护测评；保险机构授权的营销合作机构应当具有安全可靠的互联网运营系统、信息安全管理体系和客户信息保护制度，至少应当获得国家网络安全等级保护2级认证；要求保险机构加强信息系统和业务数据的安全管理，采取入侵防御、密码技术、数据备份、故障恢复等技术手段，建立网络安全事件处置预案，定期开展应急演练工作。

表3-16　　　　保险业规范互联网与网络安全的法规

发布时间	法规名称	主要内容
2009年12月	《保险公司信息化工作管理指引（试行）》	推进保险公司信息化工作管理，提高保险业信息化工作水平和营运效率
2011年4月	《互联网保险业务监管规定（征求意见稿）》	推进互联网保险业务规范健康有序发展，防范网络保险欺诈
2011年9月	《保险代理、经纪公司互联网保险业务监管办法（试行）》	推进保险代理、经纪公司互联网保险业务的规范健康有序发展，保护投保人、被保险公司和受益人的权益

■ 保险系统性风险的形成、外溢及监管

续表

发布时间	法规名称	主要内容
2011年11月	《保险公司信息系统安全管理指引（试行）》	完善保险公司信息系统安全保障体系，对保险公司的基础设施和网络环境、应用系统和数据安全，以及信息化工作的外包和采购等内容做出了具体规定
2012年3月	《中国人民银行关于印发〈支付机构反洗钱和反恐怖融资管理办法的通知〉》	规范第三方支付系统中的反洗钱和反恐怖融资工作，如关于客户身份资料和交易记录的保存、可疑交易报告等监管措施，细化相关监测指标
2012年2月	《保险公司财会工作规范》	首次规范了保险公司与第三方支付结构的资金结算问题
2012年5月	《关于提示互联网保险业务风险的公告》	除保险公司、保险代理公司、保险经纪公司之外，其他单位和个人不得擅自开展互联网保险业务
2013年4月	《关于专业网络保险公司开业验收有关问题的通知》	针对专业网络保险公司的开业验收制定了补充条件
2014年4月	《关于规范人身保险公司经营互联网保险有关问题的通知（征求意见稿）》	正式就人身保险公司经营互联网保险的条件、风险监管等问题向业内征求意见
2014年12月	《互联网保险业务监管暂行方法（征求意见稿）》	从经营原则、经营区域、信息披露、经营规则、监督管理等方面对互联网保险经营进行了规范
2015年1月	《相互保险组织监管试行办法》	针对一般相互保险组织、专业相互保险组织以及区域性相互保险组织分别设定了准入门槛和具体的监管规则
2015年7月	《关于促进互联网金融健康发展的指导意见》	互联网金融监管应当遵循"依法监管、适度监管、分类监管、协同监管、创新监管"原则，明确互联网支付业务由中国人民银行监管，划分各互联网金融细分领域的监管职责
2015年7月	《互联网保险业务监管暂行办法》	对互联网保险的准入、经营和风险管理等做出总则性规定
2018年10月	《互联网保险业务监管暂行办法（草稿）》	进一步拓展了互联网保险的产品领域，对原法规进行相应完善
2019年10月	《关于规范银行与金融科技公司合作类业务及互联网保险业务的通知》	详细列举了保险中介活动的内容，如果互联网平台未取得保险中介牌照，则不能参与保险中介活动
2019年12月	《互联网保险业务监管办法（征求意见稿）》	规范了互联网保险的经营规则和业务行为（包括产品运营管理和公司内部风险管理等），明确了相关的监管工作和法律责任

资料来源：笔者收集整理。

第四节 保险投资对金融稳定的影响：基于欧洲国家的数据

一 问题的提出

国际金融危机爆发以来，各国学术界对于金融稳定的关注度空前上升。党的十九大报告指出："当前，国内外形势正在发生深刻复杂变化……全党同志一定要登高望远、居安思危。"（习近平，2017）可见，此时我们研究金融稳定具有重要的战略意义。

在欧洲，尽管目前距离国际金融危机爆发已过去十多年，但多数国家仍在遭受危机后的余震。2010年，希腊爆发主权债务危机，这也引发了投资者对欧洲市场的恐慌，导致其他欧洲国家也陷入危机之中。欧洲多数国家到2014年才走出国际金融危机的阴霾，个别国家至今仍受到危机的困扰。已有文献从多种视角分析了影响金融稳定的现象及其原因，但鲜有文献研究保险投资对金融稳定产生的影响和冲击。作为全球最重要的保险市场之一，欧洲国家的保险投资与金融稳定之间存在着什么样的动态关系？对中国的保险投资会有什么样的借鉴和启示？这是一个亟待研究和回答的问题。

已有文献认为，金融稳定是金融机构稳定和金融市场稳定的总称，而金融危机的爆发则是金融系统丧失稳定性的直接表现。从学说史的视角看，马克思、李嘉图、凯恩斯和费雪等人均对金融危机发生的原因进行了深度解释，并且开出了药方（柳欣，1996）。20世纪80年代以来，很多学者基于金融市场的不同视角对金融稳定进行了深入研究。例如，Bernank等（1996）提出了"金融加速器"模型，Minsky在20世纪60年提出了"金融不稳定性"假说，Diamond和Dybvig（1983）提出了"银行挤兑"模型。此外，很多学者和研究机构构建了衡量金融稳定和系统性风险的指标，例如，IMF（2008）构建了各种"金融稳健性指标"，后来成为各国压力测试和金融监管的重要依据之一。

关于保险投资对金融稳定的影响，国外一些学者已经对此进行了初步探讨，例如，Eisenbeis 和 Kaufman（2006）认为，一些欧洲国家的保险投资总额中的信贷机构存款可能对金融稳定构成一定的挑战；日内瓦协会（Geneva Association, 2016）认为，欧洲多数国家的保险投资具有顺周期性的特征，目前国际上正在进行一项工作——制订以风险为基础的全球保险资本标准（Global Insurance Capital Standard, ICS），虽然这可以降低系统性金融风险，但也可能导致保险公司与共同基金、商业银行之间的投资更加密切，从而表现出更强的顺周期性。

国内，也已经有一些文献对欧洲国家保险投资和金融稳定之间的关系进行了定性分析。例如，陆鸥和郁江宁（2006）分析了欧洲国家保险投资可能破坏金融稳定的原因，并且进行了国际比较，提出了监管建议；许闲（2011）阐述了2008年以后欧洲国家保险公司的投资情况，并揭示了可能对金融稳定产生不利影响的潜在风险因素；宁威和陆彦婷（2016）对保险投资总额进行了国际比较，提出了改进中国保险资金运用的建议，探讨了欧洲国家保险公司的资产负债管理情况，认为一些国家的投资对金融稳定产生了负面影响。

综合来看，国内外对于欧洲国家保险投资和金融稳定之间关系的研究还处于初步阶段，研究文献总量相对少，仅有的文献也是局限于定性分析和现象描述，难以对两者之间的动态关系进行定量的深入分析。此外，这些文献停留在分析欧洲国家保险投资和金融稳定之间的关系，少有文献研究这种关系背后的深层原因，及其对中国的保险投资运营、金融稳定保障措施的借鉴和启示。本节首先分析了欧洲国家保险投资的状况，然后选取28个欧洲国家的保险投资、宏观经济、社会发展和金融体系的数据，构建面板二元离散模型，采用随机效应和总体平均模型两种方法进行经验分析。

二 欧洲国家保险投资状况

（一）欧洲国家保险业发展概况

欧洲国家的保险市场是全球最重要的保险市场之一。根据瑞士再保险的数据统计，2015年整个欧洲的寿险总保费达8721亿美元，非寿险总保费达 5968 亿美元，占全球保险市场保费总额的 32.36%。欧洲国家保险市场在全球保险市场上占有重要地位。

表 3-17　　欧洲部分国家保险业运营情况（2015 年）

国家	寿险保费收入（百万欧元）	非寿险保费收入（百万欧元）	投资总规模（百万欧元）	保险公司数量（个）	员工人数（人）	保险密度（美元）	保险深度（%）
英国	122501	73419	2150892	1325	100800	4823	10.6
法国	135662	70017	2231400	1476	147100	3902	9.1
德国	92804	101100	1757770	549	295580	2683	6.4
意大利	115674	32002	692613	1103	46754	2717	8.98
瑞士	7252	24295	456697	155	46875	7425	9.18
希腊	457	1471	12785	62	5950	367	2.01
荷兰	3850	57703	436344	170	47000	4815	10.7
瑞典	7181	5735	436197	305	17376	3799	7.28
挪威	9399	5803	147256	119	9882	3313	4.67
西班牙	25493	29495	278542	240	45876	1334	5.1
丹麦	18491	5847	267529	104	16504	4834	9.15
葡萄牙	8669	3592	52030	78	9440	1294	6.66
芬兰	18653	4359	140733	745	9690	4901	11.4
比利时	15640	10979	295072	111	22993	2617	6.4
爱尔兰	31456	5215	98712	228	15000	4127	7.36

资料来源：笔者根据欧洲保险和再保险联盟数据整理。

表 3-17 是 2015 年欧洲部分国家保险业的运营情况。可以看到，法国、英国和意大利的寿险保费收入位列欧洲国家的前三，德国的非寿险保费收入在欧洲国家中排名第一；从投资总规模来看，法国、英国和德国位列欧洲前三，希腊、葡萄牙等国的投资总额相对较少；从保险公司数量看，法国、英国和意大利位居前三，希腊、葡萄牙等国较少；从员工人数看，德国、法国和英国位居前三；从保险密度（总保费收入/人口数量）看，瑞士遥遥领先，其后依次是芬兰、丹麦、英国和荷兰；从保险深度（总保费收入/GDP）看，芬兰、荷兰和英国位居欧洲三。

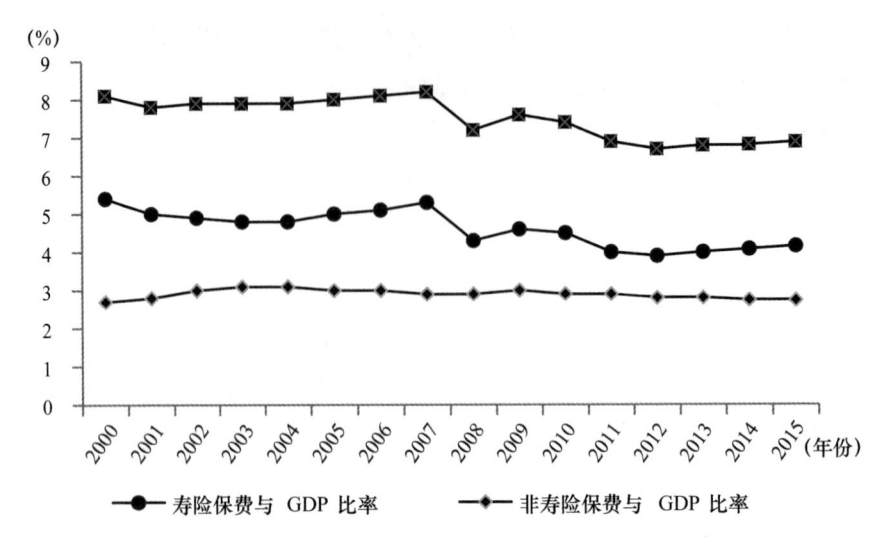

图 3-8 欧洲国家寿险保费、非寿险保费和总保费占 GDP 的比重

资料来源：欧洲保险和再保险联盟。

图 3-8 报告了 2000—2015 年欧洲国家寿险保费、非寿险保费和总保费占 GDP 的比重。可以看出，2008 年国际金融危机爆发后，寿险保费、总保费占 GDP 的比重出现了大幅下降，尽管 2012 年以后有所回升，但是截至 2015 年仍未达到危机前的高点位置；非寿险保费收入占 GDP 的比重受危机影响较小，危机前后波动平缓，但 2012 年后出现了小幅下降。

（二）欧洲国家保险投资现状

保险公司是欧洲国家重要的机构投资者，保险资金的投资状况直接影响到保险公司的经营业绩和盈利能力，因此，保险投资状况是分析和判断保险公司运营情况的关键指标之一。随着欧洲国家保险公司与共同基金、商业银行投资之间关系的日趋复杂，它们的投资运营也将对金融稳定产生一定的影响。

当前，欧洲国家保险公司的投资渠道包含土地及楼宇、股票、基金、信托、债券及固定收益、信贷机构存款、贷款（包括抵押贷款）、关联企业和股权等。

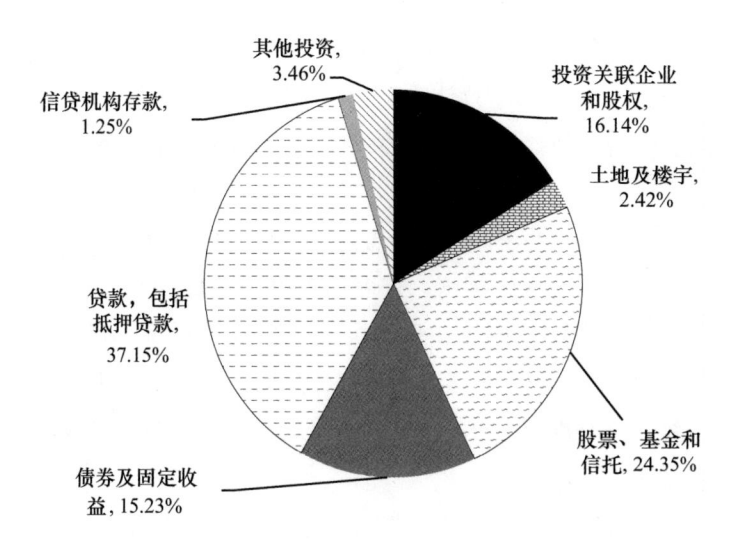

第三章 保险系统性风险的形成和外溢

饼图数据：
- 其他投资，3.46%
- 信贷机构存款，1.25%
- 投资关联企业和股权，16.14%
- 土地及楼宇，2.42%
- 股票、基金和信托，24.35%
- 债券及固定收益，15.23%
- 贷款，包括抵押贷款，37.15%

图3-9 2014年德国保险投资总额构成情况

资料来源：欧洲保险和再保险联盟。

图3-9显示了2014年德国保险投资总额的构成情况。从图中可以看到，2014年，在德国保险投资总额中，贷款（包括抵押贷款）的资金占比最大，达到37.15%；股票、基金和信托的所占比重位居第二，达到24.35%；关联企业和股权的所占比重为16.14%；债券及固定收益的所占比重为15.23%。

从投资风格上看，德国保险公司的投资风格相对保守，因为股票、基金和信托在整体投资总额中所占比重不高。在其他欧洲国家中，法国保险公司的投资风格与德国较接近，2014年，法国保险公司的股票、基金和信托在整体投资总额中的占比不超过25%；英国保险公司的投资风格更为激进，2014年，英国保险公司在股票、基金和信托方面的投资占总投资的65%以上。就整个欧洲保险公司投资市场来说，德国、英国和法国这3个国家的投资总额约占欧洲投资总额的65%，因此，它们的投资总额具有一定的代表性。

当前，欧洲国家保险投资主要存在以下问题：第一，顺周期性。现有很多文献认为，欧洲国家保险投资呈现出顺周期的特征，在金融危机

· 133 ·

爆发时，这一特征可能起到加剧而非缓冲的作用。此外，日内瓦协会（Geneva Association，2016）认为，近年来欧洲国家的保险投资与共同基金、商业银行之间存在协调一致的行为，可能对金融市场产生系统性影响，造成市场扭曲。

第二，低利率的冲击。在国际金融危机爆发后，欧洲多数国家启动了量化宽松的货币政策，英国、丹麦等国家的基准利率已经逼近"零利率"的下限，甚至有些国家开始执行"永久零利率"的货币政策。在低利率的冲击下，长期来看，一些以固定收益类资产为主要投资渠道的欧洲保险公司的投资回报率会产生下降的压力，形成了保险公司资产负债错配风险。

第三，Solvency II（"偿二代"）对资本监管的要求。欧洲国家自2009年开始引入Solvency II，到2016年1月，已有超过80%的欧洲国家满足了Solvency II的全部要求。Solvency II是一个稳健的偿付能力监管框架，它对保险公司的偿付能力充足率和最低资本提出了更高的要求，同时也对保险公司的投资形成了较大约束。但是，Solvency II对一些金融风险的监管力度仍然较为有限，其中一些条款目前正被重新审视。

三 离散选择模型构建

根据以往文献的研究方法，在欧洲国家保险投资和金融稳定的二元面板离散选择模型中，假设存在潜变量 $Crisis_{it}^*$，具体表现形式如下：

$$Crisis_{it}^* = \alpha Core_{it} + \beta Cont_{it} + in_i + e_{it} \qquad (3-11)$$

其中，各变量的下标 t 表示时间，i 表示国家，$Crisis_{it}$ 代表一国是否发生过金融危机，$Core_{it}$ 代表模型中的核心解释变量，$Cont_{it}$ 代表可能对金融稳定产生影响的控制变量，in_i 代表模型中的个体效应，e_{it} 为扰动项。

（3-11）式中，潜变量 $Crisis_{it}^*$ 是不可直接观测的，但虚拟变量 $Crisis_{it}$ 是可以观测的，而且二者具有以下关系：若 $Crisis_{it}^* \leqslant 0$ 不能观测，那么，$Crisis_{it} = 0$；若 $Crisis_{it}^* > 0$ 不能观测，那么，$Crisis_{it} = 1$。我

们可以将（3-11）式简写为：
$$Crisis_{it}^* = \delta core_{it} + in_i + e_{it} \tag{3-12}$$

由（3-12）式，我们可以进一步得到：
$$\text{Prob}(Crisis_{it} = 1) = \text{Prob}(e_{it} > -\delta core_{it}) = 1 - F(-\delta core_{it}) = F(\delta core_{it}) \tag{3-13}$$

其中，$\text{Prob}(Crisis_{it} = 1)$ 表示 $Crisis_{it}$ 在 $\delta core_{it}$ 条件下为 1 的概率数值。在二元面板离散选择模型中，$F(\delta core_{it})$ 用标准正态分布累积函数 $\Phi(\delta core_{it})$ 来表示，它的具体形式如下：

$$\Phi(\delta core_{it}) = \frac{1}{\sqrt{2\pi}} \int_{-\infty}^{\delta core_{it}} \exp\left(-\frac{z^2}{2}\right) dz \tag{3-14}$$

其中，z 是由 $\delta core_{it}$ 标准化后得到的。在以上模型中，被解释变量金融危机是二元虚拟变量，其中，$Crisis_{it} = 1$ 表示在 t 年 i 国发生了金融危机，而 $Crisis_{it} = 0$ 则表示在 t 年 i 国没有发生金融危机。

四 回归分析

本部分将对欧洲国家保险投资和金融稳定之间的关系进行经验研究。在已有文献中，一般把是否发生金融危机当作一个国家金融稳定的代理变量。在经验研究过程中，一个国家是否发生金融危机通常选取二元变量"0 或 1"来赋值，经验分析方法也应当采用二元面板离散选择模型。对于二元面板离散选择模型，已有文献通常采用随机效应模型与总体平均模型两种方法，下面采取这两种方法进行回归检验。

（一）核心变量及控制变量的选择

在数据选取方面，本节选取了 2000—2015 年欧洲保险和再保险联盟统计的欧洲 32 个国家的保险投资总额数据，由于拉脱维亚、塞浦路斯、罗马尼亚和土耳其这 4 个国家的数据表现异常，剔除后保留 28 个国家的数据。在回归模型中，金融危机是被解释变量，欧洲国家保险公司的投资总额是核心解释变量。为考量两者之间可能存在的非线性关系，我们还在核心解释变量中加入投资总额的平方项。

我们加入了 4 个层面的控制变量。一是宏观经济层面，控制变量包括经济增速和通货膨胀水平。二是金融杠杆层面，一般用 M2/GDP 来衡量。三是金融体系层面，控制变量包括各国的银行不良贷款率、证券化率（各类金融证券总市值/GDP）以及贷款利率。四是社会发展层面，控制变量包括各国的人口增长率和失业率。表 3-18 是模型中各变量的符号、含义及资料来源情况。

表 3-18　　　　　　模型中各变量的符号、含义及数据来源

类型	符号	变量	具体含义	数据来源
被解释变量	$Crisis$	金融危机	衡量金融稳定，该指标值越大，表明金融系统越不稳定	IMF 数据库及欧洲央行数据库
核心解释变量	$tzzh$	保险投资总额	保险投资总额与 GDP 之比，衡量保险投资情况	欧洲保险和再保险联盟
	$tzzh^2$	保险投资总额平方项	上述指标的平方项	—
控制变量：宏观经济层面	gdp	经济增速	GDP 增长率	世界银行数据库
	cpi	通货膨胀水平	CPI 增长率，衡量欧洲各国经济稳定情况	
控制变量：金融杠杆层面	$levr$	金融杠杆	M2 与 GDP 之比，该指标值越大，表明金融杠杆水平越高	
控制变量：金融体系层面	$loan$	银行不良贷款率	银行的不良贷款占总贷款余额的比重，衡量银行的经营情况	
	$srate$	证券化率	各类金融证券总市值与 GDP 之比，衡量各国的证券化水平	
	$rate$	贷款利率	借款期限内利息数额与本金额之比，衡量信贷水平	
控制变量：社会发展层面	$popu$	人口增长率	每年人口的指数增长率，衡量各国的人口增长情况	
	$unemp$	失业率	闲置劳动力人数与满足就业条件的总人数之比，衡量失业情况	

（二）回归结果分析

同时采取随机效应模型与总体平均模型两种方法进行回归检验，受篇幅所限，本节省略了经验分析过程。

第三章 保险系统性风险的形成和外溢

表 3-19 是使用随机效应模型对金融危机的回归结果。(1) 只包含核心解释变量——保险投资总额及其平方项,(2) 加入了宏观经济层面的控制变量——经济增速和通货膨胀水平,(3) 在(2) 的基础上加入了控制变量——金融杠杆,(4) 在(3) 的基础上加入了金融体系层面的控制变量——银行不良贷款率、证券化率和贷款利率,(5) 在(4) 的基础上加入了社会发展层面的控制变量——人口增长率和失业率。

从表 3-19 的回归结果看,欧洲国家保险投资总额与金融危机发生概率呈现显著的正相关关系,即投资总规模的扩大会明显提高金融危机爆发的概率,增加金融体系的不稳定性;欧洲国家保险投资总额的平方项与金融危机发生概率呈现显著的负相关关系,表明两者之间不是简单的线性关系,而是显著的倒"U"形关系。也就是说,随着保险投资总规模的扩大,金融危机爆发的概率会呈现先上升后下降的趋势,存在一个拐点。

此外,经济增速、金融杠杆、证券化率和贷款利率均与金融危机发生概率呈现显著的负相关关系,这表明提高经济增速、金融杠杆、证券化率和贷款利率都能有效抑制金融危机的爆发,从而增加金融体系的稳定性;银行不良贷款率与金融危机发生概率呈现显著的正相关关系,这表明提高银行不良贷款率会增加金融危机爆发的概率;在逐渐增加变量后,通货膨胀水平和失业率与金融危机之间的关系并不显著。

表 3-19   使用随机效应模型对金融危机的回归结果

	(1)	(2)	(3)	(4)	(5)
$tzzh$	0.5465*** (2.72)	0.7352*** (3.28)	2.3211*** (3.41)	5.2596*** (4.37)	5.3585*** (4.43)
$tzzh^2$	-0.3563* (-1.67)	-0.4631* (-1.94)	-1.6747*** (-3.13)	-3.2110*** (-3.94)	-3.2023*** (-3.89)
gdp		-0.3328*** (-9.6)	-0.3160*** (-8.61)	-0.3750*** (-8.06)	-0.3689*** (-7.90)

续表

	(1)	(2)	(3)	(4)	(5)
cpi		0.6528* (1.92)	0.0541 (1.53)	0.2023*** (4.10)	0.1970*** (3.96)
levr			-0.1778*** (-2.96)	-0.1130*** (-3.91)	-0.1149*** (-4.23)
loan				0.0928*** (4.53)	0.1119*** (4.66)
srate				-0.1011** (-2.34)	-0.0512** (-2.56)
rate				-0.1901*** (-4.73)	-0.1791*** (-4.40)
popu					0.4126* (1.86)
unemp					-0.0495 (-0.65)
常数项	-0.3983*** (-4.59)	0.1749 (0.51)	0.5611** (2.25)	0.3338*** (2.75)	0.3881** (2.47)
似然值对数	-297.5415	-220.9134	-211.0172	-186.6066	-184.0883
卡方	71.53	97.72	75.92	89.96	92.25
rho	0.5863	0.6024	0.6265	0.6485	0.6578

注：括号内为变量的 Z 值，*、**和***分别表示在10%、5%和1%的水平下显著。

表3-20是使用总体平均模型的回归结果。总体平均模型的回归方法和原理与随机效应模型不同，因此，表3-20中没有显示似然值对数和 rho 项。(6)—(10)与(1)—(5)的检验步骤相同，(6)只包含核心解释变量保险投资总额及其平方项，(7)—(10)相继加入了经济增速、通货膨胀水平、金融杠杆、银行不良贷款率、证券化率、贷款利率、人口增长率和失业率等控制变量。

表 3-20　　使用总体平均模型对金融危机的回归结果

变量/指标	(6)	(7)	(8)	(9)	(10)
$tzzh$	0.4439*** (2.85)	0.7255*** (3.42)	2.1253*** (4.47)	4.5160*** (5.32)	3.2396*** (4.88)
$tzzh^2$	-0.2807 (-1.61)	-0.4556* (-1.94)	-1.5388*** (-3.77)	-2.8347*** (-4.51)	-1.8899*** (-3.73)
gdp		-0.3317*** (-9.57)	-0.3489*** (-9.47)	-0.3311*** (-8.67)	-0.3117*** (-8.34)
cpi		0.6566* (1.94)	0.0535 (1.55)	0.1734*** (3.91)	0.1739*** (3.82)
$levr$			-0.1071*** (-3.78)	-0.1104*** (-4.01)	-0.1096*** (-4.02)
$loan$				0.0825*** (4.51)	0.0910*** (4.53)
$srate$				-0.1016*** (-3.41)	-0.1052** (-2.17)
$rate$				-0.1655*** (-4.79)	-0.1346*** (-4.22)
$popu$					0.3453* (1.94)
$unemp$					-0.0396 (-0.18)
常数项	-0.3728*** (-4.59)	0.1751 (0.53)	0.5141** (2.42)	0.2062*** (3.09)	0.7057* (1.91)
卡方	78.37	97.41	103.46	127.82	116.28

注：括号内为变量的 Z 值，*、** 和 *** 分别表示在10%、5%和1%的水平下显著。

表 3-20 的回归结果与表 3-19 基本相同，各变量的相关系数和 Z 值略有变化，但系数前的正负符号和显著性是一致的。从表 3-20 的回归结果来看，欧洲国家保险投资总额与金融危机发生概率呈现显著的正相关关系，保险投资总额的平方项与金融危机发生概率呈现显著的负相关关系，反映了两者之间的倒"U"形关系。在表 3-20 中，经济增速、通货膨胀水平、金融杠杆、银行不良贷款率、证券化率、贷款利率、人口增长率和失业率等控制变量与金融危机之间的关系均与前文发现的相同。

五 小结

本节选取欧洲 28 个国家的保险投资、宏观经济、社会发展和金融体系的数据，构建了二元面板离散选择模型，并采用随机效应模型和总体平均模型两种方法进行经验分析。研究结果表明：欧洲国家保险投资总额与金融危机发生概率显著正相关，即保险投资总规模的扩大会明显增加金融体系的不稳定性；欧洲国家保险投资总额的平方项与金融危机发生概率呈现显著的负相关关系，表明两者之间并非简单的线性关系，而是呈现出显著的倒"U"形关系。这意味着随着保险投资总规模的扩大，金融危机爆发的概率会呈现先上升后下降的趋势。

从模型的结论来看，欧洲国家保险投资总额与金融危机发生概率之间存在着显著的倒"U"形关系。这种现象背后的主要原因之一是，保险投资总额中的一些金融品种，如股票、基金，具有顺周期性特征，这些资产容易受到市场情绪、金融风暴的影响，从而加剧了保险投资对金融体系稳定性的冲击。因此，当保险投资总规模逐步扩大时，金融危机爆发的概率首先会出现上升趋势。但是，保险公司的投资风格要比对冲基金、证券基金等多数机构更为保守，如果它的投资总规模超过拐点，其投资总规模在所有机构中所占的比重也会上升，此时，保险投资总额反而可以起到"稳定器"的作用，降低金融危机爆发的概率。

从上述角度来看，欧洲国家更应当积极鼓励扩大保险投资总规模，确保保险投资总额在所有机构中的占比处于合理区间，这将有助于维护金融稳定。

第四章

保险系统性风险的形成和外溢
——单个机构视角

第一节 财产险公司的复杂性与风险

一 问题的提出

自20世纪90年代或更早起,主要发达国家和地区的金融机构规模变得越来越大、越来越复杂(Avraham 等,2012;Cetorelli 等,2014),大而复杂的金融机构(Large,Complex Financial Institutions,LCFIs)开始受到监管部门的特别关注,例如,英格兰银行、国际货币基金组织(International Monetary Fund,IMF)曾识别了16家对世界经济至关重要的 LCFIs[①]。次贷危机爆发后,美国政府在处置雷曼兄弟(Lehman Brothers)、美国国际集团(AIG)等陷入困境的大型金融机构时,所花费的财务和时间成本超过了初始预期,这使得其更认识到复杂性问题的重要性(Carmassi 和 Herring,2014)。然而,次贷危机和欧债危机爆发后,金融机构的子公司数目(度量复杂性的常用指标,见下文)并没有减少的趋势。Alessandri 等(2015)认为,在决定金融机构系统性风险的因素中,复杂性因素的重要性要明显大于规模因素。

近年来,中国的金融机构和业务也在快速发展并呈现复杂化的趋势,一些金融机构出现了过度的体系内交易、嵌套交易、脱离主业、

---

① 识别方法参见 Herring 和 Carmassi(2010)。16家 LCFIs 中有13家进入了首批全球系统重要性银行(Global Systemically Important Banks,GSIBs)。

保险系统性风险的形成、外溢及监管

大量铺设机构等情况。中国金融监管部门也陆续出台实施了多项针对金融市场的监管措施，针对系统重要性金融机构的监管措施也在有序推进①。然而，对于复杂性如何影响中国金融机构的风险，还缺乏开放而严谨的研究。保险业是金融业的重要组成部分，本节主要研究：如何度量保险公司的复杂性？复杂性对财产险公司②的风险产生了何种影响？

基于已有文献和中国保险业的现有数据，本节从以下 4 个维度考虑复杂性。（1）几乎所有的保险公司均与同业进行保险交易，处于中间环节的保险公司成为"通道商"，这增加了保险的交易流程。（2）一些保险公司通过信用保证保险较多地承保了各类信用风险，充当了其原本不擅长的信用中介。（3）在金融综合经营趋势下，保险公司通过投资、交叉持股、证券化等方式，与其他金融机构建立了千丝万缕的联系，发挥了资金融通功能；与此同时，一些保险公司积极开展支持社会治理和管理等活动。（4）随着保险业的增长和区域市场准入管制的放松，很多保险公司扩大了经营区域，增加了分支机构③。在逐一分析各维度的复杂性后，本节通过 5 种客观赋权法，将 4 个维度的复杂性信息综合为一个复杂性指标。

为检验复杂性对保险公司风险的影响，本节收集了 2004—2016 年中国财产险公司的样本。通过对风险的 Z 指数及其 3 个构成部分的回归分析，本节研究发现：复杂性综合指标能够显著降低财产险公司的风

---

① 2012 年 6 月发布的《商业银行资本管理办法》提出了对国内系统重要性银行的监管要求；2016 年 3 月，《国内系统重要性保险机构监管暂行办法（征求意见稿）》发布；2016 年 5 月，首批 16 家系统重要性保险机构名单公布；2016 年 8 月，《国内系统重要性保险机构的监管暂行办法（第二轮征求意见稿）》发布，再次向社会公开征求意见；2018 年 11 月发布《关于完善系统重要性金融机构监管的指导意见》，提出要深入推进对系统重要性金融机构的监管；2020 年 12 月，中国人民银行、银保监会印发了《系统重要性银行评估办法》。

② 原保险公司可分为财产险公司和人身险公司。改革开放以来，中国金融监管部门共 4 次接管保险公司，其中 2 次是接管财产险公司（1997 年 12 月接管永安公司，2009 年 3 月接管中华联合公司），1 次是接管以财产险公司为基础的保险集团（2018 年 2 月接管安邦保险集团）。就本节的话题，感兴趣的学者可以研究人身险公司、银行业金融机构或其他金融机构。

③ 越来越多地采用衍生品是国际金融机构复杂化一个重要体现。因为中国财产险公司较少衍生品，且用途简单，所以没有将其作为复杂性的一个方面。

险，这是由于复杂性提高了公司的盈利水平和稳定性。我们继续考察各个维度的复杂性，发现非保险活动提高了公司的风险，地理复杂性降低了公司的风险，体系内交易和信用中介业务对公司风险没有显著影响。因此，监管部门应当限制财产险公司从事非保险活动，对其开展的体系内交易和信用中介业务进行监控，减少地理扩张的约束。

在研读已有文献的基础上，本节试图做出以下两点贡献。（1）尽管金融机构的复杂性常被人们谈及，但对于应当从哪些维度考虑复杂性还没有形成共识（Cetorelli 和 Goldberg，2014；Cetorelli 等，2014），目前还缺乏对于保险业复杂性的研究。对此，我们从 4 个维度设计度量保险公司复杂性的指标，为今后国内外的学术和政策研究提供参考。（2）鲜有文献较正式地研究中国某类金融机构的复杂性如何影响其风险，本文是对此研究领域的补充。

二 相关文献述评

较之金融机构规模与风险的关系或"大而不能倒"（Too Big to Fail）问题，国内外金融中介、金融监管等领域的文献对复杂性的关注较少。相关研究可以分为以下 3 类。

（一）金融机构复杂性的度量

相对于"规模"因素的易于度量，"复杂性"的含义尚不明确，也不容易度量。次贷危机爆发后，学者们开始设计度量金融机构复杂性的指标。Basel 委员会（Basel Committee on Banking Supervision，BCBS）在 2011 年 7 月提出的全球系统重要性银行（GSIBs）的评估方法（草案）中，从"非传统信贷业务"的角度来度量了银行的复杂性，并设计了 3 个指标：场外交易的衍生品价值、可供出售证券交易额和第 3 级资产金额[①]。在 GSIBs 评估方法于 2013 年首次实施时、于 2015 年修订

[①] 银行业从"非传统信贷业务"角度关注复杂性的背景是：欧美国家大型银行的经营模式由传统的"购买—持有"（Buy-and-hold）模式转向"发起—分销"（Originate-to-distribute）模式，经营范围由传统的"信贷中介"转向"全能市场中介"。

时以及于 2017 年再次修订时，Basel 委员会一直采用这 3 个指标①。IAIS（2013，2016）推出的全球系统重要性保险机构（Global Systemically Important Insurers，GSIIs）的两版监管标准中并没有复杂性这一项，但是其设置的一些具体指标具有"复杂性"的含义，例如，2013 年第一版监管标准中，"非传统/非保险业务"（Non Traditional and Non Insurance Activities，NTNI）项目下的"财务担保"和"非保险负债和非保险收入"。

学术界已有文献将银行控股的子公司数目做为度量其复杂性的指标，例如，Cetorelli 等（2014）对美国银行控股公司的研究、Cetorelli 和 Goldberg（2016）对在美国设有分支机构的外国银行的研究、Carmassi 和 Herring（2014，2016）对全球系统重要性银行的研究。这些研究发现：（1）至少从 20 世纪 80 年代末以来，银行控股的子公司数目显著增加，其中，从 2002—2013 年，29 家全球系统重要性银行的平均复杂度提高了近一倍（Carmassi 和 Herring，2014）；（2）复杂性与规模正相关，但复杂性有独立于规模的含义，例如，Carmassi 和 Herring（2016）在剔除了随时间共同增长的原因（时间趋势项）后发现，一家银行的子公司数目与其规模并没有显著关系；（3）银行的子公司数目与 3 个复杂性指标［采用全球系统重要性银行（GSIBs）的评估方法得到］的相关系数不算强，子公司数目与场外交易的衍生品价值、可供出售证券交易额、第 3 级资产金额的 Pearson 相关系数分别为 0.55、0.43、0.38。一些关注银行业其他问题的文献也涉及子公司数目这个因素，例如，Laeven 等（2014）对 52 个国家 370 家上市银行的研究发现，子公司数目与银行规模之间的相关系数在 1% 的水平下显著。

子公司数目是度量"组织复杂性"的初级指标，而通过组织内部

---

① Global Systemically Important Banks: Updated Assessment Methodology and the Higher Loss Absorbency Requirement, July, 2013, http://www.bis.org/publ/bcbs255.htm; Global Systemically Important Banks-Revised Assessment Framework-Consultative Document, March, 2017, https://www.bis.org/bcbs/publ/d402.htm; Global Systemically Important Banks-REVISED Assessment Framework, March, 2017, https://www.bis.org/bcbs/publ/d424.htm.

机构设置的拓扑结构能更全面地度量其复杂性，但这往往需要借助非公开的数据。Lumsdaine 等（2016）基于金融机构的业务类型和业务所处的国家或地区，利用非公开数据，从组织结构的角度分析了 29 家大型银行或保险公司的复杂性；该文认为，复杂性与规模之间甚至可能是负相关的。在 Lumsdaine 等（2016）研究的基础上，Flood 等（2017）利用银行控股子公司的数目、多样化以及层级分布等信息，运用网络分析方法，设计了内部复杂性的多个指标，并将其应用于对美国富国银行的研究。

也有文献从组织复杂性之外的某一个维度来度量银行的复杂性。Liu 等（2016）从国际贸易领域的文献中获得启发，认为银行的复杂性与其信贷业务（分为本国业务、跨境业务和衍生品业务 3 类）的分散化程度正相关，与其与其他银行的信贷业务结构的差异度正相关；进而，该文以银行在 3 类业务上的收入数据为基础，结合分散度（Diversification）和差异度（Diversity），合成了一个度量银行复杂性的指标。金融中介领域的一些文献分析了银行信贷业务之外的"非传统"业务或者保险公司承保业务基础上的"投资业务"（Stiroh，2004；张健华、王鹏，2012；边文龙、王向楠，2017），但这些文章一般不使用"复杂性"一词；Chernoba 等（2018）在研究美国的银行的非传统业务时采用了"复杂性"来命名自变量，并认为该因素是度量银行复杂性的一个良好指标。

一些文献开始从多个方面度量金融机构的复杂性。Avraham 等（2012）在描述美国的银行的复杂性时，使用了两个指标——子公司数目和经营的国家数目。该文发现：银行的复杂性显著提高了，2012 年，有 4 家银行的法人子公司数目超过 2000 家，而在 1992 年仅有一家银行的法人子公司数目超过 500 家；2012 年，有 7 家银行经营的国家数目超过 40 个；银行的规模越大，复杂性越高。Cetorelli 和 Goldberg（2014）从分支机构总数、非银行类机构数目占比、业务多样化程度和全球范围的地理扩张程度这 4 个维度度量银行的复杂性。该文通过对 2012 年全球 150 多家银行的描述统计发现：除分支机构总数之外，其他3个维度的复杂性指标与银行总资产的相关性较弱,因此,复杂性具有独立于规模因素的经济意义;分支机构总数、非银行类机构数目的占比和地理扩张程度之间两两显著正相关,而非银行类机构数目占比与地理扩张程度之间的 Pearson 相关系数为负向显著(在0.1的水平下);银行的复杂性在不同国家之间差别很大,例如,欧洲的银行普遍比日本的银行更复杂。Krause 等(2017)基于银行控股的子公司的业务类型和注册地信息,采用业务维度的2个指标(业务种类分散化程度和非银行类子公司数目占比)和地理维度的2个指标(地理分散化程度和境外子公司数目占比)度量银行的复杂性。Bakkar 和 Nyola(2017)在对欧洲的银行的研究中,基于机构数目和地理位置的信息设计了5个复杂性指标:是否在外国有子公司、外国子公司数目、子公司所在的国家数目、子公司所在的地区数目(该文将世界分为8个地区)、各地区机构的分散程度("1" - 赫芬达尔指数)。

(二)金融机构复杂性影响风险的理论研究

与规模因素一样,金融机构的复杂性对其风险的影响也是一把"双刃剑"。

一方面,金融机构的复杂性会增加风险。(1)出现危机的金融机构越复杂,对金融体系稳定性的伤害越大,需要动用公众资源对其进行救助和处置的成本就越高,存在"太复杂而不能倒"(Too Complicated to Fail)或"太复杂而难以退出"(Too Complicated to Exit)的现象,这会激励复杂的金融机构过多承担风险(Herring,2002)。(2)金融机构的复杂性还可能是管理者寻租等机构内部诸多委托—代理问题以及机构有意规避监管的反映(Koijen 和 Yogo,2016)。

另一方面,金融机构的复杂性会降低风险。(1)在业务丰富化、客户多元化等发展过程中,某类组织由简单向复杂转变是一种常见的演化现象,例如,更多地采用证券化的商业模式(Cetorelli 等,2014)是美国的银行复杂化的关键原因,对外兼并收购是全球系统重要性银行复杂化的关键原因(Carmassi 和 Herring,2014,2016)。(2)在造成机构复杂性的因素中,业务领域或地理区域的扩张常常能产生"共保效应",降低机构的风险（Lewellen,1971）。(3)一些使得机构复杂化的措施本身就是为管理风险而推出的,例如,新设立法人子公司的重要目的之一就是建立集团内部的风险"防火墙",特别是保护集团内的公众存款性机构（Herring和Santomero,1990）,加强资产负债和流动性管理也是银行组织复杂化的重要原因（Cetorelli和Goldberg,2016）。

对于复杂性究竟如何影响金融机构的风险,需要对具体情况进行经验研究。

(三) 金融机构复杂性影响风险的经验研究

一些文献检验了金融机构的复杂性对其风险（或稳定性）的影响,这些文献的研究结论存在较大的差异。

Cetorelli和Goldberg（2016）基于2010年第一季度到2012年第一季度在美国设有分支机构的外国银行的经营数据,通过描述统计和回归分析发现:跨国银行的复杂性越强（分支机构数越多）,其在美国的分支机构对美国经济冲击的敏感性越弱[①],这反映出复杂性通过风险分散效应降低了银行受经营地经济冲击的影响;超过30%的贷款规模差异归因于银行的复杂性。Liu等（2016）对1986—2013年美国银行业的回归分析发现:更高的复杂性不仅给银行带来了更多的利润和市场份额,而且降低了银行的风险（由Z指数度量）;此外,银行的复杂性与其对系统性冲击的敏感程度呈倒"U"形关系。Krause等（2017）对2007—2014年欧元区80家上市银行的回归分析发现:不同复杂性指标的风险效应不同,其中,提高非银行类子公司数目占比会增加银行的风险（由Z指数反向度量）,加强地理分散化或提高境外子公司数目占比则会降低银行的风险,业务种类分散化与银行风险之间没有显著关系。Bakkar和Nyola（2017）对2005—2013年欧洲上市银行的研究发现:总体而言,在非危机时期,银行的复杂性降低了其系统性风险,但是在金融危机时期（2008—2011年）,复杂性增加了其系统性风险;基于不同的复杂性指标和不同的系统性风险指标,其分析结果存在不小的

[①] 类似的结论在关于跨国银行或跨地区银行的流动性管理的文献中多次出现。

差异。

保险公司开展投资业务或银行经营非信贷业务可能会增加复杂性,一些文献从这一视角研究了复杂性对金融机构风险的影响,虽然这些文献并没有使用"复杂性"一词。Stiroh(2004)较早发现,美国的银行非利息收入的波动性大于利息收入的波动性,因此,提高非信贷业务比重会增加银行风险。张健华和王鹏(2012)将中国的银行的非信贷业务收入分为手续费净收入和其他非利息收入,发现前者与银行风险没有显著关系,后者占营业收入的比重与银行风险负相关。

地理复杂性是机构复杂性的一个维度。有些文献对金融机构的地理扩张或地理分散化度量,也可以看作是对地理复杂性的度量。Acharya等(2006)发现意大利的银行的地理扩张增加了贷款的风险,而Goetz等(2016)则发现美国的银行的地理扩张通过共保效应降低了风险。这些文献的具体结论随变量定义(如对风险的定义、是否从地理分散化中剔除地理距离因素)、研究方法(如对内生性的处理)、具体样本而异。

最后,基于对已有研究的回顾,提出本节的第1个研究假设,它包括两个对立的子假设:

H4-1a:财产险公司的复杂化会提高风险;

H4-1b:财产险公司的复杂化会降低风险。

考虑到复杂性涵盖多个维度,进一步提出本节的第2个研究假设:

H4-2:财产险公司不同维度的复杂性对风险的影响存在差异。

三 财产险公司复杂性与风险的度量及描述

(一)财产险公司的复杂性:四个维度

本节从4个维度衡量和分析中国财产险公司的复杂性。本节的数据分析是基于中国所有财产险公司的样本,仅删除了中国出口信用保险公司(政策性机构)和公司经营首年的数据(由于不规则变动较大)。

1. 保险体系内交易

发生于金融机构之间(特别是同类金融机构之间)的金融业务让

资金在金融体系内部自我"循环",这是过去几年中国金融业备受关注的一个现象。这提高了金融服务经济社会的成本,也增加了金融机构和金融体系的复杂性。近些年,中国金融监管部门在大力治理过度的自我空转,缩短金融服务实体经济的链条,抑制和化解金融体系风险积累。

保险公司与同业之间的业务和资金往来主要体现于再保险活动,即一家保险公司将其从投保人或其他保险公司承保的业务,向其他保险公司再购买保险。再保险交易会提高保险公司的复杂性,这是由于:(1)再保险交易没有增加保险业为投保人提供的风险保障总额,但增加了交易环节;(2)类似于银行之间的同业业务,再保险将保险公司连接成网络,增加了风险的传染性(Park 和 Xie,2014;王丽珍,2015);(3)再保险基本是场外交易,多采用非标准化的合约,没有公允价值,交易双方可以利用其调节损益甚至逃避监管、隐藏资金,因此,在对一些发达国家的研究中(Koijen 和 Yogo,2016,2017),其被称为影子保险;(4)再保险的交易数量和价格的信息披露要求低,容易造成再保险参与者对整个市场状况有模糊认识,进而在某些负面冲击发生后出现恐慌。

为度量一家保险公司的保险交易程度,设计了衡量保险交易深度的指标,记为 $IntraEx$。$IntraEx$ =(分保费收入 + 分出保费)/保险业务收入。$IntraEx$ 的值大于 0,一般小于 1,其值越大,表示保险公司体系内的交易程度越高。

已有研究中,国际保险监督官协会(IAIS,2013,2016)设计的"全球系统重要性保险机构"度量方案均考虑了再保险因素,选择的指标是再保险准备金总额。$IntraEx$ 与再保险准备金总额的区别在于以下 3 点:(1)$IntraEx$ 是"去规模"的,这能更好地对应于本节的因变量——风险程度;(2)金融稳定委员会(Financial Stability Board,FSB,2017)认为,系统性金融机构的风险评估应当从侧重"机构"向侧重"活动"的方向转变,而 $IntraEx$ 是以收入支出数据为基础的,符合这一趋势;(3)中国的公开数据中没有再保险准备金。

2. 信用中介业务

财产险承保投保人因各类灾害和意外事故遭受的财产损失和应负的民事赔偿责任。财产险中有一类特殊业务——信用保证保险，即保险公司向债权人承保债务人（被保证人）的信用风险。信用保证保险根据具体承保对象可分为出口信用保险、海外投资保险、贷款还贷保险、赊销还款保险、信用卡保险、债券保险、租赁信用保险、忠诚保证保险、履约保证保险等。

信用保证保险的实质是金融担保，保险公司在其中充当了信用中介的角色，这加强了传统上被视为经济活动"稳定器"的保险公司与经济金融波动的关联。（1）它使保险公司成为金融风险的承担者。例如，次贷危机中，美国提供给保险业的救助资金90%都给了承担大量信用风险的个别保险公司（Geneva Association，2010），其中，美国国际集团（AIG）申请破产就是因为其大量出售的信用违约互换（CDS）面临赔付；又如，2016年爆发的"侨兴"私募债违约事件涉及银证保的多家金融机构，这让承保其信用风险的X财产险公司（2016年第三季度末的净资产为13亿元）在2016年第四季度面临11亿元的赔付，现金净流量骤减至-5.58亿元。（2）它使保险公司成为金融风险的"助推者"，例如，对次贷危机的形成和积累起到推波助澜作用的CDS、总收益互换（TRS）、债券保险等均属于信用保证保险的范畴。（3）样本期间，中国金融业实行分业经营和分业监管，大部分中国财产险公司也不是金融集团旗下，对经济金融风险的管理经验不足。

为度量一家保险公司开展信用中介业务的程度，本节设计了一个衡量信用中介业务深度的指标，记为 $CreditMed$。$CreditMed$ = 信用保证保险的保费收入/所有险种的保费收入。$CreditMed$ 的值大于0，一般小于1，其值越大，表示公司开展信用中介业务的程度越高。

3. 非保险活动

保险最基本功能是风险集散和损失补偿，并在此基础上发展出两项功能。（1）资金融通功能。现代保险业越来越多地表现出金融属性，这也使中国保险业发挥越来越多的功能，这与其保障功能并不矛盾。

(2) 辅助社会治理和管理功能,即在社会保障、健康管理、"三农"、交通事故处理、社区安全等方面辅助相关政府部门的工作,这是保险公司开展的有直观公益性的活动。这两项功能都是从保险主业中派生出的,如果开展得好,能促进保险主业的发展;如果开展得不好,可能损害保险主业。

为度量保险公司从事非保险活动的程度,本节设计了一个衡量非保险活动深度的指标,记为 $IntraEx$。$IntraEx$ = (总负债 – 保险负债)/总负债 = 非保险负债/总负债。"保险负债"包括以下两类:(1) 保险人为履行保险赔偿或给付义务而持有的各类保险准备金;(2) 承保业务活动中所必需的被动负债,如存入保证金、保险保障基金、应付赔付款、应付保单红利、应付分保账款。"非保险负债"包括应付银行及其他金融机构的款项、卖出回购金融资产款、拆出资金、衍生金融负债、投资性保险合同的储金和独立账户负债、应付保单红利等。$IntraEx$ 的值介于 0 和 1 之间,其值越大,表示保险公司从事非保险活动的程度越高。

在已有相关文献中,国际保险监督官协会(IAIS,2013)衡量保险公司的系统重要性时,采用的是非保单持有人负债占比。虽然中国法律和官方文献没有使用保单持有人的概念,且国内外的会计科目也存在差异,但本节中保险负债的含义与保单持有人负债的含义高度一致。Cetorelli 和 Goldberg(2014)、Krause 等(2017)在度量银行的复杂性时,采用的是银行控股的非银行类子公司与银行类子公司(或所有子公司)的数目之比。因为监管政策限制和资本规模偏小,保险公司的子公司也没有公开的数据披露,因此,本节没有基于子公司数目去度量保险公司从事非保险活动的程度。

此外,本节也没有从"资产"角度衡量保险公司从事非保险活动的程度,即没有生成类似"非保险资产深度"的指标。这是由于,保险公司几乎所有的资产都是为保险业务服务的:对于易于变现的资产,保险公司可以动用它们去履行保单赔付责任;对于不易变现的固定资产、无形资产,它们在保险经营中也是不可或缺的。

4. 地理复杂性

地理布局是各类公司的一项基本战略选择。与实体企业和其他金融机构一样，保险公司的地理扩张可能通过规模经济和建立内部资本市场来提高绩效，通过业务分散化降低风险。但是，地理扩张至少会通过2个机制增加保险公司的风险：（1）中国保险业有属地经营、属地监管的原则，公司的分支机构越多，总部监督分支机构风险承担的难度就越大，公司的信息成本和委托代理问题通常也会越严重；（2）就像一个国家的地方政府之间的关系一样，在竞争性行业中，一家公司的分支机构之间也存在增长、盈利等方面的相互比较和竞争，因此，增加分支机构的数目可能会加剧分支机构的风险承担。

为度量保险公司的地理复杂性，采用"公司所经营地级（及以上）城市的分支机构数目"/"地级（及以上）城市总数"，记为 $Geosub$。$Geosub$ 的值介于 0 和 1 之间，其值越大，表示地理复杂性越高。

需要说明的是，国际相关研究在计算机构数时，大多采用子公司（法人）数，较少采用分支机构（非法人）数或子公司（法人）数加分支机构数。基于现实情况和数据可得性，本节定义的分支机构是指一家保险公司在各地的经营主体。这并不会带来大问题，因为正如 Basel 委员会（BCBS，2010）所言：在很多国家或地区，分支行（Branch）要满足的监管要求与当地的子行（Subsidiary）相同，分支行在集团内部发挥的功能也与子行很相似，因此，分支行和子行的区别经常是模糊的。

在已有相关文献中，Cetorelli 和 Goldberg（2014）将世界分为 13 个经济地理区域，Krause 等（2017）将世界分为 14 个经济地理区域，Bakkar 和 Nyola（2017）将世界分为 8 个经济地理区域，这些文献均采用银行在各地区机构设置的分散程度（"1"－赫芬达尔指数）来度量跨国银行的地理复杂性。中国的财产险公司很少走出国门，所以本节基于中国各地区的数据设计了 σ_A 指标；$GeoSubE$ 的含义比基于赫芬达尔指数更直观。Avraham 等（2012）在刻画银行的复杂性时采用了"经营业务的国家（地区）数目"，国际保险监督官协会（IAIS，2013，2016）

在评估全球系统重要性保险公司时，纳入了"经营业务的国家（地区）数目"和"来自境外的收入"两个指标。本节设计的 σ_E 与这两个指标的区别在于：GeoSub 是"去规模"的，能更好地对应本节的因变量。

5. 中国财产险公司的复杂性状况

图 4-1 的 4 个子图各报告了一个中国财产险公司的复杂性指标，这些指标均有 3 个四分位数（25%分位数、中位数和 75%分位数）。从图 4-1（a）可知，2011 年之后，保险交易深度有下降的趋势，如中位数从 2006 年的 20% 左右下降到 2011 年的 17% 左右。因此，财产险公司的资金在体系内部运转的程度并不高，近些年也没有增加的趋势。

从图 4-1（b）可知，中国财产险公司信用中介业务的深度较低。2016 年，财产险公司的保费收入来自信用保证保险的比重不高，第四分位数的取值也不到 2.5%。然而，自 2007 年起，信用中介业务的深度有上升的趋势，其中，处于高分位区间的公司的提升速度非常快。

从图 4-1（c）可知，在 2010 年次贷危机高潮过后，财产险公司的非保险活动的深度有上升趋势，如各公司的中位数从 2010 年的约 10% 提高到 2016 年的约 30%。因此，2010—2016 年，中国财产险公司越来越多地从事非保险活动，并有远离"保险业姓保"的趋势。这主要是由于：近些年，中国保险公司的投资渠道管制迅速放开，且随着承保业务市场竞争的加剧，保险公司更加重视开展投资业务；中国保险业越来越多地支持社会治理和管理，如经办各类社会保障业务、参与各种责任纠纷处理等。

从图 4-1（d）可知，在样本期间，中国财产险公司的地理分支机构开设程度没有明显的变化。各公司的中位数保持在 0.05 左右，这反映出：约一半的财产险公司开展业务的地级市数目不足中国所有地级城市的 5%，这与中国金融机构的地理准入限制较严有关。近几年中 75% 分位数有下降趋势，这是由于样本期间陆续新成立了多家财产险公司，这些公司在起初经营的一两年中很少在总部所在城市之外开展业务。

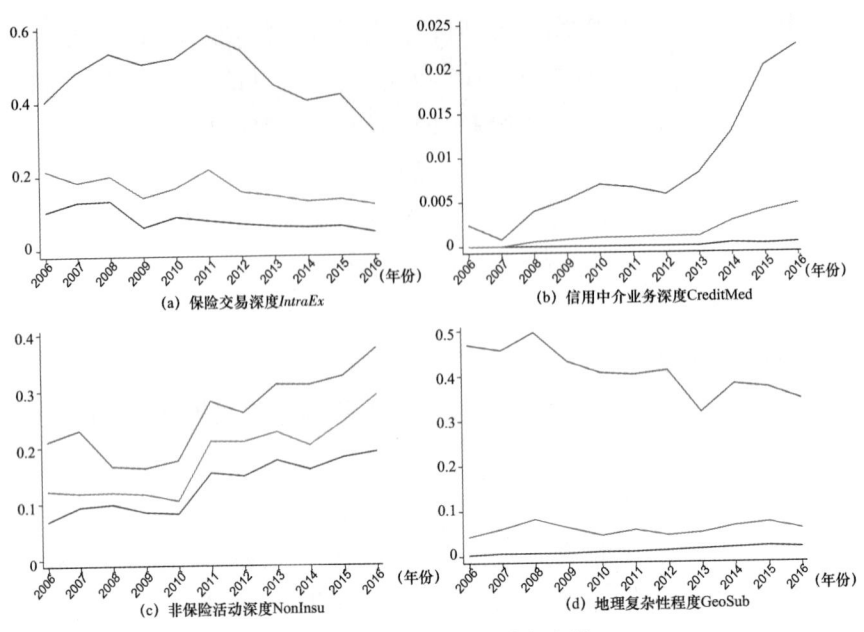

图 4-1 财产险公司的复杂性

注：各图的纵坐标为纯数值，没有物理度量单位。各指标报告了25%分位数、50%分位数和75%分位数，分别为最低、中间和最高的线。

资料来源："地理复杂性"的数据整理自历年《中国保险年鉴》对各城市保险市场的统计，其他3个指标的数据整理自各公司的年度财务报告。

表4-1报告了4个维度的复杂性及其与规模 [（$\log_{10}$（总资产））] 的简单相关系数。（1）各维度的复杂性与规模的相关性并不高，且相关系数还有一个负值，所以财产险公司的复杂性有独立于其规模的含义。因此，"太大而不能倒"与"太复杂而不能倒"的含义不同，管理保险公司复杂性不能仅依赖于限制保险公司的规模。（2）4个维度的复杂性之间的相关性也不高，所以复杂性的含义较广泛，既需要综合分析，也需要单独分析。

表4-1　　　　四个维度的复杂性及其与规模的相关性

变量	规模	保险体系内交易	信用中介业务	非保险活动	地理复杂性
规模（logAssets）	1				
保险体系内交易（IntraEx）	-0.3059	1			
信用中介业务（CreditMed）	0.1825	-0.0300	1		
非保险活动（NonInsu）	0.0235	0.0754	0.0715	1	
地理复杂性（GeoSub）	0.8078	-0.3297	0.1010	0.0456	1

（二）财产险公司的复杂性：综合指标

前文从4个维度考虑和度量保险公司的复杂性，这4个维度均采用了复杂性（Complex）一词，因此，将它们合为一个综合性指标应当是有意义的。首先，我们需要明确4个子指标的相对重要性——权重。确定权重的方法包括主观赋权法和客观赋权法，其中，主观赋权法是由"人"（通常是相关专家）根据分析目的和子指标的内涵确定权重，而客观赋权法是基于子指标的数据特征来确定权重。我们采用以下5种客观赋权法来确定权重。

为提高各指标数值的可比性，先对各指标进行标准化处理。将4个复杂性子指标记为 X^k（$k=1,2,3,4$），其标准化后的指标记为 x^k，如下：

$$x_j^k = [X_j^k - \min(X_j^k)] / [\max(X_j^k) - \min(X_j^k)] \qquad (4-1)$$

其中，X_j^k 表示 X^k 指标在样本中的取值，$\max(X_j^k)$ 和 $\min(X_j^k)$ 分别表示 X^k 指标在样本中的最大值和最小值，x_j^k 表示标准化后的指标在样本中的取值。

复杂性综合指标的表达式为：$Complex^{syn} = \sum_k w^k x^k$。下面说明如何计算各指标的权重（$w^k$）。

1. 等权重法

最基本的赋权法是将所有指标平等看待。等权重法下，标准化后的 4 个复杂性子指标（$IntraEx^{std}$、$CreditMed^{std}$、$NonInsu^{std}$ 和 $GeoSub^{std}$）在构建复杂性综合指标（$Complex^{syn}$）中的重要性相同，权重均为 1/4。

2. 变异系数赋权法

一个指标在不同公司之间的取值差异越大，说明该指标对公司的区分度越大，变异系数反映的是一个指标的差异程度。标准化后的复杂性指标 x^k（$k = 1,2,3,4$）的均值和标准差分别记为 $\bar{x}^k$ 和 σ_x^k，其变异系数记为 $CV(x^k)$，$CV(x^k) = \sigma\_x^k / \bar{x}^k$。变异系数赋权法下，第 k 个指标的权重记为 w^k，$w^k = CV(x^k) / \sum_k CV(x^k)$。

3. 熵权法

某个指标的信息熵越小，表示该指标在样本中的变异越大，能提供的信息越多，所以该指标的权重也应当越大；相反，指标的信息熵越小，其权重也应当越小。标准化后的指标 k 在样本数据中的信息熵记为 E^k：

$$E^k = -\ln(n)^{-1} \sum p_j^k \ln p_j^k \qquad (4-2)$$

其中，n 是观测数，$p_j^k = x_j^k / \sum_{j=1}^n x_j^k$。其中，如果 $p_j^k = 0$，定义 $p_j^k \ln p_j^k = 0$。

通过各指标的信息熵，计算它们的信息冗余（记为 G^k），$G^k = 1 - E^k$，$k = 1,2,3,4$。进一步计算各指标的权重，如下：

$$w^k = G^k / \sum_k G^k = [1 - E^k] / [n - \sum_k E^k] \qquad (4-3)$$

4. CRITIC 法

Diakoulaki 等（1995）提出的 CRITIC（Criteria Importance Through Intercriteria Correlation）法是根据如下两个因素确定指标的权重：一是对比强度，指标 k 的标准差（σ_x_k）越大，表示其对比强度越大；二是评价指标之间的冲突性，两个指标的相关性越低，其冲突性越强，而指标 k 与其他指标的冲突性为 $\sum_{k'}(1-r^{kk'})$，其中，$r^{kk'}$ 为指标 k 和指标 k' 在样本中的 Pearson 相关系数。

CRITIC 法下，指标 k 的信息量（C^k）表示为：$C^k = \sigma\_x^k \cdot \sum_{k'}(1-r^{kk'})$，$k,k' = 1,2,3,4$。指标 k 的权重基于信息量（C^k）确定的，$w^k = C^k / \sum_k C^k$。

5. 主成分法

主成分分析能通过提取多个变量的信息来实现数据降维、去除变量噪音，而主成分法也是保险、银行和金融市场领域研究中合成综合指标的常用方法（Tetlock，2007；胡宏兵、郭金龙，2010）。本节对 4 个维度的复杂性指标进行了主成分分析，前两个主成分对应特征值分别为 1.35 和 1.08。第一主成分中，$CreditMed^{std}$ 和 $GeoSub^{std}$ 的载荷为正数，但是 $IntraEx^{std}$ 和 $NonInsu^{std}$ 的载荷为负数，所以基于第一主成分的载荷生成权重是不合理的。幸运的是，第二主成分中 4 个维度的复杂性指标的载荷（L^k）均为正数，$L^k > 0$，$k = 1,2,3,4$，所以基于其生成权重[1]。指标 k 的权重计算为 $w^k = L^k / \sum_k L^k$ [2]。

表 4-2 报告了 5 种赋权法下复杂性子指标的权重。从中可知：不同赋权法下的权重差别很大，变异系数赋权法和熵权法下的权重相对接近，CRITIC 法和主成分法下的权重差别最大。

表 4-2　　　　　　　　五种赋权法下复杂性子指标的权重

	保险体系内交易（$IntraEx^{std}$）	信用中介业务（$CreditMed^{std}$）	非保险活动（$NonInsu^{std}$）	地理复杂性（$GeoSub^{std}$）
等权重法	0.25	0.25	0.25	0.25
变异系数赋权法	0.20	0.49	0.09	0.21

---

[1] 在绝大部分采用主成分法生成综合指标的已有文献中，第一主成分在各维度指标上的载荷均是正数。第一主成分的载荷有两个负数，说明某些维度的复杂性的含义与其他维度的复杂性含义有显著差异，因此，这里合成一个复杂性指标并非是标准的做法，仅是一次尝试性的探索。

[2] 本节是将面板数据混合后一次性完成主成分分析的。按照 Tetlock（2007）等文献的做法，本节也逐年进行了主成分分析，计算权重，生成综合指标；其回归结果与本节结果并无显著差异。

续表

	保险体系内交易 ($IntraEx^{std}$)	信用中介业务 ($CreditMed^{std}$)	非保险活动 ($NonInsu^{std}$)	地理复杂性 ($GeoSub^{std}$)
熵权法	0.26	0.35	0.14	0.25
CRITIC 法	0.11	0.16	0.22	0.51
主成分法	0.41	0.35	0.45	0.03

(三) 财产险公司的风险

采用 A 指数，从资不抵债视的角度量财产险公司的风险，记为 σ_A，该指标已被较多地用于度量保险公司的风险（边文龙和王向楠，2017；彭雪梅和曾紫芬，2018；完颜瑞云和锁凌燕，2018）。$ZScore = [ROA + CAR]/\sigma\_ROA$ $ZScore = [ROA + CAR]/\sigma\_ROA$，其中：(1) ROA (Return on Assets) 是总资产收益率，与资不抵债的概率负相关；(2) σ_ROA 是 ROA 的标准差，通过 3 年（样本当年和前两年）移动平均法计算得到，σ_ROA 与资不抵债的概率正相关；(3) CAR (Capital to Assets Ratio) 是资本与资产之比，即财务杠杆率的倒数，CAR 与资不抵债的概率负相关。$ZScore$ 的含义是，所考察机构的资本最多能支持其日常盈利水平负向变动几个标准差。$ZScore$ 的值越大，表示机构的风险越小。

图 4-2 报告了 2006—2016 年中国财产险公司的风险及其构成情况。图 4-2 (a) 显示，次贷危机高潮过后，$ZScore$ 明显提高，中位数从 2010 年的 8 左右提高到 2017 年的接近 20，财产险公司的风险呈现下降趋势。图 4-2 (b)、图 4-2 (c) 和图 4-2 (d) 分别报告了 $ZScore$ 的 3 个构成部分。图 4-2 (b) 显示，2009 年的资产收益率（ROA）较 2008 年有较大改善，此后变动不大。图 4-2 (c) 显示，次贷危机高潮过后，资产收益率的标准差（σ_ROA）有下降趋势，这说明中国财产险公司的盈利稳定性有所改善。图 4-2 (d) 显示，次贷危机高潮过后，资本与资产之比（CAR）有上升趋势，说明样本期间中国保险业在收入、资产等方面的高增长吸引了大量资本进入。综上，盈利稳定性的提高和资本实力的增强是促成金融危机高潮过后中国财产险公司风险下降的主要原因。

(a) ZScore

(b) Return on Assets

(c) Return on Assets的标准差

(d) Capital Assets Ratio

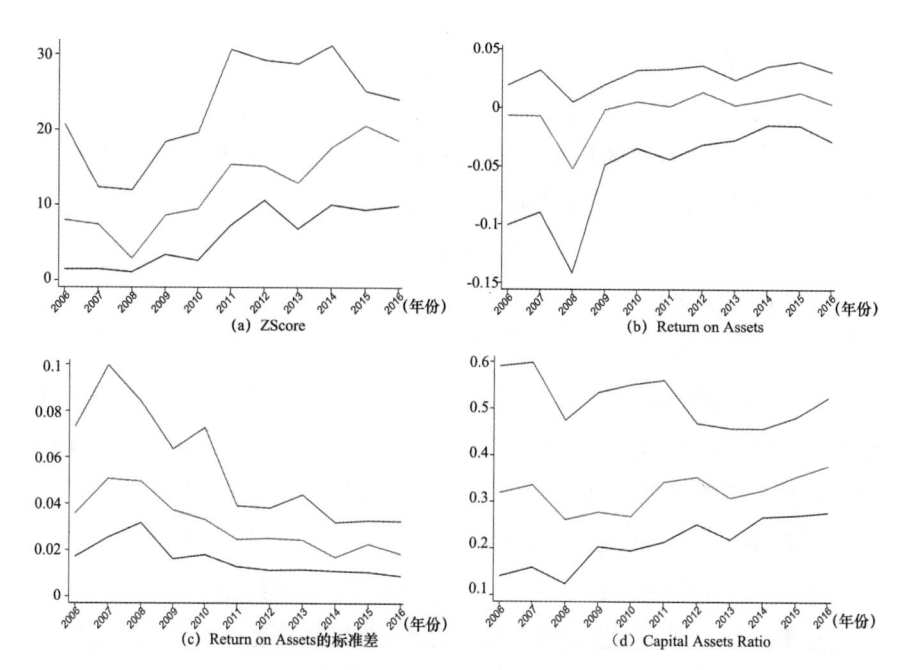

图4-2 财产险公司的风险及其构成部分

注：各图的纵坐标为纯数值，没有物理度量单位。各指标报告了25%分位数、50%分位数和75%分位数，分别为最低、中间和最高的线。

资料来源：各公司年度财务报告。

四 回归设计

（一）回归模型和估计方法

为了分析财产保险公司复杂性对风险的影响，采用如下的面板数据回归模型：

$$Y_{i,t}^{rank} = \alpha + \beta Complexity_{i,t-1} + CVs'_{i,t-1}\gamma + \eta_i + \varepsilon_{i,t} \quad (4-4)$$

其中，i 表示公司，t 表示年度。Y^{rank} 表示 ZScore 及其构成部分（ROA、σ_ROA 和 CAR）的秩变化值。以 Zscore 为例，令 $ZScore_{i,t}^{rank} = (Order\_ZScore_{it} - 1)/(n_{it} - 1)$。$Order\_ZScore_{it}$ 是 ZScore 按照从小到大排序的排名，n_{it} 是观测数。因此，Y^{rank} 的取值范围是 [0,1]。

(4-4) 式中的 Complexity 是本节关心的自变量，其包括复杂性的

综合指标 $Complexity^{syn}$（含不同加权方法得到的 5 个代理变量），也包括每个维度的复杂性（$IntraEx$、$CreditMed$、$NonInsu$ 和 $GeoSub$）；CVs 是控制变量集合（将在随后介绍）；α 是截距项；β 和 γ 是变量的待估系数；η_i 是固定效应；$\varepsilon_{i,t}$ 是随机扰动项。将自变量较因变量滞后一期，以控制因变量对自变量可能的反向影响。

（二）控制变量

控制那些可能与财产险复杂性和风险均相关的变量。结合周桦和张娟（2017）、边文龙和王向楠（2017）、彭雪梅和曾紫芬（2018）、仲赛末和赵桂芹（2018）等的研究，控制了如下变量（CVs）。(1) 公司规模，使用公司资产总额的对数（$\log_{10}$）度量，记为 $LogAsset_{i,t}$。(2) 公司年龄，其等于"样本年份"-"公司成立年份"，记为 Age_{it}。(3) 收入增长速度，采用营业收入的同比增长率度量，记为 $Growth_{i,t}$。(4) 市场集中度，不同财产险公司在全国的地理分散程度和侧重的地区有差异，所以采用"加权平均"的方法计算每家公司的赫芬达尔指数，记为 $MCR_{i,t}$。(5) 董事会不稳定性，采用董事会人数中新任董事的比重度量，记为 $BoardInstab_{i,t}$。最后，在宏观层面，控制反映宏观经济环境的两个变量：(6) 国内生产总值增长率（GDP_t）和 (7) 以消费价格指数（CPI）计算的通货膨胀率（$Inflation_t$）。这些变量中，计算 $MCR_{i,t}$ 需要各城市保险市场中公司构成的数据，其整理自历年《中国保险年鉴》；GDP_t 和 $Inflation_t$ 的数据来自国家统计局；其他数据来自各公司的年度财务报告。

五 回归结果分析

本部分首先分析复杂性综合指标对风险的影响，然后借鉴 Krause 等（2017）的研究成果，对每个维度的复杂性进行逐一讨论。为找出复杂性影响风险的渠道，将 Z 指数的 3 个构成部分作为回归的因变量。

（一）复杂性综合指标对风险的影响

表 4-3 报告了复杂性综合指标对风险的影响的估计结果，表 4-4、表 4-5 和表 4-6 分别报告了复杂性综合指标对风险（$Zscore$）的 3 个构成部分的影响的估计结果。表 4-3 中，$L.Complex^{syn}$ 的 10 个系数估计值

均为正,且在3个回归中是统计显著的(在0.1的水平下),所以复杂化显著改进了 Zscore,降低了风险。因为主成分法的权重是基于第2主成分的信息,未考虑第一主成分的信息,所以其结果不如其他4种加权法可信。结合(1)—(4)的系数估计值可知,复杂性综合指标提高10个百分点,财产险公司的风险的排名将降低3.4—6.9个百分点。

表4-3　　　　　　　复杂性综合指标对风险的影响

综合指标的权重计算方式	$Zscore^{rank}$				
	(1)	(2)	(3)	(4)	(5)
	等权重法	变异系数法	熵权法	CRITIC法	主成分法
复杂性综合指标 ($L.Complex^{syn}$)	0.343	0.527**	0.538*	0.688**	0.025
	(0.285)	(0.245)	(0.281)	(0.290)	(0.180)
观察值数	547	547	547	547	547

注:回归均控制了 Size、Age、Growth、MCR、BoardInstab、GDP 和 CPI,*、** 和 *** 分别表示在10%、5%和1%的水平下显著。

表4-4中,$L.Complex^{syn}$ 的4个系数估计值均为正,且是统计显著的(在0.1的水平下),所以复杂化显著提高了财产险公司的盈利能力。结合各列的系数估计值可知,复杂性综合指标提高10个百分点,财产险公司的盈利水平的排名将提高1.9—4.9个百分点。

表4-4　　　　　　　复杂性综合指标对盈利水平的影响

综合指标的权重计算方式	ROA^{rank}				
	(1)	(2)	(3)	(4)	(5)
	等权重法	变异系数法	熵权法	CRITIC法	主成分法
复杂性综合指标 ($L.Complex^{syn}$)	0.400**	0.482***	0.482***	0.340*	0.199*
	(0.209)	(0.197)	(0.215)	(0.193)	(0.136)
观察值数	613	613	613	613	613

注:回归均控制了 Size、Age、Growth、MCR、BoardInstab、GDP 和 CPI,*、** 和 *** 分别表示在10%、5%和1%的水平下显著。

表4-5中，$Complex^{syn}$的10个系数估计值均为负数，且在4个回归中是统计显著的（在0.1的水平下），所以复杂化显著降低了σ_ROA，提高了盈利的稳定性。结合（1）—（4）的系数估计值可知，复杂性综合指标提高10个百分点，财产险公司盈利稳定性的排名将提高3.7—6.4个百分点。

表4-5　复杂性综合指标对盈利稳定性的影响

综合指标的权重计算方式	σ_ROA^{rank}				
	(1)	(2)	(3)	(4)	(5)
	等权重法	变异系数法	熵权法	CRITIC法	主成分法
复杂性综合指标（$L.Complex^{syn}$）	-0.512** (0.281)	-0.379* (0.242)	-0.512** (0.278)	-0.631** (0.287)	-0.208 (0.178)
观察值数	547	547	547	547	547

注：回归均控制了 $Size$、Age、$Growth$、MCR、$BoardInstab$、GDP和CPI，*、**和***分别表示在10%、5%和1%的水平下显著。

表4-6中，$L.Complex^{syn}$的10个系数估计值均不是统计显著的，所以复杂性综合指标对于财产险公司的资本结构没有产生显著影响。

表4-6　复杂性综合指标对资本结构的影响

综合指标的权重计算方式	CAR^{rank}				
	(1)	(2)	(3)	(4)	(5)
	等权重法	变异系数法	熵权法	CRITIC法	主成分法
复杂性综合指标（$L.Complex^{syn}$）	-0.115 (0.204)	0.160 (0.191)	0.037 (0.210)	0.126 (0.210)	-0.208 (0.132)
观察值数	613	613	613	613	613

注：回归均控制了 $Size$、Age、$Growth$、MCR、$BoardInstab$、GDP和CPI，*、**和***分别表示在10%、5%和1%的水平下显著。

（二）各维度复杂性对风险的影响

1. 保险体系内交易对风险的影响

表4-7中（1）的结果中，$L.IntraEx$ 的系数估计值不显著，说明保险体系内交易没有显著影响财产险公司的风险。（2）的结果中，$L.IntraEx$ 的系数估计值为正，但不显著。（3）的结果中，$L.IntraEx$ 的系数估计值为负向显著，说明保险体系内交易提升了财产公司的盈利稳定性。（2）和（3）的结果产生的原因在于：保险公司之间的交易一般是根据自身的风险承担能力和风险偏好来配置风险，主要目的不是为了争夺原有业务的"一阶"收益，而是要改善各自业务收益的"二阶"方差（收益的稳定性）。（4）的结果中，$L.IntraEx$ 的系数估计值为负向显著，说明保险体系内交易降低了资本资产之比。这是由于，使用再保险增加了公司的盈利稳定性，从而提高了公司最优财务杠杆率，或者说降低了公司维持目标财务稳健水平所需要的资本金。综上，保险交易通过改善盈利稳定性，提高了公司的财务杠杆，所以风险不受影响。

在保险领域的研究中，Koijen 和 Yogo（2016，2017）发现，美国寿险公司大量利用再保险交易进行资本套利，形成了风险隐患。这很大程度上归因于，美国保险公司的再保险交易对手大量注册于境外避税地，不受美国金融保险监管部门的监管，且信息披露程度很低。与美国的情况迥异的是，中国的保险公司及其保险交易都是在统一监管下进行的，且样本期间中国的资本项目开放有限。

表4-7　　保险体系内交易对风险及其构成部分的影响

	$Zscore^{rank}$	\multicolumn{3}{c}{Zscore 的构成部分}		
		ROA^{rank}	σ_ROA^{rank}	CAR^{rank}
	（1）	（2）	（3）	（4）
保险体系内交易（$L.IntraEx$）	0.045 (0.075)	0.068 (0.055)	-0.149** (0.074)	-0.100* (0.053)
观察值数	560	626	560	626

注：回归均控制了 Size、Age、Growth、MCR、BoardInstab、GDP 和 CPI，*、** 和 *** 分别表示在10%、5%和1%的水平下显著。

2. 信用中介业务对风险的影响

表4-8（1）的结果中，L. CreditMed 的系数估计值不显著，说明信用中介业务没有显著影响财产险公司的风险。（2）的结果中，L. CreditMed 的系数估计值为正向显著，且数值较大，说明信用中介业务对财产险公司的盈利水平有积极影响。这主要是由于样本期间，财产险公司承担信用风险面临的资本要求较低。根据《商业银行资本管理办法》《金融租赁公司管理办法》《融资性担保公司管理办法》等，银行、金融租赁公司和担保公司分别是按照信用风险敞口或融资性担保责任余额的10%左右计提监管资本；而根据保险公司偿付能力监管体系的规定，保险公司是按照保费收入的50%左右计提监管资本。因为信用保证保险的保费收入一般仅占保险公司承担的信用风险敞口（指保险金额）的1%—4%，所以保险公司的监管资本要求相对低。从（3）和（4）的结果分别可知，信用中介业务没有显著影响财产险公司的盈利稳定性和财务杠杆率。信用中介业务之所以对盈利水平有正向影响但并未降低风险，可能的原因是，中国财产险公司承担的信用保证保险业务的占比还很低，2016年，样本公司平均仅为2.8%［可结合图4-1（b）］。

表4-8　　信用中介业务对风险及其构成部分的影响

| | $Zscore^{rank}$ | \multicolumn{3}{c}{Zscore 的构成部分} |
		ROA^{rank}	σ_ROA^{rank}	CAR^{rank}
	(1)	(2)	(3)	(4)
信用中介业务 (L. CreditMed)	0.377 (0.276)	0.526** (0.229)	-0.214 (0.274)	-0.338 (0.223)
观察值数	548	614	548	614

注：回归均控制了 Size、Age、Growth、MCR、BoardInstab、GDP 和 CPI，*、** 和 *** 分别表示在10%、5%和1%的水平下显著。

3. 非保险活动对风险的影响

表4-9中（1）的结果中，L. NonInsu 的系数估计值为负向显著，

说明非保险活动增加了财产险公司的风险。其他条件不变时，非保险活动深度提高10个百分点，财产险公司风险将降低2—2.5个百分点。根据（2）的结果，非保险活动深度对财产险公司的盈利水平（ROA）有负向作用。(3) 的结果中，L. NonInsu 的系数估计值不显著，说明非保险活动没有显著影响财产险公司的盈利稳定性。这是因为非保险活动没有如保险业务那样汇集大量的、分散化的风险，所以无法通过大数法则的规律来提高收益的稳定性。综上，开展非保险活动对财产险公司的盈利水平和风险均产生了不利影响。

研究发现，上述非保险活动会增加金融机构风险的结论，可以对应于两类文献：（1）如果将非保险活动视为保险公司的非主业，那么，此研究结论与边文龙和王向楠（2017）对中国财产险公司投资业务的研究结论、Stiroh（2004）对美国银行业非利息收入业务的研究结论、张健华和王鹏（2012）对中国银行业（除手续费和佣金的）其他非利息收入业务的研究结论有相似之处。（2）如果将经营非保险活动视为金融混业经营，那么，此研究结论与 Litan（1985）对美国金融中介的研究结论、Krause 等（2017）对欧洲金融中介的研究结论类似。

表4-9　　　　非保险活动对风险及其构成部分的影响

	$Zscore^{rank}$	\multicolumn{3}{c}{Zscore 的构成部分}		
		ROA^{rank}	σ_ROA^{rank}	CAR^{rank}
	(1)	(2)	(3)	(4)
非保险活动（L. NonInsu）	-0.241** (0.116)	-0.085* (0.046)	-0.072 (0.115)	-0.143* (0.083)
观察值数	559	625	559	625

注：回归均控制了 Size、Age、Growth、MCR、BoardInstab、GDP 和 CPI，*、** 和 *** 分别表示在10%、5%和1%的水平下显著。

4. 地理复杂性对风险的影响

表4-10中（1）的结果中，L. GeoSub 的系数估计值为正向显著，

说明地理复杂性降低了财产险公司的风险。其他条件不变时，分支机构在地级城市的覆盖率提高10个百分点，财产险公司风险上的排名可改进3个百分点左右。根据（2）的结果，地理复杂性提高了财产险公司的盈利水平。其原因在于，保险经营具有规模经济性，且地理分支机构的设立有利于建立内部资本市场、改善资源配置。根据（3）的结果，地理扩张提高了财产险公司的盈利稳定性。其原因在于，中国不同地区的自然、经济社会状况差别较大，使得财产险业务的经营风险有明显的空间分异性，也使得地理扩张具有较好的风险分散效应。根据（5）的结果，在地理扩张中，财产险公司的资本水平并没有因为盈利水平和稳定性的双重改善而降低。

研究发现，上述地理复杂性会降低金融机构风险的研究，与Goetz等（2016）对美国银行业的研究、Krause等（2017）对国际银行业的研究、Bakkar和Nyola（2017）对欧洲上市银行在非危机时期的研究有相似之处。

表4-10　　　　　　　　地理复杂性对风险及其构成部分的影响

	$Zscore^{rank}$	\multicolumn{3}{c}{$Zscore$的构成部分}		
		ROA^{rank}	σ_ROA^{rank}	CAR^{rank}
	（1）	（2）	（3）	（4）
地理复杂性（L. GeoSub）	0.293**	0.310***	-0.254*	0.108
	(0.142)	(0.119)	(0.141)	(0.114)
观察值数	560	626	560	626

注：回归均控制了 Size、Age、Growth、MCR、BoardInstab、GDP 和 CPI，*、** 和 *** 分别表示在10%、5%和1%的水平下显著。

六　小结

金融机构复杂性的具体含义及其是如何影响风险的，在国内外均是较新且有现实意义的研究话题。本节从4个维度设计指标生成综合性指标，进而分析复杂性对中国财产险公司风险的影响及其影响渠道。主要发现如下：复杂性降低了财产险公司的风险，因此，复杂性不一定是坏事；不同维度的复杂性对财产险公司风险的影响有很大差别，应当区别对待。政策建议如下。

第一，进行保险体系内交易，可改善财产险公司的盈利稳定性。从过去十几年看，中国财产险公司的体系内交易是服务于优化风险配置的，并非是无益的"空转"，因此，不需要对其加以限制或施加额外的资本要求。财产险公司通过再保险起到了节约资本的作用，应当适当关注再保险交易的真实性。

第二，开展信用中介业务对财产险公司的风险没有产生显著影响。这主要是由于，中国保险公司开展信用中介业务的程度还很低。在"侨兴"私募债事件中，X财产险公司面临达其资本金约80%的索赔，而信用保证险在该公司承保业务总量中的占比还不足2%。因此，需要监测和防范财产险公司今后大量开展信用中介业务。对此，建议提升保险公司开展信用中介业务的资本要求，并按照"穿透底层"的原则进行监管，防止保险公司的信用风险敞口过于集中。

第三，财产险公司从事非保险活动会降低盈利水平，进而增加风险。对于各类资产管理的创新性业务要加强管理，不应当将保险公司定位于不计成本地支持实体经济的融资投资工具。对于财产险公司的辅助社会治理和管理工作，应当由公司根据自身的偏好和能力，对收益和风险进行客观评价。

第四，地理分支机构设置可以提高财产险公司的盈利水平和盈利稳定性，降低财产险公司的风险。因此，只要财产险公司能满足法律明文规定的资本、人员等要求，就没有必要限制其铺设地理分支机构。

第五，在系统重要性机构的监管和微观审慎监管的相关规则制定中，应当鼓励简化公司组织结构、强化公司治理、加强信息披露、提高机构的透明性，使复杂性服务于金融机构自身的风险管理，支持实体经济。

本研究还存在可以拓展之处：（1）由于无法获得大部分保险公司的子公司设置信息，未能基于拓扑学理论，研究财产险公司的组织复杂性及其影响;(2)本节的样本是中国的财产险公司,研究结论并不适用于其他类型的金融机构和国外的财产险公司。

第二节 人身险公司的共同敞口与流动性关联

一 问题的提出

系统性金融风险的核心在于金融机构之间的风险关联性,而关联性有两个来源。(1)机构之间的直接业务往来,如同业交易、衍生品合约,这点不难理解。(2)机构之间没有直接业务往来,但是持有同样或类似性质的业务或资产,即面临共同敞口。共同敞口影响风险关联性又有两种机制。一是共同风险因子效应。例如,利率、经济周期等总体风险因素的敞口程度的增加,成为近年来国际寿险业系统性风险增加的主要原因(IMF,2016);又如,在澳大利亚银行系统风险的来源中,共同风险因子的影响远大于传染损失(缘于直接业务往来)的影响(Elsinger 等,2006)。二是市场信心效应。例如,当一家银行即使由于自身特有原因而非行业共同原因遭受了贷款损失,存款人由于缺乏信息,也认为与该银行贷款构成相似的其他银行的经营风险也增加了,导致其他银行吸收存款的成本上升甚至遭受挤兑(Acharya 和 Yorulmazer,2008);又如,2008 年雷曼兄弟公司倒闭的消息引发了市场恐慌,造成货币市场基金全面遭受赎回(Glasserman 和 Young,2016)。

2017 年中央经济工作会议提出,"要把防控金融风险放到更加重要的位置","确保不发生系统性金融风险"。保险(业)特别是人身险(业)是金融(业)的重要组成部分。自次贷危机以来,保险业对系统性风险的影响有所上升(IMF,2016),中国上市保险公司对金融系统性风险的贡献度较高,介于银行和证券公司之间(周天芸等,2014)。那么,作为对保险业系统性金融风险来源的一项分析,保险公司之间的风险有关联性吗?不同于银行和证券公司,保险公司之间的直接业务关联较少,主要是财产险公司的再保险业务,由此造成的风险传染性很弱。然而,保险公司也普遍存在着各种共同敞口,本节研究:共同敞口是否会导致人身险公司的流动性关联（含风险传染）？其作用机制是什么？本节之所以关注流动性，是因为流动性不足常常是导致金融机构破产的直接原因，且保险公司的业务收支基本都有现金流相对应，因此，流动性是分析保险公司风险的一个抓手。

本节收集了中国各家人身险公司在各产品类型、各地理区域和各销售渠道上的保费收入，衡量了人身险公司在这3个维度上的共同敞口程度，并考察了人身险业务的3个主要流动性来源——保费现金流入、赔付红利现金流出和退保现金流出。基于这3种共同敞口，分别生成空间权重矩阵，并将这3种流动性变动分别作为空间计量模型中的因变量，研究发现：共同敞口对人身险公司之间的流动性关联有着复杂的影响。（1）地理共同敞口和销售渠道共同敞口加强了人身险公司之间保费现金流入的反向关联，这归因于产品市场上的竞争对手效应；（2）产品共同敞口加强了人身险公司之间赔偿给付和红利现金流出的同向关联，这主要归因于共同风险因子效应；（3）产品共同敞口和地理共同敞口加强了人身险公司之间退保现金流出的同向关联，这主要归因于市场信心效应（一种风险传染效应）。我们利用几种不同的风险敞口衡量指标和公司的几项基本特征，生成伪权重矩阵，并进行稳健性分析，研究结论均支持以上3点经验结果。

本节尝试从金融机构业务的共同敞口的角度去解释它们的流动性关联，并采用空间计量方法分析现实样本。在具体研究设计和发现上，本节的新意在于：（1）基于人身险公司的业务特点，从产品类型、地理区域和销售渠道3个维度较全面地衡量公司之间的共同敞口，并且，本节采用各公司层面的业务数据去衡量两两公司的共同敞口，进而形成网络矩阵，而不是基于一定的假设通过分解加总数据得到；（2）将人身险业务的流动性分为3个主要来源，在一定程度上识别出造成流动性关联的3种机制——竞争对手效应、共同风险因子效应和市场信心效应。

二 相关文献述评

虽然鲜有文献研究本节的话题，但有4类文献对本节有重要的借鉴意义。

（一）金融机构的关联网络

一些文献基于金融机构的同业往来数据或股票价格数据，分析了金融机构的网络结构，这些文献为选择共同敞口的衡量指标提供了参考。

一是基于同业头寸数据。马君潞等（2007）利用中国银行资产负债表中同业资产和负债的数据构建银行之间的关联网络，基于 Allen 和 Gale（2000）设计的风险传染模型，通过模拟方法分析不同损失水平下单个银行倒闭及多家银行同时倒闭所引发的风险传染。此后，同样基于银行同业头寸数据的模拟分析法，方意（2016）、隋聪等（2016）等研究了中国银行业的网络结构与系统性风险的关系或/和估计了单个金融机构的系统重要性。

保险业的同业业务主要是保险公司（称为"原保险公司"）将自己所承保的部分风险转给其他保险公司（称为"再保险公司"）。Park 和 Xie（2014）发现，美国原保险公司的信用评级和股票价格会因其主要再保险对手公司的信用评级的下降而下降，但这种影响对保险业整体而言并不大；该文没有采用网络分析方法，无法使原保险公司之间直接联系起来。王丽珍（2015）通过模拟方法研究了财产险业的赔付率、破产公司数目和破产轮数等指标，发现由再保险业务带来的系统性风险很小。

在中国和很多国家，大多数研究者难以获得两两机构的同业往来数据，常常只有每家机构的总同业头寸，所以需要借助某种假设将各家机构的总头寸分配到其他各家机构。例如，被广泛采用的"最大熵法"（Maximum Entropy Method，MEM）假设了每家机构的头寸在其他机构之间充分分散，而基于"最大熵法"的分析结果与基于真实网络数据的分析结果有很大差异（Martínez-Jaramillo 等，2010；Mistrulli，2011）。此外，这些文献中的外生冲击均是由情景模拟产生的，不是真实冲击的样本。

二是基于银行贷款数据。Cai 等（2014）基于美国银团贷款的详细数据，计算了两两银行的贷款在行业层面的共同敞口，发现一家银行与其他银行的共同敞口程度越高,该家银行越具有系统重要性。Fricke(2016)则发现,日本银行的贷款在行业上的共同敞口程度于1996—2013年整体上稍有下降,但前几家大银行之间的共同敞口程度明显提高了。这两篇文献都没有研究机构之间的共同敞口程度是否影响了风险关联。方意和郑子文(2016)在Greenwood等(2015)研究的基础上,测算了中国商业银行的贷款在行业上的共同敞口程度,研究发现一家银行在遭受某种损失而抛售贷款资产时,造成与该银行持有相似贷款组合的其他银行的贷款资产的价值降低,从而引起风险的传染性。

三是基于股票或基金市场数据。股价数据的可得性和真实性强,一些文献基于股价数据测算了上市公司之间(或市场之间)的相关性,进而研究上市公司之间(或市场之间)关联网络的拓扑性质。黄玮强等(2008)分析了中国两两上市公司股价变动的相关系数,发现运用平面最大过滤图算法构建的股票关联网络优于最小生成树算法。黄飞雪等(2010)研究了全球52个股指日收盘价,发现次贷危机爆发后,全球股指的相关程度显著提高,其中,美国股指的影响力在下降,而中国股指的影响力在增强。采用更先进的方法或更新的数据研究此话题的文献还在陆续涌现。虽然每家公司和市场的主管者都关注股价变动,但股价本身并不能直接衡量公司或市场的风险,所以股价之间的相关性并不能直接反映主体之间的风险关联性;此外,这些文献大多没有严格分析关联性的来源。

(二)保险公司的流动性风险

保险公司的业务收支基本都有相应的现金流变动,因此,在研究保险公司破产概率与偿付能力的文献中,流动性状况是一个重要的指标(Pinquet,2013;Zhang和Nielson,2015)。王凯和谢志刚(2014)分析了4起保险公司破产或陷入财务困境的案例,总结了保险公司偿付能力的4个主要特征——不确定性、预测滞后性、导因复杂性和控制措施多样性,进而认为应当从现金流角度重新定义偿付能力——一定时期内的资金流入与资金流出的配比状态。在"中国风险导向的偿付能力体系"（2015）的 17 号监管规则中，"流动性风险"（第 12 号）的篇幅仅次于"偿付能力风险管理要求与评估"，排在第 2 位，可见其重要性。

人身险产品的独特性之一是消费者可以退保，而大规模退保会威胁人身险公司的流动性，也会将风险传染给其他公司，带来行业的系统性风险。这类似于：存款人可以随时取回银行存款，而挤兑会威胁单个银行的流动性，还会传染到其他银行。20 世纪 80 年代，美国寿险业面临 30 年代大萧条以来最严重的退保潮，使得人身险公司不得不在不利的市场情况下提前变现资产（Kuo 等，2003）；且由于退保与利率呈正相关，进而和公司的投资收益率正相关，退保会引起人身险公司的资产负债错配问题。Acharya 和 Richardson（2014）认为，大量寿险保单可以现金方式（退保）提取，成为寿险行业系统性风险的重要来源。退保是中国宏观经济金融决策层关心的问题，例如，大部分年份《金融稳定报告》涉及保险业的退保风险。此外，孙祁祥等（2015）分析了人身险公司的损失构成项目，认为退保能综合反映中国人身险公司的多项经营风险（死差损、利差损、费差损、声誉不佳等）。

（三）空间计量模型和关联效应分析

此类文献为经济方法的选择提供了参考。各类空间计量模型通过增加空间关联项来解决横截面个体的空间依赖性，在多个领域得到了广泛应用，其中，Kapoor 等（2007）提出了静态面板模型的广义矩（GMM）估计法，Mutl（2006）、Bouayad-Agha 和 Védrine（2010）将其扩展到动态面板模型中。在金融风险领域，Tonzer（2015）利用 1994—2012 年跨国银行之间同业资产和负债的数据，构建了衡量不同经济体之间的银行关联性的空间权重矩阵，并采用空间计量模型进行分析，发现经济体之间的银行业同业往来的密集程度越高，它们之间稳定性（Z 指数衡量）的同向关联就越强。刘京军和苏楚林（2016）以 2005—2014 年中国开放式基金为样本，基于基金重仓持股的数据，建立了基金之间的关联网络，并采用空间计量模型进行分析，研究发现，由于共同持有，基金之间的资金流量具有显著的同向关联，且基金网络带来的资金流量与基金的超额收益率显著正相关。目前，鲜有文献采用空间计量模型研究保险业的风险问题。

（四）识别某个主体的某个状况对同类其他主体的影响

理论上讲，共同敞口与机构之间的流动性关联，既包含同向影响，也包含反向影响，所以，需要基于具体问题来设计机制去识别不同的效应。在这一方面，一些文献给了我们一定的启发。一个企业的创新活动对其他企业的绩效有正向的技术扩散效应和反向的产品市场竞争对手效应，但这两种效应很难识别。Bloom等（2013）借助各企业在其所经营的各行业中的技术水平、研发投入和市场份额的数据，设计了一种方法来识别这两种效应，并进行了研究：1980—2001年，美国企业研发的技术扩散效应的影响大于其竞争对手效应，企业研发活动的社会收益是私人收益的2—3倍；与小企业相比，大企业更多地处于技术网络的核心区域而非边缘区域，所以，大企业研发的技术扩散效应更强，社会收益更大。郭峰和胡军（2016）发现：同一省区内，地理上不相邻的地市之间的金融发展有同向关系，这是缘于地方经济发展中的锦标赛竞争；地理上邻近但不属于同一省区的地市之间的金融发展有反向关系，这是缘于部分金融机构开展异地业务带来的扩散效应（也可视为竞争对手效应）。

三 变量设计及空间计量模型构造

本节说明空间计量模型的设定，包括人身险公司3种共同敞口的衡量、3项流动性来源和回归中的控制变量。

（一）3种共同敞口

本节主要采用重叠度指标（*overlap*）来衡量人身险公司的共同敞口。Antón和Polk（2014）使用该指标衡量两两股票在持有者之间的连通性，Acemoglu等（2016）使用该指标衡量两个产业在美国各地区的分布的连通性。我们基于人身险公司的业务特征，分析了这3种共同敞口。所用数据收集自历年《中国保险年鉴》对各公司在产品、地理和销售渠道上的统计。

保险产品一般按所承保的风险类型划分，人身险公司主要经营以人的生死或健康为基础标的的保险产品，而不同的人身险产品由于其在保障和储蓄投资上的不同特征，也吸引了不同偏好的消费者，所以，产品上的共同敞口可能影响人身险公司的流动性关联。两家公司产品的共同敞口的度量公式如下：

$$w_{ij,t} = \frac{\sum_{k \in H_{ij,t}} (s_{i,k,t} \times Prem_{i,t} + s_{j,k,t} \times Prem_{j,t})}{Prem_{i,t} + Prem_{j,t}} \qquad (4-5)$$

其中，$Prem_{i,t}$ 和 $Prem_{j,t}$ 分别表示公司 i 和公司 j 于 t 年的总保费收入，$s_{i,k,t}$ 和 $s_{j,k,t}$ 分别表示公司 i 和公司 j 于 t 年的总保费收入中来自产品类型 k 的比重，$H_{ij,t}$ 表示公司 i 和公司 j 于 t 年都经营的产品类型。$w_{1,ij,t}$ 的取值介于 0 和 1 之间，取值越大，表示两家公司产品的共同敞口程度越高。中国人身险产品可分为 5 类：普通寿险、分红寿险、投连和万能寿险、意外伤害险和健康险①。

中国经济社会文化的发展存在着空间分异性，相同地区的消费者会有更类似的偏好和更多的信息交流，所以地理共同敞口可能影响人身险公司之间的流动性关联。采用（4-5）式的指标度量地理共同敞口，其中，$s_{i,k,t}$ 中的 k 表示中国大陆 31 个省份。

寿险产品具有承诺性和长期性，零售性强，"寿险是卖的而不是买的"（Life Insurance is Sold not Bought）是中外保险业的共识，所以销售渠道对于人身险业的发展尤为重要。不同的渠道商及其背后的最终消费者有不同的特点，因此，对销售渠道的共同敞口可能影响人身险公司的流动性关联。本节也采用（4-5）式的指标衡量销售渠道共同敞口，其中，$s_{i,k,t}$ 中的 k 表示不同的销售渠道。在《中国保险年鉴》中，人身险产品的销售渠道分为公司直销、个人代理、保险专业代理、保险经纪公司、银行邮政代理、其他兼业代理 6 类②。

---

① 本节将投资连结寿险和万能寿险合并为一类，是因为：(1) 二者本身很相近，共同构成通常说的投资型寿险；(2) 本节计量分析的数据来源于《中国保险年鉴》，2005—2007 年，这两类保险是合并为一类报告的。

② 对于通过电话或互联网销售的保险产品，按照实施销售的主体计入这 6 个渠道。

图 4-2 报告了 2015 年两两人身险公司的 3 种共同敞口状况。图中的单元格颜色越深，表示横、纵两家公司的共同敞口程度越高，上方柱形表示该列所代表的公司的总资产占人身险业总资产的比重。可知：（1）从 3 种共同敞口的均值来看，产品维度最大，销售渠道维度居中，地理维度最小；（2）一家公司和其他公司的 3 种共同敞口程度与该公司的资产规模均是正相关的（这点在地理维度上表现最强，在产品维度上次之，在销售渠道维度上再次），所以，共同敞口引起的流动性关联可能是由于公司规模因素有某种程度的放大，这也提示我们，在研究人身险公司之间流动性关联时，要剔除公司规模因素的影响；（3）3 种共同敞口的标准差都与均值相差不大，所以样本的变异较大。此外，经计算，两两人身险公司的 3 种共同敞口的 Person 相关系数分别为 0.14（产品和地理）、0.22（产品和销售渠道）和 0.17（地理和销售渠道），均不高，所以这 3 个维度的共同敞口有统计上的独立意义。

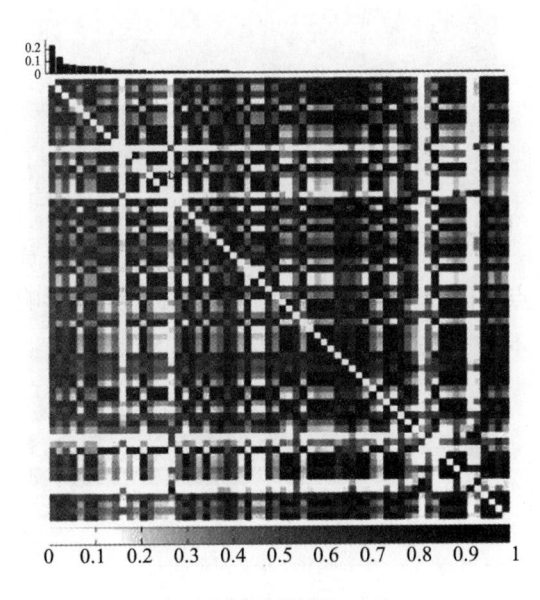

(a) 产品共同敞口

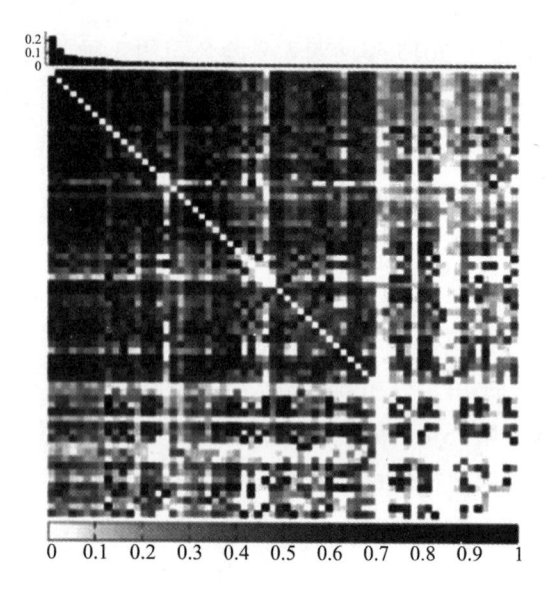

保险系统性风险的形成、外溢及监管

(b) 地理共同敞口

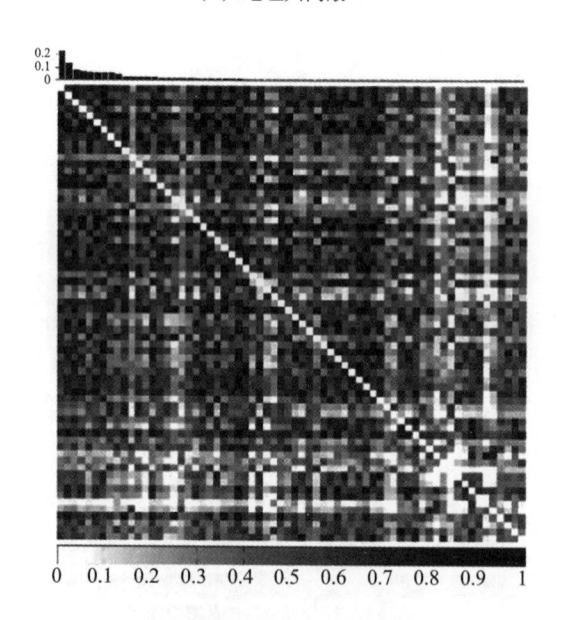

(c) 销售渠道共同敞口

图 4-3 人身险公司的 3 种共同敞口程度（2015 年）

表 4 - 11　　　　　3 种共同敞口程度变量的描述性统计

变量名	观察值数	均值	标准差	最小值	中位数	最大值
产品共同敞口	270920	0.5959	0.4273	0	0.6781	0.9999
地理共同敞口	341640	0.4084	0.3107	0	0.4028	1
销售渠道共同敞口	175980	0.4712	0.3281	0	0.4848	0.9999

注：产品方面的数据期间为 2005—2015 年，这是由于 2005 年之前披露的数据中人身险产品的分类与其后的分类（本节所采用的）有较大差别。地理方面的数据期间为 2001—2015 年。销售渠道方面的数据期间为 2008—2015 年。

（二）3 种流动性变动来源

从人身险保单的成立生效到履行完成，消费者与人身险公司之间引起流动性变化的事项主要有以下 3 种。

消费者缴纳保险费，形成人身险公司的保费现金流入。在一定时期内，各家公司的保费现金流入取决于消费者的最优投保决策，即，消费者在各人身险公司之间选择一家或多家投保。将一家人身险公司的现金流量表中"收到原保险合同保费取得的现金"除以该公司总资产在期初期末的平均值，得到去除"公司规模"因素后的保费现金流入变量，记为 $PremIn$ 。

人身险公司向消费者支付赔偿给付金和保单红利，形成赔付红利现金流出。在一定时期内，各家人身险公司的赔付红利现金流出主要取决于已经生效的保单中约定事项在当期是否发生及其严重程度[1]。将一家人身险公司现金流量表中的"支付的原保险合同赔付款项" + "支付保单红利的现金" - "退保金"，再除以该公司期初与期末总资产的平均值，得到去除"公司规模"因素后的赔付红利现金流出，记为 $PayOut$ 。

消费者向人身险公司要求终止保单和返还保单现金价值，导致人身险公司的退保现金流出。在一定时间内，一家人身险公司的退保现金流

---

[1] 根据《分红保险管理暂行办法》（中国保监会 2000 年发布）的规定，保险公司每一会计年度向消费者实际分配盈余的比例不得低于当年全部可分配盈余的 70%。

保险系统性风险的形成、外溢及监管

出取决于已有消费者是否选择行使退保权,"退保权"是指保单持有人享有的、可以在保单生效期间随时行使的赎回保单现金价值的美式期权。将一家人身险公司利润表中的"退保金"除以该公司期初与期末总资产的平均值,得到去除"公司规模"因素后的退保现金流出,记为 $SurRatio$。

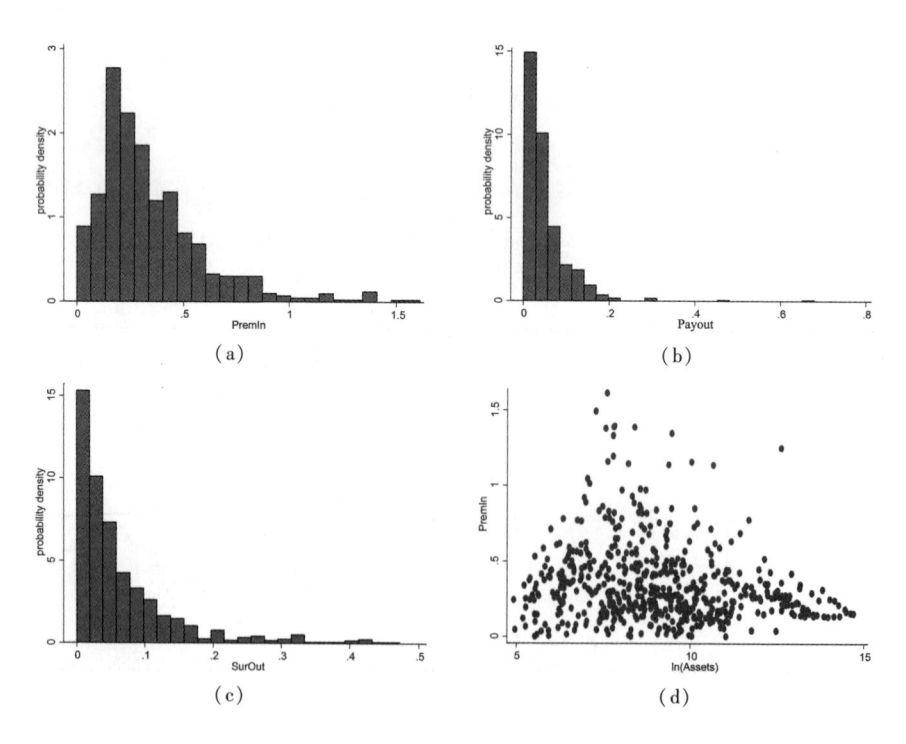

图4-4报告了中国人身险公司的3个流动性变量的直方图及其与公司规模的关系,表4-12报告了3个流动性变量的描述统计量。可知:(1)保费现金流入远高于赔付红利现金流出,二者比值在样本期间的中位数是8.47,反映出样本期间中国保险业处于快速成长期和保单积累期,总体上尚未进入赔付高峰;(2)退保现金流出略高于赔付红利现金流出,二者比值在样本期间的中位数是1.22,说明退保(保单非正常履行)的现金流出大于赔付红利现金流出(保单正常履行中),这是不正常的现象,反映出中国人身险业经营的稳定性不高;(3)3个流动性变量与公司规模之间没有明显的关系,因此,下文回归中得到的公司在流动性变量上的关联应当不是由公司规模类因素造成的。

(e)　　　　　　　　　　　　　　　(f)

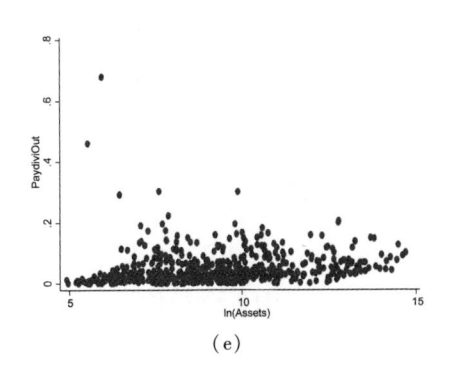

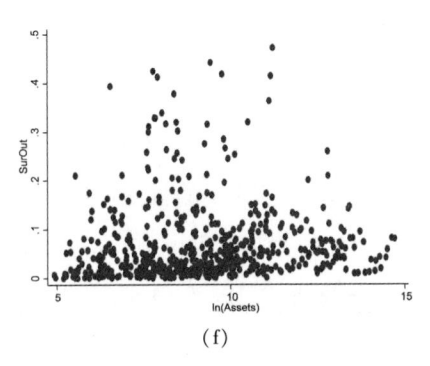

图 4-4　3 个流动性变量的直方图以及与公司规模的散点图（观察值=585）

表 4-12　　　　　　　3 个流动性变量的描述性统计

变量名	观察值数	均值	标准差	最小值	中位数	最大值
PremIn	585	0.3441	0.2577	0.0001	0.2746	1.6120
PayOut	585	0.0417	0.0475	0.0001	0.0277	0.5820
SurOut	585	0.0567	0.0668	0.0000	0.0339	0.4045

（三）空间计量模型

关注主体之间的关联性，采用如下的空间计量模型：

$$y_{i,t} = \rho \sum\nolimits_{j \neq i} w_{ij,t-1}^{std} y_{j,t} + \alpha y_{i,t-1} + x'_{i,t-1}\beta + \eta_i + \varepsilon_{i,t} \quad (4-6)$$

其中，y_{it} 是公司 i 于年度 t 的流动性指标。$\sum_{j \neq i} w_{ij,t}^{std} y_{j,t}$ 是空间关联项，为当期其他人身险公司的流动性的加权平均，权重 $w_{ij,t}^{std}$ 是公司 i 和公司 j（$j \neq i$）在产品结构（地理区域、销售渠道）上进行标准化后的共同敞口程度，$w_{ij,t}^{std} = w_{ij,t} / \sum_j w_{ij,t}$，其中，$w_{ij,t}$ 为前文介绍的共同敞口程度的原始测度。ρ 是空间关联项的待估系数，也是本节最关注的。$y_{i,t-1}$ 是因变量的 1 期滞后项，α 是其待估系数，加入 $y_{i,t-1}$ 主要是考虑到长期人身险产品除趸交（投保时一次性缴费）外通常是分年缴付的，保单分红也常常按年支付，所以某年的现金流与前一年相关；且加入 $y_{i,t-1}$ 能在一定程度上控制那些在 t 年之前已经发生的、难以观测的、同时随公司和时期变化的外部冲击的影响。$x_{i,t-1}$ 是外生的控制变量集合，控制变量较因变量滞后1期以处理二者的同期相关性，β 是其待估系数集合。η_i 是个体效应，$\varepsilon_{i,t}$ 是相互独立、同方差和无序列相关的扰动项。

（4-6）式中的自变量存在两个内生成分 $\sum_{j \neq i} w_{ij,t-1}^{std} y_{j,t}$ 和 $y_{i,t-1}$，对此，借鉴 Mutl（2006）、Bouayad-Agha 和 Védrine（2010）的做法，采用 Arellano 和 Bond（1991）框架下的广义矩（GMM）进行估计。具体而言，将（4-6）式进行1阶差分以去除个体效应，得到：

$$\Delta y_{i,t} = \rho \sum_{j \neq i} w_{ij,t}^{std} \Delta y_{j,t} + \alpha \Delta y_{i,t-1} + \Delta z'_{i,t}\beta + \Delta \varepsilon_{i,t} \qquad (4-7)$$

再为（4-7）式中的两个内生成分寻找工具变量。（1）对于 $\sum_{j \neq i} w_{ij,t-1}^{std} \Delta y_{j,t}$，存在矩条件 $E(\sum_{j \neq i} w_{ij,s}^{std} y_{j,s} \Delta \varepsilon_{i,t}) = 0$，$s = 1, \cdots, T-3$，$t = 3, \cdots, T$，所以选择 $\sum_{j \neq i} w_{ij,t-3}^{std} y_{j,t-3}$ 以及更早时期的滞后项作为工具变量。（2）对于 $\Delta y_{i,t-1}$，如通常的动态面板模型一样，存在矩条件 $E(y_{i,s} \Delta \varepsilon_{i,t}) = 0$，$s = 1, \cdots, T-2$，$t = 3, \cdots, T$，所以选择 $y_{i,t-2}$ 以及更早时期的因变量的滞后项作为工具变量。

在 GMM 估计中，最小化如下目标函数：

$$J_N = (1/N \sum_{i=1}^{N} \Delta \varepsilon'_i z_i) C_N (1/N \sum_{i=1}^{N} z'_i \Delta \varepsilon_i) \qquad (4-8)$$

其中，$\Delta \varepsilon_i = (\Delta \varepsilon_{i,3}, \Delta \varepsilon_{i,4}, \cdots, \Delta \varepsilon_{i,T})$，$z_i$ 是工具变量矩阵，C_N 是加权矩阵。C_N 的设定要允许空间相关，$C_N = [1/N \sum_{i=1}^{N} (z'_i \hat{\Omega}_i z_i)]^{-1}$，其中，$\hat{\Omega}_i$ 是 $\Delta \hat{\varepsilon}_i$ 的方差-协方差矩阵的估计值，由第1阶段的工具变量（IV）估计得到（Mutl，2006）。

（四）控制变量

参考已有研究，我们控制一些可能影响保险公司风险的其他变量[（4-6）式中的 x]。（1）公司年龄（Age），等于"样本年份"-"公司成立年份"。（2）人力资本（$HumCap$），定义为拥有大专及以上学历的员工占总员工的比重。（3）成长性（$Growth$），采用保费增长率衡量，等于（当年保费收入-上一年保费收入）/上一年保费收入。（4）个人业务占比（$IndRatio$），个人业务保费收入在所有业务（个人业务和团体业务之和)保费收入中所占的比重(IndRatio)。(5)市场势力(MS),定义为一家人身险公司在其经营的各市场中所占市场份额的加权平均,$MS = \sum_{p}(prem_{ip}/prem_{i.})(prem_{ip}/prem_{.p})$,其中,$(prem_{ip}/prem_{.p})$是人身险公司 i 在市场 p 的保费收入中的占比,$(prem_{ip}/prem_{i.})$是权重,即人身险公司 i 的保费收入中来自市场 p 的比重。当分析的共同敞口为产品类型(地理区域或销售渠道)时,计算 MS 中的 p 表示第 p 个产品类型(地理区域或销售渠道)。(6)资产负债率(Leverage),等于公司的总负债除以总资产。(7)盈利能力(ROA),采用资产回报率衡量,其等于税前利润/总资产。计算这 7 个变量的数据均收集自历年《中国保险年鉴》。此外,还增加了(8)国内生产总值的增长率(GDP)和(9)以消费价格指数衡量的通货膨胀率(CPI),以控制宏观环境对保险经营结果的影响。

表 4-13 报告了控制变量的描述统计量。可知:人身险公司普遍比较年轻,公司大专以上学历的员工占比平均为 58.78%;人身险市场正处于快速增长阶段,人身险公司绝大部分业务为个人业务;人身险市场上存在大量小型公司;人身险公司的平均杠杆率为 79.62%;人身险公司整体盈利水平较差;样本期间,中国保持了经济快速增长和低通胀。

表 4-13 控制变量的描述性统计

变量名	观察值数	均值	标准差	最小值	中位数	最大值
Age	585	7.9436	5.8930	1	7	33
Growth	535	0.2396	1.8231	-0.9795	-0.0648	24.8112
IndRatio	585	0.9234	0.1325	0.0305	0.9750	1
MS(产品加权)	526	0.0243	0.0686	0.0000	0.0030	0.5481
MS(地理加权)	585	0.0360	0.0881	0.0000	0.0100	0.9800
MS(渠道加权)	420	0.0224	0.0611	0.0000	0.0031	0.5035
Leverage	585	0.7962	0.2063	0.0000	0.8710	1.0000
ROA	585	-0.0290	0.0553	-0.3068	-0.0104	0.0872
GDP	16	0.0939	0.0202	0.0690	0.0940	0.1420

四　回归结果分析

表4-14、表4-15和表4-16分别报告了对保费现金流入、赔付红利现金流出和退保现金流出的估计结果。在这3个表格中，第（1）和第（2）列、第（3）和第（4）列、第（5）和第（6）列各采用由一种共同敞口生成的空间加权矩阵，对于每种共同敞口均采用了IV和GMM估计。

表4-14中，我们最关注的空间关联项（$\sum_{j \neq i} w_{ij,t}^{std} y_{j,t}$）的系数估计值在第（3）和第（4）列、第（5）和第（6）列中均为负向显著，说明地理共同敞口和渠道共同敞口均显著造成了人身险公司之间保费现金流入的反向关联。这是因为人身险公司均希望多销售保单，彼此属于竞争对手关系，因此，在人身险产品总需求既定的情况下，任意两家公司之间在获取保费收入上是"此消彼长"的关系。收入来源地区或收入来源渠道越相似，公司越有可能面对相同的消费者群体和渠道商（及其背后的消费者群体），因此，它们之间的竞争对手效应更明显。空间关联项的系数估计值在第（1）和第（2）列中不显著，说明产品共同敞口没有显著影响人身险公司之间保费现金流入的关联性。原因在于，不同时期的消费者对不同人身险产品的需求水平会发生相应变化，如社会医疗保险"全覆盖"后，健康险的需求会下降，这造成了产品共同敞口的竞争对手效应被需求变动的影响所抵消。

$CashIn_{t-1}$的系数估计值较大且是统计显著的，支持了加入因变量滞后项的必要性。GMM估计通过了Hansen J检验和AR（2）检验，且比IV估计更有效，所以，以GMM的系数估计值为准。在其他条件不变的情况下，人身险公司之间的地理共同敞口程度每提高1个样本标准差（0.3507），它们之间保费现金流入的反向关联将提高4.25个百分点（0.1212×0.3507）。而对于渠道共同敞口，这个数字达到了12.75个百分点（0.3635×0.3507），反映出销售渠道在人身险经营中的重要性。

一些控制变量与保费现金流入存在显著的关系，这并没有出乎我们的意料。公司年龄（*Age*）、人力资本（*HumCap*）、保费增长率

（Growth）和盈利能力（ROA）的系数估计值均为正，且大部分是统计显著的，分别反映出客户累积、员工能力、成长性和公司现有业绩在获取保费收入上的作用。GDP 的系数估计值为正向显著，反映出经济增长是保险增长的推动力。

表 4-14　　　　　　　　　对保费现金流入的回归结果

因变量	CashIn					
共同敞口的维度	产品	产品	地理	地理	销售渠道	销售渠道
	(1)	(2)	(3)	(4)	(5)	(6)
$\sum_{j \neq i} w_{ij,t}^{std} y_{j,t}$	0.1197	0.0694	-0.1541*	-0.1212***	-0.2589*	-0.3635***
	(0.0890)	(0.0586)	(0.0876)	(0.028)	(0.1461)	(0.0743)
$CashIn_{t-1}$	0.3306***	0.3749***	0.3374***	0.3800***	0.3484***	0.3977***
	(0.0352)	(0.0270)	(0.037)	(0.0241)	(0.0376)	(0.0304)
Age_{t-1}	0.0572***	0.0469***	0.0275***	0.0268***	0.0241*	0.0230***
	(0.0105)	(0.0054)	(0.006)	(0.0019)	(0.0132)	(0.0064)
$HumCap_{t-1}$	0.0641**	0.0645***	0.0754***	0.0796***	0.0205	0.0134
	(0.0264)	(0.0194)	(0.0289)	(0.0139)	(0.0294)	(0.0228)
$Growth_{t-1}$	0.0272***	0.0236***	0.0384***	0.0379***	0.0230***	0.0306***
	(0.0048)	(0.0042)	(0.0038)	(0.0029)	(0.0039)	(0.0079)
$IndRatio_{t-1}$	-0.1038	-0.1650**	-0.2270***	-0.2126***	0.0082	-0.0473
	(0.0764)	(0.0667)	(0.0686)	(0.0445)	(0.0970)	(0.1075)
MS_{t-1}	0.3382	0.2422*	0.1717	0.1693***	0.0389	0.0697
	(0.461)	(0.1381)	(0.1580)	(0.0518)	(0.6144)	(0.4674)
$Leverage_{t-1}$	-0.2503***	-0.3005***	-0.1026*	-0.1102***	-0.0900	-0.0327
	(0.0544)	(0.0385)	(0.0528)	(0.0182)	(0.0570)	(0.0374)
ROA_{t-1}	1.2948***	1.1160***	0.8137***	0.7286***	0.3615	0.0776
	(0.2100)	(0.1603)	(0.2023)	(0.0838)	(0.2692)	(0.1955)
GDP_t	3.5114***	3.0689***	1.8630***	1.8810***	3.4994**	3.5925***
	(0.8399)	(0.3496)	(0.5454)	(0.2012)	(1.4180)	(0.7808)
CPI_t	1.1212***	1.0843***	0.7928**	0.8432***	-0.5848	-0.6946**
	(0.3547)	(0.1632)	(0.3789)	(0.1171)	(0.5172)	(0.2771)

续表

因变量	\multicolumn{6}{c}{*CashIn*}
共同敞口的维度	产品	产品	地理	地理	销售渠道	销售渠道
	(1)	(2)	(3)	(4)	(5)	(6)
观察值数	466	404	525	463	366	304
估计方法	IV	GMM	IV	GMM	IV	GMM
Hansen J 检验		[0.072]		[0.076]		[0.110]
AR（2）检验	[0.141]	[0.182]	[0.181]	[0.275]	[0.228]	[0.281]

注：GMM 估计中，将空间关联项的 1 阶和 2 阶滞后项作为工具变量。系数估计值下方 ( ) 为稳健标准误，*、** 和 *** 分别表示在 10%、5% 和 1% 的水平下显著。Hansen J 检验用于判断过度识别约束是否有效，原假设为"有效"，检验统计量为 χ^2，AR（2）检验用于判断水平方程 [（4-6）式] 的扰动项 $\varepsilon_{i,t}$ 是否序列相关，原假设为"无序列相关"，检验统计量为 Z，这两个检验在 [ ] 中报告拒绝原假设的 P 值。

表 4-15 中，空间关联项（$\sum_{j \neq i} w_{ij,t}^{std} y_{j,t}$）的系数估计值在第（1）和第（2）列中为正向显著。这是因为，赔付红利现金流出取决于保单中约定的责任，其大小由死亡率、意外事故和疾病的发生率和严重性、利率等因子决定。这些因子会影响全行业，是个别甚至全部人身险公司和消费者很难左右的，因此，共同风险因子与人身险公司的赔付红利现金流出存在同向关系。保单责任主要取决于产品类型，不同人身险产品受各风险因子影响的方向和程度不同甚至相反，因此，产品共同敞口越大，人身险公司受风险因子影响的同质化程度越高，进而引起赔付红利现金流出的同向变化。空间关联项的系数估计值在第（3）和第（4）列、第（5）和第（6）列中并不显著，这反映出，在不同地区和不同销售渠道，这些风险因子对人身险公司的赔偿给付和红利责任的影响的差异很小。

基于与表 4-14 相同的原因，以 GMM 的系数估计值为准。在其他条件不变的情况下，人身险公司之间的产品共同敞口程度每提高 1 个样本标准差（0.4273），它们之间赔付红利现金流出的同向关联将提高 19.01 个百分点（0.4448×0.4273）。经计算，2005—2015 年，中国两两人身险公司的产品共同敞口程度平均每年提高 0.0187，因此，这十年中，人身险公司之间赔付红利现金流出的同向关联累计提高了 8.32 个百分点（0.4448×0.187）。

在控制变量方面，仅有公司年龄（Age）和个人业务占比（$IndRatio$）有比较明确的估计结果。获取保费收入和支付赔付红利之间通常存在一定的时间差，公司年龄越大，越会进入保单责任履行期，因此，公司年龄（Age）与赔付红利现金流出显著正相关。较之于团体业务，个人业务的营销成本更高，相应地，保单定价时内含的赔付水平和红利水平则较低，因此，个人业务占比与赔付红利现金流出显著负相关。

表 4-15　　　　　　对赔付红利现金流出的回归结果

因变量	$PayOut$					
共同敞口的维度	产品	产品	地理	地理	销售渠道	销售渠道
	(1)	(2)	(3)	(4)	(5)	(6)
$\sum_{j \neq i} w_{ij,t}^{std} y_{j,t}$	0.3741**	0.4448***	0.0600	0.0904	-0.1443	-0.1644
	(0.19)	(0.08)	(0.4)	(0.15)	(0.54)	(0.30)
$CashIn_{t-1}$	0.6027***	0.5384***	0.5917***	0.5290***	0.5699***	0.5774***
	(0.04)	(0.01)	(0.04)	(0.06)	(0.06)	(0.03)
Age_{t-1}	0.0065**	0.0068***	0.0023***	0.0023***	0.0135***	0.0108***
	(0.00)	(0.00)	(0.00)	(0.00)	(0.00)	(0.00)
$HumCap_{t-1}$	0.0030	0.0060***	-0.0001	0.0019	-0.0050	0.0039
	(0.01)	(0.00)	(0.01)	(0.00)	(0.01)	(0.01)
$Growth_{t-1}$	0.0014	0.0008**	0.0005	0.0003***	0.0009	0.0006
	(0.00)	(0.00)	(0.00)	(0.00)	(0.00)	(0.00)
$IndRatio_{t-1}$	-0.0156	-0.0117**	-0.0297	-0.0328***	0.015	-0.0237*
	(0.02)	(0.01)	(0.02)	(0.00)	(0.04)	(0.01)
MS_{t-1}	0.2291	0.2778***	-0.0352	0.1693***	0.0085	-0.0989**
	(0.46)	(0.03)	(0.04)	(0.05)	(0.26)	(0.05)
$Leverage_{t-1}$	0.0262	0.0244***	0.0246*	-0.1102***	0.02506	0.0065
	(0.02)	(0.01)	(0.01)	(0.02)	(0.02)	(0.01)
ROA_{t-1}	-0.0074	0.0230	0.0190	0.0138***	0.0496	0.0212
	(0.06)	(0.02)	(0.05)	(0.00)	(0.11)	(0.05)
GDP_t	0.18176	0.1473***	-0.1517	1.8810***	0.4531	0.4678***
	(0.21)	(0.04)	(0.15)	(0.20)	(0.58)	(0.15)

续表

因变量	*PayOut*					
共同敞口的维度	产品	产品	地理	地理	销售渠道	销售渠道
	(1)	(2)	(3)	(4)	(5)	(6)
CPI_t	0.0192	-0.0303	0.0613	0.8432***	-0.1165	-0.1978***
	(0.13)	(0.05)	(0.12)	(0.12)	(0.21)	(0.07)
观察值数	466	404	525	463	366	304
估计方法	IV	GMM	IV	GMM	IV	GMM
Hansen J 检验		[0.106]		[0.225]		[0.208]
AR (2) 检验	[0.210]	[0.090]	[0.119]	[0.137]	[0.145]	[0.092]

注：将 GMM 估计中，空间关联项的 1 阶和 2 阶滞后项作为工具变量。系数估计值下方 ( ) 内为稳健标准误，*、** 和 *** 分别表示在 10%、5% 和 1% 的水平下显著。Hansen J 检验用于判断过度识别约束是否有效，原假设为"有效"，检验统计量为 χ^2，AR (2) 检验用于判断水平方程 [（4-6）式] 的扰动项 $\varepsilon_{i,t}$ 是否序列相关，原假设为"无序列相关"，检验统计量为 Z，这两个检验在 [ ] 中报告拒绝原假设的 P 值。

表 4-16 中，空间关联项（$\sum_{j\neq i} w_{ij,t}^{std} y_{j,t}$）的系数估计值在第（1）和第（2）列、第（3）和第（4）列是正向显著的，说明产品和地理共同敞口均造成了人身险公司之间退保现金流出的同向关联。各家人身险公司的退保取决于所售保单的持有者，公司之间并没有直接关联。然而，各人身险公司属于同一个行业，保险消费者通常是信息不完美的（在金融保险知识普及程度较低的中国可能尤其如此），他们会倾向于将一家人身险公司视为人身险行业的代表。加之，各人身险公司的消费者的退保行为是可见的，因此，一家人身险公司退保的增加，会增加消费者对整个人身险行业的负面预期，从而增加其他人身险公司的退保。产品结构较相似的公司更容易被外界视为相似，收入来源地更相似的公司受到同地区消费者信息交流的影响也更大，因此，产品和地理的共同敞口程度越高，市场信心效应引起的风险传染性越强。

基于与表 4-14 和表 4-15 相同的原因，以 GMM 的系数估计值为准。在其他条件不变的情况下，人身险公司之间的产品共同敞口程度每提高1个样本标准差（0.4273），它们之间退保现金流出的同向关联将提高32.56个百分点（0.7621×0.4273）。从2005到2015年的10年间，两两人身险公司之间的赔付红利现金流出的关联性由于它们之间产品共同敞口程度的提高而累计提高了14.25个百分点（0.7621×0.187）。在其他条件不变的情况下，人身险公司之间的地理共同敞口程度每提高1个样本标准差（0.3107），它们之间退保现金流出的同向关联将提高8.55个百分点（0.2751×0.3107）。从2005—2015年，人身险公司两两的地理共同敞口程度平均每年提高0.0098，这10年中，人身险公司之间退保现金流出的关联性因此累计提高了2.70（0.2751×0.098）个百分点。

有4个控制变量与退保现金流出存在着比较明确的关系。人身险公司积累的保单责任一般随着公司年龄的增长而增加，在其他条件不变的情况下，年龄越大，人身险公司的退保越多，所以，Age对退保率有正向影响。保费增长率（$Growth$）越高，退保越多，这可能是由于，人身险公司为发展业务而向不合适的消费者或以不恰当的承诺推介了产品，导致后续期间的退保；这反映出，金融机构在经营中面临着增长与稳定之间的短期权衡。盈利能力（ROA）越强，退保越少，这是由于，盈利过程增加了投资收益敏感型保单的账户价值，盈利也会增强公司抵御各类风险、履行保单责任的能力，让消费者从中获益而不选择退出合同。通货膨胀率（CPI）越高，退保越多，这是由于中国几乎没有通胀指数型的人身险保单，物价上涨会降低保单的实际保障程度，从而促使已有消费者选择退保以提前支取现金价值。

表4-16　　　　　　　　对退保现金流出的回归结果

因变量	$SurOut$					
共同敞口的维度	产品	产品	地理	地理	销售渠道	销售渠道
	(1)	(2)	(3)	(4)	(5)	(6)
$\sum_{j \neq i} w_{ij,t}^{std} y_{j,t}$	0.9137*** (0.17)	0.7621*** (0.06)	0.2670** (0.12)	0.2751*** (0.03)	0.0945 (0.16)	0.0760 (0.09)

续表

因变量	SurOut					
共同敞口的维度	产品	产品	地理	地理	销售渠道	销售渠道
	(1)	(2)	(3)	(4)	(5)	(6)
$CashIn_{t-1}$	0.2935***	0.2684***	0.3265***	0.3242***	0.2740***	0.1314***
	(0.05)	(0.03)	(0.05)	(0.02)	(0.05)	(0.04)
Age_{t-1}	0.0191***	0.0187***	0.0027	0.0027	0.0116**	0.0063**
	(0.00)	(0.00)	(0.00)	(0.00)	(0.01)	(0.00)
$HumCap_{t-1}$	0.0268**	0.0325***	0.0406***	0.0420***	-0.0188	-0.0112
	(0.01)	(0.01)	(0.01)	(0.00)	(0.02)	(0.01)
$Growth_{t-1}$	0.0014	0.0016***	0.0003	0.0008***	0.0014	0.0014***
	(0.00)	(0.00)	(0.00)	(0.00)	(0.00)	(0.00)
$IndRatio_{t-1}$	-0.0738*	-0.0559**	-0.1159***	-0.1155***	-0.01630	-0.0058
	(0.04)	(0.02)	(0.03)	(0.01)	(0.05)	(0.02)
MS_{t-1}	0.2863	0.1979	0.0004	0.0075	0.3988	0.1409
	(0.23)	(0.19)	(0.07)	(0.02)	(0.33)	(0.29)
$Leverage_{t-1}$	0.0120	0.0251	-0.0011	0.0027	0.0478	0.0624***
	(0.03)	(0.02)	(0.02)	(0.01)	(0.03)	(0.02)
ROA_{t-1}	-0.4181***	-0.3092***	-0.2239	-0.2059***	-0.4160*	-0.3671***
	(0.10)	(0.0)	(0.08)	(0.03)	(0.03)	(0.08)
GDP_t	1.8980***	1.6454***	0.1512	0.1319***	0.7210	0.1996
	(0.42)	(0.22)	(0.24)	(0.03)	(0.73)	(0.30)
CPI_t	1.0913***	0.9399***	0.6371***	0.6370***	0.4956	0.4442***
	(0.20)	(0.06)	(0.17)	(0.028)	(0.53)	(0.11)
观察值数	466	404	525	463	366	304
估计方法	IV	GMM	IV	GMM	IV	GMM
Hansen J 检验		[0.159]		[0.139]		[0.459]
AR(2) 检验	[0.550]	[0.641]	[0.754]	[0.905]	[0.224]	[0.217]

注：将 GMM 估计中，空间关联项的 1 阶和 2 阶滞后项作为工具变量。系数估计值下方（ ）内为稳健标准误，*、** 和 *** 分别表示在 10%、5% 和 1% 的水平下显著。Hansen J 检验用于判断过度识别约束是否有效，原假设为"有效"，检验统计量为 χ^2，AR(2) 检验用于判断水平方程 [(4-6) 式] 的扰动项 $\varepsilon_{i,t}$ 是否序列相关，原假设为"无序列相关"，检验统计量为 Z，这两个检验在 [ ] 中报告拒绝原假设的 P 值。

五 稳健性分析

（一）共同敞口的其他度量方式

对于共同敞口的度量，前文采用了重叠度指标（*overlap*），还存在其他几种基于向量相似度或变量相关性的衡量指标。（1）基于Pearson相关系数，共同敞口记为w_corr，$w\_corr_{ij,t}$等于（公司i和公司j于年度t的保费结构的Pearson相关系数+1）/2，取值介于0和1之间，取值越大，表示两家公司的共同敞口越多。Pearson相关系数是衡量股价变动关联性的最常用指标，Patro等（2013）认为，金融机构股价之间的平均Pearson相关系数是一个反映风险系统性的简单、稳健、有前瞻性的指标。（2）基于余弦相似度，共同敞口度量公式如下：

$$w\_cos_{ij,t} = \frac{\sum_k s_{i,k,t} \cdot s_{j,k,t}}{\sqrt{\sum_k s_{i,k,t}^2} \times \sqrt{\sum_k s_{j,k,t}^2}} \quad (4-9)$$

将一家公司的保费收入结构视为一个k维向量（$s_{i,1,t}, s_{i,2,t}, \cdots$），$w\_cos_{ij,t}$衡量的是年度$t$时$i$和$j$两家公司的此向量的夹角。$w\_cos_{ij,t}$的取值介于0和1之间，当$w\_cos_{ij,t}$取0时，表示两家公司的该向量正交，不存在共同敞口；当$w\_cos_{ij,t}$取1时，表示两家公司的该向量平行，存在完全的共同敞口。该指标被Fricke（2016）用于衡量两家银行的贷款在行业层面的共同敞口程度，被刘京军和苏楚林（2016）用于衡量两家共同基金的持股相似程度。（3）基于广义Jaccard相似度，共同敞口度量公式如下：

$$w\_Jacc_{ij,t} = \frac{\sum_k \min(s_{i,k,t}, s_{j,k,t})}{\sum_k \max(s_{i,k,t}, s_{j,k,t})} \quad (4-10)$$

$w\_Jacc_{ij,t}$的取值介于0和1之间，取值越大，表示两家公司的共同敞口程度越高。Pool等（2015）利用该测度方法计算了共同基金管理者的股票组合的相似程度。应注意的是，这3种共同敞口的测度方法需要进行标准化才能作为空间权重矩阵的元素。

表4-17报告了27个回归模型中的空间关联项的估计系数。结果

表 4-17　对共同敞口采用其他衡量指标的回归结果

因变量		PremIn			PayOut			SurOut	
共同敞口的维度	产品	地理	销售渠道	产品	地理	销售渠道	产品	地理	销售渠道
$\sum_{j\neq i} w\_cor^{sd}_{ij,t} y_{j,t}$	0.0547	-0.1573***	-0.3478***	0.4015***	0.0852	-0.1520	0.7612***	0.2485***	0.0414
	(0.05)	(0.04)	(0.10)	(0.07)	(0.12)	(0.25)	(0.08)	(0.02)	(0.11)
$\sum_{j\neq i} w\_cos^{sd}_{ij,t} y_{j,t}$	0.0474	-0.1024***	-0.4189***	0.3642***	0.1120	-0.1520	0.7024***	0.2736***	0.0602
	(0.04)	(0.03)	(0.12)	(0.04)	(0.14)	(0.26)	(0.09)	(0.02)	(0.07)
$\sum_{j\neq i} w\_jacc^{sd}_{ij,t} y_{j,t}$	0.0526	-0.1850***	-0.3970***	0.3145***	0.1044	-0.1022	0.7548***	0.2260***	0.0607
	(0.06)	(0.03)	(0.08)	(0.05)	(0.07)	(0.20)	(0.12)	(0.03)	(0.10)
系数的平均值	0.0516	0.1482	0.3879	0.3601	0.1005	-0.1354	0.7395	0.2493	0.0541

注：这 27 个回归自变量中均加入了因变量的 1 期滞后项和 x 中的 9 个控制变量（见表 4-12）。回归均采用 GMM 估计，将空间关联项的 1 阶和 2 阶滞后项做为工具变量，均通过了 HansenJ 检验和 AR(2) 检验（在 5% 的水平下）。系数估计值下方（）内为标准差，*、** 和 *** 分别表示在 10%、5% 和 1% 的水平下显著。

表 4−18　采用伪权重加权矩阵的回归结果

因变量	PremIn			PayOut			SurOut		
计算伪权重加权基础	产权性质接近程度	成立时间接近程度	总部地接近程度	产权性质接近程度	成立时间接近程度	总部地接近程度	产权性质接近程度	成立时间接近程度	总部地接近程度
$\sum_{j\neq i} w_{ij,t}^{std} y_{j,t}$	0.0244	−0.0124	−0.0462	0.0131	0.0318	0.0792	0.0201	0.0511	0.0652*
	(0.12)	(0.14)	(0.15)	(0.05)	(0.04)	(0.04)	(0.03)	(0.04)	(0.03)
因变量 1 期滞后项	0.3420***	0.3291***	0.3122***	0.6842***	0.5659***	0.5477***	0.3450***	0.2871***	0.2470***
	(0.03)	(0.03)	(0.03)	(0.02)	(0.04)	(0.04)	(0.04)	(0.03)	(0.04)
x_{it-1}	有	有	有	有	有	有	有	有	有
观察值数	404	404	404	463	463	463	304	304	304

注：9 个回归均采用 GMM 估计，将空间关联项的 1 阶和 2 阶滞后项做为工具变量，均通过了 Hansen J 检验和 $AR(2)$ 检验（在 5% 的水平下）。系数估计值下方括号内为稳健标准误，*、** 和 *** 分别表示在 10%、5% 和 1% 的水平下显著。

表明：空间关联项系数的符号及其显著与否与前文是一致的；3种共同敞口衡量指标得到的系数平均值（表4-17最后1行）与前文基于重叠度指标所得结果是比较接近的。因此，前文的结论对不同的共同敞口的衡量指标是稳健的。

（二）伪权重矩阵

通过竞争对手效应、共同因子效应和市场信心效应解释了共同敞口对流动性关联的影响。如果存在某些与风险敞口相关且本节未加以控制的人身险公司特征变量，导致了人身险公司的流动性关联，那么，就会削弱本节对风险敞口因素的解释力。我们考虑3个公司基本特征上的关系。(1) 产权性质接近程度，如果两家公司同属中资公司或者外资公司，则设 $w_{ij,t}=1$，如果两家公司一家为中资，另一家为外资，则设 $w_{ij,t}=0$。(2) 成立时间接近程度，将公司成立的年份之差的"倒数"设为 $w_{ij,t}$。(3) 总部地接近程度，将两家公司的总部所在城市地理距离的"倒数"设为 $w_{ij,t}$[①]。

采用伪权重矩阵的回归结果报告于表4-18。在所有9个回归中，空间关联项的系数估计值均不是统计显著的（在5%的水平下），因此，人身险公司之间在产权性质、成立时间和总部地这3个基本特征的相近程度并没有影响它们之间的流动性关联。

六 小结

系统性风险的核心在于损失的关联性。传统观点认为，由于保险公司业务的直接关联程度低，其风险传染性较弱；然而，除直接业务往来之外，金融机构之间还有另一种关联性来源——共同敞口。本节首次正式研究人身险公司之间的共同敞口是否会导致它们之间的流动性关联。

我们收集了中国人身险公司在不同产品、不同地区和不同销售渠道上的收入数据，并从这3个维度较全面地衡量了人身险公司之间的共同

[①] 两个城市之间的距离是根据两个城市几何中心的经纬度坐标，由地理信息系统软件（Arcgis）计算得到的空间距离。对于成立时间接近程度和总部地接近程度，将其倒数的平方作为 $w_{ij,t}$ 也不影响稳健性分析结论。

敞口程度。为识别共同敞口造成流动性关联的 3 种机制——竞争对手效应、共同风险因子效应和市场信心效应，本节将人身险业务的流动性来源分为 3 项——保费现金流入、赔付红利现金流出和退保现金流出，而这 3 个流动性来源能够分别用于检验 3 种机制。通过两两公司的共同敞口程度生成空间权重矩阵，采用空间计量模型得到了如下结果。（1）人身险公司之间的地理（销售渠道）共同敞口程度每提高 1 个标准差，它们之间的保费现金流入的反向关联将提高 4.25 个（12.75 个）百分点，这主要归因于竞争对手效应；（2）人身险公司之间的产品共同敞口程度每提高 1 个标准差，它们之间的赔付红利现金流出的同向关联将提高 19.01 个百分点，这主要归因于共同风险因子效应；（3）人身险公司之间的产品（地理）共同敞口程度每提高 1 个标准差，它们之间的退保现金流出的同向关联将提高 32.56 个（9.65 个）百分点，这主要归因于市场信心效应。

本节的政策含义在于：为防范赔付红利、退保这两类人身险业主要现金流出的系统性风险，宏观审慎监管部门应当关注人身险公司在产品维度和地理维度的共同敞口。具体而言：（1）鼓励人身险公司进行差异化经营，如加快发展保障型寿险、投资型寿险、养老、健康等专业性公司；（2）鼓励设立区域性保险公司，鼓励保险公司在西部和落后地区开展业务；（3）对死亡率、利率、通货膨胀率等系统性风险因子的变动进行情景分析和压力测试；（4）不需要过多干预人身险公司自主选择销售渠道。

第三节　金融机构综合经营的风险效应：基于中国股市数据

一　问题的提出

1993 年 12 月，国务院出台《关于金融体制改革的决定》，确定了金融业分业经营的方针。1995 年，《中华人民共和国人民银行法》《中华人民共和国商业银行法》《中华人民共和国保险法》的颁布，奠定了

保险系统性风险的形成、外溢及监管

中国金融业分业经营、分业监管的格局。从 20 世纪 90 年代中后期开始，中国的银行、保险公司和券商开始试水各自的边缘业务。国家"十一五"规划（2006—2010 年）和"十二五"规划（2010—2015 年）分别提出"稳步"和"积极稳妥"地推进金融业综合经营试点。2017 年 7 月召开的全国金融工作会议宣布设立国务院金融稳定发展委员会。2018 年 3 月召开的第十三届全国人大第一次会议审议通过了国务院机构改革方案，中国银行业监督管理委员会和中国保险监督管理委员会合并组建中国银行保险监督管理委员会。近二十年来，与 20 世纪 80 年代末以来的国际主流趋势一样①，中国金融业出现了综合经营、综合监管的趋势。

金融业综合经营和分业经营的利弊仍在讨论中。各金融机构在进行业务选择时，"风险"是除"效率"因素外的另一个重要考量因素。一方面，金融综合经营常被认为是造成损失积累和扩散的重要原因之一，因此，金融危机爆发后，金融综合经营往往会受到限制，例如：1929 年世界经济危机后，美国于 1933 年出台了《格拉斯－斯蒂格尔（Glass-Steagall）银行法案》；2007 年次贷危机爆发后，时任美国总统奥巴马于 2010 年签署了《多德－弗兰克（Dodd-Frank）法案》；2008 年欧债危机爆发后，欧盟委员会采纳了由欧盟相关专家组提出的《利卡宁（Liikanen）报告》。另一方面，从理论上讲，金融综合经营能通过风险分散效应降低总风险水平，通过各部门之间的资源共享、取长补短提高风险管理能力，通过扩大规模提高应对外部冲击的能力；有的学者认为，金融危机的风险根源不是综合经营，而是落后的碎片化监管，而限制综合经营并不能消除风险，只会产生新的风险。因此，金融综合经营的风险效应是一个具有重要现实意义的话题，且结论尚不明确。

本节将定量研究：综合经营如何影响中国金融机构的破产风险

---

① 英国 1986 年出台的《金融服务法》、日本 1997 年出台的《金融控股公司法》和美国 1999 年出台的《金融服务现代化法案》都是国际金融综合经营趋势的标志性事件。本节采用金融综合经营的说法，亦可换为金融混业经营，不对两者进行刻意区分。

（个体层面）和系统性风险（整体层面）？在研读国内外已有文献的基础上，本节有两点贡献：（1）基于股票市场数据，对中国金融综合经营的风险效应进行了经验研究；（2）本节关注4类金融机构（大型银行、中小银行、保险公司和券商）和4类金融业务（银行业务、保险业务、证券业务和房地产业务），既研究破产风险，又研究3种系统性风险（股价风险、利率风险和汇率风险），考察全面，结论丰富。本节的研究及结论能为中国金融机构的业务选择和监管部门的政策制定提供参考。

二　综合经营风险效应识别机制的文献述评

要在不同的金融业制度环境下或基于不同的分析视角研究综合经营的风险效应，需要采取不同的识别方法。本部分对这些方法进行了梳理，并将已有文献分为以下7类。

第一，比较综合经营金融机构的某类业务与专门经营该类业务的金融机构的风险。1987年起，美国的银行可以有限度地经营证券业务，Fields和Fraser（2004）比较了1991—2000年美国的银行和券商进行的首次公开募股（IPO），研究发现：二者的IPO错误定价风险难分高下，股票市场对二者IPO错误定价的反应也没有显著差异。张涤新和邓斌（2013）比较了中国的银行控股公司与独立银行的收益和风险状况，发现前者的收益（以资产收益率和权益收益率度量）和风险（以不良贷款增长率和Beta系数度量）均优于后者，因此，他们认为金融综合经营的风险更小。

第二，比较金融控股公司（金融集团、银行控股公司）中不同金融模块的风险。Litan（1985）基于1978—1983年美国31家银行控股公司的会计数据发现：有近半数金融控股公司的银行模块的资产收益率低于其他模块，且其资产收益率的变异系数也较高，因此，其认为非银行业务在收益和风险方面均占优。Wall（1987）基于1973—1983年美国200多家金融控股公司的会计数据发现：非银行子公司的破产风险在大部分时期都低于银行子公司，从而认为银行控股公司应当更多地经营非银行业务。Kwast（1989）基于1976—1985年美国的银行控股公司的会计数据发现：证券交易业务的收益率及其波动率远大于其他业务，所以认为综合经营将增加银行的风险。Nurullah和Staikouvas（2008）基于1990—1999年欧洲国家的金融集团下属子公司的数据发现：寿险公司和非寿险公司的风险（以资产收益率的标准差和资不抵债的概率度量）比银行更高，但保险经纪公司与银行的风险并没有显著差异。

第三，分析不同类型金融机构之间收益的相关性。Rose（1989）基于1966—1985年美国的银行、非银行金融机构和非金融机构的会计数据发现：银行与保险公司、数据处理公司在收益率和现金流方面的相关性均很低，因此，银行进入这两个周期性较弱的领域将降低风险。Kuritzkes等（2002）分析了美国的银行、财产险、人身险和其他金融业的收益率的相关性，认为风险分散效果在单个因子内部最强，这纯粹是"大数法则"的作用；风险分散效应在因子之间、行业内部次之；风险分散效果在行业之间最弱。王培辉（2016）基于2001—2015年中国上市金融机构的股价数据发现，银行、保险、证券和信托这4类机构的股价存在尾部相依和联动现象，并发现这种关联性在金融危机期间增强了。

第四，分析银行控股公司（或金融控股公司、金融集团、综合集团）中某项业务的风险效应。Brewe（1989，1990）基于1978—1986年美国100多家上市银行控股公司的股票市场数据和会计数据，通过回归分析发现：在其他条件不变的情况下，控股公司的资产中非银行子公司的占比更高，控股公司的资产收益率的波动率和破产风险更低。De Young和Torna（2013）分析了次贷危机期间美国经营失败的银行，发现收取手续费业务（如证券经纪、保险销售）越多的银行，经营失败的概率越低，改变资产结构业务（如资产证券化、风险投资）越多的银行，经营失败的概率越高。李志辉等（2015）以中信集团和光大集团为例，采用Shapley值法估计银行、证券、保险和信托子公司对整个集团的风险（定义为资产小于负债的概率）的影响，发现规模因子最为重要。Davidson（2017）基于2001—2014年美国银行控股公司的会计数据发现：持有寿险公司将提高银行控股公司的流动性风险、信用风险和利率风险，这是由于银行控股公司对寿险业务存在投资过度或投资不足、利用寿险业务进行避税以及寿险本身业务有较严重的资产负债错配性。

第五，分析不同类型金融机构之间收购前后的股价或会计指标的变化。该类研究采用的是事件分析法。Fields等（2007）整理了1997—2002年全球129例银行和保险公司之间的收购案例，发现收购方股价的标准差、Beta系数和资产收益率的变异系数在收购前后均没有显著变化，从而认为综合经营对风险没有显著影响。Casu等（2016）整理了1991—2012年全球272例银行收购保险公司或券商的案例，研究发现：银行收购券商会显著提高总风险（以股价收益率的标准差度量）、系统性风险（以股价的Beta系数度量）和特异风险（以总风险扣除系统性风险后的残差度量）。Elyasiani等（2016）整理了1991—2012年全球银行和保险公司之间的收购案例，研究发现：银行收购保险公司后，系统性风险增加，特异风险降低；保险公司收购银行后，系统性风险稍有下降，特异风险几乎没有变化。

第六，模拟分析不同类型金融机构合并对风险指标的影响。Boyd等（1993）采用合并两两机构的方法分析了银行兼营非银行业务对其破产风险的影响。该文基于1971—1987年美国上市企业的股票市场数据发现：兼营保险业务将降低银行风险，但兼营证券业务和房地产业务将增加银行风险。Allen和Jagtiani（2000）基于1986—1994年美国的27家上市金融机构（银行、保险公司和券商各9家）的月度数据，在模拟合并3类金融机构的基础上，采用多阶段回归模型发现：兼营证券业务和保险业务均增加了银行的系统性风险敞口，但对系统性风险单位溢价影响不大。Estrella（2001）基于1989—1998年美国的70家上市公司的季度数据，测算了单个机构的破产风险和机构两两合并后的破产风险，研究发现：银行为降低风险应当兼营保险业务而不是证券业务或非金融业务；保险公司的风险已经非常分散，通过兼营其他业务来降低风险的空间非常小。

第七，比较不同综合经营制度环境下的金融机构的风险状况。Barth 等（2001）评价了 60 多个国家（地区）的金融综合经营管制政策，在银行从事证券业务、保险业务、房地产业务以及持有非金融企业股权等维度上，将这些国家（地区）划分为"无禁止""许可""有限制""禁止"4 个等级，并认为整体而言，金融综合政策越宽松，银行业的绩效越高，发生银行或金融危机的可能性越低。基于 Barth 等（2001）的划分结果，王艺明、陈浪南（2005）以 1995—1999 年 46 个国家（地区）的 8000 多家银行为样本，研究发现：银行从事保险业务、从事房地产业务和持有非金融企业股权均不会显著影响自身的破产风险，但是从事证券业务对银行的风险可能有积极影响，也可能有消极影响。

在上述 7 种识别方法中，前 3 种方法由于不能控制多种因素的影响已经较少用于研究本节的话题。因为无法获得相关数据，所以本节不采用第 4 种方法。中国不同类型金融机构之间跨界收购的案例不多，且企业集团的数据披露十分有限，所以本节不采用第 5 种方法。基于国际比较视角的文献所进行的研究已经较为全面，所以本节也不采用第 7 种方法。本节将采用第 6 种方法。与已有采用第 6 种识别方法的研究相比，本节对中国样本的研究有如下新意：主要采用股票市场数据；通过因子模型解释综合经营的破产风险效应；除破产风险外，还研究了宏观决策者更关心的系统性风险，包括股价风险、利率风险和汇率风险，并对 4 类金融机构和 5 类业务进行考察，结论丰富。

三 数据说明

本节的样本主要来源于上海证券交易所和深圳证券交易所 A 股上市交易的 4 类金融机构：大型银行、中小银行、保险公司和券商。因为信托、基金、金融租赁等金融子行业的上市机构数目过少，无法获取本节样本期间所需的数据，所以未纳入这 3 个行业。考虑到中国的四大行与其他商业银行在历史、现实经营和监管等方面存在显著差异，本节将银行按规模分为两类；大量文献发现，大银行和小银行的风险状况存在显著差异（Allen 和 Jagtiani，2000；Casu 等，2016；Davidson，2017）。

考虑到有的国家或地区允许金融机构经营房地产业务（Estrella，2001；王艺明、陈浪南，2005），且房地产是次贷危机和日本经济衰退的最重要的风险因素之一，中国金融监管部门（金融稳定分析小组，2018）和国际货币基金组织（Crowe 等，2011）、欧洲系统性风险委员会（European Systemic Risk Board，ESRB，2018）等国际组织也十分关注房地产业务在金融系统性风险中的作用，本节在分析系统性风险时（第4小节）将房地产作为合成全能银行的一类业务。

本节的样本数据为 2012 年 1 月至 2017 年 12 月的月度数据。数据始于 2012 年 1 月是因为，更早时期中的上市保险公司仅有 3 家。在每个样本期内，样本机构的股票一直处于上市交易状态，因此，本节研究结论不受"生存偏倚"问题的影响。

考虑到上市保险公司的数目较少，根据 2017 年年末各家机构的资产规模，每个类型选取 4 家机构。各类机构的构成如下：（1）大型银行，包括中国工商银行、中国农业银行、中国银行和中国建设银行；（2）中小银行，包括华夏银行、北京银行、南京银行和宁波银行，它们是 2012 年 1 月前上市的银行中资产最少（截至 2017 年年末）的 4 家。（3）保险公司，包括中国人寿、中国平安、中国太平洋保险、新华保险，它们是样本期间仅有的 4 家上市保险公司，均为保险业的龙头公司。（4）券商，包括中信证券、海通证券、华夏证券和广发证券，它们是 2017 年年末资产规模最大的 4 家上市券商。（5）房地产企业，包括保利地产、华夏幸福、华侨城和首开股份，它们是满足样本期间没有任何一个完整自然月停牌的条件的、在 2017 年年末资产规模最大的 4 家上市房地产企业。

本节分析是基于股票市场数据而非会计数据，可以减少机构会计标准变更、盈余管理对研究结果的影响，也能够较及时、全面地反映机构的状况。研究所需的变量包括如下 3 类。（1）各家机构股票的月度收益数据，其来自上海证券交易所和深圳证券交易所。（2）用于度量机构"规模"的总市值和资产。总市值的数据来自上海证券交易所和深圳证券交易所。资产的数据来自上市公司的季报，通过线性拟合方法得到月度值。(3) 3个系统性因子。①股价因子，采用"沪深300指数"的涨跌幅度量，股价因子取值上升，表示股价整体上升。数据由上海证券交易所和深圳证券交易所联合编制发布。②利率因子，采用"中证国债指数"涨跌幅的相反数来度量，利率因子取值上升，表示利率水平上升。数据来自中央国债登记结算有限责任公司。③汇率因子，采用"人民币实际有效汇率指数"涨跌幅的相反数来度量，汇率因子上升，表示人民币升值。数据来自国际清算银行（Bank for International Settlements）。

四 综合经营与金融机构的破产风险

（一）方法

本节将企业权益价值视为一种以企业负债价值为执行价购买企业资产的看涨期权，因此，企业经营失败破产的概率可以用企业权益价值及其波动率和企业的负债来表示。将企业资产价值记为随机变量 A，假设 A 服从几何布朗（Geometric Brownian）运动，表示如下：

$$dA = \left(r_A - \frac{1}{2}\sigma_A^2\right)Adt + A\sigma_A dW \tag{4-11}$$

其中，r_A 和 σ_A 分别表示企业资产价值的期望增长率和波动率，t 表示时间，W 是维纳过程。金融机构的负债价值记为 K，假设 K 是固定成本型的，其增长过程为 $dK = r_K K dt$。在任何时期（τ），企业权益价值（E）的变动表示为：

$$dE = \frac{\partial E}{\partial A}dA + \frac{\partial A}{\partial t}dt + \frac{1}{2}\frac{\partial^2 E}{\partial A^2}A^2\sigma_A^2 dt \tag{4-12}$$

根据风险中性定价原理，采用 Black-Scholes 方程，企业权益价值（E）表示如下：

$$E = A\Phi\left[\frac{\ln(A/K) + (1/2)\sigma_A^2\tau}{\sigma_A\sqrt{\tau}}\right] - K\Phi\left[\frac{\ln(A/K) - (1/2)\sigma_A^2\tau}{\sigma_A\sqrt{\tau}}\right] \tag{4-13}$$

其中，Φ 表示累积正态分布函数。

企业"破产"定义为其资产价值低于负债价值，企业在 τ 时期末的破产概率为：

$$p = P(A_\tau < K_\tau) = 1 - \Phi\left[\frac{\ln(A/K) - (1/2)\sigma_A^2\tau}{\sigma_A\sqrt{\tau}}\right] \quad (4-14)$$

虽然不能观测到金融机构的资产价值（A）及其波动率（σ_A），但是能从金融机构的股票价格数据中估算出金融机构的权益价值（E）及其波动率（σ_E）。从（4-12）式中可得到 $\sigma_A = \left(\frac{E}{A}\frac{\partial A}{\partial E}\right)\sigma_E$，进一步结合（4-13）式就能估算出 A 和 σ_A。将 A 和 σ_A 的估算结果代入（4-14）式，即可得到企业的破产概率。

样本金融机构的破产概率非常小，故分析中采用 Z 指数（Z）更方便：

$$Z = \frac{\ln(A/K) - (1/2)\sigma_A^2\tau}{\sigma_A\sqrt{\tau}} \quad (4-15)$$

其中，Z 指数与企业的破产概率呈反向关系，$p = 1 - \Phi(Z)$。Z 指数的直观含义是，金融机构资产负向变动几个标准差就将导致资不抵债。对于任何给定的考察期 τ，资产波动率（σ_A）和杠杆率（K/A）是负向影响 Z 指数（增加破产概率）的两个因素。

下面计算样本中每家金融机构的破产风险以及这些机构两两合并后的破产风险。股票收益率数据采用 2012 年 1 月至 2017 年 12 月的月度数据，负债数据采用的是 2017 年第四季度末的值。设定考察期 $\tau = 12$，即计算的是一年期的破产概率。

（二）分析结果

这 4 类金融机构的破产风险及其相关变量的描述性统计见表 4-19。表 4-19 报告了各类金融机构部分指标的平均值。（1）大型银行、中小银行、保险公司和券商的股价收益率依次提高，其股价波动率也依次提高，因此，根据均值—方差理论，这 4 类金融机构的投资价值取决于特定投资者的风险偏好。（2）在杠杆率方面，两类银行高于保险公司，并进一步高于券商。因为中间业务在券商业务结构中的占比高于其

保险系统性风险的形成、外溢及监管

他 3 类金融机构,所以其杠杆率最低。(3) 从 Z 指数以及根据 Z 计算的风险中性破产概率(未报告)来看,4 类金融机构的破产风险均非常低,其中,中小银行的破产风险明显高于其他 3 类机构。

表 4-19　四类金融机构的破产风险及相关变量的描述性统计

类型	股票收益率(r_E)	股价波动率(σ_E)	杠杆率(K/A)	Z 指数(Z)
大型银行	0.0119	0.0616	0.9270	11.9145
中小银行	0.0163	0.0846	0.9357	6.9472
保险公司	0.0194	0.1090	0.7627	12.3760
券商	0.0217	0.1478	0.6992	10.8265

为研究一类机构合并另一类机构(或者说是兼营另一类业务)是否会降低破产风险,本部分计算了各金融机构两两合并后的 Z 指数。根据两家金融机构所属类型,将合并后的金融机构的 Z 指数平均值报告于表 4-20。加粗的数字表示两类金融机构合并后的 Z 指数大于左端(第 1 列)"类型"中金融机构的 Z 指数,这说明该类金融机构兼营加粗数字所属"列"的类型中的业务(或收购加粗数字所属列的类型中的金融机构),能降低破产风险。(1) 合并同类金融机构时(见表 4-20 的主对角线数字),大型银行和券商的破产风险会增加,而中小银行和保险公司的破产风险则会降低。这主要反映出,不同的中小银行(不同的保险公司)之间的收益相关性较低,其原因在于,在这两类金融机构中,不同机构在地理、产品、渠道等方面的业务同质化程度较低。(2) 大型银行兼营保险业务会降低破产风险,中小银行和券商兼营大型银行的业务和保险业务均会降低破产风险,这主要是由于大型银行和保险公司的破产风险较低。(3) 保险公司兼营证券业务会降低破产风险,这主要是由于证券业务与保险业务的收益相关性也较低。

表4-20　不同类型金融机构两两合并后的破产风险（Z指数）

类型	大型银行	中小银行	保险公司	券商
大型银行	10.3761	7.7868	**12.0199**	11.0719
中小银行	**7.7868**	7.2856	**7.4926**	5.0393
保险公司	12.0199	7.4926	14.0393	12.4380
券商	**11.0719**	5.0393	**12.4380**	3.8.1631

注：金融机构两两合并后的股票收益率计算为两家机构的总市值加权收益率。

为研究两家金融机构合并后是否会同时降低"双方"的破产风险，即分析合并能否实现破产风险方面的双赢，表4-21显示了从行、列所属类型中各选一家机构进行合并，合并后机构的Z指数较之这两家机构单独的Z指数都下降了的组合数占总组合数（12个或16个）的百分比。（1）当两家同类金融机构合并时。从表4-21的主对角线数字可知，当两家机构均是大型银行、中小银行、保险公司或券商时，两家机构的破产风险均会降低的概率分别为30%、50%、100%和0%。（2）当两家不同类型金融机构合并时。大型银行和保险公司合并时，双方的破产风险均降低的可能性为31%，当保险公司与券商时，双方的破产风险均降低的可能性为13%。

表4-21　不同类型金融机构两两合并后双方破产
风险均下降的比重　　　　　　　　（单位：%）

类型	大型银行	中小银行	保险公司	券商
大型银行	30	0	31	0
中小银行	0	50	0	0
保险公司	31	0	100	13
券商	0	0	13	0

注：金融机构两两合并后的股票收益率计算为两家机构的总市值加权收益率。

（三）对综合经营的破产风险效应的解释

综合经营对破产风险的影响主要取决于3个因素：机构的杠杆率、

机构资产价格的波动率和机构之间资产价格的相关性。(1) 合并杠杆率更低的机构更能降低破产风险,因为它能提高 Z 指数分子的第 1 个成分。例如,经营保险业务较之银行业务更能降低破产风险的主要原因是,前者的杠杆率更低。(2) 合并资产价格波动率更低的机构更能降低破产风险,因为它能降低 Z 指数分子的第 2 个成分。例如,经营券商业务更会增加破产风险的主要原因是,其资产波动率更高。(3) 机构之间资产价格的相关性越低,综合经营越能降低破产风险。那么,什么决定了这种相关性呢?

任何机构均可以视为其经营的各种商业活动的组合,这些活动有些很相似,有些则差别较大,业务越相似,收益率就越相关。遗憾的是,这些业务不容易清晰划分,其收益状况也缺乏数据,所以业务之间的相关性难以直接度量。不过,可以将各家机构视为特定的"基本因子"的组合。与不同类型的机构相比,同一类型机构受各基本因子的影响程度更相近。下面通过比较不同类型机构的基本因子构成,分析不同机构资产价格的相关性。

基于套利定价理论(Arbitrage Pricing Theory,APT),机构的股票收益率通过少数几个基本因子就能较好地解释。具体而言,在 N 只股票中,特定股票的收益率主要取决于 L 个正交因子:

$$r_N = \mu_N + B_N F + U_N \tag{4-16}$$

其中,r_N 是 N 只股票的收益率向量;μ_N 是平均收益率向量;F 表示 L 个正交因子,这些因子间的协方差矩阵记为 I_L;B_N 表示因子载荷矩阵;U_N 是随机扰动项。为使表述更简洁,定义 $x \equiv r_N - \mu_N$,舍去脚标 N,那么(4-16)式可以改写为:

$$x = BF + U \tag{4-17}$$

令 $\Sigma = E(xx')$,对其进行特征分解,得到 $\Sigma = \beta \Lambda \beta' = \sum_{i=1}^{N} \lambda_i \beta_i \beta'_i$。其中,$\Lambda$ 是由 Σ 的特征值(记为 λ_i,$i = 1, \cdots, N$)组成的对角矩阵,β 是由 Σ 的 N 个特征向量(β_i,$i = 1, \cdots, N$)组成的矩阵(Estrella,2001)。

当估计 L 个因子的 APT 模型时,通过 $\sum_{i=1}^{N}\lambda_i\beta_i\beta'_i$ 的前 L 项能表示 (4-17) 式中 BF 的方差,通过 $\sum_{i=1}^{N}\lambda_i\beta_i\beta'_i$ 的其余项目能表示 (4-17) 式中 U 的方差。定义 $\varphi = \beta'x$,φ 满足 $E(\varphi\varphi') = \Lambda$。$\beta$ 是正交矩阵,所以存在 $x = \beta\varphi$ 将矩阵 β 进行分块,$\beta = [\beta_L, \beta_o]$。其中,$\beta_L$ 包括对应于 Σ 的 L 个最大特征值的特征向量;相应地,将 φ 进行分块,$\varphi = [\varphi_L, \varphi_o]'$。得到:

$$x = \beta_L\varphi_L + \beta_o\varphi_o = \beta_L\varphi_L + U_L \tag{4-18}$$

其中,φ_L 与 φ_o 正交,也就是与 U_L 正交。φ_L 的协方差是对角矩阵 Λ_L,其包括 Σ 的最大的 L 个特征值。

下面基于 2012 年 1 月至 2017 年 12 月的月度数据,采用 APT 对所有 16 家金融机构构成的样本 (x) 进行因子分析,得到 16 个正交因子。表 4-22 报告了前若干个因子对每类金融机构的股价收益率的解释力,即对每类机构中每个机构股票收益率序列回归的 R^2 的平均值。(1) 如 APT 预测的,对于每类机构,少数几个因子就能解释大部分股票收益率的变异。(2) 对于任何特定数目的因子,大型银行股票收益率的被解释程度最高,说明其价值受到的影响更多地来自少数因子。保险公司股票收益率的被解释程度最低,说明多个因子对其价值的影响力比较平均。

表 4-22　特定数目因子对各类金融机构股票收益率的解释力

类型	前 1 个	前 2 个	前 3 个	前 5 个	前 10 个
大型银行	0.6335	0.6897	0.7150	0.6888	0.7400
中小银行	0.3285	0.3890	0.3911	0.6317	0.7106
保险	0.2645	0.3064	0.3224	0.3846	0.5690
券商	0.3349	0.4127	0.4588	0.4779	0.6041

表 4-23 报告了 16 个因子中对每类金融机构股票收益率的解释程度最高的 5 个因子。例如,大型银行的 5 个值从左到右依次是 F2、F3、

F1、F4 和 F6，表示对大型银行股票收益解释力最大的前 5 个因子依次是 16 个因子中的第 2 个、第 3 个、第 1 个、第 4 个和第 6 个。(1) 各因子在不同类型中的重要性差别较大，这为综合经营的风险分散效应给出了统计学解释。(2) 保险业的因子构成与其他类型的差别较大，前 5 个因子中仅有 1 个属于对样本整体（16 家机构）解释力最强的前 5 个因子。因此，保险业务与其他业务之间兼营能产生较好的风险分散效果。

表 4-23　　对各类金融机构股票收益率最有解释力的因子

类型	前 5 个因子				
大型银行	F2	F3	F1	F4	F6
中小银行	F5	F7	F4	F6	F10
保险	F8	F10	F9	F4	F11
券商	F5	F10	F1	F6	F8

注：举例说明单元格内容的含义："大型银行"类型的第 2 个值（第 3 列）是 F3，这表示对大型银行的股票收益率解释力第 2 强的因子是 16 个因子中对应于第 3 大特征值的因子。

五　综合经营与金融机构的系统性风险

前文关注的是单个机构的破产风险，而政策制定者更关注系统性风险，下面将研究综合经营对单个机构难以分散的风险——系统性风险的影响。(1) 综合经营后，如果机构的系统性风险"暴露"减少，即机构面对的能对大量机构造成损失的共同冲击就会减少，那么综合经营将会得到更多的支持。(2) 如果随着某类业务在综合经营机构中占比的提高，市场对该机构的系统性风险要求的"单位溢价"增加（而不是降低），这说明市场认为该类业务的风险程度较高。

样本期间，中国的银行业、保险业、证券业基本上是分业经营的，所以本小节将合成全能银行作为研究样本。每家合成全能银行均包括一家银行的业务、一家保险公司的业务、一家券商的业务和一家房地产企业的业务。对样本中的银行、保险公司、券商和房地产企业进行所有可能的组合,共得到512(8×4×4×4)家合成全能银行。合成全能银行的月度收益率由构成其的4家机构的月度收益率的加权平均获得。除采用各机构的"总市值"占比作为权重外,为分析结果的稳健性,也采用4家机构的"资产"占比作为权重。

对于系统性因子,在基于股价和利率的常用双因子模型(Flannery和James,1984;Allen和Jagtiani,2000)的基础上,加入汇率因子,形成三因子模型。这3个因子的相关性很低,其Pearson相关系数仅为-0.0283、0.0063和-0.0538,可以近似假设它们正交。

(一) 各类业务对系统性风险暴露的影响

采用两阶段回归分析,第一阶段回归估计了合成全能银行时变的3个Beta系数,公式如下:

$$\begin{cases} R_{1,t} = \alpha_{1,t} + \beta_{1,t}^M R_t^M + \beta_{1,t}^I R_t^I + \beta_{1,t}^{EX} R_t^{EX} + \varepsilon_{1t} \\ \cdots \cdots \\ R_{512,t} = \alpha_{512,t} + \beta_{512,t}^M R_t^M + \beta_{512,t}^I R_t^I + \beta_{512,t}^{EX} R_t^{EX} + \varepsilon_{512,t} \end{cases} \quad (4-19)$$

其中,$R_{i,t}$是合成全能银行i($i=1,\cdots,512$)在月度t的股票收益率;R_t^M是月度t的股票指数变动率,数据基于沪深300指数得到;R_t^I是月度t的利率变动率,数据基于中证国债指数得到;R_t^{EX}是月度t的人民币汇率变动率,其值大于0,表示人民币升值,数据基于人民币实际有效汇率指数得到。采用2014年1月至2017年12月的样本,通过24个月(样本月之前的24个月)的滚动窗口去估计每一家合成全能银行月度的$\alpha_{i,t}$、$\beta_{i,t}^M$、$\beta_{i,t}^I$和$\beta_{i,t}^{EX}$。无论是总市值加权的收益率,还是资产加权的收益率,基于(4-19)式进行的回归个数均为24576个,即合成全能银行的数目(512)×滚动窗口期的数目(48),每个回归的样本量均为24个。

表4-24报告了3个系统性因子及其Beta系数估计值的描述性统计结果。(1)股价因子的Beta系数在0.9左右,表示大盘上涨1%,合成全能银行的股票收益率将提高0.9%左右,反映出合成全能银行的股价与大盘走势的高度相关性。(2)利率因子的Beta系数为负,与股票定价理论的预期一致。利率水平每提高1%,合成全能银行的股票收益

率将降低 1.25%—1.5%。因为利率因子（利率水平的涨跌幅）的标准差在样本期间仅为股价因子（大盘的涨跌）标准差的约 1/6（= 0.0021/0.0129），所以利率因子对合成全能银行的股票收益率的实际影响程度（−0.0036 和 −0.0025）低于股价因子（0.0106 和 0.0096）。(3) 汇率因子的 Beta 系数为正，反映出人民币升值总体上对中国的金融和房地产业务产生了积极影响。这是因为，人民币升值会吸引外资进入中国的资本市场、房地产和其他产业，减轻中国金融和房地产经营者的外币债务负担，降低大宗商品价格，从而激发经济活力。汇率因子的 Beta 系数为 7—8，表示人民币每升值 1%，合成全能银行的股票收益率将提高 7%—8%，数值较大。人民币汇率变动幅度低，其标准差仅为 0.0010，所以汇率因子对合成全能银行的股票收益率的实际影响程度（0.0074 和 0.0076）低于股价因子，但是仍高于利率因子。因此，在基于股价和利率的常用双因子模型的基础上加入汇率因子具有重要意义。

表 4−24　　三个系统性因子及其 Beta 系数的描述性统计

因子类型	因子本身（样本量 = 72）		因子的 Beta 系数的均值（样本量 = 24576）		因子增加 1 单位标准差对股票收益率的平均影响	
	均值	标准差	总市值加权	资产加权	总市值加权	资产加权
股市	0.0037	0.0129	0.9412	0.8452	0.0106	0.0096
利率	−0.0005	0.0021	−1.4625	−1.2739	−0.0036	−0.0025
汇率	−0.0002	0.0010	7.3934	7.6454	0.0074	0.0076

注：第（6）列 = 第（3）列 × 第（4）列，第（7）列 = 第（3）列数字 ×（5）列。

第 2 阶段回归分析各类业务对合成全能银行的 3 种系统性风险暴露的影响，采用如下 3 个面板数据回归模型：

$$\hat{\beta}_{i,t}^{M} = b_0 + b^{Ins}Prop_{i,t}^{Ins} + b^{Sec}Prop_{i,t}^{Sec} + b^{Estat}Prop_{i,t}^{Estat} + \varepsilon_{i,t} \quad (4-20)$$

$$\hat{\beta}_{i,t}^{I} = b_0 + b^{Ins}Prop_{i,t}^{Ins} + b^{Sec}Prop_{i,t}^{Sec} + b^{Estat}Prop_{i,t}^{Estat} + \varepsilon_{i,t} \quad (4-21)$$

$$\hat{\beta}_{i,t}^{EX} = b_0 + b^{Ins}Prop_{i,t}^{Ins} + b^{Sec}Prop_{i,t}^{Sec} + b^{Estat}Prop_{i,t}^{Estat} + \varepsilon_{i,t} \quad (4-22)$$

其中，因变量 $\hat{\beta}_{i,t}^{M}$、$\hat{\beta}_{i,t}^{I}$ 和 $\hat{\beta}_{i,t}^{EX}$ 分别是合成全能银行 i 的股价因子 Beta 系数、利率因子 Beta 系数和汇率因子 Beta 系数在各滚动窗口期估计值的平均值，三者均由第一阶段回归结果计算得到；自变量 $Prop_{i,t}^{Ins}$、$Prop_{i,t}^{Sec}$ 和 $Prop_{i,t}^{Estat}$ 分别是保险公司、券商和房地产企业占合成全能银行 i 的总市值或资产的比重在各滚动窗口期的平均值。无论采用总市值加权收益率，还是采用资产加权收益率，(4-20) 式至 (4-22) 式回归的样本量均为 512 个（合成全能银行的数目）。

表 4-25 报告了第 2 阶段回归结果。以总市值占比为权重的估计结果［第 (1) — (3) 列］的拟合优度（R^2）高于以资产占比为权重的估计结果［第 (4) — (6) 列］。考虑到盈利能力、成长性等因素，券商和房地产企业的估值溢价高于银行和保险公司，采用总市值占比能更好地反映各类机构的实际规模和影响力，回归的解释力更强。权重采用总市值占比还是资产占比变量的系数估计值在符号上没有差别，下面是采用拟合优度更高的总市值占比为权重的估计结果［第 (1) — (3) 列］。

其一，在股价风险暴露上，截距项的系数估计为正向显著，说明银行业务的股价风险暴露为正。$Prop_{i,t}^{Ins}$ 和 $Prop_{i,t}^{Estat}$ 的系数估计值为负向显著，$Prop_{i,t}^{Sec}$ 的系数估计值为正向显著，说明银行兼营保险业务和房地产业务会降低股价风险暴露，而兼营证券业务会增加股价风险暴露[1]。其二，在利率风险暴露上，截距项的系数估计为正向显著，说明银行业务的利率风险暴露为正，即利率上升会增加银行业务的市场价值。$Prop_{i,t}^{Ins}$ 和 $Prop_{i,t}^{Estat}$ 的系数估计值为负向显著，说明银行兼营保险业务和房地产业务均会降低利率风险暴露。其三，在汇率风险暴露上，截距项的系数估计为正向显著，说明银行业务的汇率风险暴露为正，即人民币升值会增加银行业务的市场价值。$Prop_{i,t}^{Ins}$ 的系数估计值为负向显著，$Prop_{i,t}^{Sec}$ 和

---

[1] 从银行兼营其他 3 类业务的角度进行分析，回归的截距项（表示其他 3 类业务的占比均为 0）表示银行业务的系统性风险暴露（表 4-25）或单位溢价（表 4-26）。当然，也可以将保险公司、券商或房地产企业作为分析的基准点，分析它们兼营其他类型的业务对系统性风险暴露或单位溢价的影响。

$Prop_{i,t}^{Estat}$ 的系数估计值为正向显著，说明银行兼营保险业务会降低汇率风险暴露，而兼营证券业务和房地产业务均会增加汇率风险暴露。综上，银行兼营保险业务会降低 3 种系统性风险暴露；兼营证券业务会增加两种系统性风险暴露；兼营房地产业务会降低两种系统性风险暴露，增加一种系统性风险暴露。

表 4 - 25　　　　　各类业务对系统性风险暴露的影响

变量	以总市值占比为权重			以资产占比为权重		
	(1)	(2)	(3)	(4)	(5)	(6)
	股价风险暴露 $\hat{\beta}_{i,t}^{M}$	利率风险暴露 $\hat{\beta}_{i,t}^{I}$	汇率风险暴露 $\hat{\beta}_{i,t}^{EX}$	股价风险暴露 $\hat{\beta}_{i,t}^{M}$	利率风险暴露 $\hat{\beta}_{i,t}^{I}$	汇率风险暴露 $\hat{\beta}_{i,t}^{Ex}$
截距项	0.9066***	-3.1191***	7.2944***	0.8607***	1.2241***	6.8100***
	(0.0231)	(0.3399)	(0.1744)	(0.0189)	(0.1246)	(0.1579)
$Prop^{Ins}$	-0.2782***	-1.1980	-2.4685***	-0.0340	-2.5523***	-2.5030***
	(0.0472)	(0.8677)	(0.3563)	(0.0505)	(0.3329)	(0.4220)
$Prop^{Sec}$	1.5003***	-13.0481***	11.0045***	0.2322	-5.4516***	2.9164**
	(0.1205)	(1.8031)	(0.9094)	(0.2372)	(1.5623)	(1.1981)
$Prop^{Estat}$	-1.5348***	0.7437***	4.1810**	-0.8427**	-11.5789***	9.9989***
	(0.2504)	(0.1664)	(1.8897)	(0.3709)	(2.4424)	(3.0963)
R^2	0.2571	0.3219	0.3773	0.0511	0.3107	0.0860
样本量	512	512	512	512	512	512

注：系数估计值下方（ ）内为异方差稳健标准误。*、** 和 *** 分别表示在 10%、5% 和 1% 的水平下显著。

（二）各类业务对系统性风险单位溢价的影响

为分析股票市场对综合经营机构承担的系统性风险的反映，下面采用三阶段回归方法研究经营各类业务对系统性风险单位溢价的影响。第一阶段回归与上文两阶段回归中的第一阶段回归相同，即对合成全能银行的面板数据采用 24 个月的滚动窗口法估计（4 - 19）式。

第二阶段回归中，将合成全能银行 i 的月度收益率（$R_{i,t}$）作为因变量，将从第一阶段估计得到的 3 个 Beta 系数（$\hat{\beta}_{i,t}^{M}$、$\hat{\beta}_{i,t}^{I}$ 和 $\hat{\beta}_{i,t}^{Ex}$）作为回归中的自变量，估计如下面板数据模型：

$$R_{i,t} = \gamma_{0,i} + \gamma_t^M (\hat{\beta}_{i,t}^M / \Omega_{t-1}) + \gamma_t^I (\hat{\beta}_{i,t}^I / \Omega_{t-1}) + \gamma_t^{EX} (\hat{\beta}_{i,t}^{EX} / \Omega_{t-1}) + \varepsilon_{i,t} \quad (4-23)$$

其中，$(\hat{\beta}_{i,t}^{M}/\Omega_{t-1})$、$(\hat{\beta}_{i,t}^{I}/\Omega_{t-1})$ 和 $(\hat{\beta}_{i,t}^{EX}/\Omega_{t-1})$ 分别表示合成全能银行 i 在给定信息集 Ω_{t-1} 下对股价风险暴露、利率风险暴露和汇率风险暴露的估计，其中，Ω_{t-1} 表示样本月份之前的 24 个月的信息。第 2 阶段回归的目的是估计每个月的 3 个系统性风险单位溢价——γ_t^M、γ_t^I 和 γ_t^{EX}。无论是总市值加权的还是资产加权的收益率，基于（4-22）式进行的回归个数均为 48 个（滚动窗口期的数目），每个回归的样本量均为 512 个（合成全能银行的数目）。

第三阶段回归中，将从第 2 阶段估计中得到的 $\hat{\gamma}_t^M$、$\hat{\gamma}_t^I$ 和 $\hat{\gamma}_t^{EX}$ 分别作为因变量，采用 2014 年 1 月至 2017 年 12 月的月度数据，进行如下 3 个时间序列的回归：

$$\hat{\gamma}_t^M = b_0 + b^{Ins} Prop_t^{Ins} + b^{Sec} Prop_t^{Sec} + b^{Estat} Prop_t^{Estat} + \varepsilon_t \quad (4-24)$$

$$\hat{\gamma}_t^I = b_0 + b^{Ins} Prop_t^{Ins} + b^{Sec} Prop_t^{Sec} + b^{Estat} Prop_t^{Estat} + \varepsilon_t \quad (4-25)$$

$$\hat{\gamma}_t^{EX} = b_0 + b^{Ins} Prop_t^{Ins} + b^{Sec} Prop_t^{Sec} + b^{Estat} Prop_t^{Estat} + \varepsilon_t \quad (4-26)$$

其中，$Prop_t^{Ins}$、$Prop_t^{Sec}$ 和 $Prop_t^{Estat}$ 分别表示 t 时期中，保险、券商、房地产在合成全能银行的总市值或资产中的占比。（4-24）式至（4-26）式回归的样本量均为 48。

表 4-26 报告了各类业务对系统性风险单位溢价的影响。其一，截距项仅在第（5）列显著，但在第（2）列不显著，且与第（5）列有相反的符号，所以无法确定银行业务对利率风险暴露的单位溢价有何影响。其二，在 6 个回归中，$Prop_t^{Ins}$ 和 $Prop_t^{Sec}$ 的系数估计值均不显著，说明保险业务和证券业务均没有显著影响 3 种系统性风险的单位溢价。其三，$Prop_t^{Estat}$ 的系数估计值在第（2）列和第（5）列均为正向显著，说明房地产业务对利率风险单位溢价有显著的正向影响。因此，市场对房地产业务给全能银行带来的利率风险有所担忧。

表 4-26　　各业务对系统性风险单位溢价的影响

	以总市值占比为权重			以资产占比为权重		
	(1)	(2)	(3)	(4)	(5)	(6)
	股价风险单位溢价 $\hat{\gamma}_t^M$	利率风险单位溢价 $\hat{\gamma}_t^I$	汇率风险单位溢价 $\hat{\gamma}_t^{EX}$	股价风险单位溢价 $\hat{\gamma}_t^M$	利率风险单位溢价 $\hat{\gamma}_t^I$	汇率风险单位溢价 $\hat{\gamma}_t^{EX}$
截距项	-0.8532	0.1838	0.0993	0.3793	-0.2513**	-0.0742
	(0.8555)	(0.1260)	(0.0698)	(0.7952)	(0.1054)	(0.0661)
$Prop^{Ins}$	1.8076	-0.2047	-0.01607	1.0430	0.3585	0.1002
	(1.1987)	(0.1766)	(0.0978)	(1.7514)	(0.2322)	(0.1456)
$Prop^{Sec}$	0.3795	-0.1268	-0.0630	-0.5075	0.3171	0.0383
	(1.3470)	(0.1985)	(0.1100)	(1.4644)	(0.1942)	(0.1217)
$Prop^{Estat}$	1.1013	0.6544*	-0.3048	-4.057	1.0731***	0.3708
	(2.4019)	(0.3540)	(0.1961)	(2.9897)	(0.3964)	(0.2485)
R^2	0.0301	0.0332	0.0441	0.0632	0.0843	0.0417
样本量	48	48	48	48	48	48

注：系数估计值下方（ ）为异方差序列相关稳健标准误。*、**和***分别表示在10%、5%和1%的水平下显著。

六　小结

在分析综合经营的利弊时，风险是一个重要的考量因素，所以本节研究了综合经营如何影响中国金融机构的风险。我们收集了2012—2017年相关上市机构的股价数据和财务数据。基于中国金融业的制度环境，在研究破产风险时，我们采用了大型银行、中小银行、保险公司和券商这4类金融机构的"两两合并法"和因子分析法；在研究系统性风险时，基于由银行业务、保险业务、证券业务和房地产业务组成的合成全能银行样本，进行了两阶段和三阶段回归分析。

关于破产风险：基于Black-Scholes期权定价模型，计算和比较了4类金融机构的破产概率以及这些类型机构两两合并后的破产概率，主要发现：大型银行和保险公司的破产风险非常低，中小银行的破产风险相对高；对于降低破产风险，保险业务具有吸引力，大型银行的业务也不错，中小银行和证券业务的吸引力较低；保险业务与证券业务会产生较好的风险对冲效果。为进一步验证和解释这些结果，本节对样本金融机构的股票收益率进行了因子分析，主要发现：在这4类机构中，大型银行的价值受少数几个主要因子的影响较大，而保险公司价值的影响因子较分散，影响保险公司价值的主要因子在构成上与其他4类机构差别较大。

关于系统性风险：（1）在系统性风险暴露方面，主要发现：银行兼营保险业务会减少对股价风险、利率风险和汇率风险的暴露；兼营证券业务会增加股价风险和利率风险的暴露；兼营房地产业务会减少股价风险和利率风险的暴露，但会增加汇率风险暴露。（2）在系统性风险单位溢价方面，主要发现：整体而言，样本期间，中国股票市场并未改变全能银行因经营银行、保险或证券业务而承担较多（或较少）系统性风险的单位溢价要求，因此，市场对金融综合经营的系统性风险没有过多担忧，不过，股票市场对于综合经营中房地产业务的利率风险有所担心。

对于今后中国的金融综合经营，本节有如下几点认识：（1）金融部门的子行业之间可以继续推进综合经营，如允许一家法人机构经营具有多种属性的金融产品服务。（2）房地产经营高度依赖金融，尚不宜允许金融机构经营房地产业务，并且防控金融系统性风险应关注房地产领域。（3）为应对金融综合经营趋势，金融监管应当统筹协调，实现监管全覆盖，改进对金融集团（控股公司）的监管，做好功能监管基础上的综合监管。

第四节　保险公司持股行为与被持股公司股价波动

一　问题的提出

近年来，随着中国资本市场的不断完善与发展，股票市场中机构投资者的份额正在逐步提升，对市场的稳定和健康发展起到了重要作用。截至2017年上半年，除汇金公司所持有的中国银行、中国农业银行、中国工商银行和中国建设银行四大银行的股份以外，机构投资者持有的

A股总市值仍达6.08万亿元之多，占全部A股总流通市值的29%。其中，公募基金占比7.99%，私募和资管类占比4.16%，保险类占比7.06%，证金公司和汇金公司代表的"国家队"占比6.82%，境外机构投资者占比2.63%，券商自营业务占比0.52%。近几年，保险公司持股市值占A股总市值的比例一直保持在4.50%左右，2017年，保险资金更是A股市场中的一大主要新进资金。从监管力度上也可以发现，对于保险公司投资股票比例的限制也呈现出逐渐放开的趋势，权益类资产的投资比例上限已经由5%提升至30%。投资股票比例上限的提高，无疑提升了保险公司在A股市场中的地位，也增加了保险公司作为机构投资者对资本市场的影响力度。

保险公司持股行为是指保险资金在保险公司的运作下投资于中国A股市场，使得保险公司持有相关上市公司股票的行为，是保险公司在股票市场上投资的具体形式，也是保险资金运用的方式之一。截至2018年2月，中国保险公司的投资资金总额已经达到13.09万亿元，占保险资产总额16.89万亿元的77.50%，而其中投资于股票和基金的资产为1.93万亿元，占投资资产总额的14.74%，超过了银行存款的占比[①]。但由于保险资金的特殊性质[②]，无论是从保险公司本身还是从监管部门来看，其投资行为对市场的影响可能不同于其他机构投资者，前几年的"险资举牌"事件就引起了市场的较大波动。因而，我们应当就保险公司持股行为进行更深入的研究。

回顾以往的研究，在考虑对股价波动的影响时，很少有单独研究保险公司投资行为的，或是将其作为机构投资者的一部分来研究，大部分研究集中于机构投资者持股行为对股价波动的影响方面。从现有的研究结论来看，主要观点可分为以下3类。

---

① 参见银保监会官网公布的公开数据。
② 与其他机构投资者不同的是，由于责任准备金占比较大，保险公司投资时使用的资金更多的是债务资金，而非自有资金，因此，对投资的限制也较多，对安全性和流动性有着更高的要求。特别是在新的"偿二代"监管准则下，保险资金投资要更多地考虑偿付能力要求。

第一，机构投资者的持股行为会降低股市波动性。Cohen 等（2002）研究发现，机构投资者在进行股票投资时会选择买入由于业绩因素改善而上涨的股票，卖出因非业绩因素导致股价上涨的股票，促使股价向其真实价值回归，起到了价值发现的作用。Davis（2003）的研究表明，机构投资者虽然可能使市场产生流动性问题，但是整体上促进了股市的稳定。Bohl 和 Brzeszczynsku（2004）的研究也验证了这一观点。国内一些学者也得出了类似的结论。如姚颐和刘志远（2007）的研究表明，保险公司的股票投资起到了稳定股票市场的作用。祁斌等（2006）认为，机构投资者的持股行为与股票市场波动性大小的相关系数为负，说明机构投资者降低了股市的波动性。胡大春和金赛男（2007）等很多研究也证明了机构投资者的持股行为起到了稳定股票市场的作用。

第二，机构投资者的持股行为会加剧股市收益波动性。Nofsinger 和 Sias（1999）认为，机构投资者比散户更倾向于使用追涨杀跌的策略，此种行为会对股市波动产生较大的影响，起到一定加剧作用。Dennis 和 Strickland（2002）、Puckett 和 Yan（2008）也得出了相似结论。Chang 和 Dong（2006）通过分析日本 1975—2003 年的数据，证明了机构投资者的持股行为与公司股价异常波动的相关系数为正。刘振彪和何天（2016）也证明了中国机构投资者整体持股比例与上证综合指数波动存在正相关关系。

第三，机构投资者的持股行为与股市波动性并无确定关系。宋冬林等（2007）认为，熊市期间，机构投资者的持股行为稳定了市场，牛市期间则加剧了股市的波动。曹云波等（2013）对保险公司持股行为的研究则得出了相反的结论，认为牛市期间保险公司的持股行为增加了市场的稳定性，在熊市期间则对市场无显著影响。薛文忠（2012）对机构投资者的研究表明，在不同时期，机构投资者的作用不尽相同。在机构投资者发展成熟后，机构投资者的持股比例和持股比例变动，均与个股价波动显著正相关。史永东和王瑾乐（2014）则研究了不同市场环境下机构投资者对市场波动的影响，其结论为：在市场上升阶段，机构投资者的持股行为增加了股票波动性，而在市场下降阶段，虽然起到了降低股票波动的作用，但却未能阻止股价持续下行。

通过对现有文献的梳理，我们发现，尽管过去的研究采取了多种研究方法，但是对于机构投资者持股行为对股价波动的影响尚未形成一致的结论。而且，深入研究某一具体机构投资者的文章多为对基金持股行为的研究，很少有文章研究保险公司持股行为对股价波动的影响。本节选择保险公司的持股行为进行深入研究，分析其对个股股价波动的影响，为中国保险投资的健康发展和资本市场的风险管控等提供相关依据。

二 保险公司持股特征分析

（一）保险公司重仓股投资比例

与以往研究类似，中国保险公司在 A 股市场的持股比例是采用统计期末所有保险公司的持股市值与统计期末上市公司股票流通市值的比值来计算的。通过对保险公司持股比例的特征变量分析，能够反映出保险公司持股的整体变动趋势，结合市场环境，可以分析出保险公司投股行为的一些特征。

统计期间内，保险公司持股比例情况如表 4-27 所示。从中可以看出，随着时间的推移，保险公司的持股数量整体上在不断增加。通过分析表中的几个数值，可以发现保险公司的持股比例在 2014 年第一季度到 2015 年第二季度期间基本维持稳定，而在这段时间内，股市走出了一波牛市行情，收益率的波动幅度较大。但在此期间保险公司持股比例依旧处于稳定水平，可以说明保险公司不存在追涨杀跌的投资行为。在 2015 年第三季度到 2016 年第一季度，保险公司持股比例有了一定的提升。回顾市场可以看到，这段时期为后"股灾"时期，市场环境恶劣，这反映了保险公司在市场波动较大的情况下维护市场稳定的作用。在 2016 年第二季度到 2017 年第一季度，保险公司的持股比例又有所回落。从这一时期的市场表现看，部分"股灾"期间的维稳资金在市场反弹后有一定的减仓行为。

表 4-27　　　　　　　保险公司重仓股投资比例　　　　　（单位：%）

时间	保险公司持股数量	平均值	最小值	中值	最大值
2014Q1	396	2.2449	0.0616	1.4149	33.7563
2014Q2	394	2.3978	0.1058	1.4469	50.3861
2014Q3	382	2.3961	0.0624	1.4219	55.1190
2014Q4	415	2.3280	0.0522	1.3333	57.4905
2015Q1	484	2.2544	0.0687	1.3195	57.4704
2015Q2	548	2.2361	0.1214	1.3626	58.5903
2015Q3	525	2.6345	0.0155	1.5550	58.3714
2016Q1	591	3.0657	0.0999	1.5908	53.4157
2016Q2	602	2.8289	0.0688	1.5158	52.2246
2016Q3	680	2.6241	0.0137	1.3491	53.5465
2016Q4	658	2.7171	0.0955	1.4794	53.9087
2017Q1	605	2.7224	0.0119	1.4538	53.0456

资料来源：由 Wind 数据库数据整理所得。

（二）保险公司与全体上市公司的持股差异

保险公司作为机构投资者之一，其股票投资策略应当秉承价值投资的原则，承担起维护资本市场稳定的职责；而且从监管层面和相关法律规定的角度来看，国家也明令禁止短线投机行为，所以保险公司的股票投资行为多数为长线投资。在长线投资中，基本面分析占据了主导地位，而在基本面分析中，除对经济环境及政策因素的判断之外，上市公司本身的质量尤为重要。综合考虑可能影响保险公司考核上市公司的指标，本节分别通过财务指标、估值指标和市场指标3个指标的对比，分析保险公司持股的上市公司与所有上市公司之间的差异。

1. 财务指标对比分析

表 4-28 列出了 2014 年第一季度到 2017 年第一季度各季度末保险公司持股的上市公司与所有上市公司的每股收益、每股净资产、净资产

收益率的特征值。由表可见，保险公司所持股票的 3 项指标的平均值均明显高于同期所有上市公司的平均水平，表明保险公司在选择股票投资品种时，更倾向于选择 3 项基本指标表现更好的股票，这说明保险公司持股的上市公司的平均质量要优于市场平均水平，体现了机构投资者所遵循的价值投资原则。

表 4-28　保险公司重仓股特征变量平均值与市场平均水平

时间	保险公司持股的上市公司			所有上市公司		
	每股收益（元）	每股净资产（元）	净资产收益率（%）	每股收益（元）	每股净资产（元）	净资产收益率（%）
2014Q1	0.1239	4.7174	3.1266	0.0765	4.4165	1.1956
2014Q2	0.2760	5.1542	5.0117	0.1799	4.1261	3.0916
2014Q3	0.3859	5.1017	7.1825	0.2632	4.2177	5.0995
2014Q4	0.5546	5.1970	10.1440	0.4325	4.3251	8.6410
2015Q1	0.1320	5.3158	1.8756	0.0797	4.5240	1.0706
2015Q2	0.2587	5.0127	4.8953	0.1793	4.2659	2.7044
2015Q3	0.3552	4.8960	6.3640	0.2482	4.1997	4.6944
2015Q4	0.4972	5.1925	9.3547	0.3763	4.3586	7.1753
2016Q1	0.1089	5.1460	1.6626	0.0767	4.4640	1.1251
2016Q2	0.2362	4.7717	4.3996	0.1819	4.1821	3.3740
2016Q3	0.3247	4.7974	6.6116	0.2639	4.3161	4.9635
2016Q4	0.4912	5.1777	9.3423	0.4095	4.5760	7.6489
2017Q1	0.1310	5.5740	1.9957	0.0932	4.7655	1.4714
均值 t 检验	每股收益（元）		每股净资产（元）		每股净资产收益率（%）	
P 值	0.1695		0.0000		0.1767	

资料来源：由 Wind 数据库数据整理所得。

2. 估值指标对比分析

表 4-29 列出了 2014 年第一季度到 2017 年第一季度各季度末保险公司持股公司与全体上市公司的市盈率、市净率的特征值。由表可见，保险公司持有的个股的市盈率、市净率的平均值低于市场整体水平，这

与保险公司风险偏好较低的特征一致，保险公司更倾向于持有被低估的股票，符合保险公司价值的投资策略。

表 4-29　保险公司重仓股特征变量平均值与市场平均水平

时间	保险公司重仓股 市盈率	保险公司重仓股 市净率	证券市场 市盈率	证券市场 市净率
2014Q1	39.8453	2.2452	89.4963	5.5859
2014Q2	63.5846	3.0867	86.1855	5.1648
2014Q3	78.5205	3.7586	116.9930	7.6162
2014Q4	90.6677	4.4235	118.2298	8.9637
2015Q1	186.8891	6.4474	173.2179	11.9343
2015Q2	172.7682	6.1770	212.1549	16.9117
2015Q3	148.9828	4.4192	152.6980	7.3625
2015Q4	74.7613	5.9728	230.8659	19.2732
2016Q1	134.4365	5.3271	177.0603	7.5561
2016Q2	92.3821	4.7474	125.7134	7.3803
2016Q3	122.2446	4.5969	129.6095	7.2456
2016Q4	111.8850	4.3672	138.2746	11.1328
2017Q1	93.3291	4.0314	127.4695	7.3624

资料来源：由 Wind 数据库数据整理所得。

3. 市场指标对比分析

表 4-30 列出了 2014 年第一季度到 2017 年第一季度各季度末保险公司持股公司与全体上市公司的流通股比例、股票价格、换手率 3 个指标的平均值。由表可见，保险公司更倾向于持有流通股比例较大的个股，这可能与保险公司投资风险偏好较低、规避限售股解禁风险有关；在股价方面，保险公司更偏好股价稍高的个股，而这种特征在 2016 年第二季度后变得不明显；在换手率方面，更偏好持有换手率较低的个股，而一般当期换手率高的个股基本为短期波动较大的股票，这说明保险公司更注重长期投资价值而不是短期超额收益。

表4-30　　保险机构重仓股特征变量均值与市场平均水平

时间	保险公司重仓股			证券市场		
	流通股比例（%）	股票价格（元）	平均换手率（%）	流通股比例（%）	股票价格（元）	平均换手率（%）
2014Q1	59.7646	10.7982	135.4791	75.3636	12.7241	142.0201
2014Q2	79.1754	9.8556	79.3866	76.3603	8.2753	106.0044
2014Q3	80.7366	11.8401	207.9266	76.7190	10.3966	250.0939
2014Q4	78.3716	12.2600	254.3647	75.9112	10.6114	271.6243
2015Q1	79.1374	16.4603	250.9100	75.6370	14.9653	271.4035
2015Q2	77.4137	19.1738	414.9157	76.3154	18.7671	438.2168
2015Q3	79.4111	14.2123	359.0357	74.7920	13.6783	419.4976
2015Q4	76.8656	20.6366	342.2548	73.9853	19.5961	387.9473
2016Q1	78.0075	15.8651	227.0856	73.8925	15.8126	269.6582
2016Q2	78.7261	16.5688	213.2321	73.8951	17.2372	268.4055
2016Q3	75.5186	17.3921	207.9182	72.2470	17.6690	237.1719
2016Q4	74.1786	18.1067	177.5241	70.3248	18.7145	224.3079
2017Q1	75.1436	18.5666	127.2702	69.2281	19.7826	210.1294

资料来源：由Wind数据库数据整理所得。

（三）保险公司持股偏好

1. 行业偏好

行业偏好是持股偏好中常见的一个研究对象，行业的选择在基本面投资中也尤为重要。表4-31为2013—2017年每年年末保险公司持有各个行业股票市值状况。从表中可以看出，在统计期内，保险业自身、金融业、制造业和房地产业是保险公司持股水平一直较高的四大行业，这些行业有着估值水平低、现金流充裕、经营业绩稳定的特点，符合保险公司投资标的的要求。另外，批发和零售业、租赁和商务服务业、建筑业也是保险公司投资标的中市值占比较大的几类，均为估值相对低且盈利相对稳定的行业。

表 4-31　　　　　　　保险公司持股行业总市值　　　　　（单位：亿元）

证监会行业一级	2013年	2014年	2015年	2016年	2017年
总计	4972.27	10637.39	11702.1	11240.34	12475.86
保险业	2923.65	6598.99	5718.04	4981.58	5604.57
金融业（除保险）	1283.03	2781.29	3438.28	3647.05	4119.21
制造业	376.84	549.84	1136.15	1201.72	1316.33
房地产业	127.31	427.69	769.15	702.23	783.52
批发和零售业	42.66	70.09	149.72	126.19	191.81
建筑业	42.86	16.63	51.78	158.02	95.12
租赁和商务服务业	19.25	71.75	112.26	103.51	86.87
电力、热力、燃气及水生产和供应业	25.73	13.07	59.03	61.69	66.59
信息传输、软件和信息技术服务业	15.03	24.13	63.27	65.41	66.09
交通运输、仓储和邮政业	59.43	40.76	108.27	80.84	48.43
采矿业	31.18	15.91	14.96	21.03	34.08
综合	2.54	0.61	15.11	30.93	20.70
文化、体育和娱乐业	5.30	14.43	30.42	28.93	20.37
水利、环境和公共设施管理业	9.37	5.68	14.54	12.92	13.95
卫生和社会工作	0.68	0.00	2.97	6.50	3.72
科学研究和技术服务业	0.00	2.06	5.32	3.16	2.59
住宿和餐饮业	0.00	0.00	2.98	1.78	1.64
农、林、牧、渔业	7.41	4.46	9.85	6.85	0.27

资料来源：由 Wind 数据库数据整理所得。

2. 股权偏好

在价值投资中，分红比例是一个重要指标，高分红比例一方面可以说明公司经营良好，现金流充足，另一方面使得股东切实得到了回报。在中国的股票市场中，分红机制相对不完善，有很多股票分红很少甚至不分红。总市值反映的是一家上市公司总体股本的大小，即公司规模。在股票市场上，公司的总市值越大，其股票价格越不容易被操纵，股价越反映其真实价值；总市值越小，股票波动性会越大，也更容易受到短期投机资金的追捧。表 4-32 列出了保险公司持股股票的分红和市值情况。

■ 保险系统性风险的形成、外溢及监管

从表4-32看出，在保险公司持有的股票中，分红高的股票占比较大，分红达到30%以上的个股是保险公司投资时的首选。尽管近年来市场环境不尽相同，但是保险公司偏好高分红个股的特点依旧得到了延续。就市值情况来看，第一，保险公司更偏好市值处于50亿—500亿元的中大盘股。其原因是：一方面小盘股体量有限，保险公司的持股行为容易对其股价形成一定冲击，造成剧烈波动，另一方面超大盘股由于其市值过大，价值低估的情况更少，且其剧烈波动会对指数产生较大影响，难以获得令保险公司满意的收益。因此，综合来看，50亿—500亿元的中大盘股成为保险公司更偏好的选择。第二，在2013年和2014年保险公司持有的50亿元以下的小盘股数量达到100家以上，2015年后，保险公司持有的小盘股数量先是大幅减少，随后呈上升趋势，与该期间的市场风格偏好一致。这说明保险公司持股偏好与市场主流偏好较一致。

表4-32　　　　保险公司持股股票分红和市值情况　　　　（单位：家）

分红情况				
时间	未分红	15%以下	15%—30%	30%以上
2013年	44	53	78	224
2014年	61	63	91	202
2015年	92	77	103	272
2016年	114	85	151	309

市值情况				
时间	50亿元以下	50亿—100亿元	100亿—500亿元	500亿—1000亿元	1000亿元以上
2013年	124	106	136	15	18
2014年	111	130	141	18	17
2015年	25	177	285	26	4
2016年	47	251	304	24	33
2017年	78	174	257	25	33

资料来源：由Wind数据库数据整理所得。

3. 财务偏好

为分析保险公司持股的财务偏好，我们选取了现金比率和每股收益两个指标。现金比率可以反映公司现金资产对流动负债的偿付能力，每股收益可以反映公司的盈利能力。保险公司的持股情况如表4-33所示。

从表4-33可见，保险公司更偏好现金比率低的公司，因为此类公司资产利用率相对更高；保险公司在每股收益方面的偏好主要体现在选择经营业绩好的公司，而在绝对收益方面，它们并不会偏好每股收益较高的个股。

表4-33　保险公司持股股票现金比率和每股收益情况

现金比率情况（亿元）			
时间	0—0.50	0.50—1.00	1.00以上
2013年	188	89	108
2014年	188	110	107
2015年	238	151	133
2016年	295	190	148

每股收益情况			
时间	小于0	0—30%	30%—60%	60%以上
2013年	9	147	116	127
2014年	21	145	108	143
2015年	25	193	161	165
2016年	27	261	183	188

资料来源：由Wind数据库数据整理所得。

三　样本选择与模型构建

（一）样本选择

持股比例的不同意味着持股的机构或个人对所持股票价格的影响存在较大差异。只有当机构投资者持有的上市公司的股票超过一定比例时，才会对上市公司产生影响（薛文忠，2012），而且重仓股具有明显

保险系统性风险的形成、外溢及监管

的可识别特征和较强的可预测性。保险公司持股比例越高，对上市公司股票收益率及其波动的影响也就越大，也更说明保险公司持股行为的特征。因而，本节以保险公司重仓持股行为为研究对象，分析其持股行为对上市公司股价波动的具体影响。

保险公司重仓持股是指险资持股比例不低于流通总市值10%的上市公司的股票，样本区间为2014年第一季度到2017年第一季度。样本筛选标准如下：删除持股比例数据不完整的股票，删除2013年以后上市的股票①，将符合上述条件且保险公司在2016年年末持股比例超过10%的股票作为整个研究期间的样本股。最终选取的研究样本为以下15只股票：金地集团、南玻A、金融街、农产品、浦发银行、华夏银行、民生银行、金风科技、兴业银行、同仁堂、南宁百货、欧亚集团、招商银行、中青旅、新洋丰。

（二）变量选取和模型设定

1. 变量选取

（1）被解释变量

标准差反映的是一组数据的离散程度，个股的波动率通常用个股收益率的标准差来表示。以季度内股票日收益率的标准差为股票价格波动率的度量指标，对收益率序列进行对数处理，公式如下：

$$R_t = \text{Ln}P_t - \text{Ln}P_{t-1} \tag{4-27}$$

其中，R_t为t日股票收益率的对数，P_t为股票t日的收盘价，P_{t-1}为股票$t-1$日的收盘价。

股价波动率表示如下：

$$\sigma_t = \sqrt{\frac{1}{n_t - 1} \sum_{t=1}^{T} (r_t - \bar{r})^2} \tag{4-28}$$

其中，r_t是t日股票收益率，$\bar{r}$是t期内股价日收益率的平均水平，n_t是T期内股票正常交易的天数，σ_t是T期内股价日收益率的标准差。

此外，考虑到个股股价波动性受指数波动性的影响较大，采用调整

---

① 新股上市后短期内波动较大，不具有可信的研究意义。

后的相对股价波动率，即用股价波动率减去当期沪深 300 指数波动率，其中沪深 300 指数波动率的计算与个股相同。

（2）解释变量与控制变量

本节的解释变量为反映保险公司持股行为的变量，具体包括保险公司持股比例、保险公司持股变动比例、前一期保险公司持股变动比例。保险公司的持股比例反映了保险公司对于股票的认同度，使用保险公司所持股票市值与股票总流通市值之比表示。该变量主要体现保险公司长期持有股票的投资行为。保险公司持股变动比例是指保险公司期末持股比例与期初持股比例之差，反映当期保险公司对某只个股的增减仓行为。考虑到变量造成影响可能存在一定的时滞性，所以同时考虑当期保险公司持股变动和上期保险公司持股变动，这两个变量主要体现保险公司短期买卖股票的投资行为。

此外，根据已有相关研究，上市公司的其他特征如公司规模、股票流通情况、其他机构持股情况等也会影响机构投资者的持股比例及股票波动率（Sias，1996；祁斌等，2006；胡大春和金赛男，2007），因此，选取的控制变量包括代表上市公司规模的流通市值、代表股票流通情况的股票当期换手率和股票被除保险公司外的机构持有的情况。某只股票的当期换手率越高，表明其交投越活跃，关注该股票的资金量越大，相应的收益率波动性也越高。为突出研究个股层面，股票本期内的相对换手率为股票本期换手率与沪深 300 指数本期换手率的差值。而在同样的波动性水平下，市值越大的上市公司所需的资金量越大。也就是说股票收益率波动与上市公司的市值负相关，是影响股票收益波动的一个重要变量。此外，除保险机构外，其他的机构投资者也是影响股价收益率波动的一个重要因素，所以也应当包括进来。变量选取的具体说明如表 4-34 所示。

表 4-34　　　　　　　　　　变量选取说明

变量	符号	含义
股价原始波动率	Vos_original	T 期内股价日收益率标准差
股价相对波动率	Vos_adjust	Vos_original 减沪深 300 指数波动率
保险公司持股比例	Ros	保险公司持有的该只股票的市值与该股票的总流通市值之比
保险公司持股变动比例	Roc	保险公司期末持股比例与期初持股比例之差
股票当期相对换手率	Tos	股票当期换手率与沪深 300 指数当期换手率的差值
股票流通市值	Mv	本期内该股票的平均市值（百万元）
股票当期被机构持股的情况（除保险公司）	Nis	计算方法同 Ros

（3）描述性统计

表 4-35 给出各变量的描述性统计。从中可以看出，保险公司持有重仓股的均值达到了 14.27%，说明公司的持股比例较高；而且最大持股比例高达 58.82%，表明保险公司对该上市公司的投资已经达到高度控股的程度。从市场波动率指标来看，其变化幅度较小，标准差分别为 0.1317 和 0.0078。股票的平均市值 75.84 亿元，与前面对保险公司持股偏好的分析结论一致，进一步表明保险公司偏好持有中大盘股，但市值的变化范围较大，也说明保险公司对不同上市公司的持股行为还是存在一定差异。

表 4-35　　　　　　　　　　变量描述性统计

变量	均值	标准差	最小值	最大值
Vos_original	0.02559	0.01317	0.0053	0.0738
Vos_adjust	0.01049	0.00785	-0.0066	0.0399
Ros	14.2719	14.7559	0.0000	58.8214
Roc	1.2644	3.7528	-6.8953	21.7559
Tos	46.3739	58.3026	-33.4682	340.8467
Mv	75.8407	91.7839	1.5909	295.5177
Nis	39.1593	14.3258	9.1282	73.0028

资料来源：由 Wind 数据库数据整理所得。

2. 模型设定

参考 Sias（1996）等对机构投资者进行研究的文献，建立如下静态面板数据模型：

$$Vos_{i,t} = \alpha + \beta_1 Roc_{i,t} + \beta_2 Roc_{i,t-1} + \beta_3 Ros_{i,t} + \beta_4 Tos_{i,t} + \beta_5 Mv_{i,t} + \beta_6 Nis_{i,t} + v_i + \gamma_t + \mu_{i,t} \tag{4-29}$$

其中，i 代表各被持股公司，t 代表季度，v_i 为个体固定效应，γ_t 为时间固定效应，$\mu_{i,t}$ 为随机扰动项。

四 回归结果与分析

（一）单位根检验

对面板数据进行回归之前，为防止伪回归现象，要对变量的平稳性进行检验，检验面板序列平稳性的方法为单位根检验。本节采用 LLC 检验、IPS 检验、Fisher-ADF 检验和 Fisher-PP 检验，分别对各变量的水平值进行检验。由表 4-36 检验结果可知，面板数据中各变量大多通过了统计检验，为平稳序列，可以进行相关回归分析。

表 4-36　　　　　　　　　单位根检验结果

变量	LLC	IPS	Fisher-ADF	Fisher-PP
$Vos\_original$	-13.8641***	-9.6734***	129.6970***	129.3170***
Vos_adjust	-11.0059***	-8.4136***	116.0900***	161.0300***
Ros	-8.5928***	-6.47635***	94.3092***	103.5640***
Roc	-3.0095***	-0.5859	39.7781*	56.6675***
Tos	-5.0236***	-3.1459***	54.8686***	53.4173***
Mv	-3.6475***	-0.9439	27.2219**	46.5820***
Nis	-3.2031***	-2.6854***	55.4763***	55.2035***

注：*、**、*** 分别表示在 10%、5%、1% 的水平下显著。

（二）回归结果与分析

1. 保险公司持股行为对股价原始波动率的影响

保险公司持股行为对上市公司股价原始波动率的影响结果如表 4-

37 所示。从回归结果来看，t 期样本股保险公司持股比例的变动水平及其滞后项对上市公司股价波动并没有显著影响。这说明保险公司的增减仓行为在短期内对被持股公司的股价波动影响很小，不存在暴力增减仓危害市场的问题。但回归结果显示，保险公司持股水平与股价波动显著正相关。回顾样本期间的股票市场走势，可以认为，保险公司投资股票有利于挖掘实际价值被低估的个股，促进个股价值回归，发挥了价值发现的功能。

其他控制变量如 t 期样本股的相对换手率系数为正，且在 1% 的水平下显著。在股票市场中，股票的换手率越高，说明越被资金关注，自然交投活跃，波动率也越大，这与实际情况相符。一般来说，市值越大，其股价的相对波动率越小，但我们的回归结果显示，股票的市值越高，股价的波动率越大，这一点比较难以解释。非保险公司机构的持股水平系数为正，且在 10% 的水平下显著，说明在市场振幅较大的行情中，非保险公司机构的持股行为有助涨助跌的效应，同时也有促进股票市场价格加速回归的作用。

表 4-37　　　　　　　　　　模型回归结果

模型	(1) $Vos\_original$	(2) $Vos\_original$	(3) $Vos\_original$
Roc_{it}	0.000216 (0.000224)	—	0.000091 (0.000258)
Roc_{it-1}	0.000301 (0.000231)	—	0.000157 (0.000243)
Ros_{it}	—	0.000225 *** (0.000085)	0.000229 ** (0.000106)
Tos_{it}	0.000139 *** (0.000024)	0.000168 *** (0.000017)	0.000167 *** (0.000022)
Mv_{it}	0.001003 (0.000613)	0.001170 *** (0.000398)	0.001139 ** (0.000519)
Nis_{it}	$-1.30e-06$ (0.000123)	0.000137 * (0.000074)	0.000151 * (0.000083)
$Cons_{it}$	0.015090 ** (0.007204)	0.005291 (0.004658)	0.004302 (0.005783)
R^2	0.3446	0.3748	0.3765

续表

模型	(1) $Vos\_original$	(2) $Vos\_original$	(3) $Vos\_original$
Hausman 检验	0.0000 （拒绝原假设）	0.0001 （拒绝原假设）	0.0000 （拒绝原假设）
观察值数	180	195	180

注：*、**、*** 分别表示在 10%、5%、1% 的水平下显著，括号内为异方差稳健标准误。

2. 保险公司持股行为对股价相对波动率的影响

个股股价波动受指数波动性的影响较大，为了在一定程度上消除这一影响，更准确地衡量保险公司持股对个股股价波动的效应，我们用股价的原始波动率减去当期沪深 300 指数波动率得到相对波动率，以此为被解释变量，再次估计保险公司持股行为对股价波动的影响。估计结果见表 4-38。可以看出，与对股价原始波动率的影响相同，保险公司持股比例变动并没有对个股股价波动产生显著影响。其他控制变量的作用并没有显著改变，但市值变量此时不再显著，说明在剔除指数波动性后，公司市值并没有对其股价波动产生重要影响。

表 4-38　　　　　　　　　　模型回归结果

	(1) Vos_adjust	(2) Vos_adjust	(3) Vos_adjust
Roc_{it}	0.000179 (0.000125)	—	0.000107 (0.000132)
Roc_{it-1}	0.000134 (0.000113)	—	0.000041 (0.000105)
Ros_{it}	—	0.000168*** (0.000053)	0.000186*** (0.000055)
Tos_{it}	0.000096*** (0.000012)	0.000104*** (0.000011)	0.000105*** (0.000013)
Mv_{it}	-0.000092 (0.000386)	-0.000122 (0.000301)	-0.000201 (0.000356)
Nis_{it}	0.000027 (0.000072)	0.000083* (0.000052)	0.000108* (0.000059)

续表

变量	(1) Vos_adjust 系数	(2) Vos_adjust 系数	(3) Vos_adjust 系数
$Cons_{it}$	0.004693 (0.003867)	0.000479 (0.003222)	-0.001142 (0.003996)
R^2	0.4633	0.5380	0.5728
Hausman 检验	0.0000 (拒绝原假设)	0.0000 (拒绝原假设)	0.0010 (拒绝原假设)
观察值数	180	195	180

注：*、**、***分别表示在10%、5%、1%的水平下显著，括号内为异方差稳健标准误。

保险公司所使用的资金中责任准备金的占比要高于大部分机构投资者，所以，在进行股票投资时，其投资策略、投资目的和监管都有一定特殊性。如果在高位购买股票，当出现债务偿还需要时，因为流动性问题而无法及时变现，就会对保险公司的经营产生恶劣的影响。因此，保险公司在进行投资时，要秉承价值投资的理念，注意投资的安全性和流动性，同时也要履行机构投资者的职责稳定市场。

鉴于保险公司的这种投资特点，我们认为，在个股被低估时，保险公司的介入会使个股变得活跃起来，同时加速个股的价值回归；在个股被高估时，保险公司的卖出行为会使个股在高位承担一定的抛压，也促使其向真实价值靠拢，有着消除泡沫的作用。在这两种情况下，虽然从个股层面来看，保险公司无论是买入还是卖出，均增加了股价的波动性，但从实际效果来看，在增加股价波动性的同时，也加速了其向内在价值的回归，不仅避免了好的股票长期无人问津的情况，也在一定程度上遏制了恶意炒作股价的行为，总体上起到了促进市场稳定的作用。

（三）稳健性检验

为进一步保证回归结果的稳健性，我们在选取样本时剔除了持股比例较小的几只股票，然后进行回归分析，查看子样本的回归结果与原样本的结果是否一致，从而说明结果的稳健性。

在稳健性检验中，我们剔除了欧亚集团、招商银行、中青旅、新洋丰这4只保险公司持股比例的股票,并对剔除后的子样本进行回归,结果如表4-39所示。从表中可以看出,所有解释变量系数的方向、大小和显著性基本与原结果一致。因此,估计结果并未因为研究样本选择的改变而发生显著变化,说明经验结果具有一定的稳健性。

表4-39　　　　　　　　　稳健性检验结果

	(1) Vos_original	(2) Vos_adjust
Roc_{it}	0.000178 (0.000298)	0.000127 (0.000162)
Roc_{it-1}	0.000245 (0.000281)	0.000069 (0.000114)
Ros_{it}	0.000268** (0.000110)	0.000247*** (0.000048)
Tos_{it}	0.000166*** (0.000022)	0.000106*** (0.000016)
Mv_{it}	0.000786 (0.000555)	-0.000719** (0.000295)
Nis_{it}	0.000192** (0.000079)	0.000137*** (0.000048)
$Cons_{it}$	0.003216 (0.005814)	-0.001106 (0.003667)
R^2	0.4200	0.6233
观察值数	132	132

注:*、**、***分别表示在10%、5%、1%的水平下显著,括号内为异方差稳健标准误。

五　小结

本节以保险公司持股行为为研究对象,分析保险公司的持股特征和偏好,并运用2014年第一季度到2017年第一季度保险公司持有重仓股的数据,经验检验了保险公司持股行为对被持股公司个股股价波动的影响。研究结论如下:第一,由于险资的独特特征,保险公司的股票投资更注重安全性和收益性,主要遵循长期价值投资的原则;第二,保险公司短期买卖股票的投资行为对被持股公司的股价波动没有产生显著影响,说明保险公司买卖股票的行为是规范且理性的,不会对市场产生负面影响，同时，保险公司的长期持股行为会提高股价的波动率，这与保险公司遵循的长期价值投资的理念相符，能够在一定程度上促进股票更快回归到合理的估值水平，体现了险资投资的价值发现功能和作为机构投资者稳定市场的作用。

本节认为，保险公司的一般投资行为并不会对市场产生过度冲击，其持股行为反而会对股票价值的回归产生促进作用。一方面，监管层不应对保险公司的投资行为过于敏感，应当引导险资正确合理地投资资本市场，逐步扩宽险资的投资比例和范围，弘扬机构投资者价值投资的理念。这样不仅可以使保险公司获得更多配置优质资产的机会，又能够增强资本市场的运行效率。另一方面，作为目前中国股票市场上仅次于公募基金的第二大机构投资者，保险公司应当充分利用自身的优势，履行作为机构投资者的责任，施行安全稳健的投资策略，逐步扩展投资的行业和品种，适应时代和市场的发展，不断完善自身的投资策略。

第五章

保险系统性风险的形成和外溢
——部门整体视角

第一节 保险科技系统的个体风险和系统性风险

一 保险科技系统的构成和特征

保险科技系统是一个由保险机构、科技企业、其他产业主体、政府、消费者、业务流程以及网络信息系统（计算机、软件、应用以及各类通信工具）等组成的、为更好地实现保险功能而构建的互动关系网络。保险科技系统可以视为是一种"数字生态系统"，科技持续赋能保险机构、消费者以及监管部门，从而形成一个更经济、更高效和更兼容的经济体系。

欧盟委员会的 Nachira（2002）在其工作论文中阐述了数字生态系统（Digital Ecosystems）模式，认为数字生态系统与自然生态系统和传统业务系统相比，具有明显的信息通信技术（Information Communication Technology，ICT）特征。Nachira（2002）是以数字科技为视角进行分析的，但是数字生态系统最终是为商业活动服务的，因此，其后续的相关研究更关注生态系统中行为主体之间的互动。例如，数字生态系统中，一组相互依赖的参与者（企业、人员和事物）共享标准化的数字平台，以实现互利互惠的目的。

保险科技系统是诸多参与主体基于数据流动构成的互动关系网络。由于数字科技的革新及其广泛应用，保险机构和消费者之间封闭的数据

| 保险系统性风险的形成、外溢及监管

循环被新的参与主体或相关产业生态分割开来，从而形成了复杂的多边关系网络（见图5-1）。

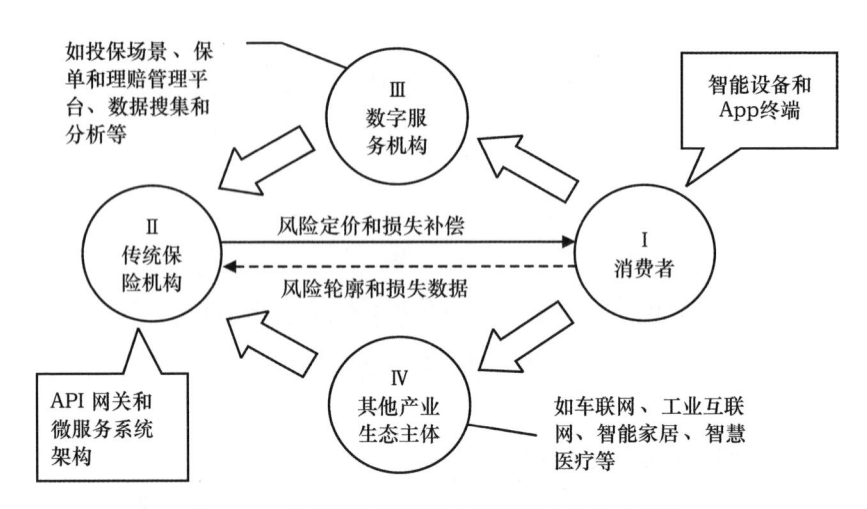

图5-1 基于数据循环的保险科技业务关系网络

资料来源：笔者制作。

（一）保险科技系统的参与主体及其互动关系

如图5-1所示，保险科技系统的主要参与主体可划分为以下4类：（1）"消费者"，即被服务对象和原始资料来源，消费者通过各类智能设备、App终端等参与到产业生态链中；（2）"保险机构"，即被赋能主体，利用API网关、微服务系统架构与外部系统对接，综合运用云计算、人工智能、大数据、区块链、物联网等技术降低运营成本和提高业务效率；（3）"数字服务机构"，即进入保险价值链的数字科技服务商，它们参与到产品设计、分销、保单运营、理赔、风险控制等多个业务环节；（4）"其他产业主体"，即与保险机构共同为消费者创造价值但主要在其他产业生态中的主体。在保险科技系统中，"消费者"是生态的中心，"保险机构""数字服务机构""其他产业主体"依靠数字技术联合起来满足保险需求。在现实生活中，除上述4类主要参与主体之外，政府、其他金融机构、科研组织等也会参与到保险科技生态中，例如，政府是科技和金融政策的制定者以及金融行业的监管者，其他金融机构可以提供风险融资等服务，科研组织可以发挥人员培训、技术研发等功能。

保险价值链的基本环节包括产品设计和定价、市场开发、分销或销售、风险承保、索赔处理、消费者服务等。自保险业诞生以来，保险价值链的运行和演进就与技术的发展密切相关，不同的技术基础设施与应用能实现多样化的主体互联以及价值创造方式，当今的数字科技时代也不例外。保险科技系统并没有改变核心的保险业务关系，只是改变了实现保险功能的价值链形式。有数字科技赋能的保险价值链可划分为以下3条子链。

1. "消费者—保险机构"的基础生态链

保险机构从消费者处获得刻画风险所需的数据，并向消费者提供损失补偿和风险管理服务。在保险科技系统中，这种直接的消费者触达频率呈现下降趋势（图5-1中以虚线表示）。在数字时代，保险消费者会变得越来越"智慧"：(1) 社交媒体的蓬勃发展使得消费者之间的交流更加频繁和充分，保险产品或服务的"售后体验"变得日渐公开化；(2) 大量综合性智能投保平台为消费者提供了丰富的保险专业知识支持，使其能够及时获得保险消费决策相关的信息；因此，保险机构需要借助数字科技不断满足日益"苛刻"的消费者预期。

2. "消费者—数字服务机构—保险机构"的协作生态链

当前谈论的保险科技主要是指科技驱动企业进入保险价值链，实现传统市场的效能提升或颠覆式创新，通常表现为两类：(1) 传统保险业务流程支持，如综合保险销售平台、场景定制平台、保单和理赔管理平台、智能投保平台等；(2) 数字化颠覆创新，如数字保险人[①]、数字

[①] 对于数字保险人（Digital Insurer）的概念内涵尚未形成统一的认知。有观点认为，数字保险人特指创造新业务模式或开发利基市场（Niche Market）产品的保险科技初创企业，与现有保险人（Incumbent Insurer）的概念相对应。也有观点认为，数字保险人泛指利用数字技术优化或创造新的保险业务模式以应对消费者行为变革的市场供给者。本节中的数字保险人采用的是第一种观点，即保险领域的新进入者利用技术驱动实现数字化保险业务流程（如众安保险），而现有保险人的数字化转型则归属于第一条基础生态链。

保险服务商、网络互助平台等。

3. "消费者—其他产业主体—保险机构"的产业融合链

科技驱动社会进步，消费者更希望获得综合服务，而不限于某个企业带来的传统产品。为适应这种消费者需求的变化，保险产品或服务未来可能会嵌入到更多产业生态中，通过与其他产业主体的合作共同为消费者创造价值。例如，当移动设备渗透到日常生活的方方面面时，寻求便利的用户可能让苹果这样的公司利用这些信息来优化自己的生活。在这种情况下，移动设备可以向第三方提供相关数据，以确定最优产品，例如保险。这样的努力可以大幅提高客户价值，但对产品多样性和竞争的影响尚不明确。因此，保险机构必须密切关注技术发展，寻求从外部合作学习（Eling 和 Lehmann，2017）。2018 年 7 月，众安保险与汽车科技金融服务平台签署汽车生态战略合作协议，双方合作的目标是打造"人·车·金融"三位一体生态链，未来计划为客户提供更加便捷、智慧、周到的多场景化的保险服务。

上述三条生态链均围绕着日益智慧（如大量智能移动设备、终端 App、可穿戴设备等）的消费者展开。保险机构和消费者之间的封闭数据循环（业务关系）被不断切割或碎片化，保险机构与新的参与主体之间形成了数据共享的多边关系。可见，保险科技系统是"业务流"和"数据流"的融合，体现为数据循环虚拟系统和保险功能实体系统的相互依赖与交织，正是这种"虚实协同"不断推动着保险生态进化。

（二）保险科技系统的特征

传统保险系统支撑的"基础生态链"是保险科技系统最基本的构成单元。这一保险业务关系也是保险科技生态不断扩张的基础，科技赋能或科技颠覆均是围绕消费者、保险机构及其相互关系展开的，最终形成保险科技生态的价值链网络（见图 5-1）。然而，从主体关联和价值链实现方式来看，保险科技系统与传统保险系统之间存在一些显著的差异。（1）核心企业类型。传统保险系统的核心企业是原保险人和再保险人。保险科技系统的核心企业除上述两类企业外，还包括数字保险人、技术服务商、数据服务商、其他产业主体等。（2）系统边界。在规模上，传统保险系统包含少量企业主体，边界清晰。保险科技系统在理论上可无限地纳入不同角色乃至不同领域的企业主体，"风险无处不在"决定了保险产品服务可以拓展至大量生活或生产场景，所以保险科技系统的边界是模糊且易变的。例如，依赖高度集成的信息系统推动的"智慧保险"[①]。（3）系统运行。传统保险系统表现为若干个离散的运营系统，即单个保险机构是一个封闭且独立的信息系统。保险科技系统则是一个数字生态系统，各生态主体之间通过开放运营系统来实现数据信息的实时流动。（4）系统构成。因为参与主体的增加，且参与主体之间的关联日益紧密，所以保险科技系统比传统保险系统更复杂，初步具有涌现、自组织、混沌等复杂系统的基本特征。

表5-1总结了保险科技系统和传统保险系统的主要区别。在科技赋能保险业的背景下，科技对保险业的产品、交易、经营理念和客户服务等均产生了深刻的影响。

表5-1 传统保险系统和保险科技系统的主要区别

传统保险系统	保险科技系统
产品导向	客户导向
每个保险人都与其消费者形成数据闭环，各个保险人可视为一个小核心	以消费者为核心，科技赋能实现数据循环，向相关行业拓展
单一化保险产品	多元化保险服务
低频且离散的交易和运营系统	连续且实时的交易和运营系统
供应链合作关系稳定和持久	基于项目制的动态合作关系
基于各产品线的纵向一体化	兼具纵向一体和横向外延的网络化
具有明显的企业和行业界限	长期来看，无合作边界

资料来源：笔者制作。

[①] 智慧保险是保险行业依托大数据、人工智能、物联网、区块链等创新集成系统实现的数字化业务模式，包括智能洞察与营销、数据驱动定价、实施风险实时监测、智能合约赔付等。

二 基于复杂网络理论的保险科技风险分析框架

为更好地阐释保险科技对保险业风险状况的影响，我们在保险科技系统和复杂网络之间建立了映射关系，进而运用复杂网络的相关理论，从个体层面和系统层面对保险科技系统的风险进行识别和分析。

（一）网络构建规则

复杂网络由两个基本元素构成：节点和节点之间的关联。在保险科技系统中，"节点"是指各类参与主体，包含相关业务机构主体、数字设备等，而节点之间的关联则是行为主体之间的交流方式，包含机构之间的业务关联以及数字信息系统之间的技术关联。

1. 节点的形成

鉴于保险科技系统存在"实"和"虚"两类子系统，节点的形成将涵盖以下两个方面：（1）实体业务网络节点，包括消费者、保险机构、数字服务机构、其他产业主体等；（2）虚拟信息网络节点，包括移动智能设备、传感器、信息集成系统等。

2. 边的形成

边代表节点之间的关联，这种关联体现为两个层面：（1）保险业务的关联，涉及产品设计、分销、承保、理赔、再保险等业务流程；（2）信息技术的关联，涵盖云服务、区块链、数据分析、信息共享、人工智能决策等数字化架构或服务。事实上，虚拟信息网络节点的关联也反映在参与主体之间的边连接上，因此，可能存在保险业务供给者和信息技术服务提供商属于同一参与主体的情形。考虑到业务系统和信息技术系统的风险形成机制存在差异，在网络构建中，将参与主体之间的这两类性质差异关联视为不同的边。例如，平安保险集团兼具保险业务主体和技术服务主体的属性，如果平安保险集团对另一实体既有保险业务合作也进行技术输出时，我们将主体之间的关联列示为两条边，分别划分至保险业务和信息技术这两类子系统中，在分析风险耦合效应时予以区别对待。

3. 其他元素的形成

节点和边是最基本的元素，除此之外，复杂网络还涉及边的方向、

第五章 保险系统性风险的形成和外溢

边的权重等元素。考虑到企业之间的连接是相互的，本节对边的方向和权重不做具体的界定。这一处理也比较符合保险科技系统的动态性和金融创新属性，即以消费者为中心实现保险功能，可能表现为传统业务模式的优化、数字保险或"脱媒"（Disintermediation）式创新等。在后文进行网络分析时，我们重点关注大的节点——枢纽节点（Hub Nodes）的功能。

（二）风险研究框架

利用复杂网络理论中的基本元素状态可以刻画风险管理中的个体风险和系统性风险，并揭示两者之间的关联性，如图5-2所示。

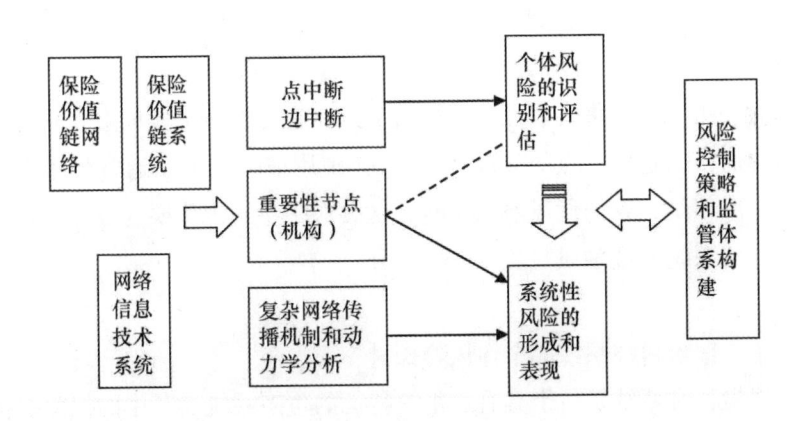

图5-2 基于复杂网络理论的保险科技系统的风险

资料来源：笔者制作。

在网络结构中，单一节点属于微观风险范畴，我们从两个维度阐述节点的风险：（1）保险机构风险，即保险机构审慎评估体系所覆盖的传统风险类型。如果某保险机构因偿付能力危机而退出市场，对应到网络结构中是该节点的消失。（2）保险机构外部依赖风险，即某些相关联的外部第三方风险事件造成的保险机构风险。例如，如果保险机构发生营运中断，对应到网络结构中是该节点的某条或者某些边的中断。前者将保险机构视为一个独立的企业组织，重点关注其偿付能力风险，后

· 239 ·

者则是基于生态系统运行的视角关注保险机构的运营类风险。在保险科技系统中,以持续运营标准来识别和评估保险机构的风险轮廓变得日益重要,例如数字生态系统中某些关键外部系统的失败事件可能影响保险业务的正常运营。

网络结构中节点"失败"的传播就反映了传染性,其属于系统性风险的范畴,同时,由于保险科技"虚实协同"的双重系统属性,其系统性风险的表现更为复杂:(1)财务危机视角下的压力传导机制,即传统意义上的系统性风险传染过程,表现为偿付能力危机的蔓延;(2)技术依赖视角下的故障传导机制,即某种网络病毒或信息系统失败的扩散,表现为技术故障的蔓延;(3)财务和技术双重视角下的叠加反馈机制,即上述两种情形的共振,表现为财务危机和技术故障的耦合。

有一类特殊的重要节点——枢纽节点,它是连接个体风险和系统性风险的纽带。这些节点的失败(图5-2中用虚线表示)通常带来重大影响,应当纳入系统性风险的范畴,这类似于将系统重要性金融公司的监管作为系统性金融风险监管的一部分。

三 保险科技系统的个体风险探讨

保险科技系统是一个具有自组织特征的生态系统,其中的保险机构不再是一个完全独立的微观组织,而是呈现出"扩展型企业"(Extended Enterprise)的特征。在扩展型组织结构中,大量组织在其所希望的期限内借助技术联合起来,以取得其中任何单一组织无法实现的成果(IRM,2014)。保险实务中也的确出现了这一趋势,其竞争优势从单一保险机构独有,转变为需要合作伙伴和数字生态系统的力量。特别值得一提的是,采用平台商业模式与数字伙伴共生正在成为保险机构发展的新动能。因此,我们将从节点和边两个维度评估保险机构的风险。

根据科技对保险价值链的渗透方式以及创新程度的差异,保险科技系统的风险耦合表现为两种结果:(1)风险叠加放大,如因网络因素的叠加而增强了某些传统类型的风险;(2)催生新兴风险,如某些外部风险因素对保险机构运营的影响不断增加。

(一)"点中断"风险叠加放大

偿付能力分析是衡量保险机构审慎风险的核心。中国保险业的"第二代偿付能力监管制度体系"将保险机构的固有风险定义为,在现有正常的保险业物质技术条件和生产组织方式下,保险机构在经营活动中客观存在的与偿付能力相关的固有风险。根据是否容易量化,该固有风险可分为:(1)量化风险,包括保险风险、市场风险和信用风险;(2)难以量化风险,包括操作风险、战略风险、声誉风险和流动性风险。我们将参考上述风险体系来探讨"保险—科技"的风险耦合效应。

1. 保险风险

英国审慎监管局(UK Prudential Regulation Authority,PRA,2016)认为,保险机构承保业务的网络风险(Cyber Risk)暴露包含以下两方面:(1)确定的(Affirmative)网络风险暴露,即保险机构以独立保单或批单形式主动承保的网络风险责任;(2)不确定的(Non-affirmative)或沉默的(Silent)网络风险暴露,即保单中既没有明确包括也没有明确排除的网络风险。大多数传统保险的保单设计没有考虑网络风险暴露,而随着社会经济运营日益依赖网络信息技术,传统保险产品线中的索赔与网络安全事件的关联度不断增强。PRA(2016)认为,以"一切险"(All-risk)方式承保的财产险保单、水险(Marine)保单、一些人身意外险保单存在较大的"沉默的"网络风险暴露。欧洲保险和职业养老金管理局(EIOPA,2018)对欧盟保险业的摸底调查显示,绝大多数保险机构的财产险和人身意外险保单并没有明确将网络风险因素排除在外,这类不确定的网络风险暴露可能导致损失的累积;EIOPA认为,对于保险业,难以有效估计这类潜在损失是最令人担忧的。

本节认为,科技驱动影响着整个社会的风险状况,沉默的网络风险将加重。在第四次科技革命的背景下,技术融合正不断促进传统工业经济中各产业的融合,人类社会也日益成为一个高度耦合的复杂系统,具

保险系统性风险的形成、外溢及监管

有"超链接"和"超风险"的属性。以系统工程的视角来看，这表现为社会子系统之间的交互作用。如果将每个传统的行业视为一个网络，那么这些网络之间的融合现象可用"网络的网络"（Network of Networks）来刻画，这属于复杂网络理论的前沿研究领域。

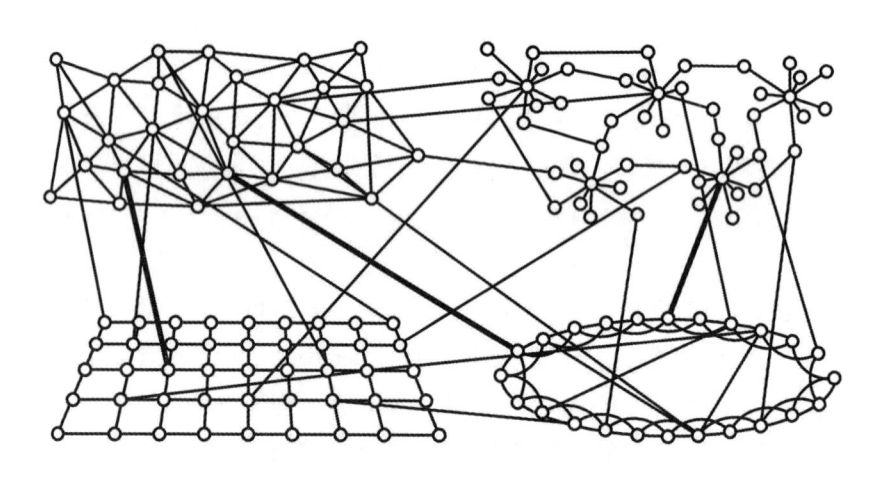

图 5 – 3　超级网络（网络与网络）之间的相互关联

资料来源：笔者制作。

如图 5 – 3 所示，网络之间可以相互联结，理论上存在两种形态：（1）类似于单一网络中的连接，图 5 – 3 中较细的连线表示两个网络的一般性重叠；（2）单一网络中的某个节点必须依赖的连接，图 5 – 3 中较粗的连线表示一个网络中的某些节点需要依赖另一个网络中的节点才能够发挥功能。Buldyrev 等（2010）认为，这些相互依存的网络构成了超级网络，根据单一网络的"边"的定义，可将这类超级网络节点之间的相依连接称为"相依边"（Dependency Link）。超级网络中存在无法用单一网络来推导的系统现象：在单一网络中，移除一个节点之后，故障会逐步传播，网络也会逐步破碎。然而，在超级网络中，某个重要节点失败就可能导致系统由正常状态突然达到负荷阈值，此时，如果再出现一个节点失败，则整个系统可能瞬间分崩离析。

随着网络信息系统成为经济社会发展的基础设施，超级网络现象将越来越普遍。以2019年首次写入中国政府工作报告的工业互联网（Industrial Internet）为例，它将智能机器或特定类型的设备和嵌入式技术与物联网结合起来，最终形成工业企业之间的万物互联。中国2017年发布的《关于深化"互联网+先进制造业"发展工业互联网的指导意见》将工业互联网概括为网络、平台和安全三大功能体系，其中，网络是基础，平台是核心，安全是保障。可见，发展工业互联网的一个直接结果是，网络风险日益增加，并影响着每一个传统行业。

总而言之，无论是专门的网络风险保单，还是可能被网络巨灾触发的传统类型保单，保险机构都应当对现有的承保风险组合进行审视，找到其中的网络风险。

2. 操作风险

科技赋能保险的一个直接结果是，原来某些人工作业的环节日渐被自动化程序和信息集成系统取代，保险机构的运营系统正逐渐成为一个"技术—经济"（Tech-economic）系统。Cebula和Young（2010）提出了"操作网络风险"（Operational Cyber Risk）的概念，并将其定义为"由于信息系统失败导致的操作风险"。考虑到操作风险包括4大风险源——人员、过程、系统和外部因素，数字网络信息系统的失败将明显增加保险机构的操作风险。

内部人员的操作失误。传统保险交易的低频性对保险信息系统时效性的要求较低，操作人员有相对充裕的时间来批量处理业务，即使发现问题也通常来得及纠正。然而，在数字生态下，业务流程日益自动化，并趋向实时化，在这种运行环境下，人员操作失误或系统存在缺陷均会造成较大的影响。日益流行的"7×24"实时保单交易和服务系统意味着，原来"低损"的操作失误已经开始具有"高损"的可能。

来自外部的威胁。保险行业作为社会风险的管理者，与消费者的"衣食住行医"等日常活动息息相关。保险机构的信息可以分为两大类：（1）消费者隐私信息，保险业务的性质决定了保险机构会搜集、存储、分析和应用海量的此类信息，包含个人消费者身份信息和健康信息、企业客户的机密商业信息（如知识产权）等；（2）保险机构的知识产权信息、商业机密信息以及自身的经营数据信息。保险科技运营不仅会带来相关数据的核爆式增长，还会日益提升数据对公司的商业价值。随着保险机构实施数字化战略转型，日渐电子化的运营和业务流程以及存储的海量客户信息使其成为网络犯罪分子的重点攻击目标，保险业遭受的网络攻击呈现指数级增长（Deloitte，2014；Bouveret，2018），其中拒绝服务攻击（Denial of Service Attacks，DDoS）是最主要的攻击方式（Verizon，2018）。数字技术促进了保险市场向定制化和精细化方向发展，保险机构的网络系统安全和数据信息安全的重要性将日益凸显。

3. 难以量化的风险

在保险科技生态下，保险机构的经营理念和管理方式均发生了较大变化，增加了一些难以量化的风险的发生概率或损失表现。

一是声誉风险。网络风险与声誉风险之间存在高度关联。IBM（2012）认为，网络安全已经取代业务持续性成为IT和声誉之间最重要的联系，其中，数据泄露、数据损失和系统失败是造成负面声誉的前三大风险事件。同样，Marsh（2015）的调研报告也表明，网络和其他信息系统的风险是潜在影响最大的风险类型，也是影响业务和声誉目标的重要因素。

二是流动性风险。科技赋能改进了保险业的承保能力，保险产品越发体现出场景化和碎片化的特征，这不同于较长承保期间的传统保单。例如，在按需保险（On-demand Insurance）、基于使用的保险（Usage-based Insurance）等创新模式中，保费和赔付之间几乎没有"时间差"。随着保险科技系统中保险机构现金流压力的增加，保险机构更需要关注现金流管理以及预防可能的"赔付挤兑"事件。

三是其他风险。从业务运营的角度来看，日益复杂的外部经济和政策环境将增加保险机构的战略风险和相关政策风险。从保险产业链的角度来看，交易对手方的增加将导致潜在信用风险的增长。从人力资源储备的角度来看，保险业务对网络信息系统的日益依赖又进一步增加了技术系统安全人员短缺的风险。

迄今为止，网络风险似乎是最难管理的风险，它是数字生态系统、变化的外部威胁和业务（或资产）结构三者结合的产物。保险机构通过控制工具和管理策略来调节这三者的关系以达到相对稳态，调节结果（与预期目标的差距）体现为控制风险。总而言之，网络风险因素与传统风险因素的叠加增加了保险机构的经营或偿付能力压力，具体表现为：（1）网络作为一种新的风险源，强化了传统类型的风险；（2）网络信息系统日益涵盖实物、人员、过程、数据等有形和无形资产，使得传统风险类型之间的界限日益模糊，导致风险的量化和管理变得愈发困难。例如，外部威胁导致的数据泄露与公司的声誉密切相关，内部操作失误和外部网络攻击概率与人力资源管理直接关联。从复杂网络系统的角度来看，上述两方面共同增加了节点（保险机构）的"点中断"风险。

（二）"边中断"新兴风险

对于金融业，"开放机构"能够促进市场竞争，推动产品服务创新，提升消费者获取的金融服务质量（Competition and Markets Authority，2016）。金融机构开放信息系统是突破遗留系统（Legacy System）限制，积极拥抱科技，不断增强金融服务交付能力的重要催化剂[①]。保险业的数字化转型也是一个"对外开放"的创新过程，通过应用程序编程接口（Application Programming Interface，API）来加强金融系统的数据分享，保险机构通过与消费者、科技企业的合作，构建产品或服务的创新能力体系。

图5-4显示了一个开放的保险业平台信息系统架构，其中，保险机构通过一系列的外包服务，与消费者、科技企业、消费者聚集平台等参与主体共享数据，构建实时互动的生态系统。从系统网络构成来看，这种第三方交互连接增加了节点（保险机构）与外界系统的关联度，

---

① 例如，当前的一个新术语——"开放银行"（Open Banking）描述了银行业实施的"对外开放"的金融科技创新生态模式。

保险系统性风险的形成、外溢及监管

也就是边的数量。因此，相比于传统保险系统，保险—科技系统中节点的"边中断"风险将日渐突出，即某些外部信息系统的失败风险可能影响保险机构的正常运营。依据前文对保险科技系统网络所构建的边规则，外部系统对保险机构运营的影响体现在业务系统和信息技术系统两个层面，也就是对数据和技术的双重依赖。

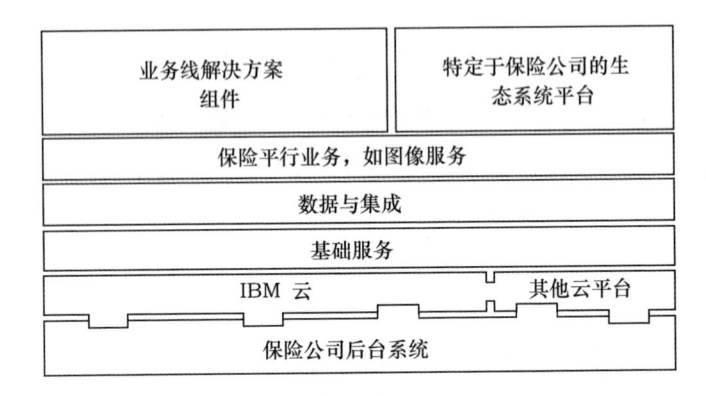

业务线解决方案组件	特定于保险公司的生态系统平台
保险平行业务，如图像服务	
数据与集成	
基础服务	
IBM 云	其他云平台
保险公司后台系统	

图 5-4　开放的保险业平台信息系统架构

资料来源：IBM（2018）。

1. 外部数据依赖

"数据"是保险科技发展的基础，保险机构的数字化转型竞争将集中体现为"数据循环"的效率。即使有些保险机构会考虑自建互联网平台，但是鉴于时间、经济成本以及网络流量竞争压力，更多的公司会选择加入已有的生态圈，与互联网平台建立战略合作关系[①]。保险机构可根据自身需求，在保险价值链的不同环节与各类平台创建"数据"连接，最终形成数据生产、采集、存储、分析和应用的闭环系统。因此，数据的顺畅流动将是保险科技系统持续运营的一个重要前提。

[①] 保险公司自建互联网平台的情况极少，这是由于，自建平台需要巨额的资金投入和较长时间的运营经验积累，同时还带来一种"锁定"（Lock-in）效应，即难以随着外部环境变化而转向其他平台。因此，保险公司通常会依赖各类外部平台，通过接入这些平台来谋求数字化转型。

2. 外部技术依赖

为适应数字化经营以及与其他产业生态融合的需要，一些保险机构已经着手建立敏捷的技术系统平台，营造有助于各方互动和合作的环境，推动产品服务的一体化和个性化（IBM，2018）。在图5-4中，云平台已经成为产品服务创新的基础设施架构，而保险机构利用这些基础信息系统更容易测试、开发和利用新的解决方案和商业模式，因此，相关的云服务失败将直接损害保险机构的业务持续性。

综上所述，保险科技系统的"虚实协同"特性造成了业务系统脆弱性和网络技术系统脆弱性的叠加效应。前文在传统的风险类型框架下分析了保险机构的个体风险，这些新的风险因素和损失后果或多或少与数字化环境有关。因此，保险科技的核心风险是网络风险。

四 保险科技系统的系统性风险探讨

"系统性风险"是指在某个系统范围内的系统级（System-wide）风险，因此研究系统性风险的起点是对"系统"的认知。"系统"是指因某种同质属性或利益关系所聚集的群体，而系统的结构、功能、行为以及元素间的互动决定了系统性风险的传导机制及其风险后果。保险科技系统是由业务网络和技术网络功能耦合而成的，其中，业务网络是通过保险价值链联系在一起的商业群体，技术网络则由自治系统（Autonomous System，AS）[①]、智能设备、传感器等数字化工具构成。

保险科技在系统构成、功能、互动行为等方面与传统保险系统存在较大差别。虽然有学者认为，保险科技增加了系统性风险的管理难度，但鲜有文献明确对"保险科技系统性风险"进行研究。本节认为，保险科技系统作为传统保险系统的进化，其风险明显比传统保险系统更具有系统性。

[①] 在网络中，自治系统（AS）是一个有权自主决定在本系统中采用何种路由协议的单位。这个单位可以是一个简单的网络，也可以是一个由一个或多个普通的网络管理员控制的网络群体，如一所大学、一家企业等。

(一) 保险系统性风险概念的构成

大多数系统性风险的定义均明确表示或默示，系统的正常状态是一种均衡状态，而系统性风险表现为系统原始均衡状态由于某种冲击而遭到破坏，进而对金融系统和实体经济产生负面影响的过程。具体而言，系统性风险概念包含了两个核心组成部分——系统性事件和风险传导机制。

系统性事件，即引起系统性风险的初始冲击。系统性事件可以分为以下两类：一是，狭义的冲击，包括异质冲击（Idiosyncratic Shock）和有限的系统性冲击（Limited Systematic Shock），例如，披露某个金融机构的"坏消息"或单个机构的失败就是一种异质冲击，而某个金融子市场的崩溃则是有限的系统性冲击。二是，共同冲击（Common Shock），即同时影响大量金融机构或市场的冲击，最常见的有经济衰退、通货膨胀迅速攀升等，以及这次全球新冠肺炎疫情造成的公共安全事件。

风险传导机制。从理论上讲，金融系统内部的风险传导有两种极端情形。一是，多米诺骨牌式的次序违约，即异质冲击触发的个体失败风险按照某个事件链（Event Chain）（如交易对手的信用违约）依次向有业务关联的金融机构传导。二是，共同冲击触发多数金融机构出现"脆弱性"甚至个体失败。系统性风险不一定直接来自合同责任，也可能来自大多数金融机构所面临的共同风险因子，如共同风险暴露、资产抛售（Fire Sale）、流动性死亡螺旋和信息溢出效应。

保险系统性风险与金融系统性风险类似，同样包含了上述两种风险机制。现有文献大多研究第一种情形，也就是基于资产负债表的两端来建立关联网络，通过合同责任的直接传染来描述异质风险的传染（Idiosyncratic Contagion）。而现实中，系统性风险通常表现为上述两种传导机制的"混合"，也就是个体风险传染和共同失败的相互反馈。对于共同风险敞口在保险系统性风险中的作用以及应当如何监管，目前还鲜有文献研究。

(二) 保险系统性风险的成因及其传导机制

2008年的美国国际集团（AIG）破产危机引发了学界对"保险系统性风险"的关注，当前学界的主流观点是"传统保险业务不会产生系统性风险，非传统的创新业务可能产生系统性风险"。赵桂芹和吴洪

（2012）通过分析保险公司主要业务活动的系统风险程度，认为保险公司的短期融资和表外衍生品交易业务等容易引发保险业的系统性风险。

迄今为止，已有不少文献探讨或验证了保险业的系统性风险问题，基本上支持了 FSB（2009）阐述的"传统保险业务不会产生系统性风险"的3个理由，即：（1）保险人之间的关联度很低，除可能存在共同的再保险人之外，保险人之间没有直接的业务关联；（2）保险业务模式决定了其期限错配程度、流动性风险和杠杆率均低于银行业，而且保险资金的运用受到了严格监管；（3）因为风险分散和索赔支出要基于事件，所以保险人（再保险人）面对的债务要求呈有序状态，且偿付能力不足问题可以拖延解决的时间较长。

同时，也有学者从现代保险业已经不再传统这个视角提出不同的观点。Trichet（2005）认为，随着银行业和保险业之间联系的日益紧密，两个部门之间的界限越来越模糊，可能产生新的系统性风险。Acharya 和 Richardson（2014）总结了保险业不再传统的表现，包括：（1）提供与不可分散风险相关的产品；（2）更可能面临"挤兑"；（3）保险人需要应对宏观事件；（4）在金融市场中的作用不断增加。

（三）保险科技的系统性风险

目前，国内的相关理论文献很少对保险业是否存在系统性风险做出论证，但是厘清保险系统性风险的根源具有重要的理论与现实意义（卓志、朱衡，2017；赛铮，2019；陈华、宁定宸，2020）。众所周知，保险科技正在改变传统的保险业务模式，这些现代保险业的"科技+"进化是否会影响保险业的系统性风险程度？我们认为，保险科技系统的一些新特征动摇了"传统保险业务不会产生系统性风险"这一论点，3个理由如下。

1. 保险人之间的关联度提升

在保险科技发展的背景下，原本由保险机构主导和独立运作的保险价值链呈现出价值网络的趋势，并相应地表现出某些数字化流程的相互关联。虽然当前保险机构依然是相互独立的，但是它们的业务流程却可以在服务级别上产生高度互连，从而可能导致跨多个公司的级联效应。

保险系统性风险的形成、外溢及监管

下面从保险市场基础设施和数字化业务流程中的共同交易方这两个方面进行说明。

（1）保险市场基础设施。Thimann（2014）认为，银行业和保险业在系统性风险方面的一个关键区别是：银行业存在一个制度上的银行间市场，银行机构之间由于这一制度安排而存在直接的资产负债表关联；相反，保险机构之间通常是相互独立运营的，没有类似于银行业的机构间市场。我们认为，"数据"在保险业务模型中的作用类似于银行的"原始资本"，保险业的"数据"分享类似于银行间市场的"资金"融资，两者都是行业发展的基础。中国银行保险信息技术管理有限公司和上海保险交易所股份有限公司正发挥着行业基础设施的功能。以中国银保信为例，按照其作为行业公共基础设施和综合性服务平台的战略定位，其未来将涵盖保险各领域的数据信息，提供保险生产支持、信息查询、保单登记和认证、结算等综合服务，在保险科技系统中具有系统重要性。

（2）数字保险中的共同交易方。保险科技系统将原来独立运营的保险机构纳入到更为统一的运营体系中，促进了一个真正意义上的"保险系统"的形成。银行业的支付系统是服务于社会经济运行的"资金"枢纽，如果其货币、信贷和支付的功能受到损害，将会对经济产生直接的负面后果。类似地，保险科技系统中"数据"循环也支撑着保险业服务于社会经济的风险管理系统，高效的风险信息流动不仅有利于各类社会经济主体获得及时和恰当的风险保障，同时也为保险机构不断优化风险管控和风险定价能力提供支持。

金融基础设施之间的互通性以及与其他金融机构的互连性，使其可能成为潜在风险的传播源头，影响到国家金融稳定（尹振涛、潘拥军，2020）。保险业务的数字化转型催生了一些具有枢纽作用的平台或企业，使得保险机构在某些业务环节的交易对手日渐集中。①风险数据搜集和产品分销平台。数字科技的发展和应用导致保险机构与消费者之间的互动关系逐渐松散化，拥有消费者界面的平台或组织可以"垄断"消费者行为数据，而保险机构将与它们建立合作伙伴关系，进行保险产品的定制和分销。②风险数据分析平台。已经有大量的科技驱动型企业进入到风险数据分析环节,为保险机构提供风险控制服务。③数字化业务流程的信息基础设施。原本封闭的保险机构后台信息系统"上云"是保险机构实现数字化转型的基本前提:无论是在电子化流程主导的数字保险阶段,还是在人工智能主导的智慧保险阶段,云计算服务平台均发挥着不可或缺的作用。例如,大量保单的在线化交易、物联网数据的实时搜集和存储、人工智能的咨询和理赔服务等,都需要一个具有超级计算和储存能力的云服务架构。

2. 保险业期限错配程度和流动性风险的提升

不乏文献认为,因为保险机构的负债主要是长期性的、保费收入的连续性较好、流动性支出需求低以及资产负债匹配受到严格监管,所以,保险机构的财务结构比银行更稳定(SOA,2017)。寿险公司的杠杆率相对较高,寿险公司更可能面临"挤兑"局面,但是,寿险业务保费的持续性使其能有足够的流动性来应对压力状况,这使得寿险公司被迫出售资产的概率极低。Baranoff等(2013)基于历史保单失效率数据的模拟结果显示,即使在最糟糕的情况下(取消10倍于正常数量的保单),保险机构也只需要出售一些流动性较好的债券资产就能应对。此外,即使有个别保险人出现流动性问题,也不会在保险人之间相互传染(IAIS,2011)。

上述论点和论据在保险科技生态中面临着以下几方面的挑战。(1)消费者赋权(Empower)日益明显,在信息大爆炸的背景下,消费者将对保险的专业性和产品信息"了如指掌",这使得消费者的忠诚度面临极大的不确定性;(2)科技赋能使传统长期保单的吸引力日益下降,保险合同呈现由"低频高价"向"高频低价"转变的趋势,如按需保险、按小时保险、基于使用的保险等创新业务模式;(3)方便快捷的在线化保险服务流程大幅降低了转换成本,使得原本需要到保险机构柜台办理的业务可以在移动智能设备上一键完成,而这种随时可以投保或退出的灵活机制可能引起保险机构的现金流波动。

3. 保险人(再保险人)面对偿债要求的不确定性增强,且偿付问题的处理时间缩短

再保险人破产极少引发保险系统内风险传染的一个主要依据是:保险

合同是一种非标准的"或有"(Contingent)合同,即再保险人对原保险人履约义务需要基于风险事件是否发生。也就是说,即使最大的再保险人破产,但未发生约定的损失事件,该再保险人也无需向原保险人支付保险费,所以不会引发系统性风险。例如,Plantin 和 Rochet(2007)认为,全球范围内的业务分散化以及保险机构通过再保险机制实现的风险共担,足以使保险业充分应对外生冲击。然而,上述推理需要一个前提条件——原保险人向再保险人分保的风险是可分散的,也就是说,不会在同一时间点发生大量关联保险损失。在工业经济时代,保险机构各条产品线通常是相互独立的,保单损失之间的关联性较弱。在数字经济时代,大数据、物联网、人工智能、工业互联网等创新型科技的应用已经构建起"超链接"的数字化世界,社会风险也呈现出"超风险"和"风险快速进化"的特征。对应到保险风险结构中,使得原本相互独立的保单之间的关联性日渐增强。Gómez 和 Ponce(2018)认为,网络安全保险可被视为一种非传统的保险产品,可能触发系统性风险。例如,某些严重但不频繁的网络巨灾事件(如网络攻击导致的电力断供或云服务失败等)的发生可能会同时触发大量保险合同的赔付责任,表现为同一时间消耗保险业(原保险和再保险)的巨额承保资本,从而影响保险业的稳定。

第二节 气候风险对保险业的影响及应对

一 问题的提出

保险业与气候变化之间的关系值得关注。一方面,保险业直接承保包括气候变化在内的各类风险事件的损失。一些学者在十多年前就已经提出,气候变化是保险业面对的最大风险,它将严重影响保险业的未来(Mills,2005,2012;Hecht,2008)。联合国环境规划署(United Nations Environment Programme,UNEP)预测,到2040年,气候变化导致的保险赔付金额将达到每年1万亿美元;气候变化的责任认定与保险将成为气候政策和谈判方面的最大问题之一。另一方面,近几个世纪以来,保险业积累了大量关于气象灾害造成损失(可视为气候变化的短期剧烈影响）的数据资料，形成了一些模型方法，因此，保险业可以赋能其他部门，提升全社会对气候变化的韧性。

长期以来，气候变化及其风险被认为是遥远且不重要的，也被保险业（以及整个金融业）轻视，然而，以下3个事件改变了这种状况。其一，时任英格兰银行行长的Carney（2015）表示，"气候变化的战略挑战是金融业的天际线悲剧"（Tragedy of the Horizon），"如果等到气候变化成为金融稳定的决定性问题时再行动，那就太晚了"。此后，英格兰银行又接连发布了关于气候变化与金融稳定的多份报告和声明。其二，2016年1月，20国集团（G20）绿色金融研究工作组（Green Finance Study Group, GFSG）成立，这反映了气候变化已经引起主要国家金融管理部门的重视。其三，2017年6月，金融稳定理事会气候相关财务信息披露工作组（Task Force on Climate-related Financial Disclosures, TCFD）发布了一个关于气候变化带来的风险和机遇的信息披露框架，以提供清晰、可比和一致的信息。这表明关于气候变化问题的全球标准正在形成。

已有关于气候变化与保险关系的研究主要聚焦于以下几个方面：一是对受气候变化影响较大的承保业务进行分析；二是对狭义的绿色保险——环境责任保险的经济、法律和技术问题进行分析，如严湘桃（2018），也有的从较宽的视角分析保险业在全社会应对气候变化风险中的功能作用（陈秉正等，2019）；三是在分析气候变化与金融关系的问题时一定程度地涉及了保险业。从已有研究看，更多关注的是保险公司在天气灾害事件中的赔付问题，而较少关注气候变化中的其他重要问题与保险业的关系，如气候变化的长期影响、转型风险和责任风险、气候变化的减轻和缓释、监管对策措施等。有鉴于此，本节将较系统地分析气候变化与保险业的关系，并提出对策建议。

二 保险业面临的气候风险

气候变化带来了一系列不利后果，如热浪持续时间更长、频率更高、强度更大，部分地区干旱加剧，沿海水位上升和强降水频率增加等。虽然全球热带气旋的频率可能会下降或保持不变，但在一些海洋盆地，最强风暴的频率很可能显著增加。气候变化对保险业有以下 3 方面的不利影响。

（一）实物风险对保险业的影响

实物风险（Physical Risk）是指，气候变化及天气相关事件对保险标的造成的直接损失，以及通过后续事件造成的间接损失。保险公司的承保业务、投资业务和经营模式，均会受到气候变化带来的实物风险的影响。

一是承保损失。包含直接损失和间接损失两类。对于直接损失，全球气候相关自然灾害事件造成的年均保险损失已从 20 世纪 80 年代的约 45 亿美元增加到 2015—2018 年的约 136 亿美元（按 2018 年的价格水平，调整通货膨胀因素）[①]。虽然天气灾害造成的损失呈上升趋势，主要缘于经济增长和城市化带来的风险敞口增加，但气候变化也是一个重要的影响因素。根据 NatCatSERVICE 自然灾害研究平台的数据，地震等地球物理灾害事件的数量基本保持不变，而与气候相关的自然灾害损失事件的数量则显著增加（见图 5-5）。如果温度升高 1℃—2℃，美国农作物的损失将显著增加，农作物保险的费率要分别提高 22% 和 57% 才能覆盖损失（Tack 等，2018）。气候变化不仅影响财产险业务，也会影响人类的健康状况和死亡率，造成人身险业务的赔付。例如，根据对 1968—2002 年美国各州面板数据的分析，一年中日均气温在 90 华氏度以上的天数每增加 1 天，年龄调整后的死亡率将增加 0.11%。按此预测，2100 年，气候变化将导致年龄调整后的死亡率增加 3%（Deschenes 和 Greenstone，2011）。

间接损失是指气候相关风险的发生率和严重性受"中介渠道"影响所对应的损失。气候变化还会影响到粮食安全，并增加农业、商贸物流、恐怖主义、政治风险等领域保险产品的赔付，形成间接损失。二是投资损失。从长期来看，全球经济损失会随着温度上升而增加，其中，房地产贬值对保险投资的影响较大。从短期来看，恶劣天气事件、温度

[①] 数据来自自然灾害数据库"NatCatSERVICE"，https://www.munichre.com/en/solutions/for-industry-clients/natcatservice.html。

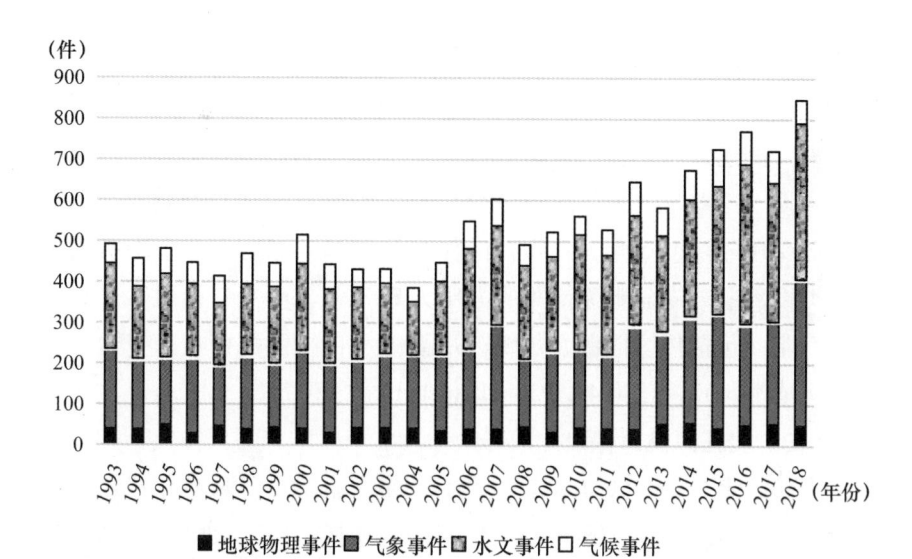

图 5-5　全球气候方面及地球物理方面的"损失事件"（1993—2018年）
资料来源：NatCatSERVICE。

升高等会影响投资者的情绪，给投资者带来乐观或悲观等"情绪冲击"，引起资产价格的非理性波动，可能使保险公司蒙受投资损失。三是经营模式受到的影响。气候变化的影响具有系统性，表现为不同风险单位出险的相关性增强；同一风险在某些时期发生得更为密集；不同类型风险之间的相关性增强，例如，20世纪末至21世纪初，极端厄尔尼诺和拉尼娜现象的发生率均翻了一倍（PRA，2015）。实物风险还可以直接影响一部分资产（如房地产）的价值，并能通过实体经济间接显著影响大部分投资领域。综上，实物风险对保险公司资产负债表的计量越来越重要，特别是对于需要实现资产和负债长期匹配的寿险公司。

（二）转型风险对保险业的影响

转型风险（Transition Risk）是指，保险公司在向低碳经济转型（受可再生能源技术进步、社会认知、监管政策等因素影响）过程中面临的风险。转型风险的来源主要包括以下两个方面：一是承保业务，高碳型行业的萎缩会降低保险需求，影响财产险公司的负债规模。这种影响是较为孤立和有限的，因为来自能源和传统公用事业领域的保费收入占比通常不超过10%（PRA，2015；ACPR，2019）。二是投资业务损失。全球向低碳经济转型可能导致高碳型资产大幅贬值甚至转为负债，即成为"搁浅资产"（Stranded Assets），这将导致持有这些资产的保险公司受损。这些领域的资产约占全球权益及固定收益类资产的1/3（PRA，2015）。2015年，在欧盟的保险公司和养老金对非金融机构的权益类投资中，传统能源行业的占比为8.72%，而受气候政策严重影响的行业（包括传统能源、传统公用事业、传统能源密集的交通运输业和房地产业）占比为49.0%（Battiston等，2017）。

（三）责任风险对保险业的影响

责任风险（Liability Risk）是指，当事人在遭受气候变化造成的损失时，会向其认为应当承担责任的主体提出赔偿要求，如果索赔成功且被索赔方已投保了责任保险，则被索赔方的部分或全部成本就转嫁给了保险公司。责任风险出现在责任保险业务中，其与立法体制和执法环境高度相关。责任风险的来源对应于应对气候变化的3种责任——减缓失败、适应失败、披露或遵守失败（PRA，2015）。"减缓失败"的索赔依据是被保险人应当对气候变化造成的实物损失承担责任；"适应失败"的索赔依据是被保险人在其行为或决策中没有充分考虑气候变化风险的影响；而"披露或遵守失败"的索赔依据是被保险人未充分披露与气候变化有关的信息，或以误导的方式披露信息，或在其他方面未遵守与气候变化有关的法规和监管。此外，气候变化相关诉讼是一个新兴领域，目前几乎没有得到支持的判决，因此，现阶段气候变化给保险公司带来的责任风险非常小。但随着气候变化的进一步演进和相关司法实践的发展，相关诉讼可能逐步得到司法判决的支持，成为保险业不应忽略的问题。

综上，实物风险、转型风险和责任风险目前的影响排序为：实物风险 > 转型风险 > 责任风险。转型风险正在增强，责任风险预计二三十年后会逐步凸显，因此，这3种风险若干年后的大小排序尚不容易确定。就对这3种风险的认识和管理程度来讲，实物风险的短期影响较受关注，但其长期影响很少受到关注；对转型风险的管理，则尚处于初级阶段；对于责任风险的管理则极少。

气候变化对保险业的影响涉及多个业务线、多个行业和地区，而且呈现出非线性、交织性、不可逆性等特点。因此，从广度和量级上看，气候变化对保险业的挑战大于绝大多数风险源。气候变化的影响长远且具有高度不确定性，超出了保险公司通常的商业规划时间尺度。但是，未来保险业受气候变化影响的程度将很大程度上取决于现阶段采取的措施。因此，有效应对气候变化是保险业的一项当务之急。

三 保险业适应气候变化

将国内外保险业的相关机制和经验归纳为以下几个方面。

（一）追踪和使用最新科学成果

保险公司的定价和风险管理模型习惯于采用历史经验数据，而缺乏对风险趋势（包括气候变化）的前瞻性评估。在实物风险方面，对于单个保险公司，气候相关灾害的重大赔付事件并非每年都会发生，这使得保险公司对气候相关风险的定价总体上低估了，其中，企业财产险和营业中断险是被低估得最为严重的。标准普尔评级机构发现，保险公司因"十年一遇"事件和"二百五十年一遇"气候事件而造成的损失，被低估了50%（ClimateWise，2015）。

可靠的气候风险数据缺乏和预测气候变化困难，是各领域普遍遇到的问题。近些年，国际大型（再）保险公司逐渐意识到这些问题后，开始加强关注气候变化风险的非线性、空间相关性、临界点等内容，并将气候专家的预测成果纳入风险模型，设计出更具可持续、定价更适当的产品。转型风险和责任风险的大小受科技、立法和执法情况、政府政策、公众态度等因素的影响；而目前，保险业普遍对这些因素缺乏关注。

（二）加强公司治理机制建设

目前，仅有个别业内领先的保险公司针对气候变化问题改进了公司治理。根据公开资料，与气候相关的公司治理措施主要包括以下几个方面：强调董事会的核心作用，设立气候风险委员会、环境委员会、新型风险委员会等；明确治理主体（尤其是高级管理层）的作用和责任，划分公司在风险管理、投资管理、企业社会责任管理等方面的职责分工；设定气候变化风险监测目标以及目标修订的具体流程；制定并综合评估气候变化风险的指标（不论是否将部分分析工作外包给专业的服务供应商），以提升自身应对气候变化风险的能力。根据 Messervy 对 330 多家美国保险人的调查结果，以及可持续金融论坛（SIF）2019 年对 15 个国家和地区的 1170 家保险人的调查结果（IAIS，2020），保险公司建设应对气候变化的公司治理机制的最大困难在于，公司董事会以及保险监管部门缺乏熟悉气候知识的专业人士。其他金融行业的情况也大致如此。

（三）整合风险管理框架

气候变化风险是一种复杂的风险，它会改变或放大金融业的各种风险，包括市场风险、信用风险、操作风险、法律风险、声誉风险等。因此，一些国际组织建议整合风险管理框架，将气候变化风险映射（Mapping）到已有的风险类型中。表 5-2 是金融稳定理事会的 TCFD 工作组建议的对环境风险的"映射"原则，表 5-3 是国际清算银行的金融稳定学院（FSI）建议的对保险公司气候变化风险"映射"的做法。

表 5-2　将环境风险"映射"到已有风险类型的原则

		金融风险		
		商业	法律	信用
实物风险	气候方面			
	地质方面			
	生态系统方面			
转型风险	政策方面			
	技术方面			
	情绪方面			

注：本表展示原则，表中内容需要由信息披露主体根据具体的风险因素来确定。
资料来源：FSB TCFD，https://www.fsb-tcfd.org/publications/final-recommendations-report/。

表5-3 将气候变化风险"映射"到保险公司已有风险类型的示例

气候变化风险举例		传统风险类型				
		承保风险	市场风险	信用风险	操作风险	流动性风险
实物风险	冰盖融化使得海平面上升,给沿海大都市带来洪水	承保沿岸建筑保险的赔付支出	被投资企业的收入和利润由于洪水和营业中断而减少,估值下降	接受分保的再保险人的评级下降,原保险人的风险敞口增大	保险人的房地产遭受灾,日常活动紊乱	受灾的保单持有人通过退保、保单贷款来索要流动性
转型风险	削减温室气体排放等政策措施加强	承保绿色技术的保单定价偏低(由于缺乏数据等原因)	"搁浅资产"带来的投资损失	对企业债权的投资损失(由于立法或行政要求的强制转型)	保险人加强无纸化办公带来的风险(如网络风险)	由于政治或社会压力而投资于流动性差的长期基础设施

资料来源:FSI(2019)。

(四)进行压力情景分析

已有一些国家的金融监管机构要求本国金融机构评估气候变化造成的现实及潜在风险,压力情景分析便是一种方法。情景分析是通过历史真实情景或构造的情景来模拟不利结果,侧重于"复杂性";而压力测试关注的是在一个较成熟的模型(模型系统)中,一个或多个因子的极端变动所带来的不利影响,侧重于"严重性"。由于气候变化的复杂性和非线性,定量分析气候变化风险时一般需要结合情景分析和压力测试这两种方法,可以合并称为压力情景分析。英国和荷兰在这方面的行动较早。英格兰银行于2019年发布了压力情景分析方案(征求意见稿),并计划于2021年实施。根据该方案,对于承保风险,考虑4个自然灾害情景和1个经济滑坡情景①;对于转型风险,将投资资产(如股票和公司债券)的精细数据与高排放行业的资产水平数据进行匹配,再基于国际能源署(IEA 450)提供的情景形成最终情景。中国保险业

---

① 这些情景为:(1)寒冬——横跨英国东南部和北欧的两场强风暴加上发生在英国的两场洪灾;(2)西北太平洋发生里氏9级地震并引发海啸;(3)美国洛杉矶地区发生了一次里氏8级地震,接着又发生了一次7级余震;(4)三级和四级系列飓风横扫加勒比海和墨西哥湾,之后在美国大陆登陆;(5)资产冲击、经济滑坡和索赔数量增加,致使准备金减少。

偿付能力测试对与气候相关情景的恶化有一些间接的考虑,如在 2019年 1 月的压力情景中,大类资产下跌情景和赔付率恶化情景可视为气候变化风险的主要作用渠道。

(五)调整业务结构和设计保单

保险公司可以通过调整业务结构和设计保单来管理其气候变化的风险敞口。一是避免过高风险的业务,如位于低海拔(如低于海拔 5 米)地区的房地产业务,减少对高风险地区[①]和行业的投资。二是业务分散化,即通过对不同地理区域、不同风险类型、不同产品的承保,降低其遭受多重重大损失的风险。三是风险再转移,即保险公司将风险转移给再保险公司,使自留风险与其风险偏好相一致;而再保险公司通过在全球范围内分散风险而避免过度承担风险,发挥稳定器的作用。四是鉴于气候变化相关的法律责任仍然处于变化中,保险公司很难将"气候变化"这一因素完全排除在保单之外。因此,为控制气候变化风险的敞口,公司可以采用"索赔发生制",约定两个期限:一是承保的情形、行为、错误或疏忽发生在保单生效(或保单追溯日期)之后,二是索赔在商定的保单期间结束后的延长期内提出。2020 年 4 月,中国平安保险集团成为中国大陆首家签署《可持续保险原则》的公司,并承诺将在充分考虑气候环境和社会因素的基础上打造可持续保险产品体系。

(六)借助公共部门的力量

气候条件变化可能造成保险经营成本过高,导致保险公司可能在一次灾难性天气事件发生后就选择退出市场。这在保险需求程度高的地区可能引发公共政策问题,损害保险业的声誉。对于风险过高的领域,保险业可采用某种形式与政府或社会资本合作(Public-Private Partnership,PPP),以兼顾保险服务的可得性,并避免过高的风险管理成本和防范道德风险。例如[②],英国保险业为给面临严重洪灾风险的 35 万—50 万家庭提供可负担的洪水保险,设立了洪水再保险计划;而在该计划中,

---

① 这需要基于一些指数,如美国圣母大学编制的圣母全球适应指数(ND-GAIN)。该指数整合了各个国家对气候变化的风险敞口、敏感度、适应性等指标。
② 参见英国洪水再保险计划网站,https://www.floodre.co.uk。

英国政府承诺每年将向防洪及住房维修投资，并提升公众对气候变化风险的认知；同时，计划在2040年前后使洪水保险向反映风险程度的正常定价模式转型。

（七）开展信息披露

为提高金融业气候变化风险状况对消费者和投资者的透明度，金融稳定理事会的气候相关财务信息披露工作组（TCFD）于2017年6月发布了一个关于气候变化的风险和机遇的清晰、可比和一致的全球框架。该框架"自上而下"列出了如下4个需要披露的主题：（1）治理——董事会和管理层在评估和管理气候相关风险和机遇过程中的作用；（2）战略——与气候相关的风险和机遇对组织的业务、财务等规划的现实和潜在影响；（3）风险管理——组织用于识别、评估和管理气候相关风险的过程；（4）指标和目标——用于评估和管理气候相关风险和机遇的指标和目标。TCFD的建议和指引基于自愿原则，国际保险业基本认可该框架。不过，也存在少量的不同意见：一些保险公司认为，自己在已有公开报告中已经披露了足够的信息；还有一些人寿与健康险公司认为，转型风险的研究结果并不明确，其信息披露在技术上不可行。根据IAIS（2020）的调查，越来越多的保险公司（2019年上半年的占比为76%）自愿披露一些与气候相关的风险的信息，但这些数据的有用性和可比性较差。

中国保险行业/公司很少披露与气候变化或环境责任相关的信息；不过，从更广泛的社会责任的视角看，以下事件值得关注：2020年9月，中国保险行业协会首次发布了保险业社会责任报告，其中环境责任为所关注的5个领域之一；2020年4月，有大型保险集团开始披露可持续保险的承保人次和保险金额；2020年7月，大家保险集团在成立一周年时发布了社会责任报告，其中广泛参考了联合国可持续发展目标（UN SDGs）。

第三节 保险业系统性风险对相关行业的溢出

一 问题的提出

金融监管不仅要关注单个金融机构或单个行业的风险，更要维护整

保险系统性风险的形成、外溢及监管

个金融体系的稳定性。防范化解重大风险对于继续深化供给侧结构性改革、保持经济平稳健康发展至关重要。系统性的金融风险可以从不同维度进行思考和分析：从宏观角度来看，突出表现在金融机构对宏观经济风险的暴露和公私部门杠杆率的提升与剧烈变化；从微观角度来看，突出表现在系统重要性金融机构和金融集团的规模、复杂性、流动性、资产负债匹配、关联交易等问题；从中观角度来看，突出表现在风险的跨部门、跨地域传染。较之于从宏观层面和微观层面研究系统性金融风险，中观层面的研究相对不足。随着不同金融部门之间直接和间接的关联日益增加，识别和管理不同金融部门之间的风险传染是一个难度较大的棘手问题。

  保险是个人家庭、企业和社会管理风险的一种基本方法，保险业是金融业和社会保障体系的一个重要支柱，中国保险业在不断发展壮大的过程中，与其他金融行业以及（金融色彩较强的）房地产业之间产生了广泛的联系。（1）对于银行业，近十几年来保险业20%以上的保费收入来自银行渠道；2018年银行系保险公司已达9家，而保险公司也广泛投资了银行股权，其中，平安银行、广发银行和民生银行等银行的第一大股东就是保险公司，此外，银行和保险公司还是对方所发行"次级债"的最重要的持有者。（2）对于证券业，保险资金是中国资产市场中仅次于公募基金的第二大机构投资者（2019年6月的投资规模约为2.5万亿元），且保险资金入市的比重限制目前还在放开，投资活动也越来越受到鼓励；此外，2017年《关于规范金融机构资产管理业务的指导意见》（"资管新规"）首次把保险资产管理列入资管行业，所以，保险资管业的经营方式也将与其他资管业趋同。（3）对于信托业，2019年6月，共有154家保险公司持有了50家信托公司发行的产品，规模达1.36万亿元，而2019年7月《保险资金投资集合资金信托有关事项的通知》发布后，保险与信托的合作明显加强。（4）保险公司越来越多地投资"医养地产"，以改善老龄护理和健康管理方面的服务，并且保险公司与房地产公司相互参股的现象也越来越普遍。对于保险业的功能和影响，从保险监管部门经常与其他部委联合设计和发布管理相关问题的政策措施中也可见一斑。因此，随着保险业外部关联性的逐步增强，有必要研究保险业的系统性风险及其对相关行业的溢出效应。

二 相关文献述评

对于保险业与相关行业之间的风险溢出关系，国内外一些文献采用不同视角、不同样本、不同方法进行了研究。这些文献可以分为如下两类。

采用在险价值（Value-at-Risk）模型的研究方法。Adams等（2014）采用状态依赖 VaR 方法对2003年4月至2012年12月美国担保债务凭证（CDO）的价格数据进行了分析，研究发现：危机时期，不同类型的金融机构之间的风险溢出效应更强；银行和对冲基金在风险传递中的作用大于保险公司和证券公司。周天芸等（2014）基于2008—2013年中国上市公司的数据，采用非对称的条件在险价值模型（Co-VaR模型）对保险业与相关行业之间的风险溢出关系进行分析，研究发现，银行业的风险溢出效应最大，保险业次之，证券业较小。陈建青等（2015）基于2007年1月至2013年12月中国上市公司的数据，构建了静态及动态 CoVaR 模型，发现当风险加剧时，一些风险溢出链会加强，而一些风险溢出链则会减弱。Wang等（2017）基于1994年1月至2018年12月 S&P 500 的股价数据，构建了条件自回归风险价值（CAViaR）模型，研究发现，银行和房地产公司的风险溢出效应强于保险公司和多元化金融机构。曾裕峰等（2017）基于2007年1月至2015年12月上市机构的数据，构建了多元多变量条件自回归风险价值（MVMQ-CAViaR）模型，研究发现，银行业对证券业和保险业具有显著的风险溢出效应，而证券业只能单方向地吸收其他板块的风险溢出。

采用在险价值模型以外的研究方法。Billio等（2012）基于1994年1月至2018年12月的上市金融机构的股价数据，采用主成分分析和Granger因果网络检验发现：银行、保险公司、证券公司和对冲基金之间的关联性有所增强；银行对另外3个产业的风险溢出效应明显更强。Chen等（2013）基于2002年2月至2008年5月信用违约互换（CDS）

溢价的数据，采用线性和非线性 Granger 因果检验发现：银行和保险公司之间存在显著的相互影响，银行对保险公司的影响更强；压力测试中仅发现银行对保险公司的显著影响。刘路和韩浩（2016）基于 2008 年 1 月至 2016 年 11 月国内上市机构的数据，构建了二元 $VaR(2)$ - $GARCH(1,1)$ - $BEEK$ 模型，研究发现：银行业与保险业之间存在微弱且短期的均值溢出效应，而银行业和保险业之间存在双向的波动溢出效应。杨子晖等（2018）基于 2011 年 1 月至 2017 年 9 月国内上市金融机构和房地产公司的数据，采用 VaR、MES、$CoVaR$ 和 $\Delta CoVaR$ 4 种方法进行了风险测度，研究发现：这 4 种风险测度指标均有效；系统性风险溢出水平逐年攀升；在"钱荒事件"中，银行业和房地产业成为风险传染的发源地，而在"熔断机制"事件中，房地产业与证券业成为风险传染的网络中心。李政等（2019）基于 2017 年 1 月至 2018 年 3 月中国上市金融机构的数据，采用下行和上行 $CoES$ 方法进行研究，发现银行业是系统性风险的主要发送者，证券业则是系统性风险的主要接收者；这 3 个行业的系统性风险表现出明显的协同性和周期性。

已有文献对我们具有重要的参考意义。本节从保险业的视角进行研究，测度了重要上市保险公司的系统重要性程度及其风险溢出值，并进一步估计了保险业对银行、证券、信托、房地产 4 个行业的风险溢出效应。我们既考察上市保险公司的系统性风险情况，又研究保险业对其他行业的系统性风险传染情况。本节基于 2008 年 1 月 4 日至 2019 年 7 月 26 日境内上市机构和行业的数据，采用 $CoVaR$ 模型和分位数回归方法进行分析，并且在估计尾部风险时控制股票市场波动率、市场流动性风险及其他描述宏观经济情况的状态变量。此外，为更深入地探究保险业系统性风险及其溢出效应，本节还将数据划分为"股灾"之前和"股灾"之后两个时期。

三 研究模型和方法

采用条件在险价值模型，通过分位数回归方法，估计保险业系统性风险及其对相关行业的溢出效应。

(一) CoVaR 模型

Adrian 和 Brunnermeier (2008) 提出了在险价值模型。该模型是指某个机构(或行业)出现极端事件时,其他机构(行业或整个系统)可能面临的最大损失或风险,反映了一家主体对其他主体的风险溢出效应。考虑 $(1-q)$ 的置信水平,当机构(或行业)i 的损失值等于设定的在险价值(记为 VaR^i)时,机构 j 的条件在险价值(记为 $CoVaR_q^{j|i}$)可表示为:

$$\text{Prob}(X^j \leqslant CoVaR_q^{j|i} \mid X^i = VaR_q^i) = q \tag{5-1}$$

可见,$CoVaR^{j|i}$ 实际上就是一种条件 VaR,包括了机构 i 的无条件在险价值和机构 i 对机构 j 的风险溢出价值。

考虑到系统性风险的时变特性较强,在模型中加入滞后状态变量 M_{t-1},提出了基于时间变量的修正 CoVaR 模型。以影响机构收益率的基本因素为状态变量,可以改善风险测量值的条件均值和条件方差的估计,捕捉收益率分布的尾部风险随时间变化的情况,更细致地描述风险分布的尖峰厚尾特性,从而显著提高 CoVaR 模型的测度精准性。在此基础上,本研究构建了系统性风险传染模型。

1. 保险业系统性风险模型的构建

单个保险公司的收益率模型如下:

$$R_t^i = \alpha_q^i + \beta_q^i M_{t-1} + \varepsilon_{q,t}^i \tag{5-2}$$

其中,R_t^i 表示保险公司 i 在时期 t 的收益率,M_{t-1} 为时期 $t-1$ 的一系列状态变量,q 为分位数水平,α 和 β 为待估参数。

整个保险市场的收益率的模型如下:

$$R_t^{system} = \alpha_q^{system|i} + \beta_q^{system|i} M_{t-1} + \gamma_q^{system|i} R_t^i + \varepsilon_{q,t}^{system|i} \tag{5-3}$$

其中,R_t^{system} 表示整个保险市场的收益率,α、β 和 γ 均为待估参数,其他变量的含义与 (5-2) 式相同。

对 (5-2) 式和 (5-3) 式进行 q 分位数回归,可得到 α_q^i、β_q^i 和 $\gamma_q^{system|i}$ 估计值,进而得到保险公司 i 的在险价值:

$$VaR_{q,t}^i = \hat{R}_t^i = \hat{\alpha}_q^i + \hat{\beta}_q^i M_{t-1} \tag{5-4}$$

以及保险公司 i 的系统性风险值：

$$CoVaR_{q,t}^{system|i} = \hat{\alpha}_q^{system|i} + \hat{\beta}_q^{system|i} M_{t-1} + \hat{\gamma}_q^{system|i} VaR_{q,t}^i \qquad (5-5)$$

对（5-2）式和（5-3）式进行中位数回归，则有：

$$R_t^{i,median} = \hat{\alpha}^{i,median} + \hat{\beta}^{i,median} M_{t-1} \qquad (5-6)$$

$$CoVaR_t^{system|i,median} = \hat{\alpha}^{system|i} + \hat{\beta}^{system|i} M_{t-1} + \hat{\gamma}^{system|i} R_t^{i,median} \qquad (5-7)$$

由此，我们可以计算出保险公司 i 对保险市场的系统性风险溢出：

$$\Delta CoVaR_{q,t}^{system|i} = CoVaR_{q,t}^{system|i} - CoVaR_t^{system|i,median} \qquad (5-8)$$

2. 保险业对相关行业的风险溢出模型的构建

为研究保险业对相关行业的风险边际溢出效应，建立如下模型：

$$R_q^j = \alpha_q^{j|i} + \beta_q^{j|i} M_{t-1} + \gamma_q^{j|i} R_q^i + \varepsilon_q^{j|i} \qquad (5-9)$$

其中，i 表示保险业，j 表示其他某个行业，在具体估计时，将 R_t^j 分别替换为 R_t^b（银行业）、R_t^s（证券业）、R_t^t（信托业）和 R_t^{re}（房地产业）。参数 γ 表示保险业对相关行业的风险边际溢出效应。

进一步地，为研究保险业对相关行业的风险溢出效应，还建立如下模型：

$$\Delta CoVaR_t^{j|i} = CoVaR_t^{j|i} - VaR_t^j \qquad (5-10)$$

（5-10）式反映了保险业对相关行业的风险溢出。鉴于不同行业间的无条件在险价值（VaR_t^j）存在差异，不宜进行直接比较，所以对 $\Delta CoVaR_t^{j|i}$ 进行标准化处理，如下：

$$\% CoVaR_t^{j|i} = (\Delta CoVaR_t^{j|i} / VaR_t^j) \times 100\% \qquad (5-11)$$

$\% CoVaR_t^{j|i}$ 消除了量纲的影响，使得当发生风险事件时该变量能够更准确地反映保险业对相关行业的风险溢出效应。

（二）分位数回归

使用分位数回归（Quantile Regression）进行系数估计。传统的线性回归模型只考虑因变量的"均值"受自变量影响的情况，存在两点不足：(1) 对于各分位数情况下模型的信息无从获得，也没有充分利用样本数据；(2) 现实中大多数经济和金融数据服从尖峰厚尾分布，存在显著的异方差，这使得基于古典假设的线性回归的普通最小二乘估计不再可靠。分位数回归可以得到不同分位数水平下的模型结果，且不要求数据满足同方差假定，所以，采用分位数回归可以更全面、透彻地了解因变量和自变量之间的关系。因此，我们采用分位数回归来刻画金融机构、金融市场在极端值处的联动效应。

四 数据与变量

（一）资料来源及样本筛选

对于保险公司的数据，我们根据 WIND 数据库分类的保险板块，选取了 6 家保险板块的公司，分别是中国人寿（2007 年 1 月 9 日）、中国平安（2007 年 3 月 1 日）、中国太保（2007 年 12 月 25 日）、新华保险、控股国华人寿的天茂集团和控股天安财险公司的西水股份。这一样本能够较全面地衡量中国保险业的情况，既有系统重要性保险公司，也有控股险企的非保险机构，样本代表性较强。需要注意的是，新华保险于 2011 年年末上市，与其他保险公司相比，数据共同区间较短，在构建保险业收益率变量时：新华保险上市前，由 5 家险企加权平均得到行业收益率；新华保险上市后，则由 6 家险企加权平均得到行业收益率。对于行业数据，根据申万二级行业分类，选取保险业、银行业、证券业、信托业和房地产业的股价数据[①]。这些资料来源于东方财富 Choice 金融终端。

本数据样本的时间区间为 2008 年 1 月 4 日至 2019 年 7 月 26 日。选取周数据进行分析。具体筛选方式为，将每周五股票收盘价作为周数据，若周五有特殊情况（如休市、遇节假日），没有收盘价，则以上一个交易日收盘价作为本周收盘价。按照此方法共产生 592 个周数据。数据处理使用 STATA14.0 软件进行。

（二）变量选择

1. 保险公司及各市场周收益率的计算

收集上市公司每周最后 1 个交易日的股票收盘价 P_w，按照以下公

[①] 申万二级行业指数不包括信托业，所以选取内地 3 家上市信托公司（安信信托 600816、爱建集团 600643、陕国投 A000563）的股票数据来计算信托行业的数据。

式计算保险公司的周收益率 $R_w^{i,j}$:

$$R_w^{i,j} = \ln(P_w/P_{w-1}) \tag{5-12}$$

保险业的周收益率 R_w^i 由 6 家上市保险公司周收益率加权平均获得，如下：

$$R_w^i = \sum_{j=1}^{6} R_w^{i,j} S_w^{i,j} / \sum_{j=1}^{6} S_w^{i,j} \tag{5-13}$$

其中，$S_w^{i,j}$ 是权重，表示 w 时刻保险业（t）公司 j 的 A 股流通股股份数。

银行业、证券业和房地产业均有较多的上市公司，以申万二级行业指数为原始数据，计算它们的周收益率，再进行对数转换。银行业、证券业和房地产业的周收益率序列分别记为 R_w^b、R_w^s 和 R_w^{re}。

信托业周收益率 R_w^t 的计算类似于保险业，由 3 家上市信托公司周收益率加权平均获得：

$$R_w^t = \sum_{j=1}^{3} R_w^{t,j} S_w^{t,j} / \sum_{j=1}^{3} S_w^{t,j} \tag{5-14}$$

其中，$S_w^{t,j}$ 是权重，表示 w 时刻信托业（t）中公司 j 的 A 股流通股股份数。

2. 状态变量的选择

参考陆静和胡晓红（2014）和周天芸等（2014），选取 5 个状态变量，具体选择情况见表 5-4。上证 A 股指数能较好地反映出中国 A 股市场的市场行情和运行情况，因此，股票市场收益率（MR）通过上证综指第 w 周最后 1 个交易日收盘指数（I_w）计算得到。通过计算上证 A 股指数收益率的 GARCH 模型波动率，可以反映股票市场的波动情况（MRV）。与相关研究一致，本节通过计算上海银行间拆放利率（SHIBOR 利率）和国债利率两个代表性很强的指标的差值来度量市场流动性风险情况。本研究还加入了国房景气指数（RE），并通过消费价格指数（CPI）反映宏观经济的运行情况。

表 5-4　　　　　　　　　　　状态变量的选取

指标	选择方法
股票市场收益率（MR）	$MR_w = \ln(I_w/I_{w-1})$
股票市场波动率（MRV）	每周上证指数日对数收益率的 GARCH 波动率
市场流动性风险（ML）	3 个月 SHIBOR – 3 个月国债利率
房地产市场景气指数（RE）	房地产开发综合景气指数月度数据
消费价格指数（CPI）	国家统计局公布的月度 CPI

（三）描述性统计与相关检验

1. 状态变量的描述性统计

从表 5-5 可以看出，所有宏观经济变量的 Jarque-Bera 统计量（JB 值）都非常大，P 值均接近于零，而且除国房景气指数（RE）之外，其他变量的峰度值都大于 3，且偏度都明显不为零。这表明，状态变量不服从正态分布，其分布存在明显的尖峰特征，而且偏度也都不为零，特别是 MRV 的偏度大于 1，说明它们的分布呈现尖峰厚尾特征。

表 5-5　　　　　　　　　状态变量的描述性统计

	MR	MRV	ML	RE	CPI
均值	-0.0009	0.0162	0.0119	-0.0070	0.0259
标准差	0.0345	0.0085	0.0060	0.0367	0.0197
偏度	-0.4604	1.7307	0.9230	-0.1814	0.7588
峰度	5.6150	6.1980	3.4361	1.9400	4.3296
JB 统计量	189.6005	547.8410	88.7634	30.9632	100.4211
P 值	0.0000	0.0000	0.0000	0.0000	0.0000

资料来源：东方财富 Choice 金融终端。

2. 保险公司收益率序列的描述性统计

以 2015 年 5 月 28 日股市暴跌为分界线，将收益率序列分成"股灾"之前（2008 年 1 月至 2015 年 5 月）和"股灾"之后（2015 年 6

月至2019年7月)两个阶段,分别描述6家上市保险公司的收益率情况。由表5-6可以看出,"股灾"之前,中国人寿、中国平安和中国太保这3家公司的收益率均值都小于零,而天茂集团、西水股份和新华保险的收益率均值均大于零;"股灾"之后,中国平安和中国太保的收益率均值略大于零,其余4家险企的收益率均值均小于零,而且除中国人寿外,其他5家险企的收益率在"股灾"前后都呈现出了反方向的变动。不过,这些数值都很小,基本可以认为收益率序列围绕着均值上下波动。同时,收益率的峰度值都大于3,JB值都很大,P值都很小,这说明收益率分布存在尖峰厚尾特征。

表5-6　　　　　　保险公司收益率序列的描述性统计

	中国人寿	中国平安	中国太保	天茂集团	西水股份	新华保险
2015年"股灾"之前							
均值	-0.0013	-0.0005	-0.0011	0.0024	0.0013	0.0045
标准差	0.0550	0.0552	0.0561	0.0706	0.0774	0.0615
偏度	0.5344	0.0622	-0.0262	0.7078	0.6184	0.6904
峰度	6.4377	4.6653	3.6858	9.4523	7.0946	5.5285
JB统计量	205.2149	44.1542	7.4921	690.9114	289.6850	61.2181
P值	0.0000	0.0000	0.0236	0.0000	0.0000	0.0000
2015年"股灾"之后							
均值	-0.0007	0.0002	0.0008	-0.0034	-0.0061	-0.0002
标准差	0.0509	0.0729	0.0451	0.0729	0.0713	0.0547
偏度	0.4370	-8.4367	-0.3646	-0.4450	-0.4843	-0.3536
峰度	7.3560	102.5105	4.3008	7.7780	7.6300	4.1097
JB统计量	174.3578	89985.5610	19.6453	208.6609	197.6513	5.9914
P值	0.0000	0.0000	0.0001	0.0000	0.0000	0.0004

资料来源:东方财富Choice金融终端。

3. 各行业收益率序列的描述性统计

表5-7报告了"股灾"前后5个行业的描述性统计。"股灾"之前,证券业和房地产业的收益率均值均大于零,其他3个行业均小于

零；而股灾之后，除信托业依然小于零之外，其他4个行业的收益率均值变化正好相反。这说明，2015年"股灾"前后的市场行情有较大变化，且不同行业的收益率应当存在一定的联动效应。此外，JB值及其P值表明，各市场收益率序列存在明显的尖峰厚尾特征。

表5-7　　　　5个行业市场收益率序列的描述性统计

	保险业 R^i	银行业 R^b	证券业 R^s	信托业 R^t	房地产业 R^{re}
2015年"股灾"之前					
均值	-0.0009	-0.0001	0.0003	-0.0008	0.0008
标准差	0.0519	0.0461	0.0648	0.0681	0.0523
偏度	0.2859	-0.0498	0.9535	-0.0189	-0.1926
峰度	4.5376	5.2254	8.3536	6.9762	4.9919
JB统计量	23.0449	78.5718	511.3880	250.3571	65.1781
P值	0.0000	0.0000	0.0000	0.0000	0.0000
2015年"股灾"之后					
均值	0.0026	0.0001	-0.0034	-0.0086	-0.0019
标准差	0.0416	0.0294	0.0487	0.0695	0.0422
偏度	-0.6317	-0.0561	0.1048	-0.7156	-0.8471
峰度	5.3567	5.9224	7.2267	11.4194	5.5330
JB统计量	63.1648	75.5525	158.2011	644.2705	82.0289
P值	0.0000	0.0000	0.0000	0.0000	0.0000

资料来源：东方财富Choice金融终端。

4. 各市场收益率序列的平稳性检验

非平稳时间序列将导致模型估计量和检验统计量的良好性质失效，因此，我们在进行回归分析前，应当检验变量的平稳性。以常用的ADF检验，对6家保险公司、5个行业以及上证指数的收益率序列进行平稳性检验。同时，采用带趋势项的Phillips-Perron检验做进一步验证。检验结果（见表5-8）表明，所有序列的ADF检验结果、PP检验结果都在1%的水平下拒绝了"存在单位根"的原假设，所以可以认为所有收益率序列都是平稳序列。

表 5-8　　　　　　　市场收益率序列的平稳性检验

序列变量	ADF 检验 t 值	结论	PP 检验 t 值	结论
中国人寿	-24.841	平稳	-24.939	平稳
中国平安	-24.617	平稳	-24.748	平稳
中国太保	-25.054	平稳	-25.136	平稳
天茂集团	-23.609	平稳	-23.596	平稳
西水股份	-24.699	平稳	-24.679	平稳
新华保险	-22.796	平稳	-22.575	平稳
保险业	-24.231	平稳	-24.369	平稳
银行业	-27.052	平稳	-26.981	平稳
证券业	-24.264	平稳	-24.309	平稳
信托业	-24.861	平稳	-24.844	平稳
房地产业	-24.754	平稳	-24.759	平稳
上证指数	-22.932	平稳	-23.058	平稳

注：ADF 检验的 1% 临界值为 -3.430，带趋势项的 Phillips-Perron 检验的 1% 临界值为 -3.960。

资料来源：东方财富 Choice 金融终端。

5. 保险公司及五大行业市场收益率序列的相关性分析

我们先通过 Pearson 相关系数来直观分析各机构、各市场之间的关系，结果如表 5-9 和表 5-10 所示。表 5-9 显示，6 家保险公司之间的相关系数都较高，作为控股险企的天茂集团和西水股份，两家上市机构与 4 家险企之间的相关系数均在 0.3 到 0.4 之间，而 4 家险企之间的相关系数都超过了 0.5，集中在 0.58 到 0.82 之间，且均是统计显著的。由于保险公司所面临的市场环境相同，并且中国保险公司的经营模式、产品种类和持有的资产类型相似度高，导致保险公司经营的共同风险敞口较大。表 5-10 表明，5 个行业的相关系数几乎都在 0.5 以上（除信托业和保险业外），也是统计显著的。

表5-9　　　6家上市保险公司收益率序列的相关系数

	中国平安	中国人寿	中国太保	天茂集团	西水股份	新华保险
中国平安	1.0000					
中国人寿	0.6753*	1.0000				
中国太保	0.7002*	0.8211*	1.0000			
天茂集团	0.3471*	0.3752*	0.4156*	1.0000		
西水股份	0.3647*	0.4505*	0.4595*	0.5334*	1.0000	
新华保险	0.5856*	0.7554*	0.7729*	0.3636*	0.4909*	1.0000

注：* 表示在10%的水平下显著。

资料来源：东方财富Choice金融终端。

表5-10　　　5个行业收益率序列的相关系数

	保险业	银行业	证券业	信托业	房地产业
保险业	1.0000				
银行业	0.7922*	1.0000			
证券业	0.6938*	0.7209*	1.0000		
信托业	0.4919*	0.5258*	0.6570*	1.0000	
房地产业	0.5925*	0.6747*	0.7226*	0.6182*	1.0000

注：* 表示在10%的水平下显著。

资料来源：东方财富Choice金融终端。

五　回归结果与分析

（一）中国保险业系统性风险状况

1. 3家保险公司的 VaR 和 $CoVaR$

表5-11给出了6家上市保险公司在0.05分位数水平下的 $CoVaR$ 估计结果。对 $CoVaR_{0.05}^{system|i}$ 进行分位数回归时，$VaR_{0.05}^{i}$ 的系数 $\hat{\gamma}$ 被称为保险公司的系统性风险贡献度，用于衡量保险公司风险对保险市场的溢出情况。(1) 在2015年"股灾"之前，中国人寿、中国平安和中国太保3家公司的系统性风险贡献度分别为0.8370、0.8577和0.7303，且

都在1%的水平下显著。这一结果表明，这3家保险公司对保险业的系统性风险均有重要影响，根据2014年的保费规模来看，这3家公司也是目前中国保险业市场份额最大的前4家中的3家，其中，中国人寿的市场份额为26.1%、中国平安为13.7%，中国太保为7.8%。而新华保险、天茂集团和西水股份的系统性风险贡献度分别为0.3647、0.1975和0.3415，明显小于前3家保险公司，这说明它们对保险业的影响不是很大。一方面，新华保险上市较晚，和其他机构的关联性有限；另一方面，国华人寿公司和天安财险公司都是行业内的小企业，所以作为控股公司的天茂集团和西水股份的风险波动对整个行业的溢出效应小。
(2) 在2015年"股灾"之后，中国人寿、中国平安和中国太保的系统性风险贡献度依然很高，不过排名有所变化，中国平安和中国太保的系统性风险贡献度超过了中国人寿。此外，新华保险的系统性风险贡献度大幅提升至0.7329，表明其对行业的影响正在加大。就全样本而言，中国人寿、中国平安、中国太保和新华保险作为险企，对保险业的风险贡献度明显高于控股险企的天茂集团和西水股份，这从表5-12中可以进一步看到。

表5-11　　　　　　　　　6家上市保险公司的CoVaR

变量	中国人寿	中国平安	中国太保	新华保险	天茂集团	西水股份
Panel A: 2015年"股灾"前 $CoVaR_{0.05}^{system \mid i}$						
$MR(-1)$	0.0672 (0.0754)	-0.2799** (0.1162)	0.0502 (0.0817)	-0.0129 (0.1436)	-0.2746 (0.1737)	-0.1939* (0.1086)
$MRV(-1)$	-10.2131*** (0.3539)	-0.4705 (0.5465)	-1.8008*** (0.3846)	-2.4487*** (0.8003)	-2.1735*** (0.8172)	-2.0942*** (0.5110)
$ML(-1)$	0.3950 (0.5160)	0.5858 (0.7959)	-0.3664 (0.5590)	0.9916 (0.6796)	1.4595 (1.1941)	1.1731 (0.7453)
$RE(-1)$	-0.0336 (0.0945)	-0.1516 (0.1457)	-0.1034 (0.1021)	-0.4569 (0.3624)	-0.0105 (0.2179)	-0.0421 (0.1363)
$CPI(-1)$	0.0477 (0.1827)	-0.0972 (0.2823)	-0.1789 (0.1987)	-0.3276 (0.7572)	-0.6334 (0.4248)	-0.5061* (0.2639)
$VaR_{0.05}^{i}$	0.8370*** (0.0483)	0.8577*** (0.0745)	0.7303*** (0.0515)	0.3647*** (0.0599)	0.1975** (0.0867)	0.3415*** (0.0495)

续表

变量	中国人寿	中国平安	中国太保	新华保险	天茂集团	西水股份
Panel B：2015年"股灾"后 $CoVaR_{0.05}^{system	i}$					
$MR(-1)$	-0.0520 (0.3790)	0.1229* (0.0652)	0.0661 (0.3009)	0.0151 (0.4108)	-0.3760 (0.3812)	-0.4256 (0.4541)
$MRV(-1)$	-0.3232 (1.9648)	-0.1536 (0.3385)	-0.4245 (1.5642)	-0.4700 (2.1316)	-2.1282 (1.9665)	0.2456 (2.3769)
$ML(-1)$	-0.9323 (3.9435)	0.2911 (0.6796)	-1.1458 (3.1468)	-1.4783 (4.3174)	-3.0818 (3.9336)	-4.5346 (4.7604)
$RE(-1)$	0.0441 (0.6106)	0.1762* (0.1056)	0.0839 (0.4859)	0.0919 (0.6608)	0.1920 (0.6075)	1.2418* (0.7331)
$CPI(-1)$	-0.4600 (2.9707)	1.0599** (0.5123)	0.2519 (2.3874)	0.1976 (3.2478)	-1.9497 (2.9645)	-2.3619 (3.6286)
$VaR_{0.05}^i$	0.8087*** (0.2290)	0.9294*** (0.0278)	0.8954*** (0.2062)	0.7329*** (0.2332)	0.3236** (0.1602)	0.2807 (0.1966)
Panel C：全样本 $CoVaR_{0.05}^{system	i}$					
$MR(-1)$	0.0575 (0.0561)	-0.0506 (0.0861)	-0.0046 (0.0647)	0.1177 (0.1500)	-0.2558 (0.1611)	-0.1355 (0.1169)
$MRV(-1)$	-1.1366*** (0.2447)	-0.2842 (0.3763)	-1.1407*** (0.2827)	-1.4796** (0.6784)	-2.4425*** (0.7009)	-2.0862*** (0.5110)
$ML(-1)$	0.3466 (0.3988)	0.6101 (0.6118)	-0.2667 (0.4600)	-0.8522 (0.9009)	0.2260 (1.1458)	0.8735 (0.8340)
$RE(-1)$	-0.0816 (0.0650)	0.0630 (0.0996)	-0.1083 (0.0749)	0.1173 (0.1590)	0.0741 (0.1865)	0.0432 (0.1360)
$CPI(-1)$	0.0770 (0.1421)	-0.3359 (0.2183)	-0.1628 (0.1644)	0.2708 (0.6814)	-0.5992 (0.4086)	-0.4866* (0.2971)
$VaR_{0.05}^i$	0.8283*** (0.0355)	0.8637*** (0.0471)	0.7848*** (0.0421)	0.6188*** (0.0751)	0.3219*** (0.0763)	0.3117*** (0.0527)

注：括号内为标准误，***、**和*分别表示在1%、5%和10%的水平下显著。

2.3 家保险公司的系统重要性程度——γ估计值

表5-12给出了6家保险公司的系统重要性程度的详细估计值。在"股灾"前、"股灾"后或全样本时期，作为险企控股公司的天茂集团和西水股份的γ估计值较低，明显低于4家保险公司，说明其对保险业系统性风险的影响很有限。具体来看，当在0.01分位数水平下进行估计时，也就是当6家公司处于较为极端的风险状况时，其对整个保险市场的影响将发生变化。例如，全样本结果显示，在0.05分位数水平下，中国太保对保险市场的风险溢出水平在6家公司中排名第3（为0.7848），但在0.01分位

数水平下,中国太保的系统重要性程度有明显上升(为0.9653),说明当发生非常极端的风险事件时,其对保险市场的冲击还是非常大的。在"股灾"前后,6家公司的系统重要性程度发生了明显变化。整体而言,"股灾"前的系统性风险贡献度小于"股灾"后的系统性风险贡献度,这说明"股灾"的出现使得各公司对保险市场的风险贡献增加。

表5-12　6家上市保险公司的系统重要性程度——γ估计值

	2015年"股灾"前		2015年"股灾"后		全样本	
	0.05分位数	0.01分位数	0.05分位数	0.01分位数	0.05分位数	0.01分位数
中国人寿	0.8370	0.6835	0.8087	0.8862	0.8283	0.7067
中国平安	0.8577	0.8001	0.9294	0.9646	0.8637	0.8571
中国太保	0.7303	0.6819	0.8954	1.0246	0.7848	0.9653
新华保险	0.3647	0.4855	0.7329	1.1612	0.6188	0.8238
天茂集团	0.1975	0.2028	0.3236	0.5766	0.3219	0.4115
西水股份	0.3415	0.3085	0.2807	0.3645	0.3117	0.3213

注:"股灾"前和"股灾"后的0.01分位数的系数,使用Bootstrapped Quantile Regression得到。

3. 六家保险公司的系统性风险值及风险溢出值

表5-13罗列了6家保险公司的系统性风险值和风险溢出值。从表中可以看到,2015年"股灾"前,中国平安、新华保险和西水股份的系统性风险值的绝对值较大,高于中国人寿、中国太保等。中国平安涵盖保险、银行和证券三大领域,经营范围广,而西水股份除控股天安财险公司之外,还经营其他非金融行业的业务,这使得它们的风险范围和传播更大。2015年"股灾"后,中国太保成为6家保险公司中系统重要性最高的公司,这表明中国太保在"股灾"后发生极端风险事件会对保险市场形成最大的冲击。中国平安、新华保险和西水股份的系统性风险值依然较大,这一结果和周天芸等(2014)的研究结果一致。该文发现,虽然中国太保的资产规模相对小,但其对系统性风险的溢出却较大,并认为"这可能源于太保公司的投资组合更分散,与其他金融机构之间的往

来更密切"。从全样本来看，6家保险公司按系统性风险值从大到小依次为：中国太保、西水股份、天茂集团、中国平安、新华保险、中国人寿。从风险溢出值的结果来看，我们也可以得到一致的结论。总之，业务范围广、涉及领域多的险企对保险市场有较大的风险溢出效应。

表5-13　六家上市保险公司的系统性风险值和风险溢出值

	\multicolumn{4}{c	}{$CoVaR$}	\multicolumn{4}{c}{$\Delta CoVaR$}
	均值	中位数	最大值	最小值	均值	中位数	最大值	最小值
\multicolumn{9}{c}{TableA：2015年"股灾"前}
中国人寿	-0.088	-0.082	-0.042	-0.245	-0.082	-0.076	-0.045	-0.180
中国平安	-0.101	-0.093	-0.036	-0.299	-0.095	-0.087	-0.039	-0.254
中国太保	-0.099	-0.092	-0.044	-0.298	-0.097	-0.089	-0.047	-0.267
新华保险	-0.100	-0.091	-0.042	-0.214	-0.100	-0.089	-0.042	-0.205
天茂集团	-0.088	-0.082	-0.033	-0.265	-0.084	-0.079	-0.037	-0.220
西水股份	-0.102	-0.095	-0.046	-0.286	-0.098	-0.093	-0.051	-0.230
\multicolumn{9}{c}{TableB：2015年"股灾"后}
中国人寿	-0.084	-0.074	-0.038	-0.185	-0.084	-0.075	-0.049	-0.160
中国平安	-0.096	-0.086	-0.060	-0.218	-0.097	-0.087	-0.070	-0.204
中国太保	-0.100	-0.094	-0.040	-0.182	-0.100	-0.096	-0.051	-0.165
新华保险	-0.096	-0.083	-0.053	-0.189	-0.096	-0.087	-0.065	-0.191
天茂集团	-0.089	-0.076	-0.040	-0.233	-0.087	-0.076	-0.056	-0.187
西水股份	-0.097	-0.087	-0.043	-0.184	-0.101	-0.092	-0.059	-0.181
\multicolumn{9}{c}{TableC：全样本}
中国人寿	-0.085	-0.080	-0.047	-0.218	-0.083	-0.079	-0.046	-0.175
中国平安	-0.094	-0.088	-0.037	-0.259	-0.091	-0.086	-0.047	-0.218
中国太保	-0.097	-0.090	-0.049	-0.297	-0.097	-0.090	-0.058	-0.255
新华保险	-0.088	-0.081	0.001	-0.222	-0.085	-0.082	0.003	-0.204
天茂集团	-0.094	-0.086	-0.040	-0.296	-0.091	-0.084	-0.046	-0.233
西水股份	-0.097	-0.091	-0.057	-0.237	-0.095	-0.091	-0.059	-0.174

为更形象地说明这6家保险公司的系统性风险值和风险溢出效应，我们画出了6家公司在5%置信水平下的 $CoVaR$ 和 $\Delta CoVaR$ 值随时间的变化情况。图5-6显示的是6家公司的 $CoVaR$ 值随时间的变化情况。从中可以看出，在2008年经济危机期间，除"新华保险"外的5家公司的系统性风

险值都较大,且都达到了最大值。同样地,2015年6月,6家公司的系统性风险值再次跃升,因为在此期间,中国经历了一次惨烈的股市暴跌。

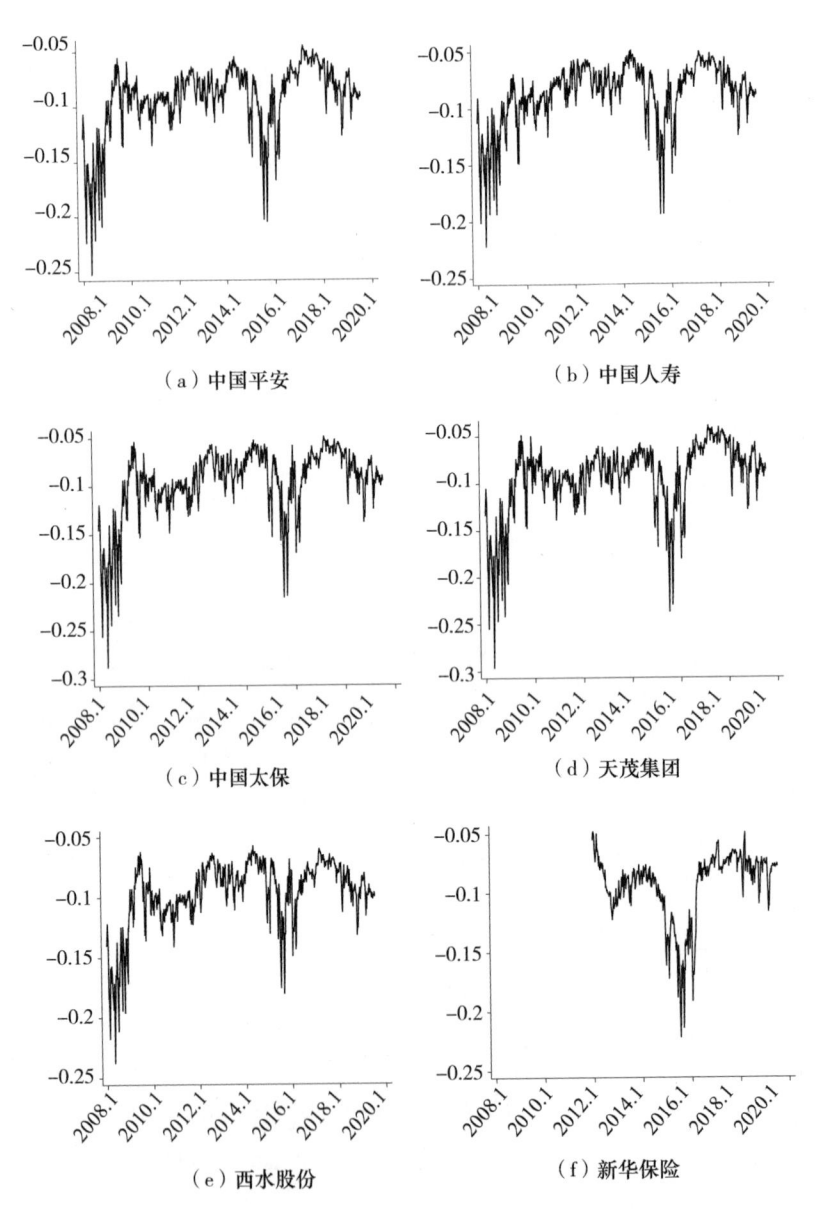

图5-6 6家上市保险公司的系统性风险值（$CoVaR$）

第五章 保险系统性风险的形成和外溢

系统性风险值的变化意味着单个保险公司对整个保险市场的风险溢出也在发生变化。当系统性风险值增大时，风险溢出效应也随之增大。图 5-7 的 $\Delta CoVaR$ 结果就印证了这一点。在时间轴上，$\Delta CoVaR$ 的变化趋势与 $CoVaR$ 的变化趋势一致，都在 2008 年和 2015 年出现了绝对值

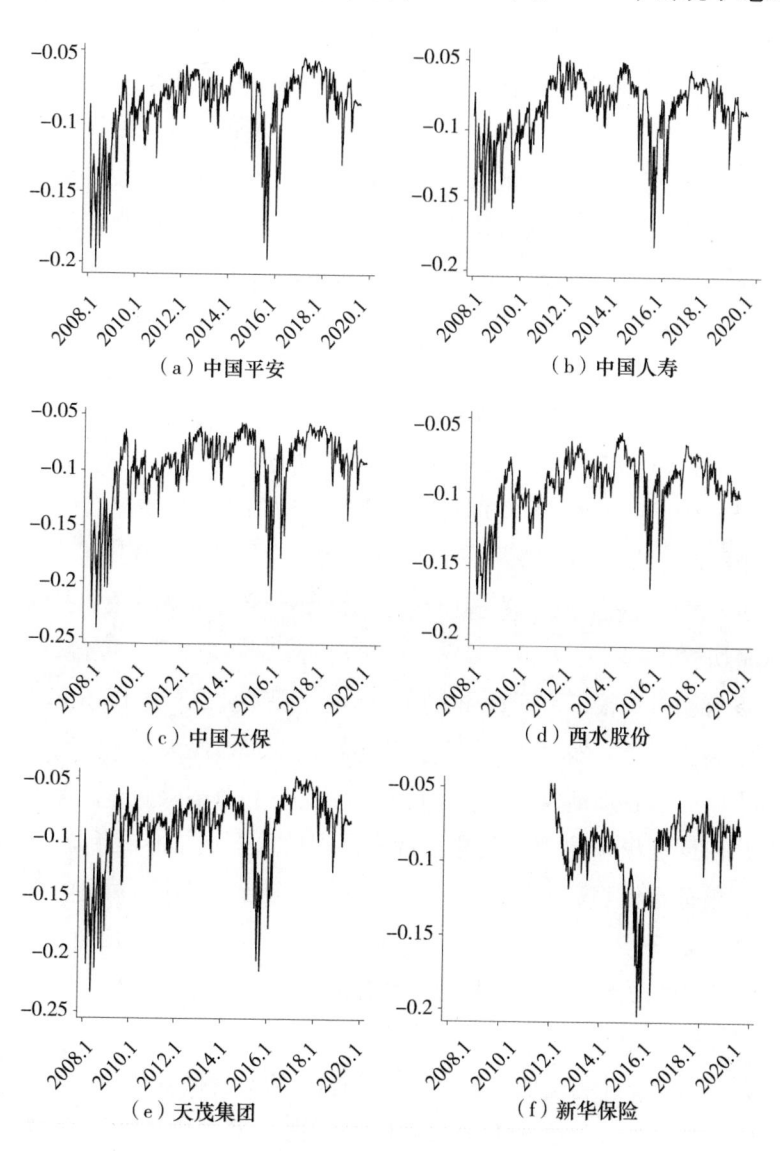

图 5-7 6 家上市保险公司的系统性风险溢出（$\Delta CoVaR$）

大幅增加的现象。因此，当整个经济系统出现问题时，通常会扩大一家机构对系统的风险溢出效应，并且越是大型的机构，其对整个系统的风险溢出效应通常也越大。

4. 结果讨论

中国人寿是从之前中国唯一一家保险公司——中国人民保险公司分离出来的，而中国平安和中国太保则分别于1988年和1991年成立，两者都是改革开放以来发展早、历史长、规模大的保险公司。这3家公司的业务模式相对成熟，经营领域也比较宽广，分支机构遍布全国各地，无论是从资产规模、保费收入还是赔付支出上看，均可以称为具有系统重要性的保险公司。当某家保险公司特别是市场占有率高的保险公司出现极端风险事件，会对整个保险市场产生较大冲击，2008年和2015年两次危机发生时，这几家保险公司风险溢出值的显著上升就印证了这一点。

表5-12和表5-13的结果表明，中国平安的系统重要性程度在上市保险公司中是最高的，且从2015年"股灾"前到"股灾"后有明显上升，而中国人寿的系统重要性程度在"股灾"后有所下降，中国太保有所上升。中国平安的资产规模较大、杠杆水平较高，其经营风险及其对整个行业的风险溢出是最大的，这与其覆盖保险、银行和证券等多项业务的经营模式密切相关。

尽管相对于银行、证券和房地产行业，保险业在资本市场上的参与度并不高，但是，随着负债端资金积累规模的日益庞大、承保利润率的逐渐下降、监管逐渐放松保险公司的投资比例和范围限制等，保险业系统性风险问题越来越受到关注。特别是保险公司的非传统和非核心业务，如财务担保、资产贷款、证券投资等，正成为保险公司风险外溢的主要风险敞口。

(二) 保险业对相关行业的风险溢出效应

1. 风险溢出效应

分别计算5个行业的全样本VaR均值，得到保险业是 -7.06%，银行业是 -5.45%，证券业是 -8.38%，信托业是 -10.44%，房地产业是 -7.72%。给定保险业在2015年"股灾"前的VaR值（-7.26%）、

2015年"股灾"后的VaR值（-6.46%）和全样本的VaR值，根据(5-9)式至(5-11)式，分别计算保险业对相关行业的标准化风险溢出水平。结果报告于表5-14。

从表5-14可以看出，无论是对全样本，还是对"股灾"前后子样本，保险业对4大行业都有正向的风险溢出效应。（1）总体来看，保险业对银行业的风险溢出最大，达到46.49%，即当保险业处于极端风险状态时，银行业的平均风险会增加46.49%。保险业对证券业、房地产业和信托业的风险溢出效应依次下降，分别为39.76%、36.47%和17.72%。（2）从分时段样本来看，从"股灾"前到"股灾"后，保险业对4大行业的风险溢出都有所增加，这反映了保险业在国民经济和资本市场中影响力的提升，以及与相关行业联系的增强。

表5-14　　　　风险溢出效应估计——%CoVaR估计值　　　（单位：%）

方向	均值	中位数	最大值	最小值
TableA：全样本				
保险业→银行业	46.49	47.17	85.10	12.29
保险业→证券业	39.76	41.05	59.32	19.90
保险业→信托业	17.72	10.61	135.70	-54.98
保险业→房地产业	36.47	33.85	75.43	11.41
Table B：2015年"股灾"之前				
保险业→银行业	41.28	38.16	84.01	13.95
保险业→证券业	27.90	25.65	65.08	-11.98
保险业→信托业	23.28	21.57	43.91	6.48
保险业→房地产业	39.53	36.47	102.63	-12.53
TableC：2015年"股灾"之后				
保险业→银行业	53.48	36.79	428.68	-1.15
保险业→证券业	66.16	41.96	1144.1	-38.97
保险业→信托业	46.13	38.50	207.93	1.68
保险业→房地产业	66.79	62.73	318.81	-29.29

2. 相关行业与保险业的在险价值的关系

图5-8报告了4大相关行业与保险业在险价值的对比状况。从图

中可知，整体而言，当保险业因面临风险而发生波动时，相关行业的 $CoVaR$ 值均与之同向变动，这说明保险业对这4个行业的条件风险贡献都是正向的。保险业 VaR 值与银行业 $CoVaR$ 值的形态最为相似，与信托业 $CoVaR$ 值最不相似，反映出保险业与银行业的关联度较高，与信托业的关联度较低。

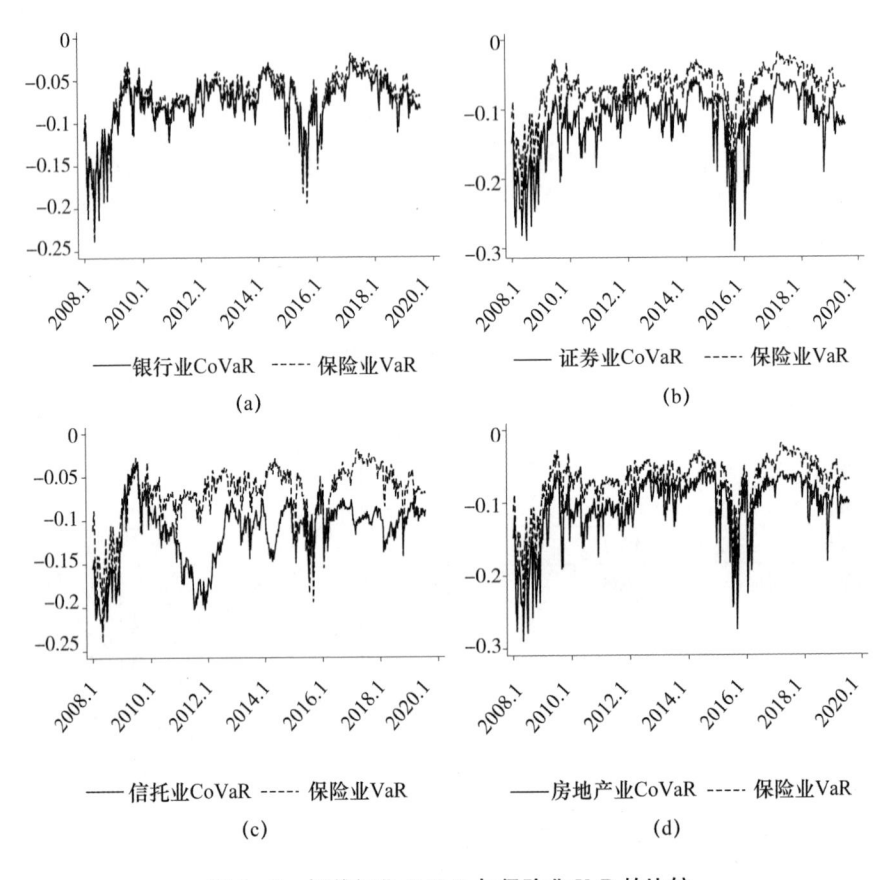

图 5-8 相关行业 CoVaR 与保险业 VaR 的比较

3. 风险边际溢出效应

风险溢出效应（$CoVaR$）受部门规模因素的影响，如果剔除部门之间规模的差异的影响，可以计算风险边际溢出效应。分别对（5-9）式进行 0.05 分位数和 0.01 分位数的回归，可得到保险业对银行业、证券业、信托业和房地产业的风险边际溢出效应（γ）的估计值①，结果报告于表5-15。（1）整体而言，保险业对这4个行业的风险边际溢出都为正向，说明保险业极端风险情况的增加会导致相关行业的风险增加。（2）保险业对这4个行业的风险边际溢出效应从大到小依次为证券业、房地产业、信托业和银行业。（3）从时间维度上看，通过对比2015年"股灾"前后0.05分位数的γ估计值可以发现，从"股灾"前到"股灾"后，保险业对银行业、证券业和房地产业的风险边际溢出效应都有所减弱，但对信托业的风险边际溢出效应却有所增加。

表5-15　　　　　风险边际溢出效应估计——γ估计值

方向	2015年"股灾"前		2015年"股灾"后		全样本	
	0.05分位数	0.01分位数	0.05分位数	0.01分位数	0.05分位数	0.01分位数
保险业→银行业	0.6191	0.5907	0.5243	0.5208	0.5375	0.5923
保险业→证券业	0.8297	0.7409	0.6599	0.8116	0.7646	0.7679
保险业→信托业	0.5247	0.6227	0.6273	1.5215	0.6091	0.6943
保险业→房地产业	0.6601	0.6125	0.6113	0.7442	0.6464	0.5469

4. 结果讨论

第一，保险业对银行业的风险溢出效应最大。保险业和银行业是两个传统的金融行业，二者有直接的业务关联，也通过资本市场间接地发生联系，从而引发风险传染问题（刘璐、韩浩，2016）。从图5-8中各行业的对比也能发现，保险业的 VaR 变动与银行业的 $CoVaR$ 变动之间的关联是几个行业中最强的，这反映出二者之间的风险关联程度较高。直接关联主要体现在保险公司的银保渠道、保险公司的银行存款以及两个行业间的交叉持股、互设分支机构等方面；间接关联则体现在存款保险制度、资本市场的投资行为等。这些关联性的存在，意味着当保

---

① 相关文献一般关注的仅是风险溢出效应；但也有文献，如陈建青等（2015），同时分析了风险溢出效应与风险边际溢出效应，此时，可以将风险溢出效应称为"风险总溢出效应"。

险业遭遇极端风险时，首先会波及银行业，引起银行业的风险集聚。如果保险公司对各类金融机构提供的信用担保及保险连接证券的业务等形成风险集聚，这些风险会直接传给对手方。当保险公司发生极端风险事件时，因银行和保险公司之间存在着直接的业务联系及通过股市的股票投资、债市的债券买卖和次级债等产生的间接联系，银行市场必然会受到风险溢出的影响。表5-15的结果显示，保险业对银行业的风险溢出效应最大，且在2015年"股灾"后明显增强。在此期间，金融机构的加杠杆行为愈发明显，以影子银行为代表的金融创新行为加剧了银行业与保险业等行业的风险关联度，使得风险溢出效应变大。

第二，保险业对证券业的风险溢出程度较高，且从"股灾"前到"股灾"后有明显提升。保险业和证券业的直接关联主要体现在保险公司为证券公司提供融资，而证券公司为保险公司代理证券买卖（陈建青等，2015），且证券部门主要是风险的接受者。近年来，随着这两个行业的快速发展和资本市场的不断建设，它们通过资本市场的间接关联也在增强。保险公司的新型寿险业务和长尾责任保险业务等本身可能并不会积累过多风险，却比较容易加剧市场风险和流动性风险的波动幅度，再通过资本市场的"二阶效应"扩大风险，引发股票、债券市场的异常波动，并通过资本市场的关联影响投资者的信心，通过融资业务渠道影响到证券公司，从而造成保险业的风险溢出至证券业。

第三，保险业对信托业的风险溢出效应最小。主要有如下原因：2012年《关于保险资金投资有关金融产品的通知》（保监发〔2012〕91号）的发布才放开了保险资金投资信托，并且保险资金信托计划中对信托公司资质的要求较高；中国信托业发展起步较晚，且主要依靠银行业发展。但需要注意的是，随着保险资金运用业务的不断丰富发展以及信托业的发展，到2019年6月，共有154家保险公司持有50家信托公司发行的1681只信托产品，投资规模达1.36万亿元（数据来自中国银保监会信托部人员于2019年8月8日的会议发言）。正如我们的研究所表明的，从2015年"股灾"前到2015年"股灾"后，保险对信托的风险溢出大幅增加，说明随着两个行业关联度的提升，风险溢出程度也在增加。但结合表 5-14 和图 5-8 可以发现，保险业对信托业的风险溢出效应和风险关联度是最低的。

第四，保险业对房地产业有一定的风险溢出效应。房地产业具有产业链长、波及面广的特点，一旦发生风险事件，就会对整个金融体系造成冲击，例如，20 世纪 90 年代初，日本经济泡沫破灭，日本房地产价格暴跌，美国房地产价格也迅速下滑，导致持有房地产资产的日本寿险公司遭受巨额资产减值损失。按照中国保险的投资监管要求，保险公司的房地产资产占总资产比重的上限是 30%，但是从实际运营情况来看，行业资产中房地产资产的占比很低，2018 年年末不足 2%。在样本期间，保险业和房地产业的主要关联可能体现在间接联系上，当保险业出现风险事件时，会对公众的信心造成负面影响，进而传导至房地产业。

六 小结

考虑到防范金融风险的跨部门传染问题的重要意义以及保险业在不断发展，本节关注保险业的系统性风险，分析了其对银行、证券、信托、房地产 4 大行业的溢出效应。基于上市机构的数据，采用 $CoVaR$ 模型和分位数回归方法进行分析，主要发现：保险业对 4 大行业产生了显著的溢出效应；保险业对这 4 个行业的影响程度排序在 2015 年"股灾"前后有所不同，基于溢出效应和边际溢出效应的测算结果也存在差异。

第四节 保险业资产负债流动性错配与系统性风险：基于 OECD 国家的数据

一 问题的提出

在最近一轮国际金融危机发生之前，保险业资产负债流动性错配并未被认为会带来重大风险。对于 OECD 国家来说，很多国家在金融危机之后仍受到系统性风险的困扰，如希腊、意大利等。现有文献从不同角度分析了系统性风险的影响因素，但是很少有文献研究保险业资产负债流动性错配与系统性风险之间的关系。作为包含了美国、日本、韩国和欧洲等重要保险市场的 OECD 国家，如何衡量与测算这些国家的保险业资产负债流动性错配程度？它们与系统性风险之间究竟存在什么样的关系？这是需要解答的问题。

基于金融领域的现有文献，系统性风险有广义和狭义两种含义，其中，广义上主要指一些国家的金融市场受到的系统性冲击，而狭义上主要指单个金融机构出现倒闭或者单个金融市场出现震荡调整。在全球经济金融一体化的背景下，一国的金融风险可能很快传染至其他国家，因此，多数文献使用广义视角来研究系统性风险。马克思（1867）很早就指出，在实物资本向虚拟资本转化的过程中，会形成经济危机与风险；之后，凯恩斯、辜朝明、伯南克等学者从不同视角分析了系统性风险的形成原因与影响因素（陈华，2008）。

在保险业资产负债流动性错配与系统性风险方面，国内外已经有一些学者和机构进行了研究。保险业资产负债流动性错配可能对股票、债券市场形成冲击，进而形成系统性风险（Bierth 等，2015）。寿险业资产负债流动性错配对系统性风险的贡献程度较大，而且欧洲和北美一些国家的大型寿险公司容易产生跨区域溢出效应（IMF，2016）。王兆旭等（2013）使用流动性错配指数构建了中国金融机构的流动性错配指标，并阐述了该指数与系统性风险之间的关系。刘宇和彭方平（2016）等基于非金融公司等微观视角构建了流动性错配指标，并分析了它对实体经济风险的贡献程度。

国内学者对于资产负债流动性错配的研究主要集中于银行或非金融企业，对于保险业资产负债流动性错配与系统性风险的研究尚需拓展。例如，Bai 等（2018）构建了银行业资产负债流动性错配指数（LMI），以反映银行体系的脆弱性，并证明了该指标比原有的流动性指标［如流动性覆盖率（LCR）和净稳定资金比率（NSFR）指标］更能准确地反映银行业流动性错配的特征，而且运用该指标进行压力测试能够为银行体系的脆弱性提供早期预警。本节基于 Bai 等（2018）的方法来研究保险业资产负债流动性错配与系统性风险之间的关系。

此外，随着2018年年初《保险资产负债管理监管办法》和《保险资产负债管理监管规则（1-5号）》的发布，保险业资产负债流动性错配与系统性风险之间的动态关系需要进一步的研究。值得注意的是，目前尚未有文献深入研究OECD国家的保险业资产负债流动性错配与系统性风险的现状、相互作用及其对中国的启示。基于上述原因，本节将首先使用Bai等（2018）的研究方法来构建保险业资产负债流动性错配指数，然后基于IMF统计的金融稳定指数和金融危机数据，分别运用双向固定效应模型和面板Logit模型对35个OECD国家的保险业资产负债流动性错配指数和系统性风险之间的关系进行经验检验。

二 OECD国家保险业资产负债流动性错配状况

（一）OECD国家保险业发展概况

2016年全球总保费收入为4.598万亿美元，其中OECD国家的总保费市场份额达到了77.9%。由于中国等新兴市场经济国家保险市场的快速发展，2016年OECD国家的总保费市场份额比2009年下降了7.36个百分点。尽管如此，美国仍然是世界上保费市场份额最高的国家，日本和韩国的保费市场份额均高居世界前十，而欧洲的保险业起步较早，国际化程度也较高，是全球最重要的保险市场之一。因此，OECD国家的保险业在全球范围内具有很高的代表性。

表5-16　2016年OECD主要成员国和OECD总体保险业运营情况

国家	寿险保费收入（百万美元）	非寿险保费收入（百万美元）	寿险总资产（百万美元）	寿险股东权益（百万美元）	寿险净收益（百万美元）	保险密度（美元）	保险深度（%）
美国	985854.37	1733290.49	4161570.53	443631.42	51450.08	6498.21	14.59
日本	354053.87	117240.84	3214941.26	91473.84	12839.51	3731.70	9.51
英国	258821.33	130531.33	2158978.86	1376121.41	3586.06	3725.24	10.59
法国	196502.14	130818.23	568686.02	31730.47	1804.53	4205.08	9.35
德国	97584.62	196875.97	1087850.84	16249.19	372.88	2588.43	6.20
意大利	114701.53	36619.89	219981.14	8167.86	730.26	2443.15	8.03

续表

国家	寿险保费收入（百万美元）	非寿险保费收入（百万美元）	寿险总资产（百万美元）	寿险股东权益（百万美元）	寿险净收益（百万美元）	保险密度（美元）	保险深度（%）
瑞士	31676.60	35816.72	323820.01	15102.18	1069.79	7027.46	9.01
韩国	104560.45	81086.05	647635.23	54452.49	2086.04	3436.21	10.15
瑞典	29302.18	9805.43	413630.36	101825.27	9264.43	3796.73	6.68
挪威	11202.63	9008.26	160139.33	10925.69	793.81	3840.95	4.85
西班牙	34671.73	38933.02	31376.02	3087.86	352.29	1459.42	5.61
丹麦	23001.24	10497.32	423158.18	20906.17	1662.13	5699.24	10.68
葡萄牙	7195.64	4875.64	30739.06	1841.03	32.09	1109.63	5.52
芬兰	5060.79	4945.60	62139.19	2440.24	262.16	4089.25	10.48
比利时	16543.96	13872.86	9763.36	448.26	7.61	2613.28	6.13
OECD国家总体	2355165.87	2661427.31	NA	NA	NA	3316.65	7.58

资料来源：OECD国家数据库。

表5-16是2016年OECD主要成员国和OECD总体保险业的运营情况。从中可以看出，美国的保费收入、寿险总资产、寿险股东权益、寿险净收益等指标均居于OECD国家首位；从保费收入（寿险+非寿险）看，日本、英国和法国位居OECD国家的第2—4名；从寿险总资产看，日本、英国和德国位居OECD国家的第2—4位；从寿险净收益看，日本和瑞士位居OECD国家的第2—3位，比利时和葡萄牙等国家相对低；从保险密度（人均平均保费）看，瑞士、美国和丹麦位居OECD国家的前3名，葡萄牙和西班牙等国家相对低；从保险深度（总保费与GDP的比率）看，美国、丹麦、英国和芬兰等国家相对高，挪威、葡萄牙和西班牙等国家相对低。需要说明的是，由于篇幅关系，表5-16仅列出部分OECD国家的寿险总资产、股东权益和净收益状况，非寿险总资产、股东权益和净收益状况参见OECD国家数据库。

（二）OECD国家保险业资产负债流动性错配状况

如果资产负债长期错配，将导致风险敞口大幅增加。OECD国家保险业的资产包含土地及楼宇、关联企业和参股权益、股票与基金、债券等固定收益证券、贷款（包括抵押贷款）、信贷机构存款、现金与其他资产等内容；而保险业的负债包括短期借款、应付账款、应付利息、长期负债、债券发行等内容。此外，资产负债流动性在金融风险的动态变化过程中处于重要地位，它的衡量与测算对于系统性风险的评估和管理具有重要意义。以保险业资产为例，流动性较好的资产为现金、信贷机构存款、持有到期的债券等固定收益证券、股票与基金，流动性较差的资产为土地及楼宇、关联企业和参股权益、贷款（包括抵押贷款）。

近年来，一些OECD国家的保险业出现了严重的资产负债流动性错配。图5-9是2016年德国、法国和西班牙的保险业资产构成情况，从图中可以看出，德国保险业资产中现金和信贷机构存款的占比较低，而贷款（包括抵押贷款）与关联企业和参股权益的占比较高，导致资产的流动性较差，造成严重的资产负债流动性错配。

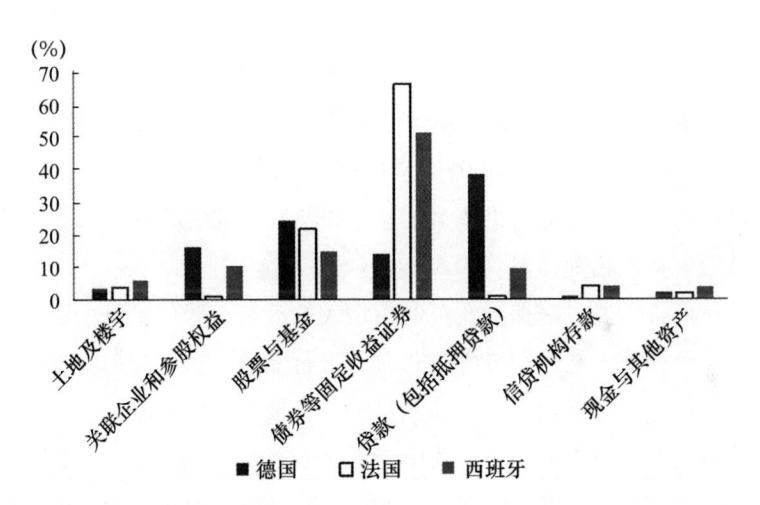

图5-9 德国、法国和西班牙的保险业资产构成情况（2016年）
资料来源：OECD国家数据库。

当前，OECD国家保险业资产负债流动性普遍存在以下问题。

第一，多数国家保险业的资产负债流动性受到国内外的金融风险影响。在开放经济中，很多OECD国家都拥有大型跨国保险公司，这些公司的业务会受到国内外金融风险的传染性影响（IMF，2016）。根据

OECD国家数据库的统计，2016年美国受国内外金融风险影响的寿险业务规模高达7761.73亿美元，占寿险保费收入的78.73%；美国受国内外金融风险影响的非寿险业务规模为11835.13亿美元，占非寿险保费收入的68.28%。从以上数据可知，国内外金融风险的影响会增加美国保险业资产负债流动性的脆弱性，可能导致金融不稳定。

第二，低利率严重影响了OECD国家保险业的资产负债流动性。尽管美联储自2015年年末开始连续加息，但美国的实际利率仍然较低；而日本和欧洲的一些国家则长期坚持低利率。对于寿险公司，低利率将会对它们造成不利的影响，因为它们承诺的长期合同回报率超过了相对安全资产（如债券等固定收益证券）的收益率。这导致它们不得不寻求流动性较差、回报率较高的资产，使得风险敞口增加（Mühlnickel和Weiß，2015）。

三 OECD国家保险业资产负债流动性错配指数的测算

关于金融业资产负债流动性错配指标的衡量与测算，已经有一些学者进行了较为深入的研究。但是，这些学者［如Berger和Bouwman（2009）、Brunnermeier等（2012）、Bai等（2018）］主要是以银行业为主要研究对象。本部分将借鉴Bai等（2018）的研究方法，构建保险业资产负债流动性错配指数（BLM）。

具体而言，通过对保险业资产负债表的分解，我们给每个资产或负债赋予一个权重，然后用数学公式对其进行加总，再比较最终数值的大小，就可以考察保险业资产流动性错配与负债流动性错配的程度。假设保险业各资产的权重为 $\gamma_{i,c}$，其中 i 表示不同资产的种类，c 表示保险业面临的经济环境，那么，保险业的资产流动性可以用资产变现价值与总资产的比值来衡量；同样，假设保险业各负债的权重为 $\gamma_{j,c}$，其中 j 表示不同负债的种类，c 表示保险业面临的经济环境，那么，保险业的负债流动性可以用负债变现价值与总负债的比值来衡量。

保险业资产负债流动性错配指数可以由以下公式计算得出：

$$BLM = Liquidity\ of\ Insurance\ Liabilities - Liquidity\ of\ Insurance\ Assets$$

(5-15)

其中：

$$Liquidity\ of\ Insurance\ Liabilities = \frac{\sum \gamma_{j,c} L_j}{G_L} \quad (5-16)$$

$$Liquidity\ of\ Insurance\ Assets = \frac{\sum \gamma_{i,c} L_i}{G_A} \quad (5-17)$$

在（5-16）式中，L_j 表示保险业第 j 项负债，G_L 表示保险业的总负债；在（5-17）式中，L_i 表示保险业的第 i 项资产，G_A 表示保险业的总资产。也就是说，保险业资产负债流动性错配指数可以用负债的流动性程度与资产的流动性程度两者之差来表示。

Bai 等（2018）认为，资产负债流动性错配指数能够有效反映出金融机构的流动性风险以及金融资源配置的合理性，并且可以作为我们对系统性金融风险进行宏观审慎评估的晴雨表。与此同时，资产负债流动性错配指数既适用于不同企业等微观主体，也适用于不同国家的金融业等宏观主体。基于以上研究，我们尝试测算出 2000—2016 年 OECD 国家的保险业资产负债流动性错配指数。

为得到保险业资产负债流动性错配指数，我们需要根据各项负债和资产的变现能力来设定 OECD 国家保险业各项负债和资产的权重。参考 Brunnermeier 等（2012）的研究，结合 OECD 国家保险业资产负债表中各项数据的可得性，对各项负债和资产的权重进行设定（见表5-17）。各项负债和资产的权重设定原理为：对于负债方来说，变现损失流动性便利的概率越大，设定的权重就越大；对于资产方来说，变现获取流动性便利的概率越大，设定的权重就越大。

表 5-17　　OECD 国家保险业各项负债和资产的权重设定

保险业负债	权重	保险业资产	权重
债券发行	0.8	现金	1
短期借款	0.75	信贷机构存款	0.9
应付账款	0.7	债券等固定收益证券	0.75
应付利息	0.7	股票与基金	0.7

续表

保险业负债	权重	保险业资产	权重
长期负债	0.2	土地及楼宇	0.4
实收资本（广义的负债）	0.05	关联企业和参股权益	0.3
其他负债	0.2	其他资产	0.25

根据以上权重设定，以及保险业资产负债流动性错配指数的计算公式[（5-15）式]，可以计算出 2000—2016 年 OECD 各国的保险业资产负债流动性错配指数。

从整体数据上看，2000—2007 年多数 OECD 国家的保险业资产负债流动性错配指数在 [-5%，4.5%] 的区间内围绕零值上下波动，这也反映出这些国家的实体经济与信贷供给之间呈现基本匹配的状态，这一阶段可以称为常规状态；但是，2008 年之后，美国和欧洲开始实行量化宽松的货币政策（QE），这导致多数 OECD 国家的信贷规模迅速扩张，而保险业的顺周期性也致使资产负债流动性错配指数持续高于 4.5% 的区间上限，这一阶段可以称为非常规状态，此时，资产负债流动性错配指数的表现反映出保险业的流动性风险不容忽视。

图 5-10 是我们估算的 2000—2016 年美国、英国、法国和德国的保险业资产负债流动性错配指数。从图中可以看到，2008 年之前，这些国家的保险业资产负债流动性错配指数均围绕零值上下波动，2008 年出现了一波较快的拉升，之后一直处于较高水平，表明它们的保险业资产负债流动性错配程度一直较高，可能引发较严重的风险。

构建完 OECD 国家保险业资产负债流动性错配指数（BLM）之后，将其与 Bai 等（2018）构建的银行业资产负债流动性错配指数（LMI）进行比较，发现 BLM 与 LMI 的构建存在一定的差异：第一，保险业和银行业的资产和负债的内容是不同的。例如，尽管二者在投资方面都很稳健，但是保险业更偏好于投资土地及楼宇、实体企业等资产，而银行业资产中，非金融机构债权、居民部门债权的投资占比较大；第二，在构建 BLM 和 LMI 时，各项资产和负债的流动性权重的设定也存在差异。因为

第五章 保险系统性风险的形成和外溢

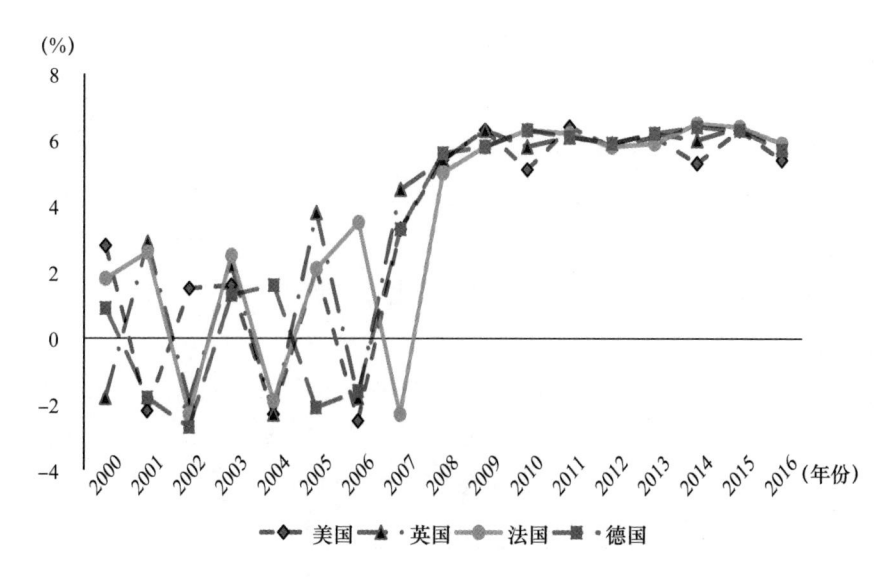

图 5-10 美国、英国、法国和德国保险业资产负债
流动性错配指数（2000—2016 年）

资料来源：笔者估算。

保险业和银行业的资产和负债的内容有所不同，而且各国的实际情况也存在差异，所以，构建 BLM 和 LMI 时需要考虑以上因素进行调整或修正。

四　回归分析和结果讨论

在构建完 OECD 国家保险业资产负债流动性错配指数之后，对该指数与系统性风险之间的关系进行分析。系统性风险的测量方法很多，常见的可分为两类：（1）构建可以反映系统性风险或者金融稳定的指数；（2）使用金融危机作为代理变量，如陈雨露和马勇（2013）。在经验研究中，首先使用 IMF 数据库中的金融稳定指数（FSI）作为衡量系统性风险的指标，然后以金融危机为代理变量进行回归分析，即同时使用这两种方法进行回归验证。

（一）双向固定效应模型

1. 模型设定

针对保险业资产负债流动性错配指数与系统性风险之间的关系，设定如下模型：

$$FSI_{it} = \alpha_i + \eta Ker_{it} + \gamma Con_{it} + in_i + e_{it} \quad (5-18)$$

$$Ker_{it} = [BLM, BLM^2, BLMFSL] \quad (5-19)$$

$$Con_{it} = [loan, zqh, yhdk, dkll, tfp, gdp, czh] \quad (5-20)$$

其中，各变量中的 i 代表国家，t 代表时间，FSI_{it} 代表各国的金融稳定指数，Ker_{it} 代表核心解释变量，Con_{it} 代表可能对各国的金融稳定指数产生影响的控制变量，in_i 为个体效应，e_{it} 为模型的扰动项。

本节所选取的35个OECD国家之间存在着政治、经济、文化等方面的差异，即可能存在异质性，因此，如果我们没有对这种异质性进行充分考虑，那么经验结果就可能产生严重偏差。兼具个体效应和时间效应的双向固定效应模型可以很好地处理这种异质性问题。基于以上原因，我们借鉴张晓晶等（2018）的做法，使用双向固定效应模型进行经验检验。

2. 变量选取与资料来源

我们测算了35个OECD国家的保险业资产负债流动性错配指数（BLM），计算结果没有异常值，所以均被保留了下来[①]。在经验分析过程中，我们选取了IMF数据库中的金融稳定指数（FSI）作为被解释变量，保险业资产负债流动性错配指数（BLM）及其平方项，以及它与FSI的交乘项均作为核心解释变量，这样可以充分考虑FSI与BLM之间的关系。

此外，为控制不同国家之间的异质性对金融稳定指数的影响，我们还加入了一些控制变量。这些控制变量可以分为3个层面：一是宏观经济层面，主要包括实际增长率与全要素增长率（tfp），这两个控制变量的数据来源均为世界大型企业联合会（Conference Board）[②]；二是金

[①] 这35个国家是：澳大利亚、奥地利、比利时、加拿大、智利、捷克、丹麦、爱沙尼亚、芬兰、法国、德国、希腊、匈牙利、冰岛、爱尔兰、以色列、意大利、日本、韩国、拉脱维亚、卢森堡、墨西哥、荷兰、新西兰、挪威、波兰、葡萄牙、斯洛伐克、斯洛文尼亚、西班牙、瑞典、瑞士、土耳其、英国、美国。

[②] 世界大型企业联合会（Conference Board），又可以称为美国经济评议会，成立于1916年，是世界级经济研究机构和企业会员制组织，会员包括分布于60多个国家的2500多家企业。网址为 https://www.conference-board.org。

融体系层面，主要包括银行不良贷款率、证券化率与贷款利率，这3个控制变量的数据来自世界银行数据库；三是社会发展层面，主要包含城镇化率，该指标可以衡量OECD国家的产业结构变化与人口变迁情况，其数据来源也是世界银行数据库。

表5-18　　　　　　　　双向固定效应模型的变量

	符号	变量	含义	资料来源
被解释变量	FSI	金融稳定指数	用以衡量一国的金融稳定程度，该指标越大，表明该国出现系统性风险的概率越小	IMF数据库
核心解释变量	BLM	保险业资产负债流动性错配指数	用以衡量各国保险业资产负债的流动性错配程度	作者根据OECD数据库测算
	BLM^2	保险业资产负债流动性错配指数二次项	以上指标的二次项	
	BLMFSI	保险业资产负债流动性错配指数与金融稳定指数的交乘项	可以衡量保险业资产负债流动性错配指数与金融稳定指数的相关程度	
控制变量 宏观经济层面	tfp	全要素生产率增长率	用一国的产出总量与全部资源投入量的比值表示，可以衡量该国的技术进步和生产效率	Conference Board 数据库
	gdp	实际增长率	用一国本期经济增长额与上期经济增长额的比值表示，可以衡量该国真实经济增长水平	
金融体系层面	zqh	证券化率	用一国金融证券的总市值和GDP的比值表示，衡量该国的证券化水平	世界银行数据库
	yhdk	银行不良贷款率	用一国银行不良贷款与贷款总额的比值表示，衡量该国银行的运营情况	
	dkll	贷款利率	用一国贷款利息总额和本金的比值表示，衡量该国的贷款情况	
社会发展层面	czh	城镇化率	用一国城镇常住人口与总常住人口的比值表示，衡量该国的城镇化水平	

3. 双向固定效应模型

表5-19是使用双向固定效应模型对金融稳定指数的回归结果。我们在模型中控制了各国在某时期内面临的共同冲击，即年度哑变量。模

型（1）只包含核心解释变量保险业资产负债流动性错配指数与年度哑变量，模型（2）增加了保险业资产负债流动性错配指数和金融稳定指数的交乘项，模型（3）在模型（2）的基础上增加了保险业资产负债流动性错配指数的平方项，模型（4）在模型（3）的基础上增加了实际增长率和贷款利率，模型（5）在模型（4）的基础上增加了证券化率和银行不良贷款率，模型（6）在模型（5）的基础上增加了城镇化率。

表5-19 使用双向固定效应模型对金融稳定指数的回归结果

	(1)	(2)	(3)	(4)	(5)	(6)
BLM	-4.5202*** (-4.24)	-4.4673*** (-4.17)	-4.7657*** (-4.45)	-4.5048*** (-4.21)	-4.3899*** (-4.09)	-4.1629*** (-3.96)
BLM²			4.5123 (0.79)	3.8696 (0.58)	3.1629 (0.44)	3.9105 (0.62)
BLMCrisis		3.5322*** (3.19)	3.1924*** (2.98)	3.5305*** (3.13)	3.7651*** (3.41)	3.6336*** (3.29)
tfp						1.6316*** (2.99)
gdp				1.1231** (2.44)	1.3462*** (2.63)	1.1996** (2.53)
zqh					-0.0128 (-1.63)	-0.0124 (-1.59)
yhdk					-0.1937*** (-3.08)	-0.1748*** (-2.62)
dkll				-0.0858 (-1.42)	-0.1014 (-1.56)	-0.0492 (-0.98)
czh						0.2504 (1.09)
常数项	1.8216** (2.15)	1.7822** (2.04)	1.6177* (1.91)	1.7175** (2.01)	0.9526 (1.23)	0.7839 (1.08)
年度哑变量	Yes	Yes	Yes	Yes	Yes	Yes
Hausman Chi(2)统计量	86.24***	85.43***	83.27***	84.91***	86.08***	86.43***
R²（Within）	0.75	0.75	0.75	0.76	0.76	0.76

注：括号内数值为变量 t 值，***、**和*分别表示估计系数通过1%、5%、10%的显著性检验。

从表 5-19 的回归结果看，保险业资产负债流动性错配指数与金融稳定指数之间呈现显著的负相关关系，即保险业资产负债流动性错配指数的增长会造成金融稳定指数的下降，也就是系统性风险的上升。两者交乘项的回归结果是显著的，表明它们之间的确存在相互影响的作用关系。保险业资产负债流动性错配指数平方项的回归结果并不显著，表明它与金融稳定指数之间不存在非线性关系，即两者之间存在的是线性关系。

此外，实际增长率、全要素生产率增长率与金融稳定指数之间呈现显著的正相关关系，表明它们可以促进金融稳定指数的上升，对系统性风险的上升起到明显的抑制作用；银行不良贷款率与金融稳定指数之间呈现显著的负相关关系，表明它会抑制金融稳定指数的上升，对系统性风险的上升起到明显的推动作用；证券化率、贷款利率和城镇化率与金融稳定指数之间的关系不显著。

（二）面板 Logit 模型

为使经验检验结果更准确，借鉴陈雨露和马勇（2013）的方法，将金融危机作为系统性风险的代理变量对模型进行经验检验。这也可以视为是双向固定效应模型的稳健性检验。

在经验分析过程中，由于金融危机的数据来源于 IMF 数据库，是 IMF 统计的"0 或 1"虚拟变量，即某国当年发生金融危机，用 1 表示，不发生，则用 0 表示，因此，我们采用了二元面板离散选择模型。一般而言，常见的二元面板离散选择模型可以分为面板 Probit 模型与面板 Logit 模型，因为面板 Logit 模型具有相对容易理解、并且对随机误差项的要求较宽泛等优点，所以我们选择使用面板 Logit 模型进行回归检验。

1. 模型设定

在面板 Logit 模型中，我们一般会先假定存在潜变量 $Crisis_{it}^*$，它可以用以下公式表示：

$$Crisis_{it}^* = \beta_i + \delta Ker_{it} + \lambda Con_{it} + in_i + \mu_{it} \tag{5-21}$$

其中，各变量中的 i 代表国家，t 代表时间，$Crisis_{it}$ 代表一国是否发生过金融危机（即是否发生过系统性风险），Ker_{it} 代表核心解释变量，Con_{it} 代表可能对金融危机产生影响的控制变量，in_i 为模型中的个体效应，μ_{it} 为模型的扰动项。

虚拟变量 $Crisis_{it}$ 是可以观测的，而潜变量 $Crisis_{it}^*$ 是不可以观测的，因此，二者之间存在如下关系：当 $Crisis_{it}^* \leq 0$ 时，$Crisis_{it} = 0$；当 $Crisis_{it}^* > 0$ 时，$Crisis_{it} = 1$。

为方便理解，我们可以把（5-21）式简化为：

$$Crisis_{it}^* = \varphi Explan_{it} + In_i + \varepsilon_{it} \tag{5-22}$$

其中，$Explan_{it}$ 表示模型中的解释变量，In_i 为模型中的个体效应，ε_{it} 为模型的扰动项。

（5-22）式通过推导可以得到：

$$\text{Prob}(Crisis = 1) = \text{Prob}(\varepsilon_{it} \geq -\varphi Explan_{it} - In_i) = F(\varphi Explan_{it} + In_i) \tag{5-23}$$

其中，$\text{Prob}(Crisis = 1)$ 表示金融危机发生的概率大小。根据格林（1998），我们对（5-23）式进行了进一步推导，最终可以得到金融危机发生的概率：

$$\text{Prob}(Crisis = 1) = F(\varphi Explan_{it} + In_i) = \frac{1}{1 + e^{-(\varphi Explan_{it} + In_i)}} \tag{5-24}$$

在变量选取与数据来源方面，除将金融稳定指数替换为金融危机变量之外，其余数据、含义及来源均与表 5-18 一致。

2. 面板 logit 模型的回归结果

表 5-20　　　　使用面板 Logit 模型对金融危机的回归结果

	(7)	(8)	(9)	(10)	(11)	(12)
BLM	3.2741*** (3.56)	3.0958*** (3.24)	3.1571*** (3.38)	3.0516*** (3.13)	2.8594*** (2.95)	2.6731*** (2.64)
BLM^2			-2.7315 (-0.83)	-2.4792 (-0.67)	-2.2653 (-0.52)	-2.0853 (-0.43)
$BLMCrisis$		-2.7594*** (3.62)	-2.9546*** (3.87)	-2.6728*** (-3.41)	-2.5943*** (-3.22)	-2.6184*** (-3.24)
tfp					-2.9415*** (-3.65)	

第五章　保险系统性风险的形成和外溢

续表

	(7)	(8)	(9)	(10)	(11)	(12)
gdp				−1.9865*** (−2.73)	−1.7541** (−2.51)	−1.5367** (−2.24)
zqh					0.4718 (1.32)	0.3502 (1.13)
yhdk					1.7126*** (2.85)	1.5217** (2.33)
dkll			0.3291 (1.26)	0.2844 (1.03)	0.1451 (0.63)	
czh						−0.6943 (−1.54)
常数项	2.0842** (2.43)	1.8763** (2.25)	1.7649** (2.13)	1.6350 (1.51)	1.4021 (1.36)	0.9612 (0.83)
似然值对数	−476.52	−465.98	−448.93	−431.67	−425.41	−408.32
卡方	68.46	73.25	75.46	78.84	81.26	83.07

注：括号内数值为变量 t 值，对应的 ***、** 和 * 分别表示估计系数通过1%、5%、10%的显著性检验。

表5-20是使用面板 Logit 模型对金融危机的回归结果。模型7只包含核心解释变量——保险业资产负债流动性错配指数，模型8在模型7的基础上增加了保险业资产负债流动性错配指数和金融稳定指数的交乘项，模型9—12依次加入了保险业资产负债流动性错配指数的平方项、实际增长率和贷款利率、证券化率和银行不良贷款率、城镇化率。

从表5-20的回归结果看，保险业资产负债流动性错配指数与金融危机之间呈现显著的正相关关系，即保险业资产负债流动性错配指数的上升会增加金融危机发生的概率。两者交乘项的回归结果同样是显著的，表明它们之间的确存在相互影响的作用关系。保险业资产负债流动性错配指数平方项的回归结果并不显著，表明它与金融危机之间不存在非线性关系。

此外，实际增长率和全要素生产率增长率与金融危机之间呈现显著的负相关关系，即它们对系统性风险的上升起到明显的抑制作用；银行不良贷款率与金融危机之间呈现显著的正相关关系，表明它对系统性风险的上升起到明显的推动作用；证券化率、贷款利率和城镇化率与金融危机之间的关系并不明显。

从表5-19和表5-20的回归结果看，两个模型得到的结论基本一致，并且与图5-10所揭示的OECD国家的保险业资产负债流动性错配与系统性风险之间的关系基本吻合。

第六章

中国保险系统性风险的监管建议

第一节 对传统保险风险的监管建议

一 适当支持保险公司的地理扩张

从产业发展的角度看,经营区域限制可能会阻碍保险业的"自然选择"机制。一方面,地理分散化是风险管理的重要战略,地理扩张是保险公司实现规模经济的助力之一。另一方面,地理限制可能成为低效保险公司不思进取的"保护伞"。此外,从保险消费者的角度看,通过竞争机制不断提高保险产品服务的"性价比"是对消费者最大的保护,这在中国保险业几十年的发展中已经得到了体现。

基于第三章第二节的研究结论,财产险公司和人身险公司在全国范围内经营才能较充分地分散经营风险。财产险公司(人身险公司)至少在10个(5个)省区市经营才能较充分地发挥地理分散化效应。2018年,中国83家正在营业的财产险公司(不含自保公司和政策性保险公司)中,经营范围少于5个省区市的有31家(占比为37.3%),营业范围少于10个省区市的有49家(占比为59.0%)。2018年,中国84家营业的人身险公司(不含养老保险公司)中,营业范围少于5个省区市的有27家(占比为32.1%),营业范围少于10个省区市的有49家(占比为58.3%)。上述统计数据显示,当前很多保险公司还没有充分利用地理分散化降低风险,因此,应当鼓励有条件的保险公司进行地理分散化布局。

在全球保险行业早期的偿付能力监管框架中,计算最低监管资本时大多忽略了分散效应，如欧盟的偿付能力Ⅰ（SolvencyⅠ）框架。近些年来，分散效应越来越受到重视，例如，欧盟的偿付能力Ⅱ（SolvencyⅡ）通过计算"赫芬达尔—赫尔希曼指数"（Herfindahl-Hirschman Index，HHI）来反映业务集中风险，美国的风险基础资本（RBC）制度采用保险公司内部模型来评估风险分散效应。中国的"偿二代"采用了"累进递减"算法，避免对保险公司最低资本水平与保费规模采取"一刀切"的做法。

当前，中国的"偿二代"针对不同产品线设定了不同的风险因子，从而能更细致地计算保险公司的最低资本①，我们建议，在计量保险公司的最低资本时，考虑地理分散化对赔付风险的分散效应。一是由于不同地区的赔付风险存在较大差异，在评估资本要求时，应当对不同风险程度地区的资本要求进行差异化设置。二是在各产品线的风险因子中纳入地理分散化效应。以农业险为例，从纯粹业务风险因素来看，农业险的保费因子和准备金因子均较高，但是考虑到地理分散化对农业险经营风险的影响较大，可在其他条件相同情况下给多地区经营农业险业务的保险公司更多的资本要求折扣②。

二　完善对保险投资风险的监管

当前，中国保险业作为现代金融体系的三大支柱之一，其投资总额和盈利能力已成为保险业生存和发展的重要基础和保障。自2004年开始，中国保险公司就开始正式投资于股票、债券、基金等品种，之后不断拓宽投资渠道、优化资产结构。

表6-1是2004—2016年中国保险公司的资金运用情况。从表6-1可以看出，近年来中国保险公司投资于国债、金融债券、企业债券和股票、基金的规模不断增加，其所持有的资产组合也在不断调整。中国保

---

① 例如，车险保费风险因子是0.08—0.09，信用保证险保费风险因子是0.37—0.47，因此，相同的保费规模，信用保证险占用的风险资本是车险业务的4—5倍。
② 根据图3-6，保持农业险保费总规模不变，经营区域从1个省区市扩展到5个、10个时，赔付风险的降低程度分别达到了79.59%、89.49%。

险公司的大部分可运用资金来源于长期寿险准备金，期限大约为几十年。从表6-1的投资总额看，股票、基金的购买和抛售比较灵活，银行存款、国债的期限也较短，金融债券、企业债券的期限相对长，有五年期和十年期的。总体来看，与保险业成熟的欧洲保险公司相比，长期资产在中国保险公司投资总额中的占比仍较低。

表6-1　　　　2004—2016年中国保险公司资金运用情况　　　（单位：亿元）

年份	投资总额	银行存款	国债	金融债券	企业债券	股票、基金
2004	666.32	5071.10	2618.44	1026.25	639.73	666.32
2005	1107.00	5165.55	3590.65	1804.71	1204.55	1107.00
2006	912.08	5989.11	3647.01	2754.25	2121.56	912.08
2007	2519.41	6503.44	3956.56	4897.84	2799.76	2519.41
2008	1646.46	8087.49	4208.26	8754.06	4598.46	1646.46
2009	2758.78	10519.68	4053.82	8746.10	6074.56	2758.78
2010	2620.73	13909.97	4815.78	10038.75	7935.69	2620.73
2011	2909.92	17692.69	4741.90	12418.80	8755.86	2909.92
2012	3625.58	23446.00	4795.02	14832.57	10899.98	3625.58
2013	3575.52	22640.98	4776.73	14811.84	13727.75	3575.52
2014	4714.28	25310.73	5009.88	15067.12	15465.13	4714.28
2015	8856.50	24349.67	5831.12	15215.31	17307.38	8856.50
2016	10906.64	24844.21	6545.16	17078.46	19426.71	17788.05

资料来源：原中国保监会网站。

基于第三章第四节的研究，结合中国国情，提出如下政策建议。

第一，鼓励保险公司扩大投资总规模。经验结果表明，尽管保险投资总规模在拐点前会增加金融体系的不稳定性，但在拐点后会降低金融危机爆发的概率。保险业是经济的"减震器"和社会的"稳定器"，保险投资的风格也比其他投资机构更保守。因此，中国应当积极鼓励扩大保险投资，使保险投资总额在所有机构投资总额中的比重处于合理区间。

保险系统性风险的形成、外溢及监管

第二，构建保险投资对冲风险的缓冲器，增加长期资本投资。在保险投资总规模出现拐点前，欧洲国家保险投资对其金融稳定产生负面影响的一个原因在于，在低利率等因素的影响下，这些国家的保险投资容易引发资产负债不匹配的风险。从表6-1可以看出，中国保险公司投资总额中长期资产的占比较低，银行存款、国债、股票、基金等金融资产的期限偏短，而保险资金对于长期资产的需求较大。这种"期限错配"是导致保险投资引发金融风险的根源之一。解决这一难题的方法有两个，一是构建保险投资对冲风险的缓冲器，增强保险投资风险管理的主动性；二是增加长期投资，特别是增加股权性项目的投资，这是又一个紧迫和重要的方向。从中国和德国保险公司投资总额的对比来看，中国保险公司投资总额对关联企业和股权、土地及楼宇等方面的投资占比较低，而这些投资方向值得中国保险公司研究。

第三，对于保险投资，严控其可能引发的金融风险是监管工作的永恒主题。欧洲国家保险公司目前实行的Solvency Ⅱ（"偿二代"）对投资风险、金融科技风险等方面的监管力度不强。在中国，保险投资面临的风险包括利差损风险、资金运用风险、战略风险、外部传递性风险、金融科技风险等，同时还存在着虚假出资、数据造假等金融乱象。严控保险投资引发的金融风险，才能为保险投资服务实体经济奠定良好的基础。

第四，本节的经验结果显示，欧洲国家的金融杠杆与金融危机呈现显著的负相关关系，这与现有文献中中国金融杠杆与金融危机之间的关系是一致的。中国过去几年的金融"去杠杆"政策可能会增加金融危机爆发的概率，对金融体系的稳定性产生一定的冲击。自2012年起，中国宏观经济呈现出较明显的金融经济周期特征。在金融"去杠杆"过程中，应当防范金融波动的外溢效应和"债务—通缩"风险，建议采取循序渐进的稳健操作策略，减少对金融系统稳定性的负面影响。

三　加强保险业资产负债匹配的监管

资产负债匹配风险是指由资产负债配置不当和市场要素波动联合造

成的风险。保险公司资产负债匹配风险的来源包括资产负债之间的收益错配、期限错配、现金流错配等。保险业资产负债匹配风险可能产生外溢效应，即可能对股票、债券市场和实体经济产生负面影响（IMF，2016）。很多大型保险公司的行为具有"顺周期"性，在金融危机发生时可能引发金融市场的剧烈波动，进而形成系统性风险。因此，加强对微观主体资产负债的审查和监管，健全保险业资产负债监管体系，对保险业的发展具有重要作用。

2018年上半年，中国银保监会先后发布《保险资产负债管理条例》和《保险资产负债管理条例》（第1—5号），表明监管层对保险业资产负债监管的重视程度上升了一个台阶。在微观主体层面，保险公司的资产负债风险还有待于进一步审查。特别是最近几年，随着数字经济的迅速发展，一些保险公司快速推进产品服务创新，导致公司资产负债的业务结构和风险形式都发生了较大变化。

（一）美欧日保险业资产负债匹配风险的监管

1. 美国的情况

在新形势下，美国保险业要应对很多新的风险，主要表现在以下几个方面。

美国保险业的资产负债匹配风险主要是由利率风险引发的。如果利率的波动较大，部分保单持有人可能提出退保或办理保单质押贷款，使得保险公司面临信任危机。2020年3月，为应对新冠肺炎疫情引发的公共卫生危机，美联储宣布将利率调整至0，并且推出5万亿美元的量化宽松（Quantitative Easing，QE）政策，这使得美国的名义利率和实际利率均进一步下降。在此背景下，部分保险公司将在投资中面临更严重的利差损风险，使得资产负债匹配风险加大。

为应对资产负债匹配风险，美国保险业开发了一系列的管理策略和技术，主要包括随机控制模型、随机最优化模型等优化类模型以及弹性检测、动态偿付能力检测（Dynamic Solvency Testing，DST）、动态财务分析（Dynamic Financial Analysis，DFA）检测等方法，并且使用很多金融衍生工具来管理表内外的头寸。一些大型保险公司还专门设立了资产负债管理委员会。虽然这些资产负债管理策略和技术在过去已经取得了一定的成效，但是在新形势下还需要做出调整和改进，以应对新的风险。

2. 欧洲的情况

资产负债管理是欧洲国家防范保险业系统性金融风险的一个核心内容。欧洲国家保险业的资产包含土地及楼宇、关联企业和参股权益、股票与基金、债券等固定收益证券、贷款（包括抵押贷款）、信贷机构存款、现金与其他资产等内容；而保险业的负债包括短期借款、应付账款、应付利息、长期负债、债券发行等内容。在保险公司金融风险的动态变化中，资产负债的流动性是一个重要的因素，它的衡量与测算对于系统性金融风险的评估和管理具有重要意义。德国保险业资产中，现金和信贷机构存款的占比较低，而贷款（包括抵押贷款）与关联企业和参股权益的占比较高，导致资产的流动性较差，造成资产负债流动性错配，在发生不利冲击时甚至可能引发系统性金融风险。

欧洲的一些国家长期处于低利率环境。对于寿险公司，低利率可能使得相对安全的资产（如债券等固定收益证券）的收益率低于所承诺的长期合同的回报率，从而受到不利影响。低利率激励保险公司寻求流动性较差、回报率较高的资产，从而导致风险敞口增加、资产负债匹配风险上升。此外，一些文献研究表明，寿险投资对利率变动具有很强的敏感性。低利率不但刺激了居民的消费欲望，使其难以积累足够的储蓄来应对长寿风险，也会冲击寿险公司以长期负债驱动的投资模式。例如，近年来随着利率的下行，一些德国寿险公司在投资组合中降低了信用贷款和抵押贷款、公司债券的配置比例，同时提高了政府债券和外国债券的配置比例。在低利率背景下，德国政府部门发行的债券对实体经济的债券形成了挤出效应，这表明寿险公司支持实体经济融资的力度有所下降；同时，外国债券配置比例的提高也可能形成汇率风险。

为防范资产负债匹配风险，一些保险公司采取了许多行之有效的措施。例如，德国安联保险公司通过业务多元化和全球资产配置，将公司资产负债久期缺口控制在一年以内，以防范利差损风险；安联提高了企业债券和另类资产在资产端的配置比例,并积极调整负债端保险产品的分红水平和结构,降低负债成本和资产负债匹配风险。近些年,欧洲国家的保险公司在保持偿付能力和应对利差损风险方面表现较好,反映了它们在低利率背景下防范资产负债匹配风险的成功经验。

3. 日本的情况

截至 2020 年,日本实行极低利率政策已经长达 20 多年。日本央行自 2013 年 4 月推出的大规模刺激计划也已经执行了 7 年。根据日本央行前行长白川方明(2019)的观点,日本将实行永久低利率,并且预计未来很长时间内全球各大经济体均将使用低利率政策。在此背景下,很多日本投资者的主要投资方向为证券和房地产,包括一些收益率较高的企业债券。

根据日内瓦协会的统计,1980—2019 年,日本寿险公司的投资组合发生了很大变化,其中贷款在投资组合中的比重从 60% 降至 10% 左右,政府债券的比重则从 5% 上升到 45% 左右,这些比重的变化在 2000 年以后有所加快(Schanz,2020)。当时,为刺激经济,政府不得不承受不断膨胀的债务负担,而在保险公司的投资组合中,由于政府债券的安全性较高,它逐步吸收了公司债券的比例。在此背景下,日本保险公司面临着资产负债匹配风险和由低利率引发的利差损风险。与此同时,保险公司越来越多地投资于外国证券,这可能加大公司资产负债的币种匹配问题。

日本的一些保险公司已经采取多项措施来管理风险。例如,明治安田生命保险公司积极投资于权益类资产,延长债券投资的久期,并且采用"死差益"作为安全垫,降低资产负债匹配风险。第一生命保险公司通过与其他保险公司开展合作,对投资方面的资产端和负债端进行较严格的管理,在一定程度上降低了资产负债匹配风险。

(二)强化中国保险业资产负债匹配风险的监管

在第五章第四节分析的基础上,我们使用 Bai 等(2018)的研究方法,测算了中国保险业资产负债流动性错配指数。为构建中国保险业资产负债流动性错配指数,我们首先要设定保险业资产和负债的流动性权

保险系统性风险的形成、外溢及监管

重。根据孙祁祥等（2017）的研究，中国保险业的资产负债结构与OECD国家比较类似，差异主要在于：在资产端，中国保险业存在较多的中长期贷款，在负债端，中国保险业存在一些责任准备金。根据它们变现时获取或损失流动性便利的概率，我们设定资产端中长期贷款的流动性权重为0.1，负债端责任准备金的流动性权重为0.05。图6-1反映了2000—2016年中国保险业资产负债的流动性与资产负债流动性错配指数的走势。

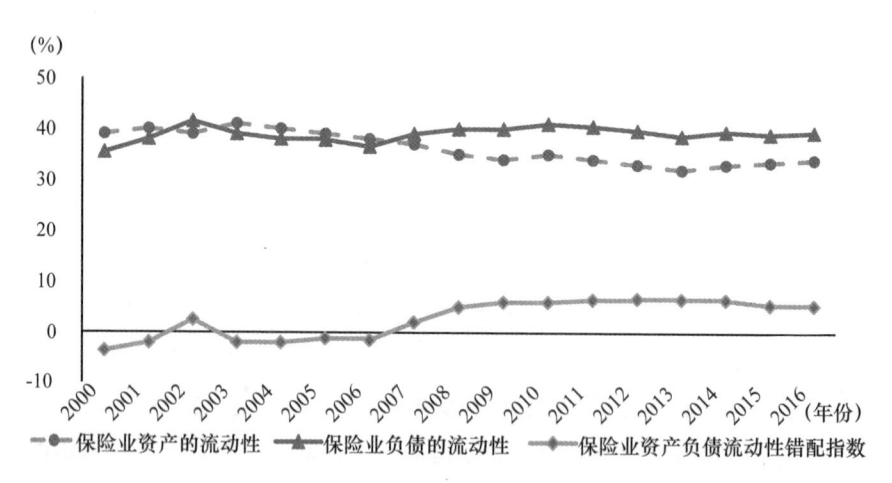

图6-1 2000—2016年中国保险业资产负债的流动性与资产负债流动性错配指数

资料来源：笔者估算。

由图6-1可知，在2008年之前，中国保险业资产负债流动性错配指数走势较为正常，即围绕零值上下波动，波动区间为[-3.6%, 2.5%]。从经济形势看，该阶段中国实体经济和信贷供给之间也呈现较为匹配的特点。但是从2008年起，中国保险业资产负债流动性错配指数就持续高于之前区间的上限值，尽管2015年之后有所回落，但仍处于高位。其主要原因在于，2008年国际金融危机的影响、年末的"四万亿计划"和之后的货币宽松政策导致中国信贷规模快速增长，而保险公司的顺周期行为也加剧了资产负债流动性错配程度的恶

· 308 ·

化。2015年起，中国实施了金融"去杠杆"，保险业资产负债流动性错配程度有所改善，但仍有引发系统性金融风险的可能。

在进一步分析中国实际情况后，得到如下几点启示。

一是进一步摸清保险业资产负债流动性错配的真实情况。尽管本节的研究给出了中国保险业资产负债流动性错配指数，但是在微观经营主体方面，其真实的经营状况有待于进一步核查。尤其是近几年来，伴随着互联网的快速发展，保险公司产品创新加快，其资产端和负债端的风险特征和业务结构都出现了较大变化。监管层应当根据资产负债的匹配情况对中国的保险公司进行分类，对于资产负债匹配状况良好的保险公司予以奖励，对于资产负债匹配状况较差的保险公司进行重点监管，责令其整改。

二是继续严控保险业资产负债流动性错配可能引发的系统性金融风险。2018年年初，中国银保监会发布了《保险资产负债管理监管办法》和《保险资产负债管理监管规则（1—5号）》。银保监会强调，该新规是继"偿二代"之后中国保险业的又一重要监管工具，这反映出监管层对中国保险业资产负债流动性错配情况的高度重视。本节的经验结果显示，提高保险业资产负债流动性错配指数会促进系统性金融风险的增加，而近年来中国保险业资产负债流动性错配指数一直呈现居高不下的态势，因此，需要继续严控可能引发的系统性金融风险，这样有利于保险业回归本源，更好地服务于实体经济的发展。

三是对保险业资产负债流动性错配的监管应当采取宏观审慎的方式。研究发现，在开放经济中，一国保险业资产负债流动性错配具有风险传染性。此外，在国内，保险业资产负债流动性错配也可能对债券、股市等其他金融市场和一些实体经济产生不利冲击（IMF，2016）。同时，一些大型保险公司的共同行为如果是顺周期的，可能导致资产市场的价格波动，并产生有害的系统性影响（Benoit 和 Hurlin，2017）。基于以上原因，中国对保险业资产负债流动性错配的监管应当加强宏观审慎的方式，避免因单纯微观审慎监管滞后于金融机构的发展而放大系性金融风险的缺陷。

四是对大型公司和中小公司进行差别对待。监管层应当督促大型寿险公司设立专门委员会或者秘书处,对本公司的资产负债匹配状况进行自我审查和监管。中小寿险公司由于在风险控制、模型设定等方面存在不足,通常存在着更大的资产负债匹配风险,因此,监管层应当尤其关注对中小寿险公司资产负债匹配风险的监管,也可以与外部机构合作。

第二节　对互联网和科技风险的监管建议

一　对互联网风险监管的对策建议

互联网本身存在一系列内在风险,如运营的连续性、信息安全、在线支付等,而保险业务则具有道德风险、操作风险、市场风险等风险,因此,二者的结合会让风险变得更复杂,也更具有传染性。本节基于第三章第三节的研究,结合发达国家的经验,从国家、行业和机构层面,提出加强保险业网络风险管理的对策建议。

（一）强化公共网络安全保障

Kunreuther 和 Heal（2003）提出了共生安全（Interdependent Security）的概念,即在一个相互依存的世界中,任何单一个体面临的风险不仅取决于自身的选择,还取决于所有其他个体的选择。这一共生关系是网络安全投资文献的建模基础,一些文献利用博弈论论证了网络安全投资存在极强的负外部性,微观行为主体的理性投资决策最终会使得全社会的安全投资低于最优水平,需要政府的干预和政策引导（Böhme 和 Kataria, 2006；Eling 和 Lehmann, 2017）。特别是在网络空间高度互联互通的今天,网络安全的公共物品属性不断增强,需要从国家层面保障关键信息基础设施的运营安全。

当前,中国已经建立起保障关键信息基础设施安全的基础性架构,包括基本法规和创新型技术标准,下一阶段将建立更具有操作性的保障措施。第一,制定识别关键信息基础设施的具体标准。虽然中国已经界定出关键信息基础设施的范围①，基本覆盖了工业经济时代的重要行业和科研机构，然而，随着数字经济的发展，将出现一些新兴行业或组织，因此有必要制定一套适合动态评价的标准。例如，可根据功能、关键规模、互补性、综合价值（包含政治、经济、社会等）、依赖程度、敏感性等因素进行识别与分类。第二，开发一套在全国范围通用的关键信息基础设施网络风险评估框架，各关键信息基础设施子行业可以参考这一风险评估框架建立各自的风险评估体系，从而兼顾整体评估的有效性和各细分行业的特殊性。第三，在国家层面提供信息共享平台，促进关键信息基础设施部门之间、国内与国际之间的风险信息交流与沟通。第四，在网络安全审查表中强化物理、网络、硬件、应用、数据等多层面的综合防护，要求关键信息基础设施部门的网络安全技术与业务系统创新同步发展。

（二）完善行业技术应用标准

保险业日益加强基于网络的数字技术的应用，因此有必要建立基础创新技术应用的行业标准。

一是云计算的应用标准。保险业的云计算应用存在3种模式：私有云模式，广泛应用于大中型保险公司，一般由集团或总公司的数据中心或信息科技部门运营；行业云模式，主要是优质的金融企业对外输出其内部云资源；公有云模式，中小型保险公司多采用。鉴于中国保险公司正处于加速上云时期，且保险公司云计算的应用模式呈多样化，建议保险业和国家信息技术管理部门联合建设以下云计算应用标准体系：保险业云计算的场景和总体框架；保险业云服务提供商的资质要求；保险业云计算软件的相关技术要求；保险业基于容器技术的业务平台架构技术能力要求；保险业的微服务架构技术能力要求；保险业的研发运营一体

---

① 《关键信息基础设施安全保护条例（征求意见稿）》第18条列举了以下5类关键信息基础设施：（一）政府机关和能源、金融、交通、水利、卫生医疗、教育、社保、环境保护、公用事业等行业领域的单位；（二）电信网、广播电视网、互联网等信息网络，以及提供云计算、大数据和其他大型公共信息网络服务的单位；（三）国防科工、大型装备、化工、食品药品等行业领域科研生产单位；（四）广播电台、电视台、通讯社等新闻单位；（五）其他重点单位。

化平台架构技术能力要求。

二是数据安全标准。可从信息分级管理和保险数据中心评价两个维度构建保险业的客户信息分级管理制度,具体可参考《信息技术服务数据中心能力成熟度模型》(GB/T 33136—2016)、《信息安全技术个人信息安全规范》(GB/T 35273—2017)、《信息安全等级保护管理办法》等国家法规。为保障行业整体数据安全和保险公司数字化转型的灵活性,建议构建保险业的客户信息分级管理制度和行业核心数据保护制度,将核心数据的存储和分析放在安全级别较高的行业云中,一般数据则可以采取其他云模式。此外,将大数据、云平台、互联网金融服务平台等外包服务商纳入等级保护管理,通过信息安全等级保护工作考核评价,实现保险科技发展与网络安全同步规划、同步实施、同步运行。

(三) 强化业务连续性管理

数字经济时代,越来越多的程序化和自动化保险环节需要以稳健运营为支撑,因此,电子业务持续性管理(e-Business Continuity Management,e-BCM)已成为保险业数字化转型面临的重要议题。建议从以下两个方面开展。

一是完善保险公司的业务持续性动态评价。在行业层面,建立业务持续性管理成熟度评估标准,并将其纳入到对公司的风险评级指标体系中,建议至少要涵盖业务影响分析、业务连续性风险评估和业务连续性计划3个方面。此外,还应当加强技术系统和业务系统之间的联动,建立信息系统失效时的业务替代安排。为保证营业中断的迅速恢复,可确定一个灾后系统恢复时限标准,参照国际监管经验〔如 CPMI-IOSCO(2016)〕,建议定为中断后4小时或6个小时恢复正常运行。

二是建设技术外包管理制度。随着移动设备渗透到日常生活的方方面面,保险公司与第三方数据提供商的合作将日益紧密(Eling 和 Lehmann,2017)。因此,有必要建立行业层面的技术外包管理制度。第一,设定第三方服务商的网络安全能力标准。随着数字经济的发展,网络攻击者开始改变其攻击模式,利用第三方甚至第四方供应链合作伙伴的系统潜入目标系统是一条攻击"捷径",因此,应当要求保险领域的法律、会计等基础性第三方服务商具备一定的网络安全防御能力。第二,加强技术外包机构的集中度风险管理,尤其是监测和控制云服务、信息系统构架、网络安全等关键技术提供商的集中度风险。第三,建立外包导致的重大事件汇报机制。由管理部门定期向行业发布外部服务商"黑名单",并对这些服务商承包保险业信息技术服务项目设定明确的禁止期限(如两年)。

(四)开展网络韧性压力测试

与传统的低频交易、低连接的经营模式相比,日益数字化运营的保险公司应当提升业务持续性管理的能力,以实现更充分的事前准备、更快的事中响应和更有效的事后恢复。一是建议开展保险业营运中断压力测试,以及更多地参与金融系统和全国重要系统的业务连续性计划演习,覆盖应急响应、指挥决策、信息报告、处置恢复等环节。考虑到提高金融机构和金融市场基础设施的网络韧性是维护金融稳定的目标之一,建议借鉴一些现有的国际实践经验(如欧盟的 TIBER-EU、英国的 CBEST),定期对保险业或整个金融业的网络韧性开展压力测试,利用与时俱进的网络威胁情报模拟真实网络攻击,不断更新现有的应急和恢复计划。二是重视营运中断事件的声誉风险管理,建设多渠道信息监测与通报工机制,积极降低网络安全负面事件对行业信心的影响。

(五)建立数据安全风险事件汇报制度

一是建立强制性的网络安全事件汇报机制[1]。汇报网络安全事件的目的是让监管当局了解网络事件的影响程度,及时做出适当的决策,因此,必须明确设定保险业的"重大信息安全事件"的标准。我们建议上报标准包含以下 3 方面的"重要"指标——核心服务中断所影响的用户数量、事件持续的时间长度以及受事件影响的地理分布范围。此外,应当对汇报时间做出明确规定,可以考虑要求企业在 72 小时内汇

---

[1] 中国《保险机构信息化监管规定(征求意见稿)》(2015 年 10 月)第 8 条第 9 款写到"及时向中国保监会报告本机构发生的重大信息安全事故或者突发事件,按相关预案快速响应"。

报风险事件。

二是建立一个网络攻击事件的匿名汇报平台。鉴于网络安全事件对组织声誉的负面影响,组织几乎没有对外披露其网络攻击事件的动力;然而,无论是从风险信息不对称的角度,还是从网络风险不可预测的角度看,监管部门都有强烈的意愿搜集并分析行业内的网络安全事件信息。建议建立一个网络攻击事件的匿名汇报平台,让行业内的各机构能无顾虑地共享此类风险信息[①]。

(六)改善保险公司内部治理

从网络安全管理的角度,建议将网络风险管理和数据资产保护纳入到保险公司的整合性风险管理框架中,作为保障公司稳健发展的一项任务。

一是将网络安全纳入到内部治理和控制体系。第一,保险公司应当将网络风险提升至董事会层面讨论,并确保董事会成员中有相关专业人员[②]。第二,保险公司应当对网络韧性进行明确的责任划分,尤其是对于 IT 部门如何与其他部门合作和承担网络风险。例如,可以在高级管理层设置一个职位,负责管理和协调组织各部门在网络风险方面的内部运营和技术升级。第三,保险公司需要在人力资源开发和内部控制等方面进行相应调整,如加强网络风险意识培训、开展网络安全审计等。

二是建设数据资产保护制度。保险公司应当建设公司的数据资产保护制度,至少覆盖以下方面:信息资产分级管理,包括推进信息资产的识别和分类、分级工作,明确安全策略和保护要求等;敏感信息保护,包括加强客户身份、账户等重要电子信息的保护,综合运用多因素认证、访问控制、边界防护、泄密检测、密码算法和技术、数据脱敏和安全审计等手段,提高客户身份认证和验证强度,防范敏感数据的泄露、

---

① 这里提及的网络攻击事件主要是指,网络犯罪者进行的长时间或大量的试探性攻击,其绝大部分会被保险机构的脆弱性渗透性测试工具拦截,而分享这些网络威胁信息有利于提高保险业整体的风险防御能力。

② 有的国家(如英国和美国)的监管者甚至要求,如果企业组织任命的网络安全专业人士在董事会中是非执行董事,则企业组织需要充分证明自己拥有其他的专业咨询途径,如设立一个网络咨询小组。

第六章　中国保险系统性风险的监管建议

篡改、丢失和非授权访问等风险。

二　对保险科技监管的对策建议

基于对保险科技系统的分析，在坚持依法监管、适度监管、分类监管、协同监管、创新监管等原则的基础上，应考虑以下内容。

一是明确保险科技的监管对象。保险科技系统是一个多参与主体的跨行业生态系统，其监管对象应当包括：（1）保险机构，是指保险人、再保险人、保险中介人等保险服务的供给者。（2）保险科技企业，是指数字化保险人以及参与保险价值链的科技类企业，其可以来自其他产业生态[①]，如汽车公司、医疗保健机构等。秉持避免信息超载和重复要求的原则，坚持"线上线下"一致的监管要求，即保险价值链的参与主体应当具有相应的保险经营资质。（3）保险消费者，是指向保险机构或保险科技类企业购买保险产品或服务的消费者。

二是加强基于生态视角的监管。（1）随着保险科技的发展，创新型技术和新参与者的活动将导致保险价值链的日益碎片化：①保险产品或服务被嵌入到其他相关生态中；②保险创新可能导致保险监管的主要对象（保险机构）被边缘化——出现"保险脱媒"。上述两种情形均会给保险监管带来挑战，前者是保险活动的跨生态和碎片化，后者是被监管实体的无形化。作为保险科技生态中的一环，监管部门应当以更宏大的眼光审视保险科技系统的发展以及自身在系统中扮演的角色。（2）作为一个生态系统，保险科技的运行离不开一些生态系统基础设施（如电力、通信、互联网、网络支付等），因此，基于数字生态系统一体化的特征，监管部门应当实施跨领域的监管合作。

三是完善和发展监管科技。随着保险科技的快速发展，监管科技得到了监管层的认可并逐渐应用到实践中。一些保险公司的线上业务不断呈现出高频交易和碎片化等特征，这可能导致监管成本大幅上升。在此

[①] Scanner（2018）将保险科技企业定义为以下14个领域中的一个或多个领域的创业企业：汽车、员工待遇、企业/商业、健康/旅行、数据/智能化、消费者管理、比较/营销、教育/资源、基础设施/后端、用户获取、寿险和财产公司、P2P保险、产品以及再保险。

背景下，监管层应当积极运用云计算、大数据和人工智能等科技手段来完善和发展监管科技，使其与保险业态中的科技发展相契合，更好地监管科技风险。

四是保持灵活监管。信息技术和网络风险的演化可能造成监管法规和实践的滞后，并且金融科技和保险科技更可能涉及国际协调的问题。因此，与传统保险监管相比，保险科技的监管框架和内容应更具有灵活性和开放性，以尽量覆盖保险科技发展中的风险演变。

五是"个体—系统"联合监管。创新科技赋能保险业发展，将数量庞大的"网络风险因素"放到现有保险系统中，使得保险科技系统呈现出双重脆弱性——业务系统和信息技术系统的脆弱性。随着数字经济的发展，这两者之间的耦合也将日益紧密。从个体监管角度看，每个市场主体都是一个离散的数字化网络系统，而技术融合使得这些离散的数字化网络系统日益相互依存、相互关联，构成了系统层面的监管内容。在一体化的网络空间背景下，全社会已成为一个命运共同体，因此，应以保险科技生态为基础，从微观机构、保险行业、生态系统3个层面建立起"个体—系统"联合监管框架，以保障监管效果。

六是采用监管沙盒，创新监管模式。"沙盒"一词起源于计算机领域，是指人们对程序设定访问权限，并为其提供测试环境。在该测试环境中，人们通常预先设置好安全隔离措施，这样才可以保障数据库的真实性和有效性。在实践中，英国率先在金融监管领域使用监管沙盒，之后日本和新加坡等国家分别实施了监管沙盒，并取得了一定的成效（胡滨等，2020）。对于中国保险业监管采用监管沙盒，我们提出以下措施。（1）确定进入监管沙盒的公司标准。这个标准应当包括实质创新、权益保护、沙盒需求等方面，从而确保保险公司能够真正投入创新资源，避免出现监管套利的现象。（2）制定保险业监管沙盒的完整流程。整个流程应当包括提出申请、监管评估、制定方案、测试启动、持续监测、递交报告、创新推广等环节。这些环节应当以确定的形式固定下来，才能促进监管沙盒测试的有序开展。（3）使用金融科技来支撑监管沙盒。当前，人工智能、物联网等金融科技的发展促进了监管沙盒的实施，也为其提供了技术支持。因此，监管层应当利用金融科技从事前、事中和事后 3 个维度来强化监管沙盒机制，努力建立具有"穿透性"的保险监管体系。

第三节 对气候变化风险的监管建议

近几年，气候变化问题日益受到各国金融监管部门的重视。保险监管的目标是维护保险业的稳定，并以此促进行业及社会的健康发展。鉴于此，本节就中国保险业应对气候变化提出如下政策建议。

一 基于"稳定"目标

第一，更加着眼长远。金融市场瞬息万变，对于金融稳定的监管措施基本都着眼于年度、季度、月度甚至更短时间。本节认为，对于气候变化风险应当采用多年期时间尺度。在保险费率监管方面，应当在历史损失数据基础上充分考虑气候变化趋势的影响；在资本管理方面，目前保险公司进行情景分析的时间跨度通常很短（平均 5 年左右）（ACPR，2019），远低于预期的转型时间范围（2030—2050 年），因此，建议开发更长期的气候情景（如二三十年），以捕捉气候相关风险的"灰犀牛"和"复杂"特性。此外，鉴于目前在气候变化风险敞口方面缺乏可靠和一致的衡量指标、各机构转型速度存在不确定性等原因，监管部门应当适当提高对保险公司相关计划和现实情况出现偏差的容忍度。

第二，将气候变化风险纳入审慎监管框架。理论上，在资本要求中加入"绿色"支持因子或"棕色"惩罚因子将如何影响金融稳定尚不明确（IMF，2019）。对此，理论和政策工作者应当加强相关研究。实务中，国际保险业以及其他金融业的监管资本要求目前尚未（至少没有较清晰地）纳入气候风险因子，对此，相关国际组织（如巴塞尔银行监管委员会、欧洲保险和职业养老金管理局等）正在研究这项工作。建议中国从金融稳定的客观事实出发，研究保险业是否应当在偿付能力、提取流动性因子等方面加入气候风险的行业性因子。

第三，实施统一的气候变化压力情景分析。中国保险业有条件推动建立可比的气候变化压力情景分析机制，并定期开展。建议保险业在关注暴雨、洪灾、台风等高发自然灾害风险的同时，也要关注中国逐渐强化的节能减排法规政策对各行业的影响；结合历史数据和气候专家的意见，评估各类风险事件的相关性。在压力情景分析中，建议首先计算保险赔付额、投资的市场价值和投资损失，然后估计年平均损失变化、在险价值（VaR）和尾部 VaR，最后计算覆盖风险所需要的准备金和资本。

第四，加强信息披露。中国保险公司承担的气候变化风险状况目前鲜有披露。对此，监管部门应当鼓励保险公司定期披露这一信息。考虑到全球目前尚无比较明确的气候变化风险报告标准，许多发达国家的保险公司披露相关信息也仅限于发布原则声明（ACPR，2019；IAIS，2020），中国金融保险监管部门可以参考 TCFD 和欧盟委员会 2019 年 6 月发布的《气候相关信息报告指南（草案）》等成果，以及保险业领先国家的一些做法（如美国保险监督官协会要求 1000 多家保险人填写"气候风险披露调查"），为中国金融保险业建立一致、可比的信息披露模板。在信息披露内容方面，关键性信息应当包括：公司的承保和投资在高风险地区和脆弱行业的集中度；公司投资组合的"碳足迹"；公司对气候相关政策、技术、市场和社会变化的准备情况；公司如何看待气候变化并实施低碳战略。在信息披露渠道方面，可以采用财务年报、社会责任或可持续发展责任专项报告、投资者声明、向监管部门提交专项报告等方式。

二 基于"发展"目标

第一，建设数据库和方法论。中国保险公司在控制气候变化风险方面主要依靠赔付的经验数据，主要措施是控制来自高风险地理区域的承保（"负债端"），也有些公司在投资业务中关注各行业的"碳足迹"。中国保险业应当与来自自然科学和社会科学的气候专家加强合作，提高对平均气温上升、气温变化加剧、气候周期变化、大气含水量等气候状况的预测能力；与之相应，中国精算师组织应当着手编制气候变化因素对主要险种赔付影响的历史数据和模拟资料。目前，全球针对气候变化带来的财务影响的建模方法仍在探索中，国内应当加大这方面的精力投入。

第二，开发针对气候变化的两种"分类法"。保险公司在应对气候变化以及披露相关信息时，需要了解各行业/项目对气候的友善程度，以及面临的气候变化风险。这需要借助科学的"分类法"。目前，国内外尚无统一的绿色技术和标准体系，中国对于绿色标准的定义也较为宽泛，金融保险部门应当加强与生态环境部、国家气象局等部委的合作，开发基于气候友善程度的"分类法"，以及基于气候变化风险程度的"分类法"。前者主要考虑各行业/项目的碳排放以及与其他行业的投入产出关系，主要服务于金融保险企业"减缓"气候变化；后者是在前者的基础上加入气候变化冲击、政府管制政策、公众投资偏好等信息，主要服务于金融保险企业"适应"气候变化。

第三，促进节能减排领域的承保和投资。国际保险公司在人寿和健康、航海、航空以及一些重工业领域，鲜有应对气候变化风险的创新，国内的情况也类似。建议中国保险公司利用寿险和年金保险对气候变化风险的对冲机制，发展针对气候变化的医疗险和人身意外险，积极承保使用新能源和节能措施的交通工具，主动减少或撤销对高耗能产业的投资。建议开发"可持续保险"标签（也可称为"绿色保险"标签、"低碳保险"标签等）制度，对于能够促进"节能减排"行为的保险产品给予认证，鼓励保险人开发这些产品。对于向节能减排项目和企业的投资，可以考虑类似于纳入扶贫和普惠指标的做法，给予更高的投资额度和更低的资本要求。

第四，积极参与国际合作和治理。应对气候变化需要国际合作。一方面，可借鉴欧洲、美国加州等国家/地区保险业的先进做法，弥补中国保险业的短板；另一方面，鉴于相关国际组织的报告和网站中很少见到关于中国保险业的信息，而中国领先的保险公司的营业收入和市场价值已然较高，并在加快"走出去"，因此，中国保险业应当加强在全球范围内宣传中国做法和中国经验，积极参与相关标准的制定。

三 一些补充说明

全球保险业并没有如一些环保人士所期望的那样积极承担气候变化责任，其主要原因在于，人们对全球变暖在多大程度上是由人为造成的及其会带来多大程度的损失尚存在认识上的分歧；再者，保险业常被视为"Cash Cow"（摇钱树），其在承担气候变化责任方面缺乏明确的量化利益。此外，不同发达经济体对保险业应对气候变化的态度尚存在分歧：如美国对此问题的态度显然不如欧盟积极。这是因为，相对于美国，欧盟的温室气体排放较少，绿色理念更根深蒂固，海外业务占比更大，再保险业更发达，政府对巨灾保障的浸入程度也更低。

具体决策时，应当权衡气候变化与其他经济社会发展目标。其一，生态环境并不是高质量发展的唯一目标，因此，我们需要在应对气候变化问题与人们对基本物质生活、中高端物质生活、精神、健康等方面的追求之间做权衡。其二，应对气候变化需要结合国情，包括经济社会的发展阶段、地区差异以及本国的资源禀赋状况等。

第四节 对"大流行"中暴露风险的监管建议

新冠肺炎疫情让保险业刷新了对"大流行"的认知，并成为对行业的一次"大考"，引发了关于以往系统性风险事件未曾暴露的问题和反思。基于第二章第一节第三小节的研究，我们提出如下政策建议。

第一，重视极端情形下"风险敞口"的关联性。传统的保险系统性风险多局限于承保或投资领域，如自然巨灾赔付、"9·11"事件、资产抛售价格传导等，而这次新冠肺炎疫情导致了公共健康危机和经济危机的交织与共振，引发了严重的政府行政干预和公众集体行为。新冠肺炎疫情像是一把打开"潘多拉"盒子的钥匙，在诸多风险因素的相互作用下，"串联"出了一条"黑天鹅"风险链，最终构建了一个包含多种危机场景的"混合包"。正如世界经济论坛（World Economic Forum，WEF，2020）发布的《新冠肺炎风险预测报告》表示的，疫情"大流行"突出了全球风险的相互依存关系，改变了人类社会的许多方面，如地缘政治目标、政府公共安全政策、社会不平等状况、消费者行为、工作方式、商业竞争环境等。保险业作为社会风险的管理者，应当更加关注后疫情时代风险的"超链接"属性，调整或更新风险敞口管理战略。

第二，重新评估保险合同的准确性。面对病毒潜伏期长、传播快的新冠肺炎，各国政府纷纷出台禁止居民外出、强制隔离或停业等抗疫措施，致使大量行业（尤其是服务业）遭受巨大经营损失，而疫情"大流行"的特殊性放大了保单措辞准确的重要性。由于政府和公众集体行为等人为因素干扰，一些长期使用的保单术语——如"民事当局行政命令""存在疾病""有形损失""中断"等——成为能否赔付的关键术语。从某种意义上讲，这次疫情是对保险"格式"合同属性的一次试炼，警示全行业要更重视保单语言的表达，如在保单条款中严格清晰地表述排除或限制除外责任。

第三，加强风险识别与管理的前瞻性。保险业是一个典型的基于"预测"的行业，无论是保单术语的表述还是精算定价，大多是基于历史风险情景及其损失数据进行外推。然而，人类社会中的风险情景及其因果关系链正变得越来越难以准确描述和预测，这次"意料之外"的新冠肺炎疫情引发的损失关联和理赔纠纷就是一个很好的佐证。面对未来变幻莫测的风险情景，"旧"的保单条款不可能穷尽所有的可能性，保险公司与其被动地承担损失补偿的角色，不如主动为客户提供全周期的风险管理服务，获得更大的价值创造空间。未来保险业的发展有必要以"应对"为出发点，即加快从单一的"损失补偿"向综合的"风险管理"转变。事实上，这种经营理念已经广泛地应用于网络保险（Cyber Risk）的实践中。这次新冠肺炎疫情推动了线上工作和交易，使得网络保险成为保险业转危为机的发展方向之一。

第五节 对声誉风险的监管建议

一 美欧日保险业声誉风险的监管

声誉风险是指由于公司声誉的负面事件给公司造成损失的风险。对公司而言，保险公司的声誉可以理解为公众对公司的认可和信任程度，当公众不再认可或信任公司时，公司将会遭受损失。如何让公众对公司保持信任、如何在风险爆发时维持信任度，都是保险公司防范和化解声誉风险的重要任务。

（一）美国的情况

随着互联网的快速发展和普及，社交媒体的影响力越来越大，加之公众对保险业的行为和作用有越来越高的期望，美国的很多保险公司开始重视声誉风险管理。许多保险公司都经历过较严重的声誉风险事件，如AIG保险公司、联邦存款保险公司等。美国的一些中大型保险公司比小型保险公司更重视声誉风险管理。从美国保险公司的实际运营来看，声誉风险的来源非常复杂，大量外部事件或内部管理问题都会引发声誉风险；其中，外部事件主要指保险公司的虚假宣传或销售误导引起的纠纷，而内部管理问题则主要是指承保、操作等业务环节产生的纠纷。

声誉危机的外溢性很强。当一家保险公司遭遇严重的声誉危机时，可能继续遭受各种不利冲击。这些冲击主要包括以下几个方面：公司可能失去当前或未来的客户，导致收入下降或成本上升；公司的管理人员或普通员工流失，导致招聘成本上升、收入下降；公司与上下游合作伙伴的稳定关系遭到破坏，降低协作效率；公司从信贷或股票市场上融资的成本增加；公司管理层遭受罚款或其他处罚，导致运营成本增加。

自2010年以后，美国监管层逐步构建了"伞形"声誉风险监管体系。该体系是指联邦政府对全国保险业的声誉风险进行综合监管，各州和地方政府对其辖区内保险业的声誉风险进行细分监管。美国保险业声誉风险监管体系是一个"伞形",所以人们也将其称之为"伞形"监管方式。从监管效果看,该监管体系的运行效果较好,根据美国商务部普查局的统计,2019年,美国保险公司在互联网上的负面新闻数量同比减少25%左右,消费者的满意度则提升12%左右,这表明它们的声誉风险显著降低。

(二) 欧洲的情况

目前,欧洲保险业对声誉风险管理的需求明显上升。保险公司声誉风险的主要决定因素包括产品服务、财务绩效、愿景和领导力、工作环境和社会责任,而各因素的影响取决于受整体活动影响的消费者群体。例如,一个保险公司能够销售高质量的产品,却不能提供友好的售后服务,这将影响公司的声誉。一旦保险公司的声誉受到损失,它将会对公司的运营和发展产生显著的负面影响,这些损失甚至会远远超过公司的运营损失。

声誉风险对欧洲的保险公司越来越重要。德国安联保险公司的风险控制体系中,声誉风险被列为十大商业风险之一。声誉风险在很多公司的战略管理中甚至位居首位(Heidinger 和 Gatzert,2018)。整体而言,保险公司的规模越大,实施声誉风险管理计划的利益相关者和相关利益主体越多,实施声誉风险管理计划的资源也越多,因此欧洲国家的大型保险公司比小型保险公司更加注重声誉风险管理。

一些欧洲国家的保险业建立了较为完善的声誉风险管理体系。例如,德国在《保险公司风险管理最低要求》中将声誉风险列为保险公司重大风险之一,并要求国内各家保险公司实施"自我声誉风险监管",即这些保险公司需要对自身的声誉风险进行监控和自查,以达到降低风险的目的。英国监管层要求各家保险公司实施"独立声誉风险监控",在公司内部建立严格的声誉风险管理制度,通过事前风险预警、事中风险处置等措施来降低公司的声誉风险。

(三) 日本的情况

在日本,保险公司的声誉风险是一个较为新颖且不得不关注的领域。日本保险业的互联网发展水平较高,保险公司声誉风险的传播速度较快。日本保险公司的声誉风险的基本特征主要包括诱因复杂、传播速度快、危害范围广、缺乏相关管理经验、应急处理难度大、相关人才匮乏等。影响声誉风险的主要因素包括员工素质、管理水平、规模和利润等。整体而言，近年来日本一些保险公司在经营过程中出现了严重的声誉风险事件，但其风险防控体系运行良好。

二 强化中国保险业的声誉风险监管

当前，中国保险业在声誉风险监管方面还存在诸多问题，例如信息披露不足、监管体系紊乱、责任追究机制不健全、各部门协调力度不够等。造成上述现象的主要原因包括监管思想或理念落后、监管体制机制不健全、监管指标不科学、人才队伍建设滞后、缺乏统一的监管标准等。

参考德国的"自我声誉风险监管"、英国的"独立声誉风险监管"以及美国的"伞式声誉风险监管"等多种声誉风险监管模式，我们提出以下对策建议。

首先，完善保险公司信息披露制度。建议要求保险公司在内容、覆盖范围、流程、时效性和责任追究等方面进行披露，并定期进行检查。公司管理层应当注重信息披露制度的修订和完善，真正做到有法可依。加大保险公司在信息披露方面的违规成本，引入审计事务所、评估公司等第三方机构共同参与保险公司的声誉风险监督，特别是利用互联网、自媒体等途径促进保险公司提升运营过程的透明度。

其次，建立保险公司声誉风险评价指标体系。当前，对声誉风险进行准确度量并不容易，因此，保险业主要依靠定性分析方法来度量公司的声誉风险。监管层可以借鉴美国"伞式声誉风险监管"体系中列举的指标，包括公司的创新能力、业绩表现、投资运用情况、社会责任、管理水平、危机应对能力等。此外，监管层还可以通过消费者的满意度、负面新闻数量等指标来评估保险公司的声誉风险。

最后，引导保险公司建立声誉风险的事前预警、事中化解和事后管理机制。对于保险公司的声誉风险管理，事前预警可能是最重要的工作。保险公司应当积极排查可能对其声誉产生负面影响的各种隐患，加强公司的品牌管理，并且在公司内部建立严格的声誉风险管理制度。当发生声誉风险事件时，保险公司应当采取应急预案和危机管理机制，准确记录事件中的信息。在对风险进行处置以后，保险公司应当对所有企业员工加强声誉风险相关知识的培训，提高他们对声誉风险的认知。与此同时，保险公司应当继续完善内部监管机制，通过在媒体上发布解决措施、致歉等方式，降低声誉风险的负面影响，努力将损失降至最低。

第六节　对保险业与相关行业风险溢出的监管建议

金融监管不仅要关注单个金融机构或单个行业的风险，更要防范金融风险的跨部门传染。中国保险业在不断发展壮大的过程中，与其他金融行业以及房地产业之间产生了广泛的联系。保险业与相关行业的风险溢出应当如何进行管理？基于第四章第三节的研究成果，结合现实情况，我们提出如下对策建议。

第一，保险业与银行业之间存在广泛的联系。在银保分销中，应当加强规章制度的执行，避免合规和声誉风险的传染。除融资性保证保险等直接合作领域之外，双方应当加强客户信息共享，互通技术和服务，形成利益共同体，降低业务整体风险。对于银行系保险公司和保险系银行，要在金融集团内设置防火墙，降低两类主体在流动性、声誉、战略资源方面的风险传染。银监会和保监会合并为银保监会，可能使这两个行业面对相似的政策不确定性风险，因此，建议两个行业在行业定位、具体业务和监管规则方面关注各自的特征，避免同质化带来的行为和风险敞口的趋同化导致风险共振。

第二，保险业与证券业的关联渠道并不广泛。证券公司主要帮助保险公司在中高端客户中分销保险产品，同时也为保险公司管理某些保险资产计划。随着保险资金更多地进入资本市场，保险公司与证券公司之间的关联逐渐加强，应当关注这两类主体在流动性、信息安全方面的风险溢出。

第三，保险业与信托业的合作较少，但正在加强。2019年7月《保险资金投资集合资金信托有关事项的通知》放宽了信托公司的资质要求和投资渠道限制，双方合作渠道更加多元和畅通。保险资金管理者应当跟踪研究信托伙伴的资质和风险状况，避免投资过于集中；同时，注意涉及关联方交易时的合规性和透明性，杜绝通道业务，避免不合理的"嵌套"设计。此外，保险业与信托业在养老金融、家庭财富管理等问题上要相互支持配合。

第四，保险业与房地产业的关联性较强，并且还在加强。其一，保险业在发展巨灾保险、保证保险、家庭财产险等业务时需要关注风险的空间集中度和周期性。其二，保险资金在加强开展医养类业务和服务实体经济的过程中，更多地以直接或间接的方式投资于房地产及其基础项目，所以应当加强实体项目的投资管理水平。其三，随着资产负债匹配管理的加强，保险公司将加大对项目资金量大、持续期长、抗通胀能力强的房地产资产的投资，在这一过程中，应当关注流动性风险并进行压力测试。其四，房地产公司对保险公司也有增加投资的意愿，保险公司则需要注意避免被作为"提款机"，不应在承保或投资业务中过度承担风险。

参考文献

一 中文

（一）著作

马克思：《资本论》，德国汉堡出版社1867年版。

习近平：《决胜全面建成小康社会 夺取新时代中国特色社会主义伟大胜利——在中国共产党第十九次全国代表大会上的报告》，人民出版社2017年版。

陈雨露、马勇：《大金融论纲》，中国人民大学出版社2013年版。

郭金龙、周华林：《保险业系统性风险及其管理的理论和政策研究》，社会科学文献出版社2016年版。

胡滨等：《监管沙盒：理论框架与国际经验》，中国金融出版社2020年版。

金融稳定分析小组：《中国金融稳定报告2018》，中国金融出版社2018年版。

孙祁祥等：《中国保险业发展报告（2017）》，北京大学出版社2017年版。

汪小帆、李翔、陈关荣：《复杂网络理论及其应用》，清华大学出版社2006年版。

张晓晶主编：《中国金融报告：2020 新发展格局下的金融变革》，中国社会科学出版社2021年版。

（二）论文

白川方明：《QE的本质是"需求前置"全球低利率趋势仍将持续》，

https：//baijiahao.baidu.com/s? id = 1648707611164449129&wfr = spider& for = pc，2019 年。

边文龙、王向楠：《投资职能对保险公司风险的影响研究》，《金融研究》2017 年第 12 期。

曹云波等：《保险公司入市对股票市场波动影响的实证分析》，《东北财经大学学报》2013 年第 1 期。

陈秉正等：《保险在应对气候变化风险中的作用研究》，《环境保护》2019 年第 24 期。

陈华：《基于安全的中国保险行业系统性风险研究》，《保险研究》2008 年第 3 期。

陈华、宁定宸：《保险业与系统性风险：研究进程与争议回顾》，《财经理论与实践》2020 年第 1 期。

陈建青等：《金融行业间的系统性金融风险溢出效应研究》，《数量经济技术经济研究》2015 年第 9 期。

陈忠阳、刘志洋：《国有大型商业银行系统性风险贡献度真的高吗——来自中国上市商业银行股票收益率的证据》，《财贸经济》2013 年第 9 期。

崔勇：《近年来日本寿险业监督制度的新发展》，《保险研究》2001 年第 2 期。

窦元：《日本寿险业发展驱动因素分析及对中国的启示》，《日本问题研究》2011 年第 2 期。

范小云等：《我国金融机构的系统性风险贡献测度与监管——基于边际风险贡献与杠杆率的研究》，《南开经济研究》2011 年第 8 期。

方意：《系统性风险的传染渠道与度量研究——兼论宏观审慎政策实施》，《管理世界》2016 年第 8 期。

方意、郑子文：《系统性风险在银行间的传染路径研究——基于持有共同资产网络模型》，《国际金融研究》2016 年第 6 期。

郭峰、胡军：《地区金融扩张的竞争效应和溢出效应——基于空间面板数据模型的分析》，《经济学报》2016 年第 2 期。

郭金龙、赵强：《保险业系统性风险文献综述》，《保险研究》2014年第6期。

韩浩等：《保险业系统性风险及对相关行业的溢出效应研究》，《保险研究》2020年第7期。

胡大春、金赛男：《基金公司持股比例与A股市场收益波动率的实证分析》，《金融研究》2007年第4期。

胡宏兵、郭金龙：《保险业竞争力测评的理论、方法与实证分析——基于中、日、韩、新四国比较的研究》，《金融评论》2010年第4期。

黄飞雪等：《金融危机前后的全球主要股指联动与动态稳定性比较》，《系统工程理论与实践》2010年第10期。

黄玮强等：《中国股票关联网络拓扑性质与聚类结构分析》，《管理科学》2008年第3期。

霍凤楼：《日本保险业法的改革简介》，《保险研究》1994年第6期。

贾彦东：《金融机构的系统重要性分析——金融网络中的系统风险衡量与成本分担》，《金融研究》2011年第10期。

李政等：《中国金融部门间系统性风险溢出的监测预警研究——基于下行和上行 ΔCoES 指标的实现与优化》，《金融研究》2019年第2期。

李志辉等：《基于 Shapley Value 方法的金融控股公司综合经营风险评估研究——以光大集团和中信集团为例》，《南开经济研究》2015年第1期。

梁琪、李政：《系统重要性、审慎工具与我国银行业监管》，《金融研究》2014年第8期。

刘春航等：《银行业同质性的度量及其对金融稳定的影响》，《金融监管研究》2012年第2期。

刘春航：《金融结构、系统脆弱性和金融监管》，《金融监管研究》2012年第8期。

刘东民：《金融危机背景下的金融监管理论：文献综述》，中国社会科学院世界经济与政治研究所工作论文，2009年。

刘京军、苏楚林：《传染的资金：基于网络结构的基金资金流量及业绩影响研究》，《管理世界》2016 年第 1 期。

刘璐、韩浩：《我国保险市场与银行市场间的风险溢出效应研究——基于上市银行和保险公司的实证分析》，《保险研究》2016 年第 12 期。

刘璐、王春慧：《基于 DCC – GARCH 模型的中国保险业系统性风险研究》，《宏观经济研究》2016 年第 9 期。

刘宇、彭方平：《宽松性货币政策是否加剧了流动性错配：基于公司视角》，《广东财经大学学报》2016 年第 2 期。

刘振彪、何天：《机构投资者影响我国股价波动的实证研究》，《财经理论与实践》2016 年第 1 期。

柳欣：《资本理论争论：给定的技术，还是技术变动（上）》，《经济学动态》1996 年第 12 期。

陆静、胡晓红：《基于条件在险价值法的商业银行系统性风险研究》，《中国软科学》2014 年第 4 期。

陆鸥、郁江宁：《保险投资对金融稳定影响的国际比较研究》，《世界经济情况》2006 年第 22 期。

马君潞等：《中国银行间市场双边传染的风险估测及其系统性特征分析》，《经济研究》2007 年第 1 期。

聂富强、石凯：《我国财险公司多元化经营的最优边界研究——基于面板门限估计方法》，《保险研究》2016 年第 4 期。

宁威、陆彦婷：《保险资金运用的国际比较研究》，《保险研究》2016 年第 9 期。

彭雪梅、曾紫芬：《保险市场集中度与公司财务稳定性——基于中国财产保险数据》，《保险研究》2018 年第 3 期。

祁斌等：《机构投资者与市场有效性》，《金融研究》2006 年第 3 期。

赛铮：《保险系统性风险的风险溯源与监管创新》，《财经理论与实践》2019 年第 5 期。

史永东、王谨乐：《中国机构投资者真的稳定市场了吗?》，《经济研究》2014 年第 12 期。

宋冬林等：《机构投资者与市场波动性关系的研究——基于中国 A 股市

场的实证分析》,《经济科学》2007 年第 3 期。

隋聪等:《基于网络视角的银行业系统性风险度量方法》,《中国管理科学》2016 年第 5 期。

孙立娟:《保险公司破产的国际经验与借鉴》,《保险研究》2009 年第 6 期。

孙祁祥等:《保险业健康发展应秉持的十大理念》,《中国金融》2007 年第 22 期。

孙祁祥等:《业务集中度对寿险公司利润和风险的作用研究》,《当代经济科学》2015 年第 3 期。

完颜瑞云、锁凌燕:《保险公司与系统性风险的中国视角:理论与实证》,《保险研究》2018 年第 11 期。

王桂虎、郭金龙:《保险业资产负债流动性错配与系统性金融风险研究——基于 OECD 国家的经验》,《保险研究》2018 年第 9 期。

王凯、谢志刚:《现金流视角下的保险公司偿付能力定义》,《保险研究》2014 年第 2 期。

王丽珍:《中国保险业系统性风险再保险业务传染效应研究》,《当代经济科学》2015 年第 5 期。

王培辉:《我国金融体系不同行业的依存度与联动效应研究》,《金融监管研究》2016 年第 11 期。

王向楠:《财产保险公司的复杂性与破产风险研究》,《金融监管研究》2019 年第 4 期。

王向楠:《财产险业务线的系统性风险研究》,《保险研究》2018 年第 9 期。

王向楠:《金融综合经营的风险效应研究——基于中国股市的数据》,《当代经济科学》2019 年第 2 期。

王向楠:《寿险公司的业务同质化与风险联动性》,《金融研究》2018 年第 9 期。

王向楠、王超:《保险系统性风险及其监管:文献述评》,《金融评论》2018 年第 2 期。

王艺明、陈浪南：《金融机构混业经营绩效的全球实证研究》，《国际金融研究》2005 年第 7 期。

王兆旭等：《流动性管理的指标构建与政策工具选择》，《山东社会科学》2013 年第 8 期。

王正文、田玲：《基于共单调的财产保险公司承保风险度量研究》，《管理科学学报》2014 年第 6 期。

徐华等：《中国保险业系统性风险评估及影响因素研究》，《保险研究》2016 年第 11 期。

许闲：《金融危机后欧盟保险市场的投资组合与保险运营》，《保险研究》2011 年第 9 期。

薛文忠：《机构投资者持股与股票收益波动性——基于机构重仓股的分阶段实证研究》，《经济与管理》2012 年第 6 期。

严湘桃：《对构建我国"绿色保险"制度的探讨》，《保险研究》2009 年第 10 期。

杨波、吴婷：《地理分散化降低了多少保险经营风险?》，《保险研究》2020 年第 2 期。

杨子晖等：《我国金融机构系统性金融风险度量与跨部门风险溢出效应研究》，《金融研究》2018 年第 10 期。

姚颐、刘志远：《机构投资者具有监督作用吗?》，《金融研究》2009 年第 6 期。

尹振涛、潘拥军：《我国金融基础设施发展态势及其统筹监管》，《改革》2020 年第 8 期。

曾裕峰等：《中国金融业不同板块间风险传导的非对称性研究——基于非对称 MVMQ - CAViaR 模型的实证分析》，《中国管理科学》2017 年第 8 期。

张涤新、邓斌：《金融危机冲击下我国金融控股公司的经营绩效——微观主体风险控制权配置的视角》，《管理科学学报》2013 年第 7 期。

张健华、王鹏：《银行风险、贷款规模与法律保护水平》，《经济研究》2012 年第 5 期。

张坤、曾爱花:《中国房地产区域投资组合实证研究》,《经济评论》2009 年第 2 期。

张晓晶等:《扭曲、赶超与可持续增长——对政府与市场关系的重新审视》,《经济研究》2018 年第 1 期。

赵桂芹、吴洪:《保险体系的系统风险相关性评价:一个国际视角》,《保险研究》2012 年第 9 期。

郑振龙等:《平均相关系数与系统性风险:来自中国市场的证据》,《经济学》(季刊) 2014 年第 3 期。

仲赛末、赵桂芹:《经营模式对寿险公司财务状况的影响——基于资产负债管理视角》,《经济管理》2018 年第 9 期。

周桦、张娟:《偿付能力监管制度改革与保险公司成本效率——基于中国财险市场的经验数据》,《金融研究》2017 年第 4 期。

周天芸等:《机构关联、风险溢出与中国金融系统性风险》,《统计研究》2014 年第 11 期。

卓志、朱衡:《保险业系统性风险研究前沿与动态》,《经济学动态》2017 年第 6 期。

二 英文

Acemoglu, D., T. U. Akcigi, and W. Kerr, 2016, "Networks and the Macroeconomy: An Empirical Exploration", *NBER Macroeconomics Annual*, Vol. 30. No. 1, pp. 273 – 335.

Acharya, V. V., and M. Richardson, 2014, "Is the Insurance Industry Systemically Risky?", In *Modernizing Insurance Regulation*, Biggs, J. H., and M. Richardson (eds), Hoboken, New Jersey: Wiley.

Acharya, V. V., and T. Yorulmazer, 2008, "Information Contagion and Bank Herding", *Journal of Money, Credit and Banking*, Vol. 40, No. 1, pp. 215 – 231.

Acharya, V. V., I. Hasan, and A. Saunders, 2006, "Should Banks be Diversified? Evidence from Individual Bank Loan Portfolios", *Journal of*

Business, Vol. 79, No. 3, pp. 1355 – 1412.

Acharya, V. V., J. Biggs, M. Richardson, and S. Ryan, 2009, "On the Financial Regulation of Insurance Companies", NYU Stern School of Business.

Acharya, V. V., L. Pedersen, T. Philippon, and R. Matthew, 2017, "Measuring Systemic Risk", *Review of Financial Studies*, Vol. 30, No. 1, pp. 2 – 47.

Adams, Z., R. Füss, and R. Gropp, 2014, "Spillover Effects among Financial Institutions: A State-dependent Sensitivity Value-at-Risk Approach", *Journal of Financial and Quantitative Analysis*, Vol. 49, No. 3, pp. 575 – 598.

Adrian, T., and H. S. Shin, 2009, "The Shadow Banking System: Implications for Financial Regulation", Federal Reserve Bank of New York Staff Reports, No. 382.

Adrian, T., and M. K. Brunnermeier, 2008, "CoVaR", Federal Reserve Bank of New York Staff Reports, No. 348.

Adrian, T., and M. K. Brunnermeier, 2016, "CoVaR", *American Economic Review*, Vol. 106, No. 5, pp. 1705 – 1741.

Akhigbe, A., and A. M. Whyte, 2003, "Changes in Market Assessments of Bank Risk Following the Riegle-Neal Act of 1994", *Journal of Banking and Finance*, Vol. 27, No. 1, pp. 87 – 102.

Alessandri, P., S. Masciantonio, and A. Zaghini, 2015, "Tracking Banks' Systemic Importance before and after the Crisis", *International Finance*, Vol. 18, No. 2, pp. 157 – 186.

Allen, F., and D. Gale, 2000, "Financial Contagion", *Journal of Political Economy*, Vol. 108, No. 1, pp. 1 – 33.

Allen, L., and J. Jagtiani, 2000, "The Risk Effects of Combining Banking, Securities, and Insurance Activities", *Journal of Economics and Business*, Vol. 52, No. 6, pp. 485 – 497.

参考文献

Antón, M., and C. Polk, 2014, "Connected Stocks", *Journal of Finance*, Vol. 69, No. 3, pp. 1099 – 1127.

Arellano, M., and S. Bond, 1991, "Some Tests of Specification for Panel Data: Monte Carlo Evidence and an Application to Employment Equations", *Review of Economic Studies*, Vol. 58, No. 2, pp. 277 – 297.

Autorité De Contrôle Prudentiel Et De Resolution (ACPR), "French Insurers Facing Climate Change Risk", https://acpr.banque-france.fr/node/162194.

Avraham, D., P. Selvaggi, and J. Vickery, 2012, "A Structural View of US Bank Holding Companies", *Economic Policy Review*, Vol. 18, No. 2, pp. 65 – 81.

Bai, J., A. Krishnamurthy, and W. Charles-Henri, 2018, "Measuring Liquidity Mismatch in the Banking Sector", *Journal of Finance*, Vol. 73, No. 1, pp. 51 – 93.

Bakkar, Y., and A. P. Nyola, 2017, "Internationalization, Foreign Complexity and Systemic Risk: European Banks Perspective", SSRN Working Paper No. 3112503.

Baluch, F., S. Muteng, and C. Parsons, 2011, "Insurance, Systemic Risk and the Financial Crisis", *Geneva Papers on Risk and Insurance—Issues and Practice*, Vol. 36, No. 1, pp. 126 – 163.

Baranoff, E. G., D. Haefli, and T. W. Sager, 2013, "Surrenders in the Life Insurance Industry: A Systemic Risk of Runs?", Presented at ARIA 2013 Annual Meeting, Washington, DC.

Barth, J. R., G. Caprio Jr., and R. Levine, 2001, "Banking Systems around the Globe: Do Regulation and Ownership Affect Performance and Stability?", In *Prudential Supervision: What Works and What Doesn't*, Mishkin, F. S. (ed), University of Chicago Press.

Basel Committee on Banking Supervision (BCBS), 2010, "Report and Recommendations of the Cross-border Bank Resolution Group".

Battiston, S., A. Mandel, and I. Monasterolo, 2017, "A Climate Stress-test of the EU Financial System", *Nature Climate Change*, Vol. 7, No. 4, pp. 283 – 288.

Benoit, C., and P. Hurlin, 2017, "Where the Risks Lie: A Survey on Systemic Risk", *Review of Finance*, Vol. 21, No. 1, pp. 119 – 123.

Benoit, S., G. Colletaz, C. Hurlin, and C. Pérignon, 2013, "A Theoretical and Empirical Comparison of Systemic Risk Measures", https://www.kent.ac.uk/kbs/research/documents/projects/financial-reality/Benoit%20-%20slides.pdf.

Berger, A., and C. H. S. Bouwman, 2009, "Bank Liquidity Creation", *Review of Financial Studies*, Vol. 22, No. 9, pp. 379 – 383.

Bernal, O., J-Y. Gnabo, and G. Guilmin, 2014, "Assessing the Contribution of Banks, Insurance and Other Financial Services to Systemic Risk", *Journal of Banking and Finance*, Vol. 47, No. 1, pp. 270 – 287.

Bernanke, B., M. Gertler, and S. Gilchrist, 1996, "The Financial Accelerator and the Flight to Quality", *Review of Economics and Statistics*, Vo. 78, No. 1, pp. 1 – 15.

Bernardo, A., and I. Welch, 2004, "Liquidity and Financial Market Runs", *Quarterly Journal of Economic*, Vol. 119, No. 1, pp. 135 – 158.

Böhme R., and G. Kataria, 2006, "Models and Measures for Correlation in Cyber-Insurance", Working Paper, Workshop on the Economics of Information Security (WEIS), University of Cambridge.

Bierth, C., F. Irresberger, and G. N. F. Weiß, 2015, "Systemic Risk of Insurers around the Globe", *Journal of Banking and Finance*, Vol. 55, pp. 232 – 245.

Billio, M., M. Getmansky, A. W. Lo, and L. Pelizzon, 2012, "Econometric Measures of Connectedness and Systemic Risk in the Finance and Insurance Sectors", *Journal of Financial Economics*, Vol. 104, No. 3, pp. 535 – 559.

Bisias, D., M. Flood, A. W. Lo, and S. Valavanis, 2012, "A Survey of Systemic Risk Analytics", *Annual Review of Financial Economics*, Vol. 4, No. 1, pp. 255 – 296.

Bloom, N., M. Schankerman, and J. van Reenen, 2013, "Identifying Technology Spillovers and Product Market Rivalry", *Econometrica*, Vol. 81, No. 4, pp. 1347 – 1393.

Bobtcheff, C., T. Chaney, and C. Gollier, 2016, "Analysis of Systemic Risk in the Insurance Industry", *Geneva Risk and Insurance Review*, Vol. 41, No. 1, pp. 73 – 106.

Bohl, M. T., and J. J. Brzeszczynski, 2004, "Do Institutional Investors Destabilize Stock Prices?", Working Paper, Emerging Markets Evidence Against a Popular Belief.

Borio, C., 2004, "Market Distress and Vanishing Liquidity: Anatomy and Policy Options", BIS Working Papers No. 158.

Botzen, W., J. Aerts, and J. van den Bergh, 2009, "Willingness of Homeowners to Mitigate Climate Risk through Insurance", *Ecological Economics*, Vol. 68, No. 8 – 9, pp. 2265 – 2277.

Bouayad-Agha, S., and L. Védrine, 2010, "Estimation Strategies for a Spatial Dynamic Panel using GMM: A New Approach to the Convergence Issue of European Regions", *Spatial Economic Analysis*, Vol. 5, No. 2, pp. 205 – 227.

Bouveret, A., 2018, "Cyber Risk for the Financial Sector: A Framework for Quantitative Assessment", IMF Working Paper (WP/18/143).

Boyd, J. H., S. L. Graham, and R. S. Hewitt, 1993, "Bank Holding Company Mergers with Nonbank Financial Firms: Effects on the Risk of Failure", *Journal of Banking & Finance*, Vol. 17, No. 1, pp. 43 – 63.

Brewer, E., 1989, "Relationship between Bank Holding Company Risk and Nonbank Activity", *Journal of Economics and Business*, Vol. 41, No. 4, pp. 337 – 353.

Brewer, E., 1990, "The Risk of Banks Expanding Their Permissible Nonbanking Activities", *Financial Review*, Vol. 25, No. 4, pp. 517 – 537.

Brownlees, C., and R. F. Engle, 2017, "SRISK: A Conditional Capital Shortfall Measure of Systemic Risk", *Review of Financial Studies*, Vol. 30, No. 1, pp. 48 – 79.

Brunnermeier, M. K., A. Crockett, C. A. Goodhart, A. D. Persaud, and H. S. Shin, 2009, "The Fundamental Principles of Financial Regulation", Geneva Reports on the World Economy 11, International Center for Monetary and Banking Studies.

Brunnermeier, M. K., G. Gorton, and A. Krishnamurthy, 2012, "Risk Topography", *NBER Macroeconomics Annual*, Vol. 26, No. 1, pp. 149 – 176.

Buldyrev, S. V., et al., 2010, "Catastrophic Cascade of Failures in Interdependent Networks", *Nature*, Vol. 464, No. 7291, pp. 1025 – 1028.

Burke, M., J. Dykema, and D. B., 2015, "Lobell, Incorporating Climate Uncertainty into Estimates of Climate Change Impacts", *Review of Economics and Statistics*, Vol. 97, No. 2, pp. 461 – 471.

Cai, J., A. Saunders, and S. Steffen, 2014, "Syndication, Interconnectedness, and Systemic Risk", Social Science Research Network Working Paper, No. 1508642.

Carmassi, J., and R. J. Herring, 2014, "Corporate Structures, Transparency and Resolvability of Global Systemically Important Banks", http://fic.wharton.upenn.edu/fic/papers/15/p1510.html.

Carmassi, J., and R. J. Herring, 2016, "The Corporate Complexity of Global Systemically Important Banks", *Journal of Financial Services Research*, Vol. 49, No. 2 – 3, pp. 175 – 201.

Carney, M., 2015, "Breaking the Tragedy of the Horizon-Climate Change and Financial Stability", Speech Given at Lloyd's of London.

Carvalho, V., and X. Gabaix, 2013, "The Great Diversification and Its

Undoing", *American Economic Review*, Vol. 103, No. 5, pp. 1697 – 1727.

Casu, B., et al., 2016, "Diversification, Size and Risk: The Case of Bank Acquisitions of Nonbank Financial Firms", *European Financial Management*, Vol. 22, No. 2, pp. 235 – 275.

Cebula, J. J., and L. R. Young, 2010, "A Taxonomy of Operational Cyber Security Risks", https://resources.sei.cmu.edu/library/asset-view.cfm? assetid = 9395.

Cetorelli, N., and L. S. Goldberg, 2014, "Measures of Complexity of Global Banks", Federal Reserve Bank of New York Economic Policy Review Special.

Cetorelli, N., and L. S. Goldberg, 2016, "Organizational Complexity and Balance Sheet Management in Global Banks", NBER Working Paper No. 22169.

Cetorelli, N., J. McAndrews, and J. Traina, 2014, "Evolution in Bank Complexity", *Economic Policy Review*, Vol. 20, No. 2, pp. 85 – 106.

Chang, E. C., and S. Dong, 2006, "Idiosyncratic Volatility, Fundamentals, and Institutional Herding: Evidence from the Japanese Stock Market", *Pacific-Basin Finance Journal*, Vol. 14, No. 2, pp. 135 – 154.

Chantarat, S., C. Barrett, and G. Turvey, 2017, "Welfare Impacts of Index Insurance in the Presence of a Poverty Trap", *World Development*, Vol. 94, pp. 119 – 138.

Chen, H., J. D. Cummins, K. S. Viswanathan, and M. A. Weiss, 2013, "Systemic Risk and the Interconnectedness between Banks and Insurers: An Econometric Analysis", *Journal of Risk and Insurance*, Vol. 81, No. 3, pp. 623 – 652.

Chernobai, A., A. K. Ozdagli, and J. Wang, 2018, "Business Complexity and Risk Management: Evidence from Operational Risk Events in U. S. Bank Holding Companies", SSRN Working Paper No. 2736509.

Che, X., and A. P. Liebenberg, 2017, "Effects of Business Diversification on Asset Risk-taking: Evidence from the US Property-Liability Insurance Industry", *Journal of Banking & Finance*, Vol. 77, pp. 122 – 136.

ClimateWise, 2015, "Climate Change Risk Roundtable One: A Level Playing Field for Incorporating Future Climate Risk into Business Practice-What's the 'New Normal'", University of Cambridge Institute for Sustainability Leadership.

Cohen R. B., P. A. Gompers, and T. Vuolteenaho, 2002, "Who Underreacts to Cash-Flow News? Evidence from Trading between Individuals and Institutions", *Journal of Financial Economics*, Vol. 66, No. 2 – 3, pp. 409 – 462.

Competition and Markets Authority, 2016, "Report on the UK's Retail Banking Market", https://www.gov.uk/government/publications/retail-banking-market-investigation-overview.

Cotter, J., S. Gabriel, and R. Roll, 2015, "Can Housing Risk Be Diversified? A Cautionary Tale from the Housing Boom and Bust", *Review of Financial Studies*, Vol. 28, No. 3, pp. 913 – 936.

CPMI-IOSCO, 2016, "Guidance on Cyber Resilience for Financial Market Infrastructure", https://www.bis.org/cpmi/publ/d146.htm.

CRO Forum, 2005, "A framework for Incorporating Diversification in the Solvency Assessment of Insurers", Chief Risk Officer Forum.

CRO Forum, 2016, "Concept Paper on a Proposed Categorisation Methodology for Cyber Risk", https://www.thecroforum.org/wp-content/uploads/2016/06/ZRH – 16 – 09033 – P1_CRO_Forum_Cyber-Risk_web-2.pdf.

Crowe, C., G. Dell'Ariccia, D. Igan, and P. Rabanal, 2011, "How to Deal with Real Estate Booms: Lessons from Country Experiences", IMF Working Paper, No. WP11/91.

Davidson, T. R., 2017, "Bank-owned Life Insurance and Bank Risk", *Financial Review*, Vol. 52, No. 3, pp. 459 – 498.

Davis, E. P., 2003, "Institutional Investors, Financial Market Efficiency and Financial Stability".

Deloitte, 2014, "Global Cyber Executive Briefing: Lessons from the Front Lines", https://www2.deloitte.com/be/en/pages/risk/articles/Global-Cyber-Briefing.html.

De Nicolo, G., and M. L. Kwast, 2002, "Systemic Risk and Financial Consolidation: Are They Related?", *Journal of Banking & Finance*, Vol. 26, No. 5, pp. 861 – 880.

Dennis, P. J., and D. Strickland, 2002, "Who Blinks in Volatile Markets, Individuals or Institutions?", *Journal of Finance*, Vol. 57, No. 5, pp. 1923 – 1950.

Deschenes, O., and M. Greenstone, 2011, "Climate Change, Mortality, and Adaptation: Evidence from Annual Fluctuations in Weather in the US", *American Economic Journal: Applied Economics*, Vol. 3, No. 4, pp. 152 – 185.

De Young, R., and G. Torna, 2013, "Nontraditional Banking Activities and Bank Failures during the Financial Crisis", *Journal of Financial Intermediation*, Vol. 22, No. 3, pp. 397 – 421.

Diakoulaki, D., G. Mavrotas, and L. Papayannakis, 1995, "Determining Objective Weights in Multiple Criteria Problems: The Critic Method", *Computers & Operations Research*, Vol. 22, No. 7, pp. 763 – 770.

Diamond, D. W., and P. H. Dybvig, 1983, "Bank Run, Deposit Insurance, and Liquidity", *Journal of Political Economy*, Vol. 91, No. 3, pp. 101 – 119.

Drake, P. P., F. R. Neale, P. J. Schorno, and E. Semaan, 2017, "Risk During the Financial Crisis: The Role of The Insurance Industry", *Journal of Insurance Issues*, Vol. 40, No. 2, pp. 181 – 214.

Egan, R., et al., 2019, "Cyber Operational Risk Scenarios for Insurance Companies", *British Actuarial Journal*, Vol. 24, No. 6, pp. 1 – 34.

Eisenbeis, R. E., and G. G. Kaufman, 2006, "Cross-border Banking: Challenges for Deposit Insurance and Financial Stability in the European Union", Federal Reserve Bank of Atlanta working Paper.

Elango, B., Y. Ma, and N. Pope, 2008, "An Investigation into the Diversification-Performance Relationship in the U.S. Property-Liability Insurance Company", *Journal of Risk and Insurance*, Vol. 75, No. 3, pp. 567 – 591.

Eling, M., and D. A. Pankoke, 2016, "Systemic Risk in the Insurance Sector: A Review and Directions for Future Research", *Risk Management and Insurance Review*, Vol. 19, No. 2, pp. 249 – 284.

Eling, M., and M. Lehmann, 2017, "The Impact of Digitalization on the Insurance Value Chain and the Insurability of Risks", *Geneva Papers on Risk and Insurance—Issues and Practice*, Vol. 43, No. 3, pp. 359 – 396.

Elsinger, H., A. Lehar, and M. Summer, 2006, "Risk Assessment for Banking Systems", *Management Science*, Vol. 52, No. 9, pp. 1301 – 1314.

Elton, E. J., and M. J. Gruber, 1977, "Risk Reduction and Portfolio Size: An Analytical Solution", *Journal of Business*, Vol. 50, No. 4, pp. 415 – 437.

Elyasiani, E., S. K. Staikouras, and P. Dontis-Charitos, 2016, "Cross-industry Product Diversification and Contagion in Risk and Return: The Case of Bank-insurance and Insurance-bank Takeover", *Journal of Risk and Insurance*, Vol. 83, No. 3, pp. 681 – 718.

Estrella, A., 2001, "Mixing and Matching: Prospective Financial Sector Mergers and Market Valuation", *Journal of Banking and Finance*, Vol. 25, No. 12, pp. 2367 – 2392.

European Insurance and Occupational Pensions Authority (EIOPA), 2017, "Systemic Risk and Macroprudential Policy in Insurance".

European Insurance and Occupational Pensions Authority (EIOPA), 2018, "Other Potential Macroprudential Tools and Measures to Enhance the Current Framework".

European Insurance and Occupational Pensions Authority (EIOPA), 2018, "Understanding Cyber Insurance—A Structured Dialogue with Insurance Companies".

European Insurance and Occupational Pensions Authority (EIOPA), 2019, "Discussion Paper on Systemic Risk and Macroprudential Policy in Insurance".

European Systemic Risk Board (ESRB), 2018, "European System Risk Board Annual Report 2017".

Evans, J. L., and S. H. Archer, 1968, "Diversification and the Reduction of Dispersion: An Empirical Analysis", *Journal of Finance*, Vol. 23, No. 5, pp. 761 – 767.

Fama, E., 1970, "Efficient Capital Markets: A Review of Theory and Empirical Work", *Journal of Finance*, Vol. 25, No. 2, pp. 383 – 417.

Fields, L. P., and D. R. Fraser, 2004, "Effects of IPO Mispricing on the Risk and Reputational Capital of Commercial Banks", *Review of Financial Economic*, Vol. 13, No. 1, pp. 65 – 77.

Fields, L. P., D. R. Fraser, and J. W. Kolari, 2007, "Bidder Returns in Bancassurance Mergers: Is there Evidence of Synergy?", *Journal of Banking & Finance*, Vol. 31, No. 12, pp. 3646 – 3662.

Financial Stability Board (FSB), 2009, "Guidance to Assess the Systemic Importance of Financial Institutions, Markets and Instruments: Initial Considerations", https://www.bis.org/publ/othp07.htm.

Financial Stability Board (FSB), 2013, "Progress and Next Steps Towards Ending 'Too-Big-to-Fail' (TBTF)", September.

Financial Stability Board (FSB), 2017, "Review of the List of Global Systemically Important Insurers (G-SIIs)", November.

Financial Stability Institute (FSI), 2019, "Turning Up the Heat-Climate Risk Assessment in the Insurance Sector", FSI Insights on Policy Implementation, https://www.bis.org/fsi/publ/insights20.htm.

Fischhoff, B., et al., 1983, *Acceptable Risk*, Cambridge: Cambridge University Press.

Fisher, I., 1933, "The Debt-Deflation Theory of Great Depressions", *Econometric*, Vol. 1, No. 4, pp. 337 – 357.

Flannery, M. J., and C. M. James, 1984, "The Effect of Interest Rate Changes on the Common Stock Returns of Financial Institutions", *Journal of Finance*, Vol. 39, No. 4, pp. 1141 – 1153.

Flood, M. D., D. Y. Kenett, R. L. Lumsdaine, and J. K. Simon, 2017, "The Complexity of Bank Holding Companies: A New Measurement Approach", NBER Working Paper No. 23755.

Florida, P., and S. Roulac, 2007, "Measuring the Effectiveness of Geographical Diversification", *Journal of Real Estate Portfolio Management*, Vol. 13, No. 1, pp. 29 – 44.

Fricke, D., 2016, "Has the Banking System Become More Homogeneous? Evidence from Banks' Loan Portfolios", *Economics Letters*, Vol. 142, pp. 45 – 48.

Friede, G., T. Busch, and A. Bassen, 2015, "ESG and Financial Performance: Aggregated Evidence from More than 2000 Empirical Studies", *Journal of Sustainable Finance & Investment*, Vol. 5, pp. 210 – 233.

Geneva Association, 2010, "Systemic Risk in Insurance—An Analysis of Insurance and Financial Stability", Special Report of The Geneva Association Systemic Risk Working Group.

Geneva Association, 2011, "Considerations for Identifying Systemically Important Institutions in Insurance", www.genevaassociation.org.

Geneva Association, 2012, "Insurance and Resolution in Light of the Systemic Risk Debate—A Contribution to the Financial Stability Discussion in Insurance", www.genevaassociation.org.

Geneva Association, 2016, "Ten Key Questions on Cyber Risk and Cyber Risk Insurance".

Geneva Association, 2020, "Annual Reports and Reviews 2019", Geneva Association Research Report, (3).

Glasserman, P., and H. P. Young, 2016, "Contagion in Financial Networks", *Journal of Economic Literature*, Vol. 54, No. 3, pp. 779 – 831.

Gómez, F., and J. Ponce, 2018, "Systemic Risk and Insurance Regulation", *Risks*, Vol. 6, No. 3, pp. 74 – 86.

Goetz, M. R., L. Laeven, and R. Levine, 2016, "Does the Geographic Expansion of Banks Reduce Risk? Journal of Financial Economics: Evidence from US Banks", *Review of Financial Studies*, Vol. 26, No. 7, pp. 1787 – 1823.

Government Accountability Office (GAO), 1992, "Insurance Failures: Regulators Failed to Respond in Timely and Forceful Manner in Four Large Life Insurer Failures", GAO/T – GGD – 92 – 43.

Grace, M. F., 2010, "The Insurance Industry and Systemic Risk: Evidence and Discussion", Networks Financial Institute Policy Brief 2010 – PB – 02.

Greenwood, R., A. Landier, and A. Thesmar, 2015, "Vulnerable Banks", *Journal of Financial Economics*, Vol. 115, No. 3, pp. 471 – 485.

Öğüt, H., S. Raghunathan, and N. Menon, 2011, "Cyber Security Risk Management: Public Policy Implications of Correlated Risk, Imperfect Ability to Prove Loss, and Observability of Self-protection", *Risk Analysis*, Vol. 31, No. 3, pp. 497 – 512.

Harrington, S. E., 2011, "Insurance Regulation and the Dodd-Frank Act", Networks Financial Institute Policy Brief 2011 – PB – 01.

Hartzell, D., D. Shulman, and C. Wurtzebach, 1987, "Refining the Analysis of Regional Diversification for Income-Producing Real Estate", *Journal of Real Estate Research*, Vol. 2, No. 2, pp. 85 – 95.

Hecht, S., 2008, "Climate Change and the Transformation of Risk: Insurance Matters", *UCLA Law Review*, 55, pp. 1559 – 1620.

Heidinger, D., and N. Gatzert, 2018, "Awareness, Determinants and Value of Reputation Risk Management: Empirical Evidence from the Banking and Insurance Industry", *Journal of Banking & Finance*, Vol. 91, pp. 15 –23.

Henderson-Sellers, A., H. Zhang, and G. Berz, 1998, "Tropical Cyclones and Global Climate Change: A Post-IPCC Assessment", *Bulletin of the American Meteorological Society*, Vol. 79, No. 1, pp. 19 –38.

Herring, R. J., 2002, "International Financial Conglomerates: Implications for Bank Insolvency Regimes", in Policy Challenges for the Financial Sector in the Context of 33 Globalization, Proceedings of the Second Annual Policy Seminar for Deputy Central Bank Governor.

Herring, R. J., and A. M. Santomero, 1990, "The Corporate Structure of Financial Conglomerates", *Journal of Financial Services Research*, Vol. 4, No. 1, pp. 471 –497.

Herring, R. J., and J. Carmassi, 2010, "The Corporate Structure of International Financial , Oxford Handbook of Banking Conglomerates: Complexity and Its Implications for Safety & Soundness", in *Oxford Handbook of Banking Berger*, A. N., P. Molyneux, and J. O. D. Wilson (eds.).

Houben, A., and M. Teunissen, 2011, "The Systemicness of Insurance Companies: Cross-Border Aspects and Policy Implications", In *The Future of Insurance Regulation and Supervision: A Global Perspective*, Patrick, M. L., J. Monkiewicz (eds.), London: Palgrave Macmillan.

Institute and Faculty of Actuaries, 2018, "Cyber Operational Risk Scenarios for Insurance Companies Research Project", https://www.actuaries.org.uk/news-and-insights/news/ifoa-publish-cyber-operational-risk-scenarios-insurance-companies.

Institute of Risk Management, 2014, "Extended Enterprise Managing Risk in Complex 21st Century Organizations".

Institute of Risk Management, 2016, "Cyber Risk Resources for Practitioners", https://www.theirm.org/knowledge-and-resources/thought-leadership/cyber-risk.

Insurance Information Institute (III), 2020, "Global Macro and Insurance Outlook", https://www.iii.org/article/global-macro-and-insurance-outlook-090820.

Intergovernmental Panel on Climate Change (IPCC), 2018, "Media Registration for IPCC Special Report on Global Warming of 1.5°C", https://www.ipcc.ch/2018/09/12/media-registration-for-ipcc-special-report-on-global-warming-of-1-5-c/.

International Association of Insurance Supervisor (IAIS), 2011, "Insurance and Financial Stability", https://www.iaisweb.org/page/supervisory-material/other-supervisory-papers-and-reports.

International Association of Insurance Supervisors (IAIS), 2013, "Global Systemically Important Insurers: Initial Assessment Methodology", July.

International Association of Insurance Supervisors (IAIS), 2016, "Global Systemically Important Insurers: Updated Assessment Methodology", June.

International Association of Insurance Supervisors (IAIS), 2016, "Issues paper on Cyber Risk to the Insurance Sector", May.

International Association of Insurance Supervisors (IAIS), 2018, "Draft Application Paper on Supervision of Insurer Cybersecurity", https://www.iaisweb.org/file/75304/draft-application-paper-on-supervision-of-insurer-cybersecurity.

International Association of Insurance Supervisors (IAIS), 2018, "Holistic Framework for Systemic Risk in the Insurance Sector (Public Consultation Document)", November.

International Association of Insurance Supervisors (IAIS), 2019, "Holistic Framework for Systemic Risk in the Insurance Sector", November.

International Association of Insurance Supervisors (IAIS), 2020, "Issues Paper on the Implementation of the TCFD Recommendations", https://

www. iaisweb. org/page/supervisory-material/issues-papers//file/88991/issues-paper-on-the-implementation-of-the-tcfd-recommendations.

International Association of Insurance Supervisors (IAIS), 2021, Application Paper on Macroprudential Supervision.

International Business Machine (IBM), 2012, "Reputational Risk and IT: How Security and Business Continuity Can Shape the Reputation and Value of Your Company", https://www. drj. com/images/conferences/sd2012/sesmat/GS - 6% 20CORCORAN% 20PAT -% 20IBM-Reputational% 20Risk% 20FINAL. pdf.

International Business Machine (IBM), 2018, "Institute for Business Value, The New Face of Insurance: How Plat-forms Can Modernize and Transform Insurance", https://www. ibm. com/thought-leadership/institute-business-value/report/newinsurance.

International Monetary Fund (IMF), 2008, "World Economic Outlook: Housing and Business Cycle", April.

International Monetary Fund (IMF), 2016, "Global Financial Stability Report", April.

International Monetary Fund (IMF), 2019, "Macroeconomic and Financial Policies for Climate Change Mitigation: A Review of the Literature", IMF Working Paper, WP/19/185.

International Monetary Fund (IMF), 2020, "World Economic Outlook Update, A Crisis Like No Other, An Uncertain Recovery", https://www. imf. org/en/Publications/WEO/Issues/2020/06/24/WEOUpdateJune2020.

ISACA, 2013, "A Simple Definition of Cybersecurity", https://www. isaca. org/Knowledge-Center/Blog/Lists/Posts/Post. aspx? ID = 296.

Jobst, A. A., 2014, "Systemic Risk in the Insurance Sector: A Review of Current Assessment Approaches", *Geneva Papers on Risk and Insurance—Issues and Practice*, Vol. 39, No. 3, pp. 440 – 470.

Joint Risk Management Section of the Society of Actuaries (SOA), the Casualty Actuarial Society (CAS), and the Canadian Institute of Actuaries (CIA), 2014, "Emerging Risks Survey - 2014".

Joint Risk Management Section of the Society of Actuaries (SOA), the Casualty Actuarial Society (CAS), and the Canadian Institute of Actuaries (CIA), 2016, "Series of essay on Cybersecurity: Impact on Insurance Business and Operations".

Kapoor, M., H. Kelejian, and I. Prucha, 2007, "Panel Data Models with Spatially Correlated Error Components", *Journal of Econometrics*, Vol. 140, No. 1, pp. 97 - 130.

Kareken, J., and N. Wallace, 1983, "Deposit Insurance and Bank Regulation: A Partial Equilibrium Exposition", *Journal of Business*, Vol. 51, No. 3, pp. 333 - 338.

Koijen, R. S. J., and M. Yogo, 2016, "Shadow Insurance", *Econometrica*, Vol. 84, No. 3, pp. 1265 - 1287.

Koijen, R. S. J., and M. Yogo, 2017, "Risk of Life Insurers: Recent Trends and Transmission Mechanisms", National Bureau of Economic Research, No. 23365.

Krause, T., T. Sondershaus, and L. Tonzer, 2017, "Complexity and Bank Risk during the Financial Crisis", *Economics Letters*, Vol. 150, pp. 118 - 121.

Kunreuther, H., and G. Heal, 2003, "Interdependent Security", *Journal of Risk and Uncertainty*, Vol. 26, No. 2, pp. 231 - 249.

Kuo, W., C. Tsai, and K. W. Chen, 2003, "An Empirical Study on the Lapse Rate: The Cointegration Approach", *Journal of Risk and Insurance*, Vol. 70, No. 3, pp. 489 - 508.

Kuritzkes, A., T. Schuermann, S. M. Weiner, 2002, "Risk Measurement, Risk Management, and Capital Adequacy in Financial Conglomerates", Brookings-Wharton Papers on Financial Services.

Kwast, M. L., 1989, "The Impact of Underwriting and Dealing on Bank

Returns and Risks", *Journal of Banking & Finance*, Vol. 13, No. 1, pp. 101 – 125.

Laeven, L., L. Ratnovski, and H. Tong, 2014, "Bank Size and Systemic Risk", International Monetary Fund Staff Discussion Note, SDN/14/04.

Laffont, J-J, and J. Tirole, 1986, "Using Cost Observations to Regulate Firms", *Journal of Political Economy*, Vol. 94, No. 3, pp. 614 – 641.

Laffont, J-J, and J. Tirole, 1991, "The Politics of Government Decision-making: A Theory of Regulatory Capture", *Quarterly Journal of Economics*, Vol. 106, No. 4, pp. 1089 – 1127.

Lewellen, W. G., 1971, "A Pure Financial Rationale for the Conglomerate Merger", *Journal of Finance*, Vol. 26, No. 2, pp. 521 – 537.

Litan, R. E., 1985, "Evaluating and Controlling the Risks of Financial Product Deregulation", *Yale Journal on Regulation*, Vol. 3, No. 1, pp. 1 – 52.

Liu, H., L. Norden, and F. Spargoli, 2016, "Why Banks Want to Be Complex", Working Papers in Responsible Banking & Finance and Insurance, University of St Andrews.

Lloyd's and AIR Worldwide, 2018, "Cloud Down: Impacts on the US Economy", https://www.lloyds.com/news-and-risk-insight/risk-reports/library/technology/cloud-down.

Lloyd's of London, 2015, "Emerging Risk Report: Business Blackout—The Insurance Implications of a Cyber Attack on the U. S. Power Grid".

Loutskina, E., and P. E. Strahan, 2009, "Securitization and the Declining Impact of Bank Finance on Loan Supply: Evidence from Mortgage Originations", *Journal of Finance*, Vol. 64, No. 2, pp. 861 – 889.

Lucas Jr., R. E., 1976, "Econometric Policy Evaluation: A Critique", Carnegie-Rochester Conference Series on Public Policy, North-Holland.

Lumsdaine, R. L., et al., 2016, "The Intrafirm Complexity of Systemically Important Financial Institutions", Social Science Research Network Working Paper No. 2604166.

Markowitz, H., 1952, "Portfolio Selection", *Journal of Finance*, Vol. 7, No. 1, pp. 77 -91.

Marsh, 2015, "International Business Resilience Survey 2015", https://www.marsh.com/cn/en/insights/research/international-business-resilience-survey-2015.html.

Martínez-Jaramillo, S., O. P. Pérez, F. A. Embriz, and F. L. G. Dey, 2010, "Systemic Risk, Financial Contagion and Financial Fragility", *Journal of Economic Dynamics and Control*, Vol. 34, No. 11, pp. 2358 -2374.

Meltzer, A. H., 1967, "Major Issues in the Regulation of Financial Institutions", *Journal of Political Economy*, Vol. 75, No. 4, pp. 482 -501.

Mühlnickel, J., and G. N. F. Weiß, 2015, "Consolidation and Systemic Risk in the International Insurance Industry", *Journal of Financial Stability*, Vol. 18, pp. 187 -202.

Mills, E., 2005, "Insurance in a Climate of Change", *Science*, Vol. 309, No. 5737, pp. 1040 -1041.

Mills, E., 2012, "The Greening of Insurance", *Science*, Vol. 338, No. 6113, pp. 1424 -1425.

Mistrulli, P. E., 2011, "Assessing Financial Contagion in the Interbank Market: Maximum Entropy versus Observed Interbank Lending Patterns", *Journal of Banking & Finance*, Vol. 35, No. 5, pp. 1114 -1127.

Mutl, J., 2006, "Dynamic Panel Data Models with Spatially Correlated Disturbances", Ph. D thesis, University of Maryland.

Nachira, F., 2002, "Towards a Network of Digital Business Ecosystems Fostering the Local Development", http://www.digitalecosystem.org/html/repository/dbe_discussionpaper.pdf.

National Association of Insurance Commissioners (NAIC), 2019, "Data, Innovation and Cyber", https://content.naic.org/cipr_topics/topic_data_innovation_and_cyber.htm.

NERA Economic Consulting, 2010, "De-mystifying Interconnectedness: Assessing 'Too Interconnected to Fail' and the Fallout from Getting It Wrong", Property Casualty Insurers Association of America White Paper.

Nofsinger, J., and R. Sias, 1999, "Herding and Feedback Trading by Institutional and Individual Investors", *Journal of Finance*, Vol. 54, No. 6, pp. 2263 – 2295.

Nurullah, M., and S. K. Staikouras, 2008, "The Separation of Banking from Insurance: Evidence from Europe", *Multinational Finance Journal*, Vol. 12, No. 3 – 4, pp. 157 – 184.

Nuzzo, R., 2005, "Profile of Stephen H. Schneider", *Proceedings of the National Academy of Sciences*, Vol. 102, No. 44, pp. 15725 – 15727.

Ocean Tomo, 2015, "Annual Study of Intangible Asset Market Value", https://www.oceantomo.com/intangible-asset-market-value-study.

Organization for Economic Cooperation and Development (OECD), 2017, "Supporting an Effective Cyber Insurance Market", Prepared by the OECD for the G7 Finance Ministers and Central Bank Governors meeting.

Park, S. C., and X. Xie, 2014, "Reinsurance and Systemic Risk: The Impact of Reinsurer Downgrading on Property-casualty Insurers", *Journal of Risk and Insurance*, Vol. 81, No. 3, pp. 587 – 622.

Patro, D. K., M. Qi, and X. Sun, 2013, "A Simple Indicator of Systemic Risk", *Journal of Financial Stability*, Vol. 9, No. 1, pp. 105 – 116.

Pinquet, J., 2013, "Experience Rating in Nonlife Insurance", In *Handbook of Insurance* (2nd), Dionnes, G. (ed.), Boston: Kluwer Academic Publishers.

Plantin, G., and J. C. Rochet, 2007, *When Insurers Go Bust: An Economic Analysis of the Role and Design of Prudential Regulation*, Princeton: Princeton University Press.

Pool, V. K., N. Stoffman, and S. E. Yonker, 2015, "The People in Your Neighborhood: Social Interactions and Mutual Fund Portfolios", *Journal of*

Finance, Vol. 70, No. 6, pp. 2679 – 2732.

Pooser, D. M., M. J. Browne, and O. Arkhangelska, 2018, "Growth in the Perception of Cyber Risk: Evidence from U. S. P&C Insurers", *Geneva Papers on Risk and Insurance—Issues and Practice*, Vol. 43, No. 3, pp. 208 – 223.

Powers, M. R., 2007, "Using Aumann. Shapley Values to Allocate Insurance Risk: The Case of Inhomogeneous Losses", *North American Actuarial Journal*, Vol. 11, No. 3, pp. 113 – 127.

Prudential Regulation Authority, 2016, "Consultation Paper (CP39/16): Cyber Insurance Underwriting Risk", Bank of England, https://www.bankofengland.co.uk/-/media/boe/files/prudential-regulation/consultation-paper/2016/cp3916.

Prudential Regulation Authority (PRA), 2015, "The Impact of Climate Change on the UK Insurance Sector, A Climate Change Adaptation", Bank of England.

Prudential Regulation Authority (PRA), 2016, "Cyber Insurance Underwriting Risk", Bank of England, Consultation Paper (CP39/16).

Prudential Regulation Authority (PRA), 2019, "Enhancing Banks' and Insurers' Approaches to Managing the Financial Risks from Climate Change", Bank of England.

Puckett, A., and X. Yan, 2008, "Short-term Institutional Herding and Its Impact on Stock Prices", University of Missouri Working Paper.

Refsdal, A., and B. Solhaug, and K. Stølen, 2015, "Cyber-Risk Management Cyber-systems", In *Cyber-Risk Management*, Springer International Publishing, pp. 31 – 33.

Rose, P. S., 1989, "Diversification of the Banking Firm", *Financial Review*, Vol. 24, No. 2, pp. 251 – 280.

RSA, 2016, "Cyber Risk Appetite: Defining and Understanding Risk in the Modern Enterprise", https://www.rsa.com/en-us/blog/2016-06/cyber-risk-appetite-defining-understanding-risk-modern-enterprise.

Ruffle, S., et al., 2014, "Stress Test Scenario: Sybil Logic Bomb Cyber Catastrophe", Cambridge Risk Framework Series, Centre for Risk Studies, University of Cambridge.

Sargent, T. J., and N. Wallace, 1976, "Rational Expectations and the Theory of Economic Policy", *Journal of Monetary Economics*, Vol. 2, No. 2, pp. 169 – 183.

Scanner, V., 2018, "Where is the InsurTech Capital of the World?".

Schanz, K-U, 2020, "Addressing Obstacles to Life Insurance Demand", Geneva Association Research Report.

Schmid, M. M., and I. Walter, 2019, "Geographic Diversification and Firm Value in the Financial Services Industry", *Journal of Empirical Finance*, Vol. 19, No. 1, pp. 109 – 122.

Schwarcz, S. L., 2008, "Systemic Risks", *Georgetown Law Journal*, Vol. 97, pp. 193 – 249.

Shapley, L. A., 1953, "Value for N-person Games", In *Contributions to the Theory of Games* II, Kuhn, H. W., and A. W. Tucker (eds), Princeton, N J: Princeton University Press.

Sheldon, G., and M. Maurer, 1998, "Interbank Lending and Systemic Risk: An Empirical Analysis for Switzerland", *Swiss Journal of Economics and Statistics*, Vol. 134, pp. 685 – 704.

Shiller, R. J., 2000, *Irrational Exuberance*, Princeton University Press.

Sias, R. W., 1996, "Volatility and the Institutional Investor", *Financial Analysts Journal*, 52 (2): 13 – 20.

Society of Actuaries (SOA), 2017, "Reviewing Systemic Risk Within Insurance Industry", https://www.soa.org/resources/research-reports/2017/systemic-risk/.

Stiroh, K. J., 2004, "Diversification in Banking: Is Noninterest Income the Answer?", *Journal of Money, Credit and Banking*, Vol. 36, No. 5, pp. 853 – 882.

Swiss Re., 2020, "Natural Catastrophes in Times of Economic Accumulation and Climate Change", *Sigma*, No. 2, pp. 1 – 36.

Tack, J., K. Coble, and B. Barnett, 2018, "Warming Temperatures will Likely Induce Higher Premium Rates and Government Outlays for the U. S. Crop Insurance Program", *Agricultural Economics*, Vol. 49, pp. 635 – 647.

Tarashev, N., C. Borio, and K. Tsatsaronis, 2009, "The Systemic Importance of Financial Institutions", *BIS Quarterly Review*, Vol. 75, pp. 75 – 87.

Tarashev, N., K. Tsatsaronis, and C. Borio, 2016, "Risk Attribution using the Shapley Value: Methodology and Policy Applications", *Review of Finance*, Vol. 20, No. 3, pp. 1189 – 1213.

Tetlock, P. C., 2007, "Giving Content to Investor Sentiment: The Role of Media in the Stock Market", *Journal of Finance*, Vol. 62, No. 3, pp. 1139 – 1168.

Thimann, C., 2014, "How Insurers Differ from Banks: A Primer in Systemic Regulation", London School of Economics Systemic Risk Centre Special Paper No. 3, http://www.systemicrisk.ac.uk/sites/default/files/downloads/publications/sp – 3_ 1. pdf.

Tonzer, L., 2015, "Cross-border Interbank Networks, Banking Risk and Contagion", *Journal of Financial Stability*, Vol. 18, pp. 19 – 32.

Trichet, J. C., 2005, "Financial Stability and the Insurance Sector", *Geneva Papers on Risk and Insurance-Issues and Practice*, Vol. 30, No. 1, pp. 65 – 71.

Trichet, J. C., 2009, "Systemic Risk, Clare Distinguished Lecture in Economics and Public Policy", Organized by the Clare College, University of Cambridge.

Turner, A., 2009, *The Turner Review: A Regulatory Response to the Global*

Banking Crisis, London: Financial Services Authority.

Uptime Institute, 2018, "Global Data Center Survey: Operators Struggle with Constraints, Change, and Complexity", https://datacenter.com/wp-content/uploads/2018/11/2018-data-center-industry-survey.pdf.

Verizon, 2018, "Data Breach Investigations Report", https://enterprise.verizon.com/resources/reports/dbir/.

Von Peter, G., S. von Dahlen, and S. Saxena, 2012, "Unmitigated Disasters? New Evidence on the Macroeconomic Cost of Natural Catastrophe", BIS Working Papers No. 394, https://www.bis.org/publ/work394.pdf.

Wall, L. D., 1987, "Has Bank Holding Companies' Diversification Affected their Risk of Failure?", *Journal of Economics and Business*, Vol. 39, No. 4, pp. 313–326.

Wang, G-J., C. Xie, K. He, and H. E. Stanley, 2017, "Extreme Risk Spillover Network: Application to Financial Institutions", *Quantitative Finance*, 2017, Vol. 17, No. 9, pp. 1–17.

World Economic Forum (WEF), 2020, "COVID-19 Risks Outlook A Preliminary Mapping and Its Implications", https://www.weforum.org/agenda/2020/05/what-risks-does-covid-19-pose-to-society-in-the-long-term/.

Zhang, L., and N. Nielson, 2015, "Solvency Analysis and Prediction in Property-Casualty Insurance: Incorporating Economic and Market Predictors", *Journal of Risk and Insurance*, Vol. 82, No. 1, pp. 97–124.

Zurich Risk Nexus, 2014, "Beyond Data Breaches: global Interconnections of Cyber Risk", https://www.jasadvisors.com/risk-nexus/.